高等院校"十三五"规划教材
经管专业基础课

ECONOMY

第2版

人力资源管理

主 编◎奚 昕 谢 方
副主编◎冯春梅 李长源

MANAGEMENT

北京师范大学出版集团
BEIJING NORMAL UNIVERSITY PUBLISHING GROUP
安徽大学出版社

图书在版编目(CIP)数据

人力资源管理/奚昕,谢方主编. —2 版. —合肥:安徽大学出版社,2018.6(2020.8 重印)
ISBN 978-7-5664-1569-1

Ⅰ. ①人… Ⅱ. ①奚… ②谢… Ⅲ. ①人力资源管理－高等学校－教材 Ⅳ. ①F241

中国版本图书馆 CIP 数据核字(2018)第 085373 号

人力资源管理(第 2 版)   奚昕 谢方 主编

出版发行:	北京师范大学出版集团 安 徽 大 学 出 版 社 (安徽省合肥市肥西路 3 号 邮编 230039) www.bnupg.com.cn www.ahupress.com.cn
印　　刷:	合肥添彩包装有限公司
经　　销:	全国新华书店
开　　本:	184mm×260mm
印　　张:	24.75
字　　数:	525 千字
版　　次:	2018 年 6 月第 2 版
印　　次:	2020 年 8 月第 2 次印刷
定　　价:	59.00 元

ISBN 978-7-5664-1569-1

策划编辑:邱　昱	装帧设计:李　军
责任编辑:邱　昱	美术编辑:李　军
责任印制:陈　如	

版权所有　侵权必究

反盗版、侵权举报电话:0551－65106311
外埠邮购电话:0551－65107716
本书如有印装质量问题,请与印制管理部联系调换。
印制管理部电话:0551－65106311

第 2 版前言

2012年，我们编写了《人力资源管理》教材。在随后的五年里，这本教材在一些应用型本科院校经管类专业的教学实践中一直作为教学和参考用书，越来越受到广大师生的欢迎，当然，我们也收到了一些来自教学一线的反馈意见。

人力资源管理是一门快速发展的学科，无论是在国外还是国内，其理论影响和实践运用都非常深远和深入。当前，人力资源管理已从传统管理走向战略管理，各类组织对人力资源及其管理的重视程度从未像今天这样迫切。国内从事人力资源管理教学和研究的专业人员越来越多，立志投身于人力资源管理实践的工作者及改革先驱也越来越多。基于人力资源管理理论、实践和教育的不断丰富和发展，一线教师们教学经验与方法的不断积累和提高，我们对这本教材的修订充满了信心。在半年多的时间里，我们总结教学经验、整理各类意见、收集相关资料、厘清写作思路，对这本教材进行了深度修改，以期本书既能反映人力资源管理理论与实践的最新发展成果，又能适应国内应用型本科院校教学实践的需求。

新版教材依然坚持为应用型普通高校培养经管专业人才的目标定位，秉承"学用一致、理实融合、服务实践、理论够用"的编写理念，保持了第一版教材的核心内容体系和层次架构，保留了学前思考、学习引导、践行辅导等模块化的学习指导体例，仍然能为有志于参加人力资源管理师职业考试的读者提供指导和帮助。

本教材的修改主要体现在以下方面：

1. 教材在内容结构上，从十章扩展为十二章。第一，我们考虑在当前"大众创业、万众创新"的国家战略引领和号召下，出于全社会对更多的创业型企业从创办到生存乃至发展的热切期盼，出于创业企业对人力资源管理从理论走向实践、从共性走向个性的迫切需求，也出于将人力资源管理的诸多方法技术整合运用并指导创业型企业的实践价值等驱动，增加了第十一章"创业型企业的人力资源管理"。第二，我们发现在全球化企业人力资源管理的研究现状中，从有效识别当前时代背景下的全球化人力资源管理的机遇和挑战，到帮助那些跨境跨界的企业在全球化经营管理过程中分析和解决人才选配、激励、开发等人力资源管理问题都十分必要，所以增加了第十二章"全球化的人力资源管理"。第三，由于看到薪酬大系统中员工福利的地位和作用越来越凸显,随着新生代员工、知识型员工、老龄化员工等不同类别,甚至同类员工在不同发展阶段,对于各种福利需求的迫切性和差异性以及福利在企业薪酬中举足轻重的地位,加之福利管理的动态性和不确定性,于是,我们将员工福利内容从第七章中提取出来,拓展成为第八章"员工福利管理"。此外,原教材中的第十章内容被整合到本教材的第一章和第十二章中;第三章中的劳动定员核算调整并归并到第二章中。

2.教材新增了一些知识技术内容。为了更好地反映相关理论最新的发展状况,本书修改的重点之一就是对许多章节增加了相对较新的知识点和技术方法,力图反映近十年来相对成熟的知识理论和技术应用技巧。例如:第一章增加了现代人力资源管理的发展趋势内容,对新型人力资源管理、战略、伦理等人力资源管理理念及对战略性人力资源管理的形成过程、政策内容、管理工具的介绍;第三章增加了胜任特征模型与工作分析的对比内容及对工作分析中的PAQ和FJA定量分析方法的介绍;第四章增加了员工招聘方案的编制、面试过程中LGD等方法的实操要点内容;第五章增加了员工培训PDCA方法的运用内容;第七章丰富了薪酬管理与制度设计内容,增加了绩效薪酬的涵义、分类及核算办法等内容。

3.教材在改编思路上,突出实践性和应用性。教材内容在遵循国家法规政策、符合人力资源管理的基本原理和主流观点的基础上,以"应用性、时代性、包容性"为原则,适当增加了2012年以来的人力资源管理方面的热点和难点问题、新近政策法规及管理案例,更换了各章节的学前思考和学习引导内容,使书中穿插的知识拓展、阅读推荐、应用案例等辅助资料大多来源于近五年间的素材,突出了教材与时俱进、服务实践的特点。

本书是安徽省教育厅质量工程项目"应用型普通高校人力资源管理课程改革研究(20101041)"、滁州学院质量工程项目"人力资源管理课程综合改革(2016kcgg063)""双师同堂教学模式在《人力资源管理》课程中的反思与重构(2017jy003)"等研究成果。

尽管编者试图对本教材进行更完善的修改,但受能力和水平所限,修改过程中可能会存在一些疏漏与不足,敬请广大读者批评指正。

感谢安徽大学出版社在本教材改版过程中所提供的大力支持。

编　者

2018年4月

第 1 版前言

管理的核心是人。在管理科学中,对人的管理和研究历来是最复杂深奥的,也是最富挑战性的。当人类进入知识经济和全球经济一体化的时代,关注人的进步与发展、重视人力资源的管理与开发越来越成为共识。人力资源已成为组织生存发展和获取竞争优势的战略性资源,人力资源管理成为组织系统管理的重要组成部分,通过对人力资源的开发利用,获取和配置其他资源,实现组织目标。所以,人力资源管理是组织管理活动的核心,其管理水平直接影响到组织的整体绩效。

作为多年在应用型高校从事人力资源管理教学研究和实践探索的教师,我们深刻地体会到,人力资源的获取、开发、激励、保留等管理需要一批职业工作者,他们不仅要具备专业化知识、多元化技能、既懂理论又能实践,还应具有适应未来岗位和职业发展的胜任力。针对以上人才培养的社会需求,我们萌生了一个强烈的愿望,那就是编写一本集理论知识与实践技能为一体、适合于应用型高校学生的人力资源管理教材,让他们能够饶有兴趣、轻松愉快地品读,并从中理解:人力资源管理的目的是什么?人力资源管理到底做些什么?怎样开展人力资源管理工作?或许我们可以把这本教材作为"引子",引导初学者进入人力资源管理领域,并开始随后的探索道路。

在编写教材之前,我们始终思考着这样几个问题:一是人力资源管理教材本土化的问题。人力资源管理是管理学科群中受一个国家的文化传统影响最深远的领域之一,对人的管理必然受到社会价值观念、法律制度、文化传统等方面的影响,仅靠舶来的理论是不足以解决中国人力资源管理的现实问题的。目前,中国企业正面临许多人力资源管理方面的困扰:如何吸引、保留和激励高端的管理者和技术人才,如何提高员工的工作和生活质量,如何调动员工的工作积极性与创造性,如何建立并保持和谐的劳动关系,等等,都需要在有选择地吸收国外最新人力资源管理理论和实践的同时,更多地结合中国人力资源管理的历史、现状及发展趋势去研究和解决。二是人力资源管理教材的市场细分与定位问题。教材作为教学活动的重要参考依据,必须与教学对象的理解和接受程度、应用方向保持一致,与教学过程同步。传统的教材堆砌着繁杂的定义和理论,忽略实践技术的应用,没有考虑到受众群体的真实需求和感受。我们这本教材的定位是应用型高校,既有经典的基本理论支撑,又穿插着丰富的实践案例、应用性的技术和方法,相信这是一本能够满足应用型人才培养需求及阅读者选择性需求的教材。三是如何增强教材的实用性问题。我们希望这本教材不仅用于课堂教学,而且对学习者未来走上人力资源职业发展道路有所启迪和帮助。我国从2002年起实行了人力资源管理师职业资格认证制度,对于希望未来成为人力资源管理者的学子而言,掌握与实际工作联系最为紧密的人力资源管理理论、方法、技术,提高分析解决实践中人力资源问题的能力,是未来职业发展和岗位立足之根本。不论读者是准备参加人力资源管理师职业资格考试,还是决心投身于人力资源管理工作,都可以从这本教材中找到一些答案。由此,在编写这本教材的过程中,我们始终围绕着中国人力资源管理的实践需要、应用型专门人才的培养目标、人力资源管理者的任职需求等主题。

本教材对内容体系进行了系统化的设计,在结构布局上采用了模块化的学习指导体例,瞄准了服务对象的需求,不仅能满足学生对人力资源管理相关知识的获取渴求,而且体现了理实结合、能力彰显的应用价值,激发了学生进一步学习和探索的志趣。

首先,本教材的内容体系和层次架构完整,脉络清晰。本书主要研究以下问题:人力资源管理是什么?人力资源管理做些什么?怎样有效开展企业人力资源管理工作?未来的中国人力资源管理是什么样子?教材共分十章,第一章主要阐述人力资源及人力资源管理的概念、内涵,人力资源管理的发展历程及职能定位;第二章至第九章分别对人力资源规划、工作分析与评价、招聘甄选与人员配置、培训与开发、绩效管理、薪酬管理、劳动关系管理、职业生涯规划等人力资源管理职能模块进行了逐一介绍,每个模块中都包含着人力资源管理职能工作的原则、方法、技术、流程及实践应用;第十章是对中国人力资源管理发展趋势的导读,启迪读者进一步了解和研究中国本土化的人力资源管理实践。

其次,本教材采用三个模块的学习指导体例,特色鲜明。每章按三个模块设计,第一模块是学前引导,包括:学习目标、关键术语、实践启迪与思考、案例导引;第二模块是学习内容,除基本的知识理论内容,还穿插了知识拓展、阅读推荐、能力要求、技术方法、应用案例等内容;第三模块是学后辅导,包括:本章小结、案例讨论与分析、课内体验、践行辅导等策划。开篇前的实践启迪与思考、案例导引等栏目,引导学生联系实际问题、激发探索兴趣;通过知识拓展、阅读推荐等栏目,帮助学生拓展知识范围和学习视野;通过能力要求、技术方法等实例,提高学生学以致用、解决问题的能力;通过课内体验和践行辅导,让学生们融入实践或模拟情境,提高团队协作、实践调研、分析思考的能力。

最后,本教材紧密围绕服务对象的学习需求,定位明确。"压缩理论知识,强化实践应用"是本教材编写的宗旨。教材中一方面突出实践能力模块、知行合一的学习环节,融入适当的实验实训内容,体现学生实践能力培养的宗旨。另一方面,为吸引和激发学生的学习兴趣,教材选用了新颖活泼的版式设计,较大篇幅的案例选读和知识拓展,策略性的课内体验和践行辅导,将图表和图片穿插于文字之中,生动形象,有助于增强记忆和理解,降低倦怠。

本教材概念明确、逻辑清楚、言简意赅、理实结合,适合作为应用型高等院校以及高职高专院校经济管理类专业学生的课程用书,也适合作为企业各级管理人员从事日常人力资源管理工作的工具用书以及人力资源管理师考试的培训参考用书。

编　者
2012 年 2 月

目 录

第一章 人力资源管理导论 … 1

第一节 人力资源管理概述 … 2
一、人力资源及相关概念 … 2
二、人力资源管理及相关概念 … 8

第二节 人力资源管理的发展 … 13
一、人力资源管理的演进 … 13
二、人力资源管理的发展趋势 … 18

第三节 人力资源管理与企业管理 … 22
一、企业战略管理概述 … 22
二、战略性人力资源管理 … 23
三、企业人力资源管理的主要职责 … 26
四、人力资源部门及管理者的角色定位 … 30

第二章 人力资源规划 … 35

第一节 人力资源规划概述 … 37
一、人力资源规划概念 … 37
二、人力资源战略 … 38
三、人力资源规划的编制 … 42

第二节 人力资源规划内容 … 44
一、人力资源需求分析 … 44
二、人力资源供给分析 … 50
三、人力资源供求平衡分析 … 54

第三节 企业劳动定员管理 … 56
一、企业定员管理概述 … 56
二、企业定员的核定 … 59

第三章 工作分析与评价 ··· 66

第一节 工作分析 ··· 67
一、工作分析概述 ··· 67
二、工作分析方法 ··· 72
三、工作说明书的编写 ··· 77

第二节 工作岗位设计 ··· 80
一、工作岗位设计的原则 ······································· 80
二、工作岗位设计的内容 ······································· 81
三、工作岗位设计的基本方法 ··································· 84

第三节 工作评价 ··· 85
一、工作评价概述 ··· 85
二、工作评价的标准 ··· 86
三、工作评价的基本方法 ······································· 89

第四章 招聘甄选与人员配置 ····································· 97

第一节 招聘活动 ··· 98
一、招聘概述 ··· 99
二、招聘渠道 ··· 100
三、招聘流程 ··· 106
四、招聘方案的编制 ··· 109

第二节 甄选与录用 ··· 111
一、人员甄选 ··· 111
二、面试活动 ··· 118
三、录用决策 ··· 125
四、效果评估 ··· 126

第三节 人力资源的有效配置 ··································· 128
一、配置原则 ··· 128
二、空间配置 ··· 129
三、时间配置 ··· 134

第五章 培训与开发 ··· 138

第一节 培训与开发的组织实施 ································· 139
一、培训需求分析 ··· 140
二、培训规划的制定 ··· 144

三、培训的组织实施 ·· 148
　　四、培训效果的评估 ·· 151
第二节　培训方式方法 ·· 155
　　一、学习理论与方式 ·· 155
　　二、培训方法的介绍 ·· 157
第三节　培训制度的建构与实施 ·· 167
　　一、培训制度与内容 ·· 167
　　二、常见培训管理制度 ·· 167
　　三、培训制度的实施 ·· 171

第六章　绩效管理 ·· 175

第一节　绩效管理概述 ·· 176
　　一、绩效管理相关概念 ·· 176
　　二、绩效管理系统的设计 ··· 179
　　三、绩效管理系统的运行 ··· 181
第二节　绩效考核体系设计 ··· 186
　　一、绩效考核内容与流程 ··· 186
　　二、绩效考核主体 ··· 189
　　三、绩效考核指标与权重 ··· 190
第三节　绩效考核的方法与应用 ······································ 193
　　一、行为导向型考核方法 ··· 193
　　二、结果导向型考核方法 ··· 200
　　三、其他考核方法 ··· 202

第七章　薪酬管理 ·· 209

第一节　薪酬管理概述 ·· 210
　　一、薪酬相关概念和功能 ··· 210
　　二、薪酬管理相关理论 ·· 214
第二节　薪酬管理与制度设计 ··· 215
　　一、薪酬管理的影响因素 ··· 215
　　二、薪酬的功能 ·· 217
　　三、薪酬制度设计 ··· 218
　　四、绩效薪酬 ··· 225
第三节　人工成本核算 ·· 230
　　一、人工成本构成与影响因素 ······································ 230
　　二、人工成本的核算 ·· 232

第八章 员工福利管理 ... 242

第一节 员工福利概述 ... 243
- 一、员工福利的概念和特点 ... 243
- 二、员工福利的功能 ... 244
- 三、福利与工资的关系 ... 245

第二节 员工福利的内容 ... 246
- 一、法定福利 ... 246
- 二、企业补充福利 ... 252
- 三、弹性福利 ... 256

第三节 员工福利设计与管理 ... 258
- 一、员工福利设计的原则 ... 258
- 二、员工福利设计的内容 ... 259
- 三、员工福利的管理 ... 261

第九章 劳动关系 ... 266

第一节 劳动关系概述 ... 267
- 一、劳动关系的概念 ... 267
- 二、劳动关系调整机制 ... 270
- 三、劳动争议处理 ... 271

第二节 劳动合同管理 ... 276
- 一、劳动合同 ... 276
- 二、集体合同 ... 285

第三节 劳动安全卫生管理 ... 289
- 一、劳动安全卫生保护 ... 289
- 二、工伤管理 ... 292

第十章 职业生涯管理 ... 298

第一节 职业生涯管理概述 ... 299
- 一、职业生涯管理相关概念 ... 299
- 二、职业生涯管理的影响因素 ... 300
- 三、职业生涯管理理论 ... 301

第二节 个人职业生涯管理 ... 305
- 一、个人职业生涯规划 ... 305
- 二、个人职业生涯周期管理 ... 309
- 三、个人职业生涯管理的测量 ... 311

第三节　组织职业生涯管理 ·········· 315
一、组织职业生涯管理原则 ·········· 315
二、组织职业生涯通道管理 ·········· 316
三、组织职业生涯管理方式 ·········· 318

第十一章　创业企业的人力资源管理 ·········· 323

第一节　创业企业概述 ·········· 324
一、创业企业的相关概念 ·········· 324
二、创业企业的特点 ·········· 326
三、创业企业的发展机遇 ·········· 327

第二节　创业企业人力资源管理 ·········· 329
一、创业企业人力资源管理现状 ·········· 329
二、创业企业人力资源管理的机遇与挑战 ·········· 330
三、创业企业人力资源管理实践 ·········· 331

第三节　创业企业人力资源管理策略 ·········· 336
一、构建人力资源信息系统 ·········· 336
二、实施人力资源外包政策 ·········· 339

第十二章　全球化人力资源管理 ·········· 346

第一节　人力资源管理与经济全球化 ·········· 347
一、全球化人力资源管理的概念及特点 ·········· 347
二、影响全球化人力资源管理的因素 ·········· 349
三、全球化人力资源管理面临的机遇与挑战 ·········· 351

第二节　跨国公司的人力资源管理策略 ·········· 353
一、跨国公司员工的配置与甄选 ·········· 353
二、跨国公司员工的培训与开发 ·········· 361
三、跨国公司员工的绩效管理 ·········· 363
四、跨国公司员工的薪酬管理 ·········· 367

第三节　构建全球化人力资源管理系统 ·········· 370
一、全球人力资源管理系统 ·········· 370
二、全球人力资源管理系统的构建 ·········· 371

附　表 ·········· 374
参考文献 ·········· 379
后　记 ·········· 382

第一章

人力资源管理导论

学习目标

☆ 掌握人力资源、人力资源管理等概念及内涵
☆ 掌握人力资源管理的目标、内容及衡量指标
☆ 理解人力资源管理对企业战略及管理的价值
☆ 了解人力资源管理的历史沿革及发展趋势

关键术语

☆ 人力资源 Human Resource
☆ 人力资源管理 Human Resource Management
☆ 战略性人力资源管理 Strategic Human Resource Management
☆ 人力资源管理职能 Functions of Human Resource Management
☆ 企业战略管理 Strategic Management of Enterprise

学前思考

不知何时起,吸引和保留人才的竞争变得非常激烈。2013年美国人力资源管理协会(Society for Human Resource Management,SHRM)发布了《工作场所预测报告》,对人力资源从业者提出未来十年他们认为的最大挑战,排名前三的分别是:保留及奖励最好的雇员、发展下一批领导层、创造组织文化以吸引最好的雇员。认识这些挑战并不难,难的是如何应对这些挑战。在世界经济逐渐恢复、我国经济发展进入"新常态"、新生代员工逐渐产生影响以及新技术革新不断推动的情况下,人力资源正处于"风暴"的中心。在这变革的时代,人力资源管理将面临怎样的挑战?

◆ 开篇案例

当人力资源遇到人工智能

2017年中国人力资源管理新年报告会暨中国人才发展高峰论坛在北京中国人民大学隆重举行。来自政界、学界和企业界的1000余名嘉宾齐聚一堂,围绕"人与组织关系的重塑"这一主题切磋互动、跨界交流。超过5万人次在线观看了本次活动的网络直播。

百度公司副总裁刘辉作了题为"AI与人力资源管理的变革"的主题演讲。他首先提出了人力资源三元论(POC)观点,P指人才、O指组织、C指思想文化。他认为,人力资源管理应该关注三件事:一是人才,让人才能够脱颖而出;二是组织,让组织更加多元化;三是思想,也就是使命、愿景、价值观。

刘辉还就人力资源遇到人工智能后的几方面变化进行了畅想,他提出:未来大部分"人事"和"人力资源管理六大模块"的工作,都会被人工智能的方法和机器的方法所取代;在人工智能时代,人力资源管理更多的是做判断性而非重复性的工作;传统人力资源管理工作将会受到挑战,人工智能将大大提高人力资源管理工作的科学性、客观性、完整性、清晰性、前瞻性。

我们对以上观点能否认同?又有何思考呢?

资料来源:人工智能能直接取代人力资源吗.中国人力资源网,2017.

第一节 人力资源管理概述

一、人力资源及相关概念

资源是人类赖以生存的基础,是社会财富创造过程中不可或缺的重要内容。从经济学角度看,资源是指形成财富、产生价值的来源。人类财富的来源主要有两类:一类是自然资源,如土地、森林、矿藏、河流等;另一类是人力资源,来自于人的知识、体能、智力等。最初自然资源被看作财富形成的主要来源,随着科技进步,人力资源的贡献越来越大,并逐渐占据了主导地位。经济学家萨伊(Jean Baptiste Say)将"土地、劳动、资本"归为资源构成的三要素。经济学家熊彼特(Joseph Alois Schumpeter)则认为,资源除了土地、劳动、资本三要素之外,还应该包括企业家才能(精神)。随着信息技术及互联网的广泛应用,很多经济学家认为信息、知识、管理等也是资源的构成要素。

(一)人力资源的概念及内涵

人力资源(Human Resource,简称HR)的定义分广义和狭义两方面。

广义的人力资源指体力和智力正常的人。

狭义的人力资源指在一定的时间和空间范围内所有具有劳动能力人口的总和,是蕴含在人体内的一种生产能力,以劳动者的数量和质量为表现的资源。它有以下内涵:它是某一国家或地区具有智力和体力劳动能力的人口的总和,包括数量指标和质量指标;它是创造物质文化财富、为社会提供劳动和服务的劳动者;它是蕴藏在人体内的一种生产能力,开发之后成为现实的劳动生产力。

一个组织的人力资源是指该组织的全体员工,表现为员工的体力、智力、技能、经验等。

(二)人力资源的分类

人力资源按层次、规模可分为三个层次:人口资源、人力资源或劳动力资源、人才资源。三个层次的包含关系如图1-1所示。

人口资源是指一个国家或地区的人口的总体。

人力资源是对从事智力劳动和体力劳动的人口的总称,是人口数量和质量的统一,是潜在和现实人力资源的统一。现实人力资源主要指适龄就业、未成年就业及老年就业者,潜在人力资源主要指求学人口、服兵役人口,此外,还有一部分闲置状态如待业、求业、失业及家务劳动者。

劳动力资源是指拥有劳动能力且进入法定劳动年龄的人口资源。

图1-1 人力资源的层次关系

人才资源是指具有较强的管理能力、研究能力、创造能力和专门技术能力的人力资源,是优秀和杰出的人力资源。

(三)人力资源的特征

人力资源是不同于自然资源的一种特殊资源,综合许多学者观点,概括为以下特征:

1. 能动性

人力资源是劳动者所具有的能力,人能够有目的、有计划地使用自己的脑力和体力。在社会价值创造过程中,人力资源总是处于主动地位,是劳动过程中最积极、活跃、创新的因素。人既是价值创造的客体,又是价值创造的主体。自然资源服从于人力资源。

2. 时效性

人力资源的能量与人的生命周期密切相关。人的生命周期一般分为发育成长期、成年期、老年期等阶段。在发育成长期,体力和脑力处于积累阶段;进入成年期,人开始劳动并创造财富,成为现实的人力资源;而步入老年期,人的体力和脑力衰退,越来越不适合劳动。人力资源的时效性要求人在成年期及时开发和利用人力资源,避免浪费。

3. 增值性

人力资源具有明显的价值增值性。不论是集体还是个人,人力资源不会因为使用而损耗,只会因为使用而不断地增强,尽管是有极限的。人的知识、技能和经验因为不断地使用、锻炼而更有价值。因此,在一定的时空范围内,人力资源能够不断增值。

4.社会性

自然资源具有完全的自然属性,人力资源则具有社会属性,受时代和社会因素等影响。社会的政治、经济和文化不同会直接导致人力资源质量的差异,例如,古代社会的人力资源总体质量会低于现代社会,发达国家的人力资源质量也会明显高于发展中国家。

5.可变性

人力资源以人为载体,由于人的差异性及在劳动过程中发挥作用的程度不同,人力资源的产出具有可变性。人在劳动过程中会因为身体和心理状态不同工作态度、工具、方法、知识、技能等不同,从而影响劳动的结果和效率。组织可动态调整员工队伍的数量和结构,运用恰当的方法和措施开发利用员工潜能,既提高员工个人的价值,又提高组织的绩效。

6.可控性

组织人力资源分为外在可控和内在可控两种形式。外在可控人力资源指按劳动合同将劳动能力有偿转让给组织并接受其管理的员工,是组织名义上有权管控的群体;内在可控人力资源指组织实际管控并能发挥其作用的员工。组织可通过工作设计、员工配置等措施,发挥员工的潜能,使内在可控与外在可控的人力资源趋于一致。

7.组合性

人力资源主体虽然属于个人,但是,组织人力资源是一种复合性资源,必须建立劳动组织机制,通过分工协作、有机组合,产生整体大于局部的效果。经过组合后的人力资源,不仅能为员工自身带来更高的利益回报,更能促进组织的协调发展。

8.双重性

人们在社会生产、经营、管理等实践活动中,既在开发人力资源,又在使用人力资源。人既是生产者又是消费者,在创造社会财富的同时,人也在不断地消耗社会资源和自然资源。所以,既要控制人口总量,更要开发与使用人力资源,以发挥更大的社会经济。

此外,人才资源还具有稀缺性、不可替代性、难以模仿性及战略性等特征。

(四)人力资源的作用

1.人力资源是社会经济发展的主导力量

人力资源是社会财富形成的关键要素。社会财富是由对人类的物质生活和文化生活具有使用价值的产品构成,自然资源必须通过人力资源的转化作用才能实现财富增长,而人力资源的使用数量与效果决定了财富的形成量。同时,人力资源是社会经济发展的主要因素。以美国经济学家罗默(P. M. Romer)和卢卡斯(R. E. Lucas)为代表的新经济增长理论认为,现代以及将来经济持续、快速、健康发展的主要动力已不再是物质资源,而是拥有知识和技术的人力资源。经济学家舒尔茨(T. W. Schultz)认为,人力资源既能提高物质资本,又能提高人力资本的生产率。人力资源可以使劳动者自我丰富、自我更新和自我发展;同时通过劳动者知识、素质、能力等提高,增进对物质资本的利用率与产值量,人力资源和人力资本的不断发展和积累,直接推动物质资本的更新和发展。近10年的统计数据表明,发达国家国民生产总值中科技知识的贡献率约为60%～80%。

2. 人力资源是国家繁荣富强的前提

人力资源是国家强盛的重要因素之一,任何国家在经济、文化、科技等方面的快速发展,都离不开强有力的人才和智力支撑。教育是一个国家繁荣富强、持续发展的基础。国家之间的竞争,实际上是教育战略及国民素质的竞争。"二战"之后的德国、日本,不论是政府、企业,还是家庭,都非常重视教育和人才培养,正是因为教育和人才优势,提供了国家发展所需的各类人才,从而加速了国家的崛起。

21世纪的全球竞争主要集中在科技、智力、知识等方面,归根到底是人才的竞争。世界各国都非常重视人力资源的开发和建设,竭力通过不断提高的人力资源质量和优化的人才结构来实现国家的快速发展。

3. 人力资源是企业各类资源的关键

企业是指集中土地、资金、技术、信息、人力等各种资源,通过有效的方式整合、利用,从而实现自身利益最大化并满足利益相关者要求的组织。在现代社会中,企业是社会经济活动中最基本的经济单位之一,是社会价值创造的最主要的组织形式。企业的出现既是生产力发展的结果,又极大提高了社会生产力水平。企业若要正常运转,就必须投入各种资源,而人力资源是保证企业最终目标实现的最重要最有价值的资源,人力资源的存在及有效利用能够充分激活其他资源。管理大师彼得·德鲁克(Peter F. Drucker)指出:"企业只有一项真正的资源——人。"汤姆·彼得斯(Tom Peters)也说过:"企业或事业唯一真正的资源是人。"小托马斯·沃特森(Thomas J. Watson)的话则更加形象:"你可以搬走我的机器,烧毁我的厂房,但只要留下我的员工,我就可以有再生的机会。"

综上所述,人力资源无论是对社会、国家,还是对组织,都发挥着重要的作用,我们必须对它予以高度重视,开发并用好现有的人力资源。

(五)人力资源状况分析

在一定的社会及组织环境中,人力资源必须同其他形式的资源相互结合,共同实现组织目标。不同组织的人力资源情况各有不同,只有深入了解组织的人力资源状况,才能从实际出发进行人力资源的管理与开发。

一般而言,组织人力资源状况可从以下方面分析:

1. 人力资源的数量

组织的人力资源数量是指组织拥有的员工总体,包括以下形式:

(1)实际人力资源

实际人力资源是指组织实际拥有和控制的员工总数,包括长期固定员工和临时聘用、兼职、咨询顾问等其他员工两大类。

(2)潜在人力资源

潜在人力资源是指组织目前尚未使用,但未来可能通过各种方式加以开发和利用的人力资源,潜在人力资源主要受行业、区域人力资源状况以及组织的经济实力、发展阶段、管理政策、组织文化等因素影响。

2. 人力资源的质量

人力资源质量指人力资源的内涵要素,即人的社会、心理、行为等方面。当组织中人的思想观念一致、感情融洽、行动协调,就会达到人力资源优化效果。人力资源质量体现为以下四点:

(1)知识与教育水平

知识与教育水平是指员工的教育程度、知识结构、工作经验、相关培训等情况。

(2)职业道德水平

职业道德水平是指与员工职业相关的道德、品行、修养等综合素质。

(3)专业技能

专业技能是员工素质与任职能力的结合,表现为行业性和职业性特征,通过与职务工作要求相吻合的程度来评价。

(4)身心素质

身心素质表现为体力、智力、身心健康等特征。

3. 人力资源的结构

分析一个国家、地区或一个组织的人力资源结构时,主要针对现实的人力资源。

分析一个国家人力资源结构,可以从年龄构成、教育水平、产业与职业分布、区域及城乡分布等方面进行。

对企业人力资源的结构分析则主要围绕以下因素进行:

(1)年龄结构

各个年龄段的员工在员工总体中所占的比例。年龄结构不同,企业人力资源管理的侧重点必然不同,如员工队伍年轻化,则员工技能培训的任务可能较重,而相对老龄化的企业,招聘录用新员工的任务则会较重。

(2)学历结构

研究生、本科、大专、中专及以下学历层次的员工在员工总体中所占的比例。学历结构能反映员工队伍的知识水平。

(3)职位分布

不同职位层次或不同类别岗位的员工在员工总数中所占的比例。按传统的组织理论,员工的职位分布是金字塔形的,职位级别越高,则员工人数越少。

(4)部门分布

各个部门的员工在员工总体中所占的比例。如工业企业,通常设立市场营销、生产加工、工程技术、行政后勤等部门,不同性质的部门对企业的价值和贡献程度必然不同,直接创造价值的部门要比辅助和后勤部门的员工人数相对较多。

(5)素质构成

素质构成主要指员工的个性、品性、能力、知识和体质等特征,一般分为语言描述和分数描述两种形式。

此外,人力资源结构分析还有性别、工龄、学历、职务职称、专业能力等因素。在经济全球化及组织管理快速变革的环境中,企业人力资源的结构分析还应考虑地域、国别、文化、工作与家庭等方面因素。

人力资源的数量与质量紧密关联,只有保持一定的人力资源数量,才能有相应的质量,人力资源的结构因素则综合反映了人力资源整体状况。社会各个组织因工作任务、性质、组织结构及管理模式等不同,对人力资源的规模、质量及结构等要求也必然不同。如果组织中员工的素质均较低,则很难在本领域内形成竞争优势。但并非高水平员工越多越好,人才堆积也会造成人力资源浪费,既增加了组织人员成本,又不利于人才的使用和发展。

(六)中国人力资源的现状

1. 人力资源比较丰富

据有关资料反映,我国虽然从2012年起出现人口红利的拐点,但总人口及劳动就业人口的基数仍然较大。2020年前是我国人力资源最丰富的时期,也是大力开发人力资源的最佳时机。随着国家越来越重视人力资源的开发利用,我国人力资源的质量不断提高,现已拥有一批数量庞大、质量较高、颇具竞争力的技术、管理、科研等人才队伍。

2. 人口老龄化速度加快

2011年4月,国家统计局发布了我国第六次人口普查结果,全国总人口约13.397亿,较2000年增加了7390万人,增长了5.84%,其中,60岁以上的人口占总人口的13.26%,65岁以上的人口占总人口的8.87%。据联合国统计,1990~2020年,世界老龄人口的平均年增长速度约为2.5%,而我国老龄人口递增速度约为3.3%,预计2020年,我国65岁以上老龄人口将达1.67亿,约占全世界老龄人口的24%。为了应对快速到来的人口结构老龄化问题,2014年以来,我国进行了生育政策和退休政策的改革。

3. 人力资源数量与质量的结构性矛盾突出

当前,我国人力资源在数量上矛盾较大,劳动力有效供给下降,不能满足经济发展的需求。自2004年起,我国劳动力供给减缓趋势已现端倪,此后的"用工荒"现象从东南沿海逐步向内地扩散。2009年之后,企业用工成本大幅提上升,但"开工不足、离职率高"现象依然严重。同时,我国劳动力结构的变化也不断加快,一方面,自2011年起,劳动年龄人口的绝对数量开始逐年递减,而人口抚养比开始上升;另一方面,农村剩余劳动力大幅下降,农民工总量增速回落,主要依靠劳动力要素投入来支撑经济增长的模式必须转变。

我国人力资源在质量上的结构性矛盾凸显,劳动力供给与需求在产业结构、地区结构、企业结构等方面难以匹配。首先表现为就业的结构性矛盾,无论是经济转型还是技术革新,都亟需一大批能适应复杂工作的技能型人才。其次,城乡二元经济结构禁锢了劳动力市场的应有活力,削弱了劳动力要素的配置效率,扭曲了对农村地区人力资源的投资。此外,由于我国职业教育发展迟缓,各类组织对职业培训投入不足,技能型人才一直处于供不应求的状态。

◇ 阅读推荐 1-1

人本中国:打造人力资源管理的中国模式

2013年11月19日,由中国人力资源开发研究会主办的"2013年人本中国高峰论坛"在北京会议中心隆重召开,政府领导、专家学者与来自全国各地的众多人力资源同仁齐聚一堂,共同讨论中国人力资源的战略转型与效能提升这一宏大话题。

改革开放三十余年来,中国企业界沧海桑田,除数量的急剧增长与种类的日益繁多外,更重要的是,中国企业在探索与促进企业管理制度改革等方面扮演了积极且重要的角色。如今,"以人为本""人力资源是第一资源"等理念已成共识,十八届三中全会再次将人力资源提升至国家战略的高度,但在经济全球化、社会知识化的大势之下,中国企业所面临的管理复杂性和不确定性也日趋突出,人力资源管理的重要性和难度将不断增长。

中国人力资源开发研究会会长刘福垣指出,十八届三中全会之后,"以人为本、以中为重、全方位开放"的发展观已深入人心,应及时探讨和总结人力资源管理的中国模式。中国人事科学研究院院长吴江指出了十八届三中全会在人才方面的三个改革重点,强调目前中国应该从效率驱动转变为创新驱动,要"以用为本",努力解决"大而不强"的问题。与会嘉宾也发表了精彩的主题演讲,如:如百度人力资源副总裁刘辉从人才、组织和思想三方面阐述了优秀企业的要义;南京大学商学院赵曙明教授以万科、美的等著名企业为例,讨论了领导力开发的意义与思路;中国人民大学商学院的杨杜教授讲述了他的"三本主义"——人本、知本、资本,呈现了一种企业管理的新视角,等等。

资料来源:《中国人力资源开发》编辑部. 中国人力资源开发,2013.

二、人力资源管理及相关概念

(一)人力资源管理的概念及内涵

1. 人力资源管理的概念

人力资源管理(Human Resource Management,简称HRM),是指对人力资源的生产、开发、配置、使用等诸环节进行的计划、组织、指挥和控制等一系列的管理活动。人力资源管理也可理解为:组织对人力资源的获取、维护、运用及发展的全部管理过程与活动。

2. 人力资源管理的内涵

人力资源管理是对社会劳动过程中人与事之间相互关系的管理,为谋求社会劳动过程中人与事、人与人、人与组织的相互适应,实现"事得其人、人尽其才、才尽其用"。

人力资源管理是研究管理工作中人或事方面的任务,以充分开发人力资源潜能、调动员工的积极性、提高工作质量和效率,实现组织目标的理论、方法、工具和技术。

人力资源管理是通过组织、协调、控制、监督等手段进行的,对组织员工产生直接影响的管理决策及实践活动。

人力资源管理是为使员工在组织中更加有效地工作,针对员工的招聘、录用、选拔、考核、奖惩、晋升、培训、工资、福利、社会保险、劳动关系等方面开展的工作。

(二)人力资源管理的目标任务

1. 人力资源管理的目标

关于人力资源管理的目标,国内外学者有不同的观点。董克用从最终目标和具体目标两个层次来阐述。他认为人力资源管理的最终目标是帮助实现企业的整体目标。作为企业管理的一个重要组成部分,人力资源管理从属于企业管理系统,人务资源管理目标应当服从并服务于企业目标。在最终目标之下,人力资源管理还要达成一系列的具体目标,如:保证组织需要的人力资源数量和质量;为人力资源价值创新营造良好的环境;保证员工价值评价的准确有效;实现员工价值分配的科学合理。人力资源管理的目标描述见图1-2。

图1-2 人力资源管理的目标描述

2. 人力资源管理的主要任务

人力资源管理的主要任务体现在吸引、使用、培养、维持等四个方面。

吸引:吸收合适及优秀的人员加入组织是人力资源管理活动的起点。

使用(激励):员工在本岗位或组织内部成为绩效合格乃至优秀者。激励是人力资源管理的核心任务。如果不能激励员工不断提升绩效水平、为组织作贡献,则人力资源管理对组织的价值就无法体现。

培养(开发):员工拥有能够满足当前和未来工作及组织需要的知识和技能。开发既是人力资源管理的策略,更是达成员工与组织共同发展之目的。

维持:组织内部现有员工能继续留在组织中。维持是保证组织拥有一支相对稳定员工队伍的需要,也是组织向员工承诺的一份"长期合作、共同发展"的心理契约。

在企业管理实践中,人力资源管理的四个任务通常被概括为"引、用、育、留"四个字。

(三)人力资源管理的基本内容

人力资源管理是为了实现人事协调、匹配而开展一系列管理活动,通过人与事的优化配置来提高组织效益、促进人的发展。人力资源管理的基本内容包括以下方面:

1. 人力资源规划

人力资源规划是指对人力资源及其管理工作的整体计划,包括战略规划、组织规划、制度规划、人员规划及费用规划。人力资源规划涉及以下方面:根据组织总体战略,确定人力资源开发利用的大政方针、政策、组织结构及工作职责;建立组织人力资源管理的制度体系;对组织人力资源的供求关系进行预测分析;对组织人工成本、人力资源管理费用等进行计划和控制。

2. 员工招聘与员工配置

员工招聘是指基于组织的人力资源规划和工作分析,明确所招聘员工的职责、权力、待遇及资格条件,通过不同的招聘形式,运用相应的方法、技术,以恰当的成本从职位申请人中选出最符合组织需要的员工。员工配置是指根据人力资源配置原理,结合组织内部的劳动分工与协作,对员工在时间和空间上进行合理配置,使员工在一定的劳动环境中开展工作。

3. 员工培训与开发

员工培训与开发是指采取各种方法和措施培训员工,提高员工的知识、技能、工作能力,并利用组织文化引导员工的个性发展和素质提高,以适应组织当前及未来发展的要求。培训与开发包括:对新进员工进行入职培训,教育和培训各级管理人员、专业技术及工勤人员,为使员工保持理想的技能水平、工作状态而组织开展相关活动。

4. 绩效管理与考评

绩效管理与考评包括:建立和完善组织的绩效管理系统,引导员工为实现组织和个人目标、提高工作绩效而努力;制定符合组织需要且激励员工为之努力的工作目标,不断强化并付诸实施;围绕绩效目标,制定绩效考评指标体系、设计考评方法和工具,使考评程序和结果公平公正;采取恰当的方式反馈员工的绩效考评结果。

5. 薪酬管理与激励

薪酬是根据员工对组织的价值贡献而提供员工的物质利益回报。薪酬制度不仅关系到员工的切身利益,也直接影响劳动生产率及组织目标的实现。建立科学合理的薪酬体系以及符合组织实际的薪酬内容、结构、分配原则和办法,不仅体现了组织对员工的评价和激励导向,而且有助于促进员工理解组织文化。

6. 劳动关系管理

在知识经济时代,企业与员工的关系不再是终身制,而是双向选择、双向促进的关系。企业劳动关系管理不仅包括企业与员工之间的劳动合同、劳动标准、社会保险、集体协商、劳动争议等方面,还涉及员工之间、员工与岗位之间、工作与生活之间关系的动态处理。

以上人力资源管理内容具有相对系统性和相互协调性，且必须以共同的价值观和相对一致的管理理念、政策、原则为基础，构成相互支持、彼此协同的人力资源管理系统。

(四)人力资源管理的衡量指标

人力资源管理活动的有效性，应通过一定的测量和评价指标来衡量。以下指标可以从某些方面反映人力资源及管理状况，为加强或改进人力资源管理提供参考。

1. 劳动生产率

劳动生产率是最基本和通用的指标，通过人均产值、人均利润、人均效益等表现，适用于同一行业内各企业之间的横向比较或同一企业在不同时期的纵向比较。因为影响因素涉及企业经营管理活动的各个方面和环节，所以只有当企业基本条件较为接近时，劳动生产率的差别才能反映出人力资源管理水平。

2. 人工费用率

人工费用率是指人力资源的投入（占用资金）与产出（工作绩效）之间的比率，它能反映人力资源投资活动的有效性，衡量人力资源管理活动的效益。人工费用率可针对企业人力资源总体计算，也可将每一项人力资源管理活动所消耗的成本费用与该活动的收益进行比较。

3. 员工流动率

员工流动率主要反映员工在某一组织中连续工作的情况。人员流动状况是员工士气的晴雨表，反映了企业人力资源管理政策和水平。造成员工非正常流动的客观因素主要有：企业薪酬政策不合理；现有工作不能实现员工的理想抱负，组织不能为员工提供更好的发展机遇；员工之间关系紧张，工作条件和环境不和谐，内部管理制度不合理；区域经济、行业发展及企业前景不佳等。

4. 考评合格率

考评合格率是指员工实际工作状况与工作既定目标和标准之间的符合程度，不仅可以反映员工的工作表现和业绩状况，而且可以反映员工的工作效果、知识、技能、素质等方面情况，还能反映企业在工作标准及监督管理等方面的问题。对上述问题的分析研究能为员工的招聘录用、培训开发、薪酬分配、人工成本控制等管理政策的制定和修改提供依据。

5. 人才开发率

人才开发率主要通过培训效果、员工技能的提高、员工职务晋升、薪酬调整等方面来衡量。它反映了人力资源的培训和开发水平，体现了员工在组织当前及未来的发展状况。人才开发主要以员工教育培训、工作轮换、管理人员开发计划等方式进行。

此外，员工缺勤率、薪酬满意度、劳动纠纷率等也是人力资源管理活动的评价指标。

表 1-1 是美国人力资源管理协会（SHRM）提出的一些人力资源管理衡量指标。

表 1-1　SHRM 建立的人力资源管理衡量指标库中的部分指标样本

指标名称	指标核算	指标内涵分析
缺勤率	[(每月缺勤天数÷当月平均员工人数)×工作日天数]×100%	缺勤率主要用来衡量员工缺勤情况。该指标可确定公司员工是否存在缺勤问题,分析缺勤的原因及解决对策,进一步分析公司在出勤政策及管理执行中的有效性。
人均雇用成本	(广告费用+中介费用+员工推荐费用+求职者和员工的差旅费用+重新调配成本+招募人员的薪酬和福利)÷雇用人数	人均雇用成本是指每一次新雇用活动所需支付的成本。该指标可衡量组织在招募(留住)员工方面的成本情况,还可帮助公司节约或降低招募成本。
人均卫生保健成本	卫生保健总成本÷员工总人数	人均卫生保健成本是指员工的人均福利成本。该指标可表明每位员工享受的卫生保障情况。
人力资源费用系数	人力资源费用÷总运营成本	人力资源费用系数反映了人力资源费用与组织总运营成本之间的关系。该指标可帮助企业确定其费用标准是超出、符合还是低于预算,从而分析哪些人力资源管理实践有助于节约成本。
人力资本投资回报率	(收益-运营成本)÷(薪酬成本+福利成本)	人力资本投资回报率主要用来衡量组织对员工的投资是否获得回报,分析产生正的或负的投资回报率的原因;评估人力资源实践与组织绩效改善之间是否存在因果关系,从而优化组织在招募、激励、培训开发等人力资源实践方面的投资。

资料来源:加里·德斯勒.人力资源管理(第12版).北京:中国人民大学出版社,2012.

阅读推荐 1-2

思科:基于价值观的人力资源管理实践

思科(Cisco Systems)是于1984年由美国斯坦福大学的一对教授夫妇莱昂纳德·波萨克(Leonard Bosack)和桑蒂·勒纳(Sandy Lerner)创办的公司。1986年,思科生产了第一台路由器,将不同类型的网络可靠地连接起来,从此掀起了一场通信革命。经过30多年发展,思科几乎成为"互联网、网络应用、生产力"的同义词,所进入的每一个领域均已成为市场领导者,思科现是全球领先的网络解决方案供应商。思科的年收入自1990年的6900万美元上升到2014年的471亿美元,在2014年《财富》评选的美国500强企业及全球最受尊敬的百强企业,思科均排名第55位。

据分析,思科在动态不确定性竞争环境中保持核心竞争力的秘诀在于其价值观及基于价值观的人力资源管理实践。价值观本身并不能形成核心竞争力,关键是价值观的融入和执行。思科深知这一道理,所以把思科价值观落实到人力资源的获取、培养、使用和保留的每一环节,努力将企业价值观内化为员工价值观,由此形成公司的核心竞争力。

思科持续成功的秘密在于其竞争对手不能模仿也不愿意模仿的思科价值观:不搞技术崇拜、重视团队精神、保持开放沟通、鼓励创新与学习等。思科努力通过人力资源管理手段将这些价值观渗透到员工的思想和行为中。如在人力资源获取环节,评估被收购公司和求职者是否与思科价值观匹配以及在具体招聘工作中体现包容性和多元化的价值观;在人力资源培养和整合环节,向员工灌输团队协作、学习与创新等价值观;在人力资源使用环节,体现开放沟通、团队协作、包容性与多元化等价值观;在人力资源保留环节,淘汰那些与思科价值观不一致的员工。思科通过实施以上人力资源管理实践,使员工保持与思科价值观基本一致的思想和行为,最终提高企业的核心竞争力。

资料来源:徐智华等.基于价值观的人力资源管理实践——以思科为例.中国人力资源开发,2015.

第二节　人力资源管理的发展

一、人力资源管理的演进

人力资源管理的形成和发展基于一定的实践基础和相关的理论借鉴。一方面,不断发展的企业人力资源管理实践推动了人力资源管理学科的建立与发展;另一方面,管理学、经济学、社会学等理论为人力资源管理实践的发展奠定了理论基础。

(一)人力资源管理的理论发展

1. 传统的科学管理

20世纪初期的管理阶段称为"科学管理理论阶段"。美国管理学家泰勒(F. W. Taylor)于1911年撰写了《科学管理原理》一书,提出以下观点:

第一,人是为了物质需要而工作的;

第二,任何工作都可以用技术上最合理的方式完成;

第三,人的素质和能力不同,必须科学选择,寻找适合不同工作的员工;

第四,人天生不爱工作,只有通过监督才能防止其偷懒;

第五,社会分工中出现专门的管理职能。

与泰勒的科学管理理论相对应,关于企业人事管理方面的研究成果主要有:

第一,以事为中心,以任务为指导,实行标准化的劳动管理;

第二,把人视为"经济人",以物质利益为一切行为的动力;

第三,按劳动者完成工作的数量和质量进行分配并采取相应的物质激励;

第四,为使员工标准化操作、提高劳动生产率而重视工人的在职训练;

第五,出现人事管理部门,主要负责员工招聘、调配劳动力和协调劳动关系。

2. 行为科学管理

20世纪初至20世纪60年代,工业化国家增多,企业管理实践不断丰富,理论界在探讨科学管理的贡献与不足的基础上,形成了行为科学理论学派,如人际关系理论、需求层次理论、人性特质理论等。

(1) 人际关系理论

梅奥(G. E. Mayo)经过多年的实践研究,认为工作标准化、经济利益的驱动并不是提高生产效率的关键,员工的关系改善、士气提高等才是提高劳动生产率的重要因素。

(2) 需求层次理论

马斯洛(A. H. Maslow)探讨了人的行为动因及需求状况对人的行为方式的影响,提出生理、安全、感情与归属、尊重、自我实现等五层次需求,认为需求结构变化及未能满足的需求是决定人们行为的真实动因。

(3) 人性特质理论

X 理论主张人性本恶,为此要采取指挥、监督、强制、惩罚等手段去管理;而 Y 理论主张人性本善,管理者应创造一个能满足员工多方面需要的环境,用民主、和谐、激励、引导等手段管理。麦格雷戈(D. McGregor)提出 X－Y 理论,主张对不同的人采取不同的管理方式,或采取严密的组织监督管理,或采取宽松的民主参与管理。威廉·大内(William Ouchi)在研究日本企业管理的基础上提出 Z 理论:企业应长期雇佣员工,鼓励员工参与企业管理,注重对员工全面培训,形成员工的稳步提升制度及规范的评价检测机制。

与行为科学理论相对应的人事管理或人力资源管理有以下特点:

第一,人不仅是"经济人",而且是"社会人",社会心理、人际关系等因素是影响员工工作的直接动因;

第二,生产效率的提高不仅取决于工作条件和工作方法,还受到工人士气、家庭、企业、社会人际关系等综合因素的影响;

第三,非正式群体是影响人们行为方式的重要力量,管理者要善于引导非正式群体的活动,使之与正式组织目标一致。

3. 现代管理理论

从 20 世纪 60 年代至 20 世纪末,随着经济社会的发展,出现了许多经济管理的新思想、新理论,对企业管理实践影响很大,我们称之为"现代管理理论"。现代管理理论包括许多学派,主要有以下两个:

(1) 社会系统学派

社会系统学派认为社会组织是由相互协作的个人组成的系统,包括协作的意愿、共同的目标、信息的沟通联系,非正式组织与正式组织相互制约并对正式组织产生影响;

(2) 权变学派

权变学派认为没有绝对合理的管理方式,管理者要根据企业所处的环境条件随机应变,选择最适合的管理方法。

与现代管理理论相对应的人力资源管理有以下特点:

第一,人不但"复杂"且变化很快;

第二,人的需求同所处的组织内外环境密切相关;

第三,人在组织中的作用得到重视,追求组织整体效益的最大化;

第四,人的智力开发、素质提高及人与人之间的协调及合理配置得到重视;

第五,管理向信息化和智能化方向发展,出现人力资源管理信息系统。

4. 人力资本理论

美国经济学家舒尔茨是人力资本理论的构建者。人力资本理论提出了广义的资本概念,即国民财富包括物质资本与人力资本。人力资本理论指出:人力资本的积累是社会经济增长的源泉,人力资本投资收益率超过物力资本,人力资本在各生产要素之间发挥着替代和补充的作用。

(1)人力资本的概念

人力资本是一种存在于人体内的生产要素,是具有经济价值的知识、技能、体力等的总和,能为投资者现在和未来带来一定量的收入。

人力资本具有两重属性,一是"物"的属性,可以作为商品进行交易和买卖,目的是实现载体收益的最大化;二是"人"的属性,人力资本与其载体——人具有不可分离性,人的偏好、行为与意志会影响人力资本发挥的实际效果。

(2)人力资本的特征

人力资本首先具有独占性,物质资本的产权可以变更,而人力资本则不能,尽管企业占有人力资本,但只能通过人与人之间的影响来使用,人力资本的形成、使用、流动及开发等自主权最终归属于劳动者。其次是潜在性,物质资本的价格主要由社会必要劳动时间决定并受市场供求关系影响,而人力资本的价值具有潜在性,对不同意愿和能力的人进行投资,可能产生不同的人力资本。此外,人力资本具有专用性,物质资本的价值具有通用性,而人力资本因劳动分工、专业化、个体能力等不同,具有一定的不可替代性,当人力资本的所有者将其劳动能力与某一特定的组织、工作及任务相结合,则表明已按照相应的专业标准去改造个体。

(3)人力资本的投资

人力资本的形成需要一定的条件,为提供这些条件而进行的投入称"人力资本投资"。

为提高劳动者的素质和能力,在健康、教育、培训等方面投入的资金、实物、劳动等都属于人力资本投资。个人、家庭、组织、社会都可以成为投资主体。企业是追求微观效益的经济组织,也是社会劳动者就业的主要场所,在人力投资活动中具有重要的地位。

企业人力资源投资具有特殊性,它以改善人力资源状况并提高企业经营效益为目的。由于企业与员工的利益目标具有差异性,相互关系具有可变性,其投资效果具有很大的不确定性。

企业的人力资本投资一般有两个原则:一是功利原则,人力投资必须为企业带来现实利益,即收益大于投入;二是激励原则,人力投资作为一种管理手段,不仅可以提高员工的技能,而且可以提高员工对企业的忠诚度。

企业人力资本投资涉及人力资源管理的各环节,包括员工"引进、培养、使用、保留"等方面的支出,如员工招聘投资、员工培训开发投资、员工配置投资、员工福利投资、员工管理系统投资等。

5. 劳动关系理论

企业是投资者和劳动者的合作组织,劳资关系是人力资源管理必须面对的重要问题,劳动关系理论也是人力资源管理学的基础。当代劳动关系管理理论形成于20世纪40年代,主要代表人物是美国经济学家邓洛普和罗斯。1987年,基于邓洛普的理论框架,美国学者桑德沃提出了关于劳动关系管理分析的理论模型,比较全面地分析和阐述了劳动关系管理的一些影响因素以及劳动关系紧张冲突的后果及解决办法,该模型对后来劳动关系管理的研究产生了重大影响。

桑德沃的主要观点有:外部环境、工作场所及个人因素是导致工作中紧张和冲突的主要因素;工作紧张和冲突会妨碍群体关系的改善和劳动生产率的提高;解决紧张冲突的主要办法有管理干预、组织工会等集体行动、员工从身体和心理上撤出企业;工会运动往往把集体谈判作为基本手段,就工资、工时、工作条件等与企业进行博弈,并在此基础上拟订集体劳动合同及部分工作准则。

由于劳动关系理论主张通过劳资协作来解决投资者与劳动者之间的利益矛盾,对企业利益关系的协调和员工开发管理具有特殊的参考作用。

(二)人力资源管理的实践发展

从19世纪末至今,人力资源管理实践不断发生变化,从强调物质、资金到重视人,管理手段、方式、方法更加多样化,管理思想更为人本化,大致可分为以下三个阶段:

1. 人事管理

人事管理是指对组织中人的管理工作,即"用人办事"。广义的人事管理是指所有管理者共同的工作。狭义的人事管理是将组织中对人的管理工作作为一项专业化活动。

20世纪初,西方资本主义国家的许多企业实行的是人事管理,主要任务是确保员工按企业的规定程序参与生产作业及管理过程,通过行政手段对员工的招聘、录用、解雇、培训、人事档案、工资福利等方面进行管理。此时的人事管理是一种辅助、机械、低层次的管理,为实现组织效益最大化,以人力为成本,以事为中心,管理的科学性和技术性不强,人事部门在企业中的地位也不高。

20世纪40年代至60年代,企业人事管理的方式和内容不断变化,开始注重劳资协调。随着工会运动的蓬勃发展,企业迫切需要人事部门与不断壮大的工会组织相抗衡,人事管理成为处理劳资关系的工具。此外,由于美国颁布了《民权法》,各国政府先后出台一系列劳动用工方面的法律法规,对劳动就业状况和企业用工行为进行强制性干预,企业人事政策随之调整,员工的自主性提高、人工费用中的非生产性内容显著增加,有效而合法的人事管理活动越来越重要。

2. 人力资源管理

20世纪60年代至80年代是人事管理向人力资源管理发展的过渡阶段。越来越多的企业重视人力资源,把提高组织竞争力的重点放在员工的开发和利用方面,希望通过组织与员工的共同发展促进企业的持续发展。

人力资源管理强调以人为本、人与事的统筹协调,将员工视为组织中重要的资源,注重开发和利用人的潜能,通过发挥人的作用提高劳动生产率。人力资源管理主要围绕人员招聘、甄选、培训、考核、激励等一系列环节展开,丰富和扩大了传统人事管理职能,从行政事务性的员工管控转变为通过建立一整套人力资源规划、开发、利用与管理的综合系统来达成组织目标、提高组织竞争力。人力资源部门的地位不断上升,职能不断扩展,逐渐参与企业的经营管理,与直线经理相互配合,不仅以资源利用的经济效果向企业负责,而且以所提供的工作和生活质量向员工负责。人力资源管理逐步从员工的"保护者"和"甄选者"向企业发展的"规划者"和"变革者"转变。

人力资源管理与人事管理的区别见表1-2。

表1-2 人力资源管理与人事管理的区别

	人力资源管理	人事管理
管理理念	视人为资源	视人为成本
管理活动	主动开发	被动反应
管理内容	以人为中心、注重人的潜能开发	以任务为中心、管好现有的人
管理地位	管理决策层	工作执行层
工作方式	民主—尊重—参与	权力—命令—服从
部门性质	生产与效益部门	非生产、非效益部门
管理导向	注重工作过程,关心并发展人	注重工作成果
管理重心	强调人与事的和谐、统一	以事为中心
管理手段	多元化的激励方式	主要是物质刺激
管理环境	国内、内部	全球、外部

3. 战略性人力资源管理

战略性人力资源管理始于20世纪80年代中后期,经欧美等发达国家企业管理实践证明,它是组织获得长期可持续竞争优势的战略途径。Wright & Mcmanhan提出,战略性人力资源管理是为企业能够实现目标所进行和采取的一系列有计划、有战略意义的人力资源部署和管理行为。

战略性人力资源管理是企业战略的重要组成部分,其管理决策具有更长久的思考价值和更广泛的影响,SHRM的主要特征表现为:

(1)参谋和咨询功能扩展

人力资源管理对企业经营管理的支撑作用不断强化,在组织流程再造、绩效管理、薪资分配、组织文化建设等方面,人力资源管理的要求越来越高,人力资源管理方面的建议越来越受到重视。

(2)直线功能得到强化

人力资源比企业其他的资源更有价值,员工为企业创造了竞争优势,人力资源管理逐渐成为企业的价值和利润中心。

(3) 参与决策职能提升

人力资源管理职能在企业战略规划的制定和执行中承担更多的工作,人力资源管理从组织战略的"反应者"转变为战略的"制定"和"执行"者,最终成为企业战略的"贡献者"。

◇ 应用案例 1-1

星巴克:员工第一,顾客第二

星巴克诞生于1971年,创业之初,星巴克只卖咖啡豆,直到1986年才开始经营咖啡店业务。在不长的时间里,星巴克快速发展,现有员工超过10万人,在中国开设了460多家门店。

为什么星巴克能够成功,秘诀是什么?最重要的一点是"员工第一、顾客第二"。道理很简单,公司对员工好,员工就会对顾客好;如果公司一味要求员工对顾客好,而不对员工好的话,顾客也不可能得到员工的优质服务。对零售企业来说,必须通过员工让顾客看到"信任"。美国有一项令人感慨的研究结果:40年前,电视上播放30秒的广告,90%的人都认为广告内容是真实的;但今天,同样的广告,大多数人已不再相信。这是因为推销者与零售商违背了对员工、顾客的承诺,造成了信用的缺失。

在传统商业模式的利益金字塔中,最顶尖的是股东,中间是顾客,底层才是员工。星巴克否定了这种商业模式,它认为员工是最重要的资产,然后是顾客,最后才是股东。2006年11月,星巴克宣布中国市场所有员工包括工作1年以上的兼职员工都能拥有星巴克的股票期权,而其他公司往往只有中层以上管理者才能拥有股票期权。同时,中国星巴克有"自选式福利",即员工可根据个人需求和家庭状况自由搭配薪酬结构,旅游、交通、子女教育、个人进修、出国交流等福利补贴可以按照员工的不同状况给予相应的补助。前不久,星巴克入选美国《财富》杂志最佳雇主榜单。

星巴克的价值观始终是将员工当成伙伴,不论是高层管理者还是普通的员工,都是公司最重要的资产。公司坚信,只有员工是快乐的,才能为顾客带来快乐。

请分析:星巴克采取了何种人力资源管理策略?企业如何利用人力资源管理在激励竞争中占据优势?

资料来源:员工第一,其次才是顾客. 百库文库, 2010.

二、人力资源管理的发展趋势

(一) 新型人力资源管理

在20世纪的大部分时间里,人事管理者或人力资源管理者所关注的主要是事务性工作,从最初的工资发放、福利计划、人事档案管理等,到后来的人才测评、招聘甄选、员工培训等业务。今天,由于全球化、多元化、技术与管理变革、劳动力队伍发展以及社会经济转型等许多因素,企业面临着更多的不确定性、激烈的竞争和严峻的挑战。在这种情况下,企业不仅期望而且要求人力资源管理者具备帮助企业积极应对各种新挑战的能力。新型人力资源管理提出了以下三方面的要求:

1. 关注更多的全局性问题

人力资源管理将越来越多地关注整个公司的全局性问题。一家公司决定建立新的工厂,该工厂主要生产各种金属零部件。管理团队很清楚,如果没有一支能够在团队里顺利开展工作、对个人工作进行有效管理以及操作各种自动化设备的员工队伍,新工厂将无法运行。公司的管理团队与人力资源部门展开了紧密合作,制定并执行雇拥计划,开展公司所需要的人力资源管理活动,使得新工厂成功开业运营。显然,该公司的人力资源管理团队有力地支持了公司的发展。

新型人力资源管理的第一个变化是人力资源管理者关注组织中更为全局性的一些问题,而不只是完成一些事务性工作。企业希望人力资源管理者成为组织的内部咨询顾问,识别出那些有助于员工更好地为组织成功作出贡献的变化,并且使这些变化得以制度化。此外,企业还希望人力资源管理者能够帮助高层管理者制定并执行组织的长期规划或战略。

2. 有效运用提供事务性服务的新方法

人力资源管理者正在把注意力由提供事务性服务转向为高层管理者提供"信息性和支持性"的决策建议。那么,人力资源常规事务性工作由谁来做呢?

新型人力资源管理者显然必须运用新的方法来提供传统的但却"最基本"的事务性服务。实践证明,人力资源管理者可采用以下方法技术(表1-3)来实现这一目标。比如:公司可以将福利管理等服务项目外包给服务供应商,供应商利用技术帮助企业建立内部网站,让员工对个人福利进行自我计划和管理;企业也可以建立专门的集中呼叫中心,以回答员工及其上级提出的与人力资源相关的各种咨询。

表1-3 一些支持人力资源管理活动的应用技术

技术	在人力资源领域中的使用
应用服务商与技术外包	应用服务商提供应用软件,处理求职申请表等信息,通过远程计算机来为企业提供服务并进行管理。
门户网站	企业可让员工注册门户网站,管理并变更个人信息,同时管理个人的总体福利等。
桌面流媒体视频	企业可利用桌面流媒体视频为员工提供远程培训,快速、低成本地向员工提供公司相关信息。
互联网与网络监控软件	企业可追踪员工在互联网上收发邮件等活动信息,或者监控部门及员工的绩效表现。
电子签名	雇主可以运用具有法律效力的电子签名,迅速地获取各种申请表及存档所需要的签名。
电子账单的呈递与支付	电子账单可以用来取代纸质的支票,方便企业向员工和供货商进行相应的支付。
数据库与计算机化的分析程序	数据库与计算机化的分析程序可以帮助人力资源管理者监控公司的人力资源体系,获得员工雇佣成本数据,将现有员工的技能与企业战略需求进行比对等。

资料来源:加里·德斯勒,人力资源管理(第12版),北京:中国人民大学出版社,2012.

3.具备更多更新的专业技能

进行战略性谋划、作内部咨询顾问以及与外部服务供应商和技术打交道,这些都要求人力资源管理者具备新的人力资源管理技能。人力资源管理者除了需要具备员工甄选、培训、薪酬管理等方面技能外,还需要掌握更多的业务知识和专业技能。比如:为帮助高层管理者制定战略,人力资源管理者需要掌握战略规划、市场、生产及财务等方面知识。此外,今天的人力资源管理者必须掌握"财务总监的语言",用可衡量的财务指标,如投资回报率、单位服务成本等来对人力资源管理活动作出解释。

(二)战略性人力资源管理

简而言之,战略性人力资源管理是通过制定并实施相关的人力资源政策和实践,帮助组织获得实现其战略目标所需要的员工能力和行为。比如:上述公司的战略性人力资源管理要求员工具备在新工厂工作的知识、技能,因此,该公司的战略性人力资源规划就要包括员工所必需的知识和技能,如何招募、测试、甄选以及培训新员工,等等。该公司的管理者很清楚,如果员工不具备必要的知识、技能,没有进行必要的培训,新工厂将无法运行。该公司的战略性人力资源规划使得公司能够雇佣到帮助企业实现目标的员工。

本章第三节将详细阐述企业战略性人力资源管理的内容及策略。

(三)循证人力资源管理

在充满各种挑战和不确定的环境中,企业希望其人力资源管理团队能够用更多的数据或证据来说话。所谓循证人力资源管理(Evidence-based HRM),就是运用数据、事实、分析方法、科学手段、有针对性的评价以及准确的评价性研究或案例研究,为提出的人力资源管理方面的建议、决策、实践、结论提供支持。简而言之,循证人力资源管理就是谨慎地将可以得到的最好证据运用于人力资源管理实践的有关决策中。这些证据可能来自于实际的衡量,也可能来自于已有的数据,或者来自于公开发表的评估性科学研究。

循证人力资源管理要求人力资源管理者必须提供更多的数据及更加量化的绩效衡量指标。比如:"使用新的甄选测试程序能够使公司因降低员工离职率而节约多少成本""如果实施新的员工培训计划,员工的劳动生产率能够提高多少""从每位员工对应的人力资源管理者人数方面,与公司的竞争对手相比,本公司人力资源管理团队的效率如何"等;再如:从中位值情况看,人力资源成本在企业总运营成本中所占的比例约为0.8%,有趋势表明,每100名员工通常需要配备0.9~1名人力资源经理,当然,这一比例在不同行业领域会有差别,如生产流通行业、劳动密集型企业的配置比例会较低,而公共组织或政府部门的配置比例则略高。

(四)伦理道德管理

伦理是指人与人相处的各种道德准则,它决定了一个人采取行动的各种标准。当今社会,人与人、人与组织、组织与组织之间的关系越来越复杂,组织活动中涉及的伦理问题也越来越多。组织要想长久的发展,既要遵守法律,也要遵守伦理规范,管理者必须正视由组织行为所引起的伦理道德问题。

每隔几年就会有一些组织或管理者因不道德行为而被曝光。比如:美国在20世纪90年代出现的"内部人"交易事件,2001年出现的"安然"事件,2005年出现的股票期权日期延迟事件,2007年出现的次贷危机等。这种情况同样出现在人力资源管理中。虽然美国在劳动与人力资源方面的法律法规相对健全,但仍然屡屡出现有悖伦理道德的问题,如:工作场所安全问题、员工雇用的合法性问题、员工档案的安全性问题等。丑闻的长期性影响应使所有管理者重视伦理道德。

在我国经济快速发展和转型时期,企业伦理道德建设相对滞后,在人力资源管理中存在许多有悖伦理道德的问题,如侵犯员工人身权利、损害员工身心健康、忽视人道关爱等问题,一定范围内存在职业、岗位、性别、年龄等歧视现象以及分配不均、用人不公等问题。我们必须加快人力资源管理伦理道德建设的步伐,一方面加强内部管理的法制观念、伦理规范、管理理念、组织文化及价值观等改造,另一方面完善社会主义法制体系内的企业管理制度建设,加强外部环境对企业伦理道德的有效引导和监督约束。

◆ 知识拓展 1-1

管理新型员工队伍:人力资源经理如何配合离岸经营

离岸(offshoring)经营是指发达国家将部分工作岗位转移到劳动力成本或其他成本相对较低的国家的活动。例如,美国制药公司决定将药品转移到中国生产。

过去,离岸经营涉及的主要是一些低技能的制造业工作,比如,服装生产商选择在国外生产成衣。现在一些公司为了降低成本和保持竞争优势,逐渐对成千上万的高技能工作,如财务工作、法律工作、证券分析工作等也采取了离岸经营的方式。

离岸经营在公司竞争战略中的作用越来越大。人力资源经理在离岸经营决策的每一阶段都扮演重要的角色。例如:公司首席执行官应当让公司的人力资源管理团队从最初的收集信息阶段就参与进来,帮助公司收集准备实施离岸经营的那些目标国家中的劳动者的教育水平、薪酬水平等信息。不过,人力资源管理主要参与的还是公司决定采取离岸经营之后的那些阶段。例如,人力资源管理团队需要制定政策来指导公司如何遵守伦理道德安全、工作标准以及薪酬水平等方面的问题。人力资源管理团队在母公司的战略参与更为重要。这是因为在当前情况下,母公司员工及工会可能会抵制公司将工作机会转移出去的做法。在这种情况下,组织对员工继续给予承诺以及与员工进行沟通就显得十分重要。

资料来源:加里·德斯勒.人力资源管理(第12版).北京:中国人民大学出版社,2012.

第三节　人力资源管理与企业管理

一、企业战略管理概述

(一)企业战略管理过程

1. 企业战略相关概念

企业战略(Enterprise Strategy)是指企业在预测和把握环境变化的基础上,为求得长期生存与发展所作出的整体性、全局性、长远性的谋划及对策,是企业为达到目标、完成使命所作的综合性计划。

为规划和达成组织的长远、全局、根本性的目标,管理者必须对企业进行战略管理。随着经济全球化进程的加快及国际竞争的加剧,人们对企业战略管理的要求也愈来愈高。

2. 企业战略管理的形成

企业战略管理是通过将组织的能力与外部环境要求进行匹配,从而确定和执行组织战略的过程。企业战略管理包括以下步骤:

第一步:界定当前的公司业务是组织战略规划的逻辑起点。

第二步:进行组织外部和内部的分析与审视,可使用环境扫描工作单(Environmental Scanning Worksheet)和SWOT分析图(Strengths-Weaknesses-Opportunities-Threats Chart)两种工具,企业战略应与组织的优势、劣势、机会及威胁等情况相吻合。

第三步:确定公司新的发展方向,形成对组织愿景与组织使命的陈述。

第四步:将组织愿景和使命转化为总体战略目标。

第五步:制定具体战略及行动方案来实现组织的战略目标。

第六步:执行战略,将战略转化为行动。

第七步:评估组织绩效。

(二)企业战略的分类

在实践中,企业管理者需要运用三个层次的战略,即:公司战略(Corporate Strategy)、竞争战略(Competitive Strategy)、职能战略(Function Strategy),每个层次的战略分别对应公司的一个管理层次。

1. 公司战略

公司战略需要解决"我们要进入多少个业务领域以及进入哪些业务领域,取得怎样的经营效益"等问题。公司战略通常包括以下五种类型。

集中战略:公司通常只在单一市场上提供一种产品或者从事一种产品的生产。

多元化战略:公司需要通过新增业务方式实现经营扩张。

纵向一体化战略:公司通过自行生产原材料或者直接销售产品等方式延伸价值链,实现企业扩张。

收缩战略:公司缩减规模或业务。

地域扩张战略:公司拓展海(境)外业务。

2. 竞争战略

竞争战略指一切能够将公司的产品和服务与其竞争对手区别开来,从而提高公司所占市场份额的战略,实际上是明确如何培育和强化公司业务在市场上的竞争地位。管理者可以运用不同的竞争战略来获得竞争优势,如:成本领先战略、差异化战略、聚集战略。

人力资源可以成为组织的一项竞争优势。企业竞争战略的实施必须依赖一支素质优良、结构合理的员工队伍。实践证明,员工的能力和动机代表了一种不可或缺的竞争优势。苹果公司如果没有像乔布斯那样极具创造力的杰出工程师,很难拥有创新性的产品;日本丰田公司如果没有训练有素且具有很高组织承诺度的员工队伍,也无法生产出高品质的丰田汽车。

3. 职能战略

企业的战略选择对于实际承担各项任务的各个工作部门而言,每个独立的业务单位都必须根据企业的战略规划来制定自己的行动方案。职能战略是界定每一个部门为帮助本业务单位实现竞争目标应完成的各项活动的战略,如:品牌战略、财务战略、人力资源战略等。

我们把人力资源战略(Human Resource Strategy)理解为:企业根据内部和外部环境分析及企业发展需要,确定企业目标及人力资源管理目标,进而通过各种人力资源管理职能活动来实现企业目标和人力资源管理目标的过程。

显然,人力资源战略的目标方向必须始终与企业战略的目标方向保持一致,人力资源战略必须充分考虑企业内部和外部环境对人力资源管理的影响,更重要的是,人力资源战略将决定企业人力资源管理职能活动的目标、内容及最终成果。

二、战略性人力资源管理

企业一旦决定了总体战略和竞争战略,就必须制定相应的职能战略加以支持,人力资源战略是其中之一。每个企业的人力资源管理政策和活动都必须与组织整体战略目标相吻合。

(一)战略人力资源管理的形成

企业战略是权威支配下的有计划的生产经营管理体系。从人力资源角度,企业战略必须回答:从谁出发确定企业目标、依靠谁来实现企业目标、如何获得实现企业所需要的各类人员等问题。

1. 企业战略依赖于人力资源及其管理

企业战略的关键是整合并优化组织内外的人、财、物、信息等各类资源,以获取市场竞争优势。首先,人力资源为企业战略规划提供了支持。根据企业战略管理理论,企业一方面要分析自身的优势和劣势,另一方面要洞察外部的机遇和威胁。在对企业优势与劣势的分析中,人力资源状况尤为重要,员工队伍的数量、素质、结构、绩效水平等直接影响企业战略目标及实现。在对企业外部机遇和威胁的分析中,国家及地方的相关法律法规、人力资源市场的供求关系、竞争对手的人力资源状况及管理政策等,也是企业制定战略决策时所必须高度关注的。其次,人力资源管理为企业战略的实施提供了保障。企业战略一般会受到许多因素影响:组织结构、工作设计、人员选拔、培训开发、薪酬分配、信息管理等,在这些因素中,有些属于人力资源职能范畴,有些则受到人力资源状况的影响。

2. 企业战略决定人力资源管理方向

企业所采取的低成本、差异化、集中化等不同战略将决定不同的人力资源管理政策。

企业的低成本战略注重生产的高效率,关注产品数量,在经营中规避风险、追求较稳定的环境。该类企业在员工的职责、任职资格等方面有清晰的界定,采取以行为和工作成果为中心的绩效管理方式,薪酬分配建立在绩效考核基础之上。

企业的差异化战略注重产品和服务的特色化,注重企业在不稳定环境中的适应性、创新性。该类企业对职务工作的界定较为宽泛,以激发员工的创新意识;培训开发活动着重培养团队的协作能力和企业精神;企业通常采取目标管理与考核方式鼓励员工的创新性行为。

图1-3反映了人力资源管理与企业战略之间的关系。

图1-3　人力资源管理与企业战略的关系

3. 战略性人力资源管理的形成过程

战略性人力资源管理是指制定和实施有助于组织获得实现战略目标所需要的员工的胜任素质和行为的一系列政策措施。战略性人力资源管理理念其实很简单,就是在制定人力资源管理政策和措施时,管理者的出发点必须是帮助企业获得实现战略所需要的员工技能和行为。如图1-4所示,企业高层管理者首先需要制定战略规划,包含对员工队伍的具体要求;在对员工队伍需求的前提下,人力资源管理者必须制定人力资源战略(包括人力资源政策和实践)来获取组织需要的员工技能、胜任素质以及某些行为;最后,人力资源管理者需要确定用哪些衡量指标来评估新的人力资源管理政策和实践。

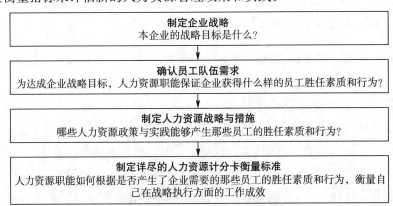

图1-4　人力资源战略和行动与企业经营保持一致的基本模型

(二)企业人力资源战略与政策

管理者把支持组织战略目标的人力资源管理政策和实践称为"人力资源管理战略"。在充满挑战的时代,企业需要通过调整战略和政策来应对所面临的现实。表 1-4 从局部展示了自 2007 年以来,随着美国经济逐渐陷入萧条,许多企业开始对人力资源管理政策作出相应的调整,以适应企业新的战略和经济现实。

表 1-4 美国企业调整人力资源政策一览表

	已经做出改变（12月）	已经做出改变（10月）	预计在未来的12个月内作出改变（12月）	预计在未来的12个月内作出改变（10月）	估计不会发生变化（12月）	估计不会发生变化（10月）
对公司的出差政策加以限制	48%	34%	16%	21%	36%	45%
停止雇佣新人	47%	30%	18%	25%	35%	45%
裁员	39%	19%	23%	26%	38%	55%
降低公司节日聚会等级或取消	35%	19%	8%	18%	57%	64%
就福利问题与员工进行更多沟通	32%	35%	35%	35%	44%	31%
减少季节性员工的雇用	28%	17%	16%	18%	56%	65%
重组整个组织结构	23%	14%	21%	23%	57%	64%
减少员工培训	23%	10%	18%	18%	59%	72%
提高员工医疗保险的缴费水平	20%	21%	17%	25%	63%	54%
就薪酬问题与员工进行更多沟通	16%	18%	43%	37%	41%	45%
重构人力资源管理职能	14%	15%	21%	19%	66%	66%
薪资冻结	13%	4%	19%	12%	67%	84%
法定假日停工	13%	6%	5%	2%	83%	92%
减少或限制其他员工计划	12%	8%	12%	11%	75%	81%
降薪	5%	2%	6%	4%	89%	94%
提前退休	3%	4%	6%	5%	92%	91%
减少雇主在部分计划中的匹配缴费比率	3%	2%	7%	4%	90%	94%
缩短工作周的工时长度	2%	4%	6%	4%	93%	92%

资料来源:Watson Wyatt. Effect of Economic Crisis on HR Programs. Update,2008.

(三)战略性人力资源管理工具

管理者通常运用以下几种工具将组织整体战略目标分解为具体的人力资源管理政策和实践。

1.战略地图

战略地图是一幅形象展示各个部门如何为企业战略目标的达成作出贡献的"蓝图"。它有助于管理者理解本部门在实施企业战略规划方面所扮演的角色。

图1-5是美国西南航空公司的战略地图。由于该公司采取的是低成本领先战略,地图列出了公司为取得成功,在各个层面上需要完成的主要活动。顶层是公司战略的财务目标。

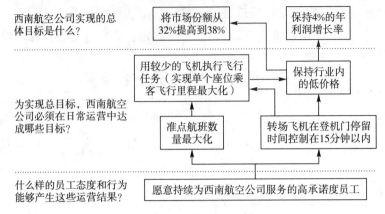

图1-5　西南航空公司的战略地图

2.人力资源计分卡

人力资源计分卡用来管理员工的绩效,并将员工与组织的关键目标联系起来。它主要包括确定财务和非财务指标、监控和评价绩效以及快速采取修正行动三部分。

管理者通过使用一种特殊的计分卡软件来完成上述工作。计算机化的计分卡设计过程有助于管理者对以下三个因素及其之间的关系作出量化处理:一是各种人力资源管理活动;二是活动所产生的员工行为(如客户服务等);三是活动所产生的公司战略后果及绩效(如客户满意度、利润率等)。图1-6是对这一过程的概括。

图1-6　人力资源计分卡的各种基本关系

3.数字仪表盘

数字仪表盘通过电脑桌面上显示的图表或图片,向管理者形象地展示在公司战略地图上出现的各项活动目前在公司中进展到什么阶段以及正在朝哪个方向前进;同时,数字展示为管理者提供了采取修正措施的机会。例如,美国西南航空公司高层管理人员的数字仪表盘是电脑屏幕上展现的战略地图的各项活动,如快速转场、吸引和留住顾客、航班准点等实时进展情况,如果地勤人员今天为飞机提供的转场服务速度太慢,那么除非管理者及时采取措施,否则明天的财务结果就会下滑。

三、企业人力资源管理的主要职责

企业是开发利用人力资源的基本经济组织。企业人力资源管理必须结合组织战略,建立符合企业管理及市场规律的组织架构及人力资源管理策略,充分发挥人力资源部门和各级管理者对企业管理的作用。

(一)企业的组织结构设计

企业把员工纳入特定的组织体系中,通过有计划的分工协作来实现组织目标。组织结构是围绕组织任务、工作内容、责任、权力等方面建立的制度化的工作体系,表现为管理层次和内部机构的设置。在进行组织设计时,如何划分工作部门、设计管理层级、确定指挥路径、配置决策权限等是影响企业分工协作方式和组织运行效率的关键。

1. 直线制组织结构

直线制组织结构是一种简单、集权式的传统组织结构。该组织结构不设职能管理部门,实行自上而下的指挥控制。该组织体系的优点是:结构简单,指挥系统清晰,权力集中;责权关系明确,信息沟通迅速,解决问题的效率较高。缺点是:缺乏专业化的管理分工,经营管理事务依赖于少数的管理者;当企业规模扩大后,管理负荷会超过承载者的限度。因而,该组织结构一般仅适用于规模较小、业务简单的企业。具体见图1-7。

图1-7 直线制组织结构

2. 职能制组织结构

职能制组织结构是一种按职能分类管理的传统的组织结构。该组织结构把企业生产经营活动按业务职能划分,对不同领域的工作按专业技术规律进行管理,各职能部门之间既相互支持又彼此制约,形成分工协作的组织体系。该组织结构的优点是:各职能业务领域的专家是高层管理者的参谋,参与直线管理,提高了组织的专业化分工协作效率。缺点是:不同职能会因利益争夺而产生矛盾,影响组织运行和整体目标的实现。具体见图1-8。

图1-8 职能制组织结构

3. 直线职能制组织结构

直线职能制组织结构又称"事业部制组织结构",是一种以直线结构为基础、职能结构为辅助的组织形式。该组织结构在高层领导之下分别设置直线部门与职能部门,经营指挥权虽然掌握在直线经理手中,但受到职能部门的指导与监督。该组织体系体现了集权与分权的结合,既有统一指挥的力度和效率,又保持了管理的专业化,职能部门的参谋作用弥补了高层管理者专业知识与能力的不足。但是,该组织结构的组织体系及管理方式不够灵活,不能适应外界环境快速变化的要求。具体见图1-9。

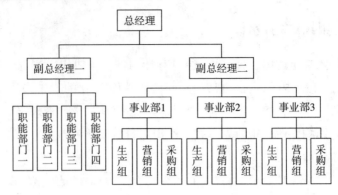

图1-9　直线职能(事业部)制组织结构

4.知识经济时代的组织结构

在知识经济时代,随着现代企业组织管理的网络化、扁平化、灵活化、多元化和全球化等特征的确定,企业的组织结构及管理模式将发生很大的变化。网络化(矩阵式)组织、三叶草组织、以流程为导向型的组织、虚拟化组织、组织联盟等成为当前和未来各类组织结构多元化发展的选择。

(二)企业人力资源管理策略

企业必须根据自己的经营战略、组织结构、地域行业、产品市场定位、生产作业方式等特点,选择符合自身实际的人力资源管理策略。

1.市场本位制

市场本位制与企业的规模生产和成本领先策略相对应。它通过同类产品的大批量生产,以低成本赢得竞争优势。企业与员工是短期的劳动交易,存在"因事用人"的管理思想。

(1)市场化

在劳动力市场发达和完善的情况下,主要由市场来调节劳动力的需求。员工的流动率较高,劳动者与企业之间的关系主要靠劳动合同来维系,用工方式主要是短期用工。

(2)标准化

为达到规模效益,企业强调分工明确、职责清晰、标准化管理。专业化分工使工作简单化,员工的培训和补充更容易,企业用人机制更灵活。

(3)结构化

企业投资主要集中于物力资源,视人为机器设备的附属。企业一般通过对生产设备增加投入、优化配置来提高生产效率,物力投资的比重较大。

(4)规模化

企业主要实行资本密集型生产,通过扩大产品规模降低生产成本,使生产流水线化、产品批量化,通过规模生产来提高效益。

2. 企业本位制

与企业差异化生产经营战略相对应，企业本位制强调产品的高质量、独特性、技术专长、品牌形象，通过溢价收益获得竞争优势。企业与员工长期合作，存在"事在人为"的管理思想。

(1) 企业化

企业就像个大家庭，员工与企业长期合作，甚至终身为伴。企业注重对长期员工的培训开发，招募员工时更看重个人综合素质以及与组织长期合作的意向。

(2) 团队化

企业强调分工协作，分工不是太细，规章制度也不是太刚性。员工熟悉生产的全过程，可灵活调整岗位。企业对员工的胜任素质、责任心和协作性等要求更高，注重内部选拔培养。

(3) 弹性化

企业注重对员工进行广泛、多样的技能培训，以适应不同工作的需求。如即时生产(JIT)要求产品零库存、零缺陷、快速响应，实质是要求员工具有自我管理和弹性技能，了解完整的生产流程。

(4) 多样化

在产品与服务供给充足，社会需求多样化、个性化的背景下，员工技能的多样化和灵活性可适应产品类型多变、不同层次市场细分的需求，适应市场变化大、工作多样化的竞争环境。

3. 人才本位制

人才本位制与企业的创新战略相对应。人才本位制在差异化基础上强调产品的持续改进和创新服务，企业与员工相互促进，以创新活动引领市场发展，从而形成企业的竞争优势。

(1) 多样化

企业注重员工的分类管理，如宽带薪酬、弹性工作制等；给员工更大的自主工作空间、更有吸引力的报酬，员工招聘及选择方式更为灵活。

(2) 开发化

企业注重人力资本投资，重视员工的培训开发，并根据培训效果对员工价值进行动态测评，采取一系列措施吸引员工长期为企业服务。

(3) 自主化

企业产权关系发生变化，通过员工内部持股，员工与企业成为利益的共同体。企业组织结构扁平化，强调心理契约管理，扩大员工的自主性。

(4) 创新化

企业不仅要紧跟市场需求，还应洞察市场变化趋势并超前谋划，通过技术的引导和市场需求的推动，使产品理念得到市场的认同和追随，成为市场的领路人。该类企业强调创新能力是最重要的能力，创新者是最宝贵的资源。

知识拓展 1-2

人力资源三支柱是怎么回事？

在"互联网＋""工业 4.0"时代，组织的活动领域与发展规模不断呈现出新变化，这使得更大范围的人力资源管理成为研究的必然。传统职能导向的人力资源管理体系由于自身缺陷，无法满足组织规模化和产业化的需求。因此，人们对业务导向的人力资源三支柱体系有了更多的诉求。

人力资源三支柱概念是由人力资源管理大师戴维·尤里奇(Dave Ulrich)于 1996 年提出的，2002 年引入中国。人力资源三支柱是指：人力资源业务伙伴(HRBP)、人力资源专家中心(HRCOE)、人力资源共享服务中心(HRSSC)。它们将人力资源管理体系分为三大部分，改变了按人力资源招聘、培训、薪资福利、绩效管理、员工关系等职能划分的旧体系。人力资源三支柱模式本质上是对企业人力资源组织和管控模式的创新。

HRSSC 将企业各业务单元中所有与人力资源管理有关的基础性工作统一处理；HRBP 是人力资源内部与各业务经理沟通的桥梁，既熟悉人力资源各职能领域，又了解业务需求，既能帮助业务部门更好地维护员工关系，处理日常较简单的人力资源问题，又能协助业务经理使用各种人力资源管理制度和工具。HRCOE 的主要职责是为业务部门提供人力资源方面的专业咨询，帮助 HRBP 解决在业务部门遇到的人力资源方面专业性较强的难题，并从专业角度协助企业制定完善人力资源方面的管理制度，指导 HRSSC 开展服务活动。

人力资源三支柱与传统人力资源管理主要有三大差异：

1. 从专业导向到业务导向：传统人力资源不是不重视业务，而是习惯于从人力资源自身职能出发，人力资源有什么能力，就给业务部门输送什么；HRBP 则侧重于需求导向，业务部门需要什么，人力资源部门就应该尽力满足和支撑。

2. 从事务型人力资源到策略型人力资源：HRBP 提倡人力资源管理和服务职能的有效分离，将可流程化的事务性服务职能交给 SSC(共享服务中心)或外包，将复杂程度高的技术性职能交给 COE(人力资源专家中心)，HRBP 只聚焦业务部门的需求，并给出解决方案。

3. 从 Function HR 到 Business HR：Function HR 是职能型的，在企业几乎没有话语权，总是被业务部门牵着鼻子走，而 Business HR 是合作型的，强调平等协商、"服务交付"理念。不论业务部门是否认可，人力资源自身应该摆正位置。

资料来源：三支柱和 HRBP 落地正确姿势是什么. 中国人力资源网, 2017.

四、人力资源部门及管理者的角色定位

人力资源管理既是企业管理的重要部分，也是一项系统性管理。为有效开展人力资源各项实践活动，企业需要建立相应的职能部门，拥有专业化的管理队伍，并需要不同层级的管理者分工协作、共同参与。

(一)人力资源部门的职责

1. 战略合作者

人力资源部门必须从人力资源角度分析企业的发展状况、存在的问题及对策,作为高层管理者的参谋机构,对重要的人事政策及人事调整提出方案和建议,确保人力资源管理目标、政策及程序的贯彻执行。

2. 管理执行者

人力资源部门必须率先贯彻执行人力资源方面的政策和制度,负责人力资源专业化管理、宣传解释并推行制度实施、分析和处理执行过程中的问题。

3. 咨询服务者

人力资源部门要为企业管理者及员工提供相关的指导和服务,从专业角度提供安全有效的政策信息及合法合理的解决方案。如:协助直线经理开展员工的选拔、培训、考评、激励、调配等工作;督促管理者遵守国家和地方的劳动人事法律法规;帮助员工规划职业发展,处理劳动纠纷等。

4. 改革推动者

随着人力资源管理层次的提升、职能的拓展,人力资源管理作为组织战略体系的一部分,必然走在组织变革的前列。如:调节员工与组织关系,进行跨文化的员工管理,探索人力资源外包、人力资源价值管理等创新模式。

(二)不同管理者的人力资源管理角色

人力资源管理必须由不同的管理者分工协作,高层及中层管理者都有人力资源管理职责。

1. 高层管理者的职责

一是根据企业战略目标、协调各方面利益关系,确定组织人力资源政策及战略规划,贯彻企业的组织文化、价值观,决定相应管理措施的制定和实施。

二是把人力资源与其他形式的资源有机结合,建立组织机构及运行体系,选择恰当的人力资源管理模式。

三是直接对组织中高层管理人员及技术核心人员进行管理,保持管理群体的稳定性和凝聚力,加强与核心员工的沟通联系。

2. 人力资源经理的职责

一是作为企业高层管理的战略伙伴,参与企业重要的管理决策,在重大政策制度及人事安排方面进行谋划,为组织人事方面的疑难问题提供解决方案。当然,还必须了解企业的其他业务及管理领域。

二是作为组织管理的教练员,掌握人力资源专业知识及相关学科知识,具有较强的指挥、领导、控制和创新能力,具有一定的影响力、感召力及人格魅力等,洞察员工的思想、影响员工的行为动机。

三是作为职能领域的专家,洞悉当前人力资源管理的发展势态,具有全局思维和不断变革的勇气,具有运用大数据分析、有效解决实际问题的技术方法,以战略性人力资源管理思路构建高绩效的工作系统,不断探索人力资源管理策略及实践改革。

四是随着企业的竞争与开放程度的加大,人力资源部门对外联系和交流增多,人力资源经理应成为公共关系专家,不仅要组织领导本部门员工,与企业高层、其他部门经理和所有员工打交道,还要与政府相关管理部门及人员打交道,具有良好的沟通、协调、包容等能力,善于倾听、说服及激励他人。

3. 直线部门经理的职责

企业的生产、营销等直线部门经理要帮助高层管理者设计组织战略规划,负责本部门的职能战略规划,领导员工执行其职能战略并开展相应的业务活动。此外,作为所在部门及员工的管理者,直线部门经理还必须承担人力资源管理职责。

一是在选拔任用员工时起主导作用,指导新员工熟悉工作及组织环境,训练员工掌握工作技能,分派员工工作,帮助员工提高工作积极性、改进工作绩效,对所属员工的薪酬分配提出建议,培养员工的工作协作关系,开发员工的潜力,维护其身心健康。

二是制定职能战略规划,管理本部门的人事费用,宣传并推行组织人力资源管理方面的制度规范及管理理念。

三是当组织规模扩大、人事关系不断复杂时,中层管理者需与人力资源管理部门相互配合,在人力资源职能专家的帮助下完成以上职责。

❖ 本章小结

1. 人力资源是推动经济和社会发展的一项战略性资源,具有能动性、增值性、时效性、社会性等特征,人力资源状况可以用数量、质量、结构等指标来诠释;人力资源管理是组织对人力资源的获取、维护、运用及发展的管理过程与活动,是对社会劳动过程中人与人、人与事、人与组织之间相互关系的统筹协调。

2. 人力资源管理在帮助组织实现整体目标的前提下,达成建立组织需要的员工队伍、创造员工管理的良好环境、保证员工评价的准确有效、实现价值分配的科学合理等具体目标;人力资源管理是组织的重要职能,有效实施对员工的吸引、使用、培养、维持等管理活动。

3. 所有管理者作出的人事决策和其他决定都要与从组织整体战略目标保持一致;战略性人力资源管理必须制定和实施有助于企业获得战略目标实现所需要的员工胜任素质和行为的人力资源管理政策和实践。

4. 人力资源管理是系统性管理,由组织的高层管理者、直线经理及人力资源职能管理者共同参与、分工协作完成。人力资源部门既要担负行政事务、政策咨询与专业服务等职责,更要以战略伙伴的身份参与组织的相关管理和决策。

❖ 本章习题

1. 什么是人力资源？人力资源在社会发展过程中发挥哪些作用？
2. 什么是人力资源管理？企业人力资源管理的主要任务有哪些？
3. 企业的组织设计应考虑哪些因素？试举例分析几种组织结构的利弊。
4. 变革时代的人力资源管理有何特征？人力资源管理者需要具备哪些胜任素质？
5. 企业不同的管理者是如何履行人力资源管理职责的？

❖ 案例研讨

联想集团为企业未来发展做好人才规划

联想集团是 1984 年中科院计算所投资 20 万元人民币，由柳传志带领 10 名科技人员创办的创新性、国际化的高科技公司。从 1996 年开始，联想电脑销量一直位居国内市场首位；2004 年，联想收购 IBM 公司个人电脑事业部；2013 年，联想电脑销售量升居世界第一，成为全球最大的个人电脑生产商；2014 年底，联想集团宣布完成对摩托罗拉移动控股公司的收购。联想集团现在已成为全球电脑市场的领导企业、信息产业界多元化发展的大型集团公司。

2008 年，联想集团首次登上美国《财富》杂志公布的全球 500 强企业排行榜，2012 年成为全球 500 企业强排行榜的第 370 位，2013 年则上升至第 329 名。联想集团在 2013 年荣获中国品牌 500 强，2016 年成为"中国民营企业 500 强"的第 4 位。

联想集团为何能快速地向国际化、多元化方向发展呢？这主要得益于柳传志在坚持自主创新的同时，把年轻管理者推向一线的人才战略。现在，许多联想集团的青年人已担负起高层管理者的重任，在 IT 服务、投资领域、房地产经营等方面各显身手。这种局面的形成源于柳传志慧眼识才，培养指导、大胆起用年轻人的管理策略。自 1994 年柳传志任命 29 岁的杨元庆为联想微机部总经理以来，一批具有良好可塑性、有潜力的人才被集中起来，一方面进行训练与选拔，另一方面在工作中加强合作与协作，成为联想的中坚力量。2004 年，在柳传志的协助下，杨元庆成功并购了 IBM(PC) 业务，联想进入国际竞争的行列。2009 年，柳传志再出高招，通过引入泛海集团资本，稀释了中科院在联想控股的股权；通过投资"创新工场"，把民营企业家卢志强和超级职业经理人李开复纳入财富增长的"英才资源库"，为联想下一轮的大发展储蓄能量，并为联想提供了更多的接班人。

资料来源：沈纯道．企业人力资源管理典型案例透析．北京：中国劳动社会保障出版社，2010．

请讨论：

1. 柳传志执掌联想集团期间的人才理念是什么？他使用了哪些人力资源管理策略？
2. 联想集团的人力资源规划与战略管理对该企业发展有何价值？

◇ **践行辅导**

体验人力资源管理工作

【体验目的】

1. 了解人力资源管理者应具备的能力和特质、主要工作内容及活动范围。
2. 锻炼学生理论联系实践、分析思考问题的能力以及团队合作的意识。

【参与人员】

经自由报名，确定两组同学（每组4人，男女各半），两组各选择一项实践活动。

【实施内容】

1. 在第一章教学开始之际，第一组同学开展活动，内容是列出一张清单，说明员工队伍的多元化、技术创新、全球化以及工作性质的变化等发展趋势是否对你所在的大学产生影响？如果有影响，产生怎样的影响？

2. 第二组同学的活动内容是联系当地某一中小型企业，通过实地参观企业或见习两周，对该企业的人力资源经理进行访谈，了解企业人力资源管理的目标任务、职能范围、活动内容等，并了解人力资源经理日常的管理职责，了解在企业战略目标确定的前提下，人力资源经理是如何以战略伙伴的身份来开展人力资源管理业务工作的。

3. 以上两组课外实践活动同步实施，3周后，两组收集整理好实践活动的相关资料，并制作PPT交流提纲，准备课堂上的演示与分享。

4. 第一章结束后，教师在课堂上安排1节课，由两组同学分别对实践活动进行交流分享。每个小组派一名代表上台演示，其他同学可以补充，每组交流时间不超过15分钟。随后，同学们可自由发言、阐述不同观点，时间不超过10分钟。

5. 最后，任课教师对整个活动过程进行总结点评，课后对参加本次实践活动的同学给予实践教学环节的评分。

【效果评价】

1. 本次实践活动将给学生带来深刻的体会和感受。
2. 通过团队活动，同学们对人力资源管理者及其工作形成了初步印象，对人力资源管理产生兴趣。

第二章

人力资源规划

 学习目标

☆ 了解人力资源战略与企业战略的关系
☆ 掌握人力资源规划的内涵及编制程序
☆ 掌握人力资源供求预测的基本方法
☆ 了解企业定员的基本程序和方法

 关键术语

☆ 人力资源规划 Human Resource Planning
☆ 人力资源战略 Human Resource Strategy
☆ 需求预测 Requirement Forecast
☆ 供给预测 Availability Forecast
☆ 定员管理 Manpower Authorization

 学前思考

许多企业常常面临人才短缺或供求失衡的苦恼,业务快速发展却没有合适的人才可用,员工频频辞职或跳槽使现有工作难以为继,工作效率低下让主管大为光火。以上问题固然有许多客观原因,但其中不可忽视的是企业人力资源规划的"缺位"。"凡事预则立,不预则废"。人力资源规划是对组织未来人力资源工作的谋划和安排。制定一份切合组织战略、符合实际的"好规划"是人力资源管理者的职责。那么,如何开展人力资源规划?怎样做好人力资源规划呢?

❖ 开篇案例

青岛市某主题公园的人力资源规划问题

青岛市某公园是以观光为主题的公园,于1988年开园,现为我国较为成功的主题公园之一,已被列为国家3A级旅游景区。公园占地面积近30万平方米,现有员工567人,其中,一线员工占90%以上。该公园在注重硬件建设的同时,十分重视软件的建设。员工队伍不断扩大的同时,员工素质也有很大提高。

随着公园的不断发展,人力资源管理问题逐渐显露,而管理者不清楚问题的根源在哪里,只能采取"头疼医头、脚痛医脚"的策略,久而久之,问题还是层出不穷,严重影响了公园业绩的提升。基于此,公园管理者邀请人力资源管理专家进驻企业,以帮助企业解决人力资源管理问题,提升企业管理水平,促进发展。经过调研,最终确定公园在人力资源规划方面存在以下几个问题:

1. 人员相对过剩,员工工作量不饱满,人力资源大量闲置。根据单一的门票收入计算,近几年来公园接待的游客人数在下降,然而职工编制在迅速增加,所以人浮于事的现象比较普遍,工作效率比较低下,企业负担与日俱增,人员超编问题亟待解决。

2. 人员结构不够合理,关键岗位的专业技术人员紧缺。公园的专业技术人员比较匮乏,专业结构不太合理。其中,公关、促销和导游等方面高素质专业人才十分匮乏,这些岗位的现有工作人员大多数是从其他行业改行而来,没有经过正规的学习和培训,其中很多人不具备本行业的专业技术和能力。另外,中高级管理人员专业结构单一的问题比较突出,多数大专以上学历的管理人员为经济管理专业,而旅游业涉及的专业门类众多,需要综合性的管理人才。

3. 有些专业技术人员(如导游)的技术能力没有得到充分的发挥和挖掘。由于一直以来缺乏系统的员工培训计划,新入职的员工仅仅接受一次新员工培训就上岗工作,对工作到底该如何开展只能靠自己不断摸索,或是模仿其他老员工的工作行为,对工作中遇到的特殊情况也不知道该如何解决。专业技术人员工作的有效开展需要一定的专业技术培训,培训体系的不完善导致这些人员的潜能无法充分发挥,工作的效率也难以提升。

4. 人员流动率较高。由于行业的特殊性以及激励机制、培训机制的欠缺,该公园的人员流动率较高,很多员工刚熟悉工作就提出离职,人力资源部也不得不再招聘,形成"招聘—离职—招聘"的循环,也使得人力资源部的人员忙于这些事务性工作,无暇开展人力资源系统搭建或是健全管理机制的工作。

该公园员工队伍现状基本反映了目前我国主题公园人力资源规划的水平,其存在的问题也是目前我国主题公园普遍存在的问题,该公园在人力资源规划方面所做的工作说明越来越多的企业已经清楚地认识到人力资源的重要性。该公园对于人力资源的研究可以使后来者得到启迪,不断提高主题公园现有从业人员文化素质和业务素质的整体水平,推动主题公园在我国健康、顺利的发展。

资料来源:赵曙明.人力资源战略与规划(第4版).北京:中国人民大学出版社,2017.

第一节 人力资源规划概述

一、人力资源规划概念

(一)人力资源规划的内涵

人力资源规划有广义和狭义之分:广义的人力资源规划是企业所有人力资源计划的总称,是战略规划与战术计划(即具体的实施计划)的统一,包括战略规划、组织规划、制度规划、人员规划和经费规划五部分;狭义的人力资源规划是指为实施企业的发展战略,完成企业的生产经营目标,根据企业内外环境和条件的变化,运用科学的方法,对企业人力资源的需求和供给进行预测,制定相宜的政策和措施,从而使企业人力资源供给和需求达到平衡,实现人力资源的合理配置,有效激励员工的过程。

从规划的期限上看,人力资源规划可区分为长期规划(5年以上的计划)、中期计划(规划期限在1~5年的计划)和短期计划(1年以内的计划)。

(二)人力资源规划的类型

1.广义人力资源规划的类型

(1)战略规划

战略规划是根据企业总体发展战略的目标,对企业人力资源开发和利用的大政方针、政策和策略作出的规定,是人力资源具体计划的核心,是事关全局的关键性规划。

(2)组织规划

组织规划是对企业组织架构的设计,主要包括组织信息的采集、处理和应用,组织调查、诊断和评价,组织结构的设计与调整,组织的机构设置等。

(3)制度规划

企业人力资源管理制度规划是人力资源总规划目标实现的重要保证,包括人力资源管理制度体系建设的程序、制度化管理等。

(4)人员规划

人员规划是对企业人员总量、构成、流动的整体规划,包括人力资源现状分析、企业定员、人员需求与供给和人员供需平衡等。

(5)费用规划

人力资源费用规划是对企业人工成本、人力资源管理费用的整体规划,包括人力资源费用预算、核算、审核、结算以及人力资源费用控制。

2.狭义人力资源规划的类型

(1)人力资源总体规划

人力资源总体规划是指在计划期内对人力资源管理的总目标、总政策、实施步骤和总预算的安排。比如,某企业要制定为期5年的人力资源规划,根据公司发展战略,确定公司员工总数从目前的2000人增加到3000人,其中专业技术人员的比例占20%以上,90%以上的员工应达到高中以上水平,劳动生产率达到年人均60万元。人力资源管理的总任务包括人员招聘、各类培训、薪酬与绩效管理等。人力资源的总政策包括开展新员工的入职培训、提高技术人员薪酬待遇、改进绩效考核方式等。实施策略是平均每年净增加200人,培训员工400人等。总预算包括人力资源投资总额为第一年2000万元,以后各年逐年增加15%～20%,人力资源总投资包括人员工资、奖金、福利等人工费以及招聘、培训、考核等管理费用。

(2)人力资源业务计划

人力资源业务计划包括人员补充计划、配置计划、提升计划、教育培训计划、工资计划、保险福利计划、劳动关系计划、退休计划等。这些业务计划是总体规划的展开和具体化,每一项业务计划都由目标、政策、步骤及预算等部分构成,如表2-1所示。这些业务计划的结果应该能够保证人力资源总体规划目标的实现。

表2-1 人力资源规划内容

规划名称	目标	政策	预算
总体规划	总目标:绩效、人力总量、素质等	基本政策:扩大、收缩、变革等	总预算
人员补充计划	改善人员素质结构类型、数量、层次	人员资格标准、来源范围、起点待遇	招聘选拔费用
人员配置计划	确定部门编制、优化人力资源结构、职位匹配及轮换	任职条件、职位轮换的范围和时间	根据使用规模、类别等决定薪酬预测
人员内部流动计划	保证后备人员数量、改善人员结构	选拔标准、提升比例、未提升人员安置	职位变动引起的工资变动
培训开发计划	扩大培训的数量和类型、提供内部结构供给、提高工作效率	培训计划的安排、培训时间和效果的保证	培训开发的总成本
工资福利计划	增加劳动供给、提高士气、改善绩效	工资政策、激励政策、激励方式	增加工资奖金的数额
员工关系计划	提高工作效率、改善员工关系、降低离职率	民主管理、加强沟通	法律诉讼费用
退休解聘计划	降低劳动力成本、提高生产率	退休政策及解聘程序	安置费用

二、人力资源战略

(一)人力资源战略相关概念

从20世纪后期开始,"战略"一词被广泛运用到各个领域。《辞海》中的定义是:"对战争全局的筹划和指挥。它依据敌对双方的军事、政治、经济、地理等因素,照顾战争全局的各方面,规定军事力量的准备和运用。"《简明不列颠百科全书》中对"战略"的定义是:"在战争中利用军事手段达到战略目的的科学和艺术。"

1.企业战略

(1)企业战略的概念

"战略"被引用到企业管理中后,就形成了"企业战略"。人们对于企业战略有很多的理解。钱德勒(Chandler,1962)认为,"企业的战略可以被定义为基本的长期目标,企业通过采取一系列的行动和分配所必需的资源来获得目标的实现"。安德鲁斯(Andrews,1965)认为,"企业战略就是用一系列主要的方针、计划来实现企业的目的,企业目前在做什么业务,想做什么业务;现在是一个什么样的公司,想成为一个什么样的公司"。奎因(Quine,1980)认为,"企业战略是一种计划,用以整合组织的主要目标、政策和活动次序"。

我们认为,"企业战略"是指企业在预测和把握环境变化的基础上,为了求得长期生存与发展所作的整体性、全局性、长远性的谋划及相应的对策。企业战略是表明企业如何达到目标、完成使命的综合计划。随着经济全球化进程的加快及国际竞争加剧,人们对企业战略的要求也愈来愈高。

(2)企业战略的构成要素

企业战略主要包括下面四个要素:

①经营范围。经营范围是指企业从事生产经营活动的领域,它反映了企业目前与外部环境相互作用的程度。

②资源配置。资源配置是指企业过去和现在在资源和技能配置上的水平和模式。企业只有以其他企业不能模仿的方式取得并运用适当的资源,进而形成自己的特殊技能,才能很好地开展生产经营活动。

③竞争优势。竞争优势是指企业通过资源配置模式与经营范围的决策,在市场上形成的与竞争对手不同的竞争地位。一般来说,竞争优势主要来自企业在产品和市场上的地位。

④协同作用。协同作用是指企业从资源配置和经营范围的决策中所能追求到的各种共同努力的效果。在企业的经营运作中,整体资源的总收益要大于各部分资源收益的总和。

(3)企业战略的特点

①全局性。企业战略是从全局出发,对企业未来一定时期的发展方向和目标所作的整体规划和设计。

②长期性。企业战略是对内外部环境各种变化对企业可能产生的影响所作的具有前瞻性的积极反应。

③指导性。企业战略是企业的发展蓝图,规定了企业在未来一段时间内的基本发展指标和实现指标的途径。

④风险性。企业战略是对未来发展的筹划,具有不确定性,需要管理者有效地规避风险。

(4)企业战略的类型

企业战略根据不同的标准有不同的分类:

①按战略层次划分,企业战略可以分为公司战略、竞争战略和职能战略三个层次。

②按企业整体发展方向划分,企业战略可以分为增长型战略、稳定型战略、紧缩型战略和混合型战略。

③按成长机会和制约条件划分,企业战略可以分为进攻型战略和防御型战略。

2. 人力资源战略

(1) 人力资源战略的概念

20世纪90年代,人力资源专家提出了"人力资源战略"的概念。根据美国人力资源管理学者舒勒和沃克(Shuler & Walker,1900)的定义,人力资源战略是"程序和活动的集合,通过人力资源部门和直线管理部门的努力来实现企业战略的目标,并以此来提高企业目前和未来的绩效及维持企业竞争优势"。库克(Cook,1992)则认为,人力资源战略是指员工发展决策以及处理对员工具有重要和长期影响的决策,表明了企业人力资源管理的指导思想和发展方向。科麦斯—梅杰(Kames-Mejia,1998)等把人力资源战略定义为:企业慎重地使用人力资源来帮助企业获得和维持竞争优势的一种计划或方法,并通过员工的有效活动来实现企业的目标。

综上所述,我们认为,人力资源战略是企业根据内外部环境分析及发展需要,确定企业目标,从而制定企业的人力资源管理目标,进而通过各种人力资源管理职能活动实现企业目标和人力资源目标的过程。

人力资源战略包括3层含义:

①人力资源战略的目标和方向必须始终与企业总体战略目标和方向保持一致,且企业的人力资源管理目标直接由企业目标所决定。

②人力资源战略必须充分考虑企业内部和外部环境对人力资源及其管理的影响,并充分体现出来。

③人力资源战略直接决定企业人力资源管理职能活动的目标方向、具体内容和实践结果等。

(2) 人力资源战略的分类

至目前为止,人力资源战略的分类并没有统一的标准,本教材主要介绍美国康奈尔大学的人力资源战略分类,即吸引战略、投资战略和参与战略。

①吸引战略。吸引战略主要通过丰厚的薪酬去诱引和培养人才,从而形成一支稳定、高素质的员工队伍。薪酬制度一般包括利润分享计划、奖励政策、绩效薪酬、附加福利等。由于薪酬较高,人工成本必然增加。为了控制人工成本,企业在实行高薪酬的吸引战略时,往往严格控制员工数量,通常聘用技能高度专业化的员工,招聘和培训的费用相对较低,采取以单纯利益交换为基础的传统的科学管理模式。

②投资战略。投资战略主要通过聘用数量较多的员工来形成人才库,从而高企业的灵活性,并储备多种专业技能人才。这种战略注重员工的培训和开发,注意培养良好的劳动关系。管理人员担负了较重的责任,确保员工得到所需的资源、培训和支持。由于采取投资战略的企业要与员工建立长期的工作关系,所以企业十分重视员工,视员工为投资对象,让员工感到有较好的工作保障。

③参与战略。参与战略让员工有较大的决策参与机会和权力,员工在工作中有自主权,管理人员只像教练一样为员工提供必要的咨询和帮助。采取这种战略的企业很注重团队建设、自我管理和授权管理。企业对员工的培训更注重沟通技巧、解决问题的方法、团队工作等方面,日本企业开创的质量管理小组,简称QC小组,就是这种人力资源战略的典型。

(3)人力资源战略与企业战略的关系

企业战略与人力资源战略之间只有相互结合才能有效实现企业的经营目标,提高企业竞争力。企业战略与人力资源战略有着密不可分的关系。首先,企业战略是制定人力资源战略的前提和基础。人力资源战略服从并服务于企业战略,支持企业战略目标的实现。人力资源战略必须建立在企业战略目标的基础之上。其次,人力资源战略为企业战略的制定提供信息。任何一项成功的企业战略的制定通常需要在企业内部人力资源状况和外部环境变化之间寻求平衡。这就需要人力资源战略提供内外各种信息。再次,人力资源战略是企业战略目标实现的有效保证。当今世界,国内外市场竞争日益激烈,组织结构不断变化、工作的日益复杂化等都要求企业比过去更重视人力资源战略。

◆ 阅读推荐 2-1

人力资源规划——顺向战略与逆向战略

企业制定人力资源战略规划之时,必须考虑人力资源部门(或人力资源经理)参与企业经营战略制定的层次。首先谈两个概念。顺向战略(Downstream Strategy),指人力资源部门的管理功能只是因企业经营战略的需要而设定,支持企业战略目标的达成。逆向战略(Upstream Strategy),指人力资源部门或人力资源经理可以参与公司经营战略的拟定,将企业战略与人力资源战略双向整合。在逆向战略中,人力资源经理是真正的战略伙伴,而经营战略与人力资源战略的双向结合是人力资源战略规划形成的基础。

为什么要强调人力资源定位的重要性,而且是在制定人力资源战略规划之前就要明确呢?因为只有将这个问题搞清楚,当下很多人力资源管理者在工作中的困扰才能被解决。"定了位"才能"在其位、谋其政",这是形成"主动工作"(双向沟通)和"被动工作"(单纯接受指令)的实质根源。如果公司在某个阶段,决策者的认知等因素决定了人力资源管理者的职能和角色是以顺向战略为导向,那么,人力资源管理者就要接受这个事实,以理解、消化、转化为主,快速响应并执行公司的任务,而不要自寻烦恼去争论人力资源部门的价值问题。

无论是顺向战略还是逆向战略,人力资源管理者作为一名专业人士都需要清楚所在企业人力资源的优势与劣势,配合企业外部市场的机会与威胁,在制定年度人力资源规划时向上司提出企业战略规划的建议(除非公司不需要做人力资源规划)。例如,从人力资源的分析中提出哪些是企业的核心业务,哪些部分可以进行战略联盟,依据组织内外部环境的变化提出人力资源变革、组织流程再造方案等。

资料来源:Lucy Guo,人力资源规划笔记之顺向战略与逆向战略,中国人力资源网,2016.

三、人力资源规划的编制

随着组织所处的外部环境、企业战略目标以及企业目前的组织结构和员工的工作行为的变化,人力资源规划的目标也不断变化。因此,制定人力资源规划不仅要了解企业现状,更要清楚企业战略目标方向和内外环境的变化趋势,不仅要了解现实的表现,更要清楚人力资源的潜力和问题。人力资源规划的编制一般包括下面六个步骤,如图2-1所示。

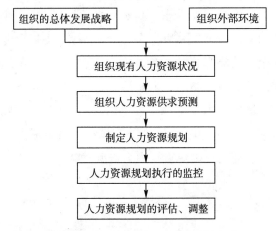

图 2-1　人力资源规划编制程序图

(一)确定人力资源规划的原则

组织的发展重点、企业的技术设备特点、产品销售状况、经营规模和扩展方向等都会向人力资源提出各项不同的要求。人力资源规划必须满足组织的上述要求。因此,组织的人力资源规划应该在组织的总体发展战略和人力资源战略的指导下制定。另外,组织外部环境变化也会直接影响组织人力资源规划的制定,如组织外部经营环境或市场环境、劳动力市场供求状况、劳动者的文化素质、相关法律政策以及本地区平均工资水平、劳动力择业偏好等。因此,在制定企业人力资源规划前必须科学分析上述因素。

(二)分析组织现有的人力资源状况

对照组织发展的要求及企业现有的人力资源数量、质量、配置结构等进行人力资源分析,根据分析所得的资料(主要包括员工的自然情况、录用资料、教育资料、工作经历、工作业绩、工作能力和工作态度等信息),企业首先应该充分挖掘现有人力资源的潜力,通过人力资源培训、内部流动等方式满足组织的人力资源需求。另外,企业需找出现有人力资源与组织发展要求的差距。

(三)预测人力资源供求状况

在充分掌握信息的基础上,企业要使用有效的预测方法,对在未来某个时期的人力资源供给和需求作出预测。在整个人力资源规划中,这是最关键的部分,也是难度最大的部分,直接关系规划的成功。企业只有准确地预测供给和需求,才能采取有效的措施,实现人力资源供求平衡。进行需求预测时,企业应以历史数据、销售量、营业额、生产定额、直接生产人员与间接生产人员的比例等为基础,同时要对未来经营活动进行预测;预测人力资源供给情况,要从企业内部和外部两个方面来进行。相对而言,企业内部人力资源供给预测更为可靠,外部供给预测因受各种环境因素影响而比较难以准确把握。

(四)制定人力资源规划

完成上面的三个步骤后,相关人员就可以开始制定人力资源规划了,包括总体规划和各项业务规划。在制定相关措施时要注意,人力资源规划必须同时具有外部一致性和内部一致性。外部一致性是指人力资源规划应该成为企业总体规划的一个组成部分;内部一致性是指招聘、选拔、任用、培训等业务计划的设计应该彼此协调,从而使人力资源的总体规划得以实现。

(五)人力资源规划执行的监控

在人力资源规划的执行过程中,规划与现实可能存在偏差,为了保证人力资源规划能够得到有效执行,并及时应对规划执行过程中出现的意外情况,企业需要对人力资源的执行进行控制。如政策环境发生变化、产品市场环境发生变化等,都会影响人力资源规划的执行效果。因此,有效的监控有利于企业人力资源规划的执行。

(六)人力资源规划的评估和调整

对人力资源规划的结果进行评估可以从多个方面进行,如人力资源成本的降低、业务量或产量的提高、岗位空缺的数量减少和空缺的时间缩短等。如果企业某些岗位长期空缺或长期人力资源不足,且未能及时补充人员,那么该企业的人力资源规划可能就需要进行调整。

人力资源规划的评估包括两层含义,一是在实施的过程中,要随时根据内外部环境的变化来修正供给和需求的预测结果,并对平衡供求的措施作出调整;二是要对预测的结果以及制定的措施进行评估,对预测的准确性和措施的有效性作出衡量,找出其中存在的问题以及有益经验,为以后的规划提供借鉴和帮助。

阅读推荐 2-2

好规划的"前奏":做好人力盘点

做好新年度的人力资源规划,首先应了解目前公司人力的"家底",做好人力盘点是做好年度人力规划的重要"前奏"。

1. 明确组织需要。企业的战略需要通过什么样的形式来实现？首先分析企业战略基于当前与未来的组织架构、岗位设置等情况，明确组织需要什么样的人才队伍。

2. 统一人才标准。人才盘点可以推动企业管理层用一套统一的评价标准来进行人才的选拔和培养。

3. 摸清人才发展现状。通过人才盘点，公司了解人才储备情况，明确人才队伍的优势和不足，掌握未来需要怎样的人才，知道如何培养和任用人才。

4. 发掘高潜力人才。人才盘点更大的价值在于可以发掘企业中那些具备高潜力的人才。这些人才对企业的未来发展至关重要，尤其是企业的中高层管理岗位以及基层的关键岗位，都需要通过建立相应的继任计划以满足企业发展的需要。

5. 形成人才规划。根据组织需要和人才现状，人才盘点能够有针对性地拟定一系列的人才规划，包括人才的引进、晋升、流动、培养、激励等，形成人才管理的行动纲领。

6. 整合人力资源。人才盘点最大的价值就是将人力资源系统性地整合起来，使胜任力与任职资格、绩效考核与能力评价成为一体，使人才选拔和人才培养无缝对接，使人才发展支撑业务发展，使各个模块不再孤立脱节，形成一个系统、一个整体。总的来说，人才盘点最大的价值是打造人才竞争优势，推动组织的发展，让人才来支撑组织的战略发展。

资料来源：魏正民. HR老兵告诉你：什么才是"好规划". 中国人力资源网，2016.

第二节 人力资源规划内容

一、人力资源需求分析

(一) 人力资源需求的概念

人力资源需求是指以组织的战略目标及组织的人力资源战略为出发点，综合考虑各种影响因素，对企业在未来某一特定时间内所需要的人力资源数量、质量以及结构进行的估计。

(二) 人力资源需求的影响因素

企业人力资源需求的影响因素包括外部环境、内部因素。

1. 外部环境因素

(1) 经济环境

经济环境影响企业未来的发展趋势和社会经济发展状况，包括国家或地区经济状况、行业经济状况和世界经济形势。

(2) 社会、政治和法律环境

社会、政治和法律环境主要指社会习惯、法律法规、国家政策等因素。社会政治环境因素,如政局变化、社会不稳定等会影响企业的人力资源规划。法律法规的变化,如环境保护法律法规变化等,会直接引起企业经营格局的变化以及人员供求结构的变化。

(3)劳动力市场

劳动力市场的变化表现在劳动力供给或需求的变化,或者是供求双方都发生了变化。无论是哪一种情况,劳动力市场的变化都会导致企业内部劳动力的动态变化。

(4)科学技术的发展

科学技术对企业人力资源需求的影响非常明显,如企业采用新技术,就会减少对低技能员工的需求,增加对高技能员工的需要;不同行业中如有技术创新和升级,就会影响不同专业和不同技能人员的供求关系。

2. 内部因素

(1)企业战略目标

企业战略目标为企业规定了发展方向和目标,决定了企业发展速度,明确了企业发展需要什么样的人来完成。企业战略目标一旦制定,就会对企业未来的人力资源需求和配置产生决定性影响。

(2)组织的经营效率

组织的经营效率是影响人力资源需求的重要因素。高效率的组织为了满足企业高速扩张的需要,可能需要的人员数量少但质量要求较高;如果组织经营效率低下,则需要分析现有人员的配备是否合理,是否存在人员供给与需求失衡的情况,是否需要减员等。

(3)企业的组织结构

企业的组织结构对人力资源需求会产生影响。如果组织结构趋向扁平化,则管理幅度会扩展,员工跨层级升迁的机会减少,同级人员供给会相对过剩,企业对普通员工的需求减少,而对具有较高素质、较强能力的管理者的需求会增加。组织结构对人力资源需求的影响还体现在要求员工具有更高的素质、善于学习、能适应新角色等方面。

(4)人力资源自身因素

影响企业人力资源需求的要素还包括人力资源自身,要看现有员工是否能够满足企业增加产量、提高效率的需要,能否适应市场竞争的需要。企业现有人员配备必须着眼于未来。当然,组织中的人员因为辞职或终止合同而带来的流动比例或流动频率等因素还要考虑。

(5)企业的生产力水平

生产技术的变化也会对企业人力资源的需求结构产生影响。随着社会生产技术的进步和自动化生产水平的提高,企业将减少对低技能人员的需求,人员需求总量会减少,但对员工的知识、技术等要求却会提高,对技术技能型员工的需求会大大增加。

(三)人力资源需求预测方法

人力资源需求和产品或服务需求同等重要,预测内容包括要达到企业目标所需的员工数量、层次和结构等许多方面。预测时主要考虑三方面因素,即企业的目标和战略、生产力或效率的变化以及工作设计或结构的改变。因为要考虑的因素复杂多变,所得的结果往往和实际存在一定的偏差,企业必须根据自身的情况选取较适合的方法。

人力资源需求的预测方法可以按定性与定量或长期与短期分类。现介绍以下方法。

1. 经验预测法

经验预测法就是企业根据以往的经验来推测未来的人员需求的预测方法。这种预测方法的基本假设是人力资源的需求与某些因素的变化存在某种关系。这种方法受到预测者个人的经验和能力的影响较大,不同管理者的预测结果可能有偏差。这种方法应用于不同对象时,预测结果的准确程度也会不同。对于可准确测定工作量的岗位,预测的准确性较高,对于难以准确测定工作量的岗位,预测的准确性则较低。人们一般采用多人综合预测或查阅历史记录等方法来提高预测的准确率。经验预测法是人力资源预测中最简单的方法,适用于技术较稳定的企业的短期人力资源预测。

2. 德尔菲法(Delphi Method)

德尔菲法是在20世纪40年代由赫尔姆(Helmer)和达尔克(Dalkey)首创,经过戈尔登(T. J. Gordon)和兰德公司(RAND Corporation)进一步发展而成。1946年,兰德公司首次用这种方法进行预测,后来该方法被迅速推广。

德尔菲法又称"专家预测法",企业分别将所需解决的问题单独发送到各个专家手中征询意见,然后回收汇全部专家的意见,并整理出综合意见。随后将该综合意见和预测问题分别反馈给专家,再次征询意见,各专家依据综合意见修改自己原有的意见,再汇总。这样多次反复,逐步取得比较一致的预测结果。

用德尔菲法预测企业人力资源需求的基本过程如下:

第一步,选择专家。专家是对人力资源预测问题有深入研究和了解的人,他们既可以是来自第一线的管理人员,也可以是高层经理,既可以来自企业内部,也可以来自企业外部,人数一般控制在10~15人。选定专家后,主持预测的人力资源部门要向各位专家说明此次预测对企业的重要性、预测的方向和需要考虑的因素等。

第二步,征询专家意见。企业人力资源管理部门将事先设计好的预测问卷以信函形式发给各位专家,专家基于自己的知识、经验和所掌握的信息,分别提出自己的观点,并以匿名方式反馈。

第三步,人力资源部门将第一轮预测的结果进行分析、归纳,并将综合结果形成新的问卷再反馈给各位专家,请他们再次提出修改意见并说明修改的理由。经过几轮重复,直至专家们的意见基本趋于一致为止。

使用德尔菲法进行人力资源预测,需要注意下面几点。

一是要以匿名问卷的方式征求专家意见,不组织集体讨论;

二是给专家提供充分的历史信息及目标导向,使其能作出合理判断;

三是所提出的预测问题应尽可能明确,且在专家可能回答的范围之内;

四是保证所有专家能基于同一个目标来理解相关的定义、概念、统计分类等;

五是专家的预测结果不要求十分精确,但是需要说明对预测结果的肯定程度。

在德尔菲法的运用中,由于专家们互不见面,可以有效排除心理干扰,畅所欲言、集思广益,以保证预测结果的准确度。该方法比较适用于企业对人力资源需求的长期趋势预测,不足之处主要是预测过程较长、形式较为复杂。

3. 劳动定额法

劳动定额法是根据企业的工作任务、劳动定额以及工时利用率来预测人力资源需求的方法。劳动定额法主要适用于能计算员工的流动效率和能事先预测工作任务总量的企业,特别适合用来预测生产性企业的一线生产工人的需求数量。如公式2-1所示:

$$\text{某类岗位人员需求量} = \frac{\text{计划期内工作任务总量}}{\text{某类人员的劳动效率}} \quad \text{(公式2-1)}$$

在企业中,由于各类人员的工作性质不同,总工作任务量和个人的劳动定额变化形式以及其他影响人力资源需求的因素不相同,具体的核定人员需求的公式也不同。常见的有下面三种方法:

(1)产量定额法

这种方法是根据计划期内的生产任务总量和产量定额来计算人力资源需求,计算公式如下:

$$L = W/(T \times t \times E) \quad \text{(公式2-2)}$$

其中,L为人力资源需求量;W为一定时期计划工作任务总量;T为产量定额;t为计划期工作时间;E为工时利用率。

一般来说,某工种生产的品种单一、变化较小而产量较大时,适合采用产量定额来计算人力资源需求。采用这个公式计算人力资源需求时要注意工作任务总量和计划期的工作时间的时间单位、时间跨度要保持一致。

【例1】 某车间9月份需要生产20000件A产品,每个工人每天的产量定额为5件,工时利用率为95%,该车间9月份工作22天,人力资源需求情况如下:

$$L = 20000/(5 \times 22 \times 95\%) \approx 192(人)$$

(2)工时定额法

这种方法是根据计划期内的生产任务总量和工时定额来计算人力资源需求。计算公式如下:

$$L = (W \times Q)/(t \times E) \quad \text{(公式2-3)}$$

其中:Q为工时定额,W、t、E同上。

如果企业生产的产品品种较多,且需要在生产中转换生产品种,则通常采用工时定额法。采用这个公式计算人力资源需求时同样要注意工作任务总量和计划期工作时间的时间单位、时间跨度要保持一致。

【例2】 某车间2017年度需要生产A产品1000件,B产品2000件,C产品3000件,其中单件产品的工时定额为3小时、4小时、5小时,预测计划期内工时利用率为90%,2017年

工作250天,每天工作8小时。则该车间需要人数为:
$$L=(1000×3+2000×4+3000×5)/(250×8×90\%)≈15(人)$$

在企业实际预测中,有些产品需要由几个车间共同完成,所以一般会给出不同车间的定额工时,分别计算每个车间的人力资源需求数量。

(3)设备看管定额法

这种方法是根据设备需要开动的台数和开动的班次、工人看管定额以及工时利用率来计算人力资源需求数量。计算公式如下:

$$L=(S×Mb)/(Mq×E) \qquad (公式2-4)$$

其中:L为人力资源需求量;S是计划开动的设备数;Mb为每台设备需要开动的班次;Mq为工人的设备看管定额。在上面的公式里,工人的设备看管定额是指每人能看管几台机器,如果2人看管一台机器,那么看管定额为0.5,同时设备开动的台数和班次,不一定是企业拥有的设备数,而是根据设备生产能力和生产任务计算出来的需要开动的台数和班次。

4.岗位职责法

岗位职责法主要适用于不能计算劳动定额的岗位人员,如企业的管理人员、技术人员、修理工、保安和清洁工等。采用该方法一般按照企业的组织结构,先明确各项业务以及职责范围,再根据各项业务量的大小和复杂程度,结合人员的工作能力来预测需要人员的数量。

5.趋势分析预测法

趋势分析预测法亦称"时间序列分析法",其基本原理是利用取得的时间序列的历史信息数据,找出人力资源数量的历史发展规律和趋势,并假定这种趋势将延续下去,从而预测未来某个时期的预测值。该方法简便易行,只要有历史数据资料,就能够进行预测。但是,由于没有考虑因果关系,在有些场合下会产生较大的误差,例如,企业扩大生产或生产效率大幅提升后,趋势分析预测法的预测结果和实际会有较大的差距。趋势分析预测法常用的具体方法有移动平均法、季节变动分析法、加权移动平均法等。

(1)移动平均法

移动平均数是根据预测事先各时期的实际值,确定移动周期,分期平均,滚动前进所计算出的平均数。移动平均法的预测结果着重于对近期数据进行预测,因而较简单平均法更接近实际。但同简单平均法一样,都只适用于对稳定事件的预测,若经济发生大的波动或企业的业务发生大的起伏,该法则不适用。

(2)季节变动分析法

季节变动是指某些社会经济现象在较长时间内,每年随季节变换而表现出的比较稳定的周期性变动。季节变动分析法适用于工作任务随着季节而变动,员工需求数量也随着变化的企业,如旅游业、服装生产销售企业等的人力资源需求。

【例3】 某电风扇厂2015—2017年每季度的员工人数资料见表2-2。已经知道2018年一季度的员工数为250人,请预测2018年第二、三、四季度的员工人数。

表2-2 某电风扇厂2015-2017年员工人数资料　　　　　　　单位:人

	第一季度	第二季度	第三季度	第四季度
2015	260	350	200	160
2016	300	400	240	200
2017	276	360	216	170
季度平均数	279	370	219	177
季节指数(%)	106.90	141.76	83.91	68.20

具体预测过程如下:

第一步:计算历年相同季度的平均值。

第一季度的平均值=(260+300+276)/3,约为279,第二、三、四季度的平均值分别为370、219、177。

第二步:计算三年的所有季度平均值=(260+350+…+216+170)/12=261(人)。

第三步:计算各季度的季节指数。

$$季节指数 = \frac{各年相同季度的平均值}{所有年的季度平均值} \quad (公式2\text{-}5)$$

通过计算,第一季度的季节指数为278.67/261=106.77%,第二、三、四季度的季节指数分别为141.76%、83.91%和68.20%。

第四步:计算预测值。

$$某季度预测值 = \frac{预测季度的季节指数}{上季度的季节指数} \times 上季度实际数 \quad (公式2\text{-}6)$$

计算得出2018年第二、三、四季度的人力资源预测值分别为332、197、159。

6. 比率分析法

企业对有些员工的需求数量与企业中某些业务存在一定的比例关系,可以通过这种比例关系来预测未来人力资源的需求。例如,某公司对基层营销人员的需求是按照"销售额/基层营销人员数量"的比率来预测,同时对于营销管理人员又是按"基层营销人员数量/营销管理人员数量"的比率来预测。

例如,假设该公司去年的营业额为5000万元,基层营销人员的数量为100名,两者的比率是50∶1。这表明平均每个基层营销人员能完成的营业额为50万元。如果该公司预期今年的营业额为6000万元,则需要再雇佣20名基层营销人员。同时,该公司基层营销人员与营销管理人员的比例为10∶1,那么每增加20名基层营销人员,就需要相应增加2名营销管理人员。比率分析法的不足是计算时未将生产率的变化考虑进去。在以上的举例中,如果人均的销售额发生变化,则无法运用过去的比率关系来推测未来的人员需求。

7. 回归预测法

回归预测法是一种根据事物变化的因果关系来进行预测的方法,它不再把时间或产量等单个因素作为自变量,而是将多个影响因素作为自变量。它运用事物之间的各种因果关系,根据多个自变量的变化来推测与之有关的因变量的变化。组织中人力资源需求的变化总是与某个或几个因素相关联,所以,如果我们找到人力资源需求变化的规律,就可以推测出将来的需求量。

回归预测法的关键是确定影响人员需求的因素,并获得企业人力资源和相关影响因素的历史数据,然后根据这些数据对企业人力资源需求进行预测。回归预测法分为一元回归预测法和多元回归预测法。

二、人力资源供给分析

(一)人力资源供给分析概念

人力资源供给分析是指在某一特定时期内对企业的人力资源供给数量、质量以及结构进行估计。在进行供给分析时,必须考虑企业的获取能力范围。人力资源的供给包括企业内部供给和外部供给两个方面,通常从内部供给分析开始。

(二)人力资源供给分析内容

企业在预测期内所拥有的人力资源构成了内部供给的全部来源,所以,内部供给的分析主要是对现有人力资源的存量及在未来的变化作出判断。内部供给分析主要包括以下几个方面。

1. 现有人力资源分析

人力资源不同于其他资源,即使外部条件都保持不变,人力资源自身的自然变化也会影响未来的供给(如退休、生育等)。因此在分析未来人力资源的供给时,企业需要对现有的人力资源状况作出分析,通过信息收集,掌握现有员工的部门分布、技术知识水平、工种、年龄构成、性别、身体状况等。

2. 人员流动的分析

在进行人员流动分析时,假定人员的质量不发生变化,人员的流动主要包括两种:

(1)人员流出

由企业流出的人员数量形成了内部人力资源供给减少的数量,造成人员流出的原因有许多,如辞职、辞退、自然流失等。

(2)人员在企业内部流动

对企业内部流动的分析应针对具体的部门、职位等次或职位类别来进行,虽然这种流动对于整个企业来说并没有影响到人力资源的供给,但是对内部的供给结构仍造成了影响。在分析企业内部的人员流动时,不仅要分析实际发生的流动,还要分析可能的流动,也就是说要分析现有人员在企业内部调换职位的可能性,以预测内部供给结构的变化。

3. 人员质量的分析

进行人员质量分析时，假定人员没有发生流动，人员质量的变化会影响到内部的供给，质量的变动主要表现为生产效率的变化。

在其他条件不变时，生产效率提高，内部的人力资源供给相应就增加；相反，内部的供给相应就减少。影响人员质量的因素有很多，如工资的增加、技能的培训等。对人员质量的分析不仅要分析显性的，还要分析隐性的，如加班加点，虽然员工实际的生产效率没有发生变化，但是由于工作时间延长了，相应每个人完成的工作量就增多了，这同样增加了内部的供给，类似的还有工作分享、缩短工作时间等。

（三）人力资源供给分析方法

人力资源的供给可以从企业内部供给和企业外部供给两个方面来分析。

1. 内部供给分析方法

内部人力资源供给的方法主要有人员核查法、技能清单法、人员替换图法和马尔可夫分析法（Markov Analysis）等。

（1）人员核查法

人员核查法是通过对企业现有人力资源数量、质量、结构和在各职位上的分布状况进行核查，以掌握企业现有人力资源的具体情况的分析方法。通过核查，企业可以了解员工在工作经验、技能、绩效、发展潜力等方面的情况，从而帮助人力资源规划人员估计现有员工调换工作岗位的可能性，进而决定哪些人可以弥补企业当前的职位空缺。为此，首先企业要对工作职位进行分类，划分级别和部门，同时在日常的人力资源管理中做好员工工作能力的记录工作。

人员核查法是一种静态的人力资源供给方法，不能反映企业中人力资源动态的变化。在企业规模较小的时候，核查人力资源是比较容易的，但是如果企业规模较大、组织结构复杂，核查企业的人力资源就比较困难了。这时企业就应该借助人力资源管理信息系统进行人员核查。因此，该方法比较适用于中小企业的短期人力资源供给分析。

（2）技能清单法

技能清单法是通过追踪员工的工作经验、教育程度、特殊技能等与工作有关的信息来反映员工综合素质的分析方法。技能清单可以清楚显示员工的能力、知识水平和技能，让决策者和人力资源部门可以对企业人力资源状况在总体上有把握，估计现有员工调换工作岗位的可能性，从而让企业人力资源得到更为合理的配置。一般而言，技能清单主要包括如下内容。

①基本资料：年龄、性别、婚姻等；

②技能资料：教育程度、工作经历、曾任职务、培训历史等；

③特别资料：特长、奖励以及参加的团体等；

④个人能力：心理测验及其他测验的成绩、健康资料等；

⑤特殊爱好：喜欢的地理位置、职务类型、其他爱好等。

技能清单法有如下作用:第一,评价目前不同岗位类别员工的供应状况;第二,确定晋升和换岗的清单;第三,确定员工是否需要进行特定的培训或发展项目;第四,帮助员工确定职业发展规划和职业路径。

(3)人员替换图法

人员替换图法是指通过建立人员替换图来跟踪企业内的某些职位候选人的当前绩效,预测企业内部一些关键岗位人员的供给情况,以便在关键岗位出现空缺时,通过录用或提升候选人来弥补空缺的方法。当前绩效一般由考核部门或上级领导确定,提升潜力则是在绩效的基础上由人力资源部门通过心理测验、面谈等方式得出。人员替换图可以显示哪些员工需要经过一段时间的培训和实践方可晋升,从而调动员工的工作积极性,引导员工的绩效不断提高。

制定人员替换图的主要步骤为:

确定人力资源规划所涉及的工作岗位范围——确定关键岗位的替代人选——评价替代人选目前工作的情况和是否达到提升的要求——确定候选人的职业发展需要,并将个人职业目标和企业目标相结合。

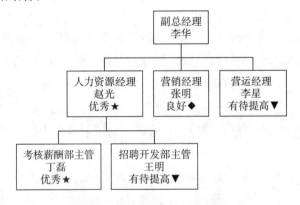

图 2-2 某企业管理人员替换图

(图注:★表示有提升潜力,可提升;◆表示需要进一步培训;▼表示现在不能提升)

在图 2-2 中,副总经理职位有三个预备候选人替代,其中人力资源部经理赵光表现优秀,也具备了提升的潜力,而营销经理张明表现良好,需要进一步培训,营运经理李鹏暂时不具备提升的潜力。在管理人员替换图中,需要注意的是在本岗位的表现和提升潜力是不能对等的,在企业中存在很多类似考核薪酬部主管丁磊那样在本职岗位的表现非常优秀,但是尚不具备提升的潜力的员工。在企业实际运作中,对一个职位的空缺进行替补后,往往会出现一连串的替补工作,最终还是需要招聘录用人员。

(4)马尔可夫分析法

马尔可夫分析法是一种定量预测方法,其基本思想是通过找出过去一段时期人员变动的规律,以此推测未来可能的变化趋势。它基于这样一个前提,即企业内部人员的转移是有规律的。

马尔可夫分析法有以下步骤:

第一步:设定企业的职位结构及各项职位之间的关系;

第二步:搜集历史资料,统计每个职位的升迁变动、离职等情况;

第三步:根据历史资料,计算员工在不同岗位之间的转移方式和转移概率,建立员工转移概率矩阵;

第四步:根据目前各岗位的员工分布状况及员工转移概率矩阵,计算不同岗位员工未来可能的转移情况,并得出未来一段时间不同岗位上员工的留存情况。

下面以某企业的人事变动为例加以说明,该企业有高级经理、部门经理、业务主管、基层管理和普通员工五个级别,经过对公司历史资料的分析,发现以下级别的人员流动具有一定的规律性,具体见表2-3。

表2-3 员工转移概率矩阵

工作岗位		终止时间				流出比率	总比率
		高级经理	部门经理	业务管理	基层管理		
起始时间	高级经理	0.7	0.1	0	0	0.2	1.0
	部门经理	0.15	0.6	0.1	0	0.15	1.0
	业务经理	0	0	0.8	0.1	0.1	1.0
	基层经理	0	0	0.05	0.85	0.1	1.0

上表显示,在统计期内,平均有70%的高级经理仍在原岗位上,有10%的降职为部门经理,有20%流出。部门经理平均有60%留在原工作岗位,有15%被提升为高级经理,有10%被降职为业务主管,有15%流出。用这些统计出来的工作岗位级别变动概率,结合现有员工数,可以推测出未来的人员变动情况,如表2-4所示。

表2-4 员工转移数量矩阵

工作级别	现有员工数	高级经理	部门经理	业务主管	基层管理	流出
高级经理	10	7	1	0	0	2
部门经理	20	3	12	2	0	3
业务主管	50	0	0	40	5	5
基层管理	100	0	0	5	85	10
终止时员工数	180	10	13	47	90	20

马尔可夫分析法可以和人力资源需求结合起来使用。企业可以根据供大于求或供小于求的预测结果,及时制定招聘、培训、调整等解决方案。使用马尔可夫分析法进行预测应注意,人员变动的可能性在一定时间里必须是稳定不变的。否则,计算和预测就变得毫无意义可言。在很多情况下,只要现有的政策不发生较大的变化,该方法就能很好地预测未来可能发生的人员变动情况。

2. 外部供给分析

长期看来,任何企业都必须面对招聘和录用新员工的问题。无论是因为企业生产规模的扩大、多元化经营、跨国经营,还是由于员工队伍的自然减员,企业都必须从劳动力市场上获得必要的人员以补充或扩充企业员工队伍。

组织外部人力资源供给来源多方面的,如各类学校毕业生、转业和退伍军人、农民工、失业人员等。由于外部人力资源供给难以把握和控制,因此外部供给分析主要通过对影响因素进行判断,从而对外部供给的有效性和变化趋势进行判断。对外部人力资源的供给分析,主要考虑以下几方面因素:

第一,本地区人口总量。它决定着该地区可提供的人力资源总量。
第二,本地区人力资源的结构,包括年龄、性别、教育、技能等。
第三,本地区的经济发展水平。它决定了对外地劳动力的吸引力。
第四,本地区的教育水平,特别是政府与组织对培训和再教育的投入。
第五,本地区同行业平均工资收入水平、与相邻地区的工资收入差距、当地物价水平等。
第六,本地区外来劳动力的数量和质量。
第七,本地区同行业对劳动力的需求情况。

三、人力资源供求平衡分析

人力资源规划的最终目的是要实现企业人力资源供给和需求的平衡,因此在预测出人力资源的供给和需求之后,企业需要进行比较研究,并据此采取相应的措施。

(一)供给和需求的结构性失衡

企业人力资源供求完全平衡非常困难,即使供求总量达到平衡,但人力资源在内部层次和结构上也会出现不平衡。对于结构性不平衡,可以采用如下措施实现平衡:

1. 内部人员重新配置

重新配置包括晋升、调动、降职等。

2. 专门培训

专门培训是指通过有针对性的培训,使员工能够从事空缺职位的工作,从而实现平衡。

3. 外部引进

外部引进是指通过从外部引进组织所需的各种人才,同时裁减冗员,最终实现人员结构的平衡。

(二)供给大于需求

当预测的供给大于需求时,企业可以采取以下措施来实现平衡:

一是扩大经营规模以增加对人力资源的总量上的需求。

二是通过裁员或辞退员工来实现平衡,但这种方法可能会给社会带来不稳定,因此可能受到政府政策的限制。

三是鼓励员工提前退休,对接近退休年龄的员工许以优惠政策,让他们提前离开企业。

四是冻结招聘,暂时停止从外部招聘人员,通过内部自然减员来减少供给。

五是对部分员工进行培训,为员工转岗或积累技能而开展培训,为未来的需求作储备。

六是对企业内部机构和结构进行调整,关闭不景气的分厂、车间以及冗余的机构。

(三)需求大于供给

当预测结果是供不应求时,企业可以采取下列措施:

一是有计划地从外部招聘人员,这是非常直接有效的方法。

二是提高现有员工工作效率,如通过改进生产技术、加强员工技能培训等途径来提高工作效率。

三是延长工作时间。这种方法比较适用于人员短缺不严重且员工凝聚力较强的企业。

四是减少员工流失,同时进行内部调配,通过增加内部流动来提高某些职位的供给。

五是通过业务外包减少企业内部人力资源需求的压力。

在管理实践活动中,企业人力资源供给和需求的不平衡经常不是单一的供大于求或供不应求,往往会交织在一起,出现某些部门或某些职位的供给大于需求,而其他部门或其他职位的供给小于需求。因此,企业在制定平衡供求的措施时,应当从实际出发,综合运用上述方法,使人力资源的供给和需求在数量、质量以及结构上都能平衡匹配。

◇ 阅读推荐 2-3

战略性人力资源规划的困境

面对战略性人力资源规划的巨大挑战,你是否深陷困境?是否期待探索出一条小道?现在让我们揭开困境的真实面貌。

1. 市场现状。某跨国企业制定了雄心勃勃的 5 年中国市场战略,但是当下的中国市场早已今非昔比。一方面,居民收入增加提升了消费能力,但是市场更加碎片化,战略目标的实现依赖于对细分市场的有效进入;另一方面,互联网和移动互联网的迅速普及正在改变消费模式,并迫使企业修正既有的商业模式。

2. 企业的普遍困境。这家跨国企业所面临的战略困境并非个例,而是处于转型期的中国经济给所有企业提出的变革挑战。战略的 90% 在于执行,执行的 90% 在于人。而人的因素在目前这个大变革时代会成为战略实施和落地的最大障碍之一。可见,经济增长方式发生变化、新技术改变商业模式、核心管理团队老化等都是企业陷入困境的主要原因。

3. 如何走出困境。企业该如何走出困境?如何做人力战略规划呢?

第一步:战略解码。企业根据战略目标和商业模式,将关键成功因素转化为职位等关键人力资源要素。

第二步:人力模型搭建。企业通过系统性识别业务驱动和搭建人力资源供给杠杆体系,建立人力需求和供给模型。

第三步:场景模拟。企业根据战略目标和假设对人力需求和供给进行不同场景的模拟,例如不同自动化程度下人力供给与需求的差异。

第四步:对策形成。企业根据模拟形成人力资源对策,以实现商业周期与人力供给周期的同步。这里提供两种有效的策略:一是利用经营手段降低需求,提高生产力;二是利用人力资源手段增加供给,如招聘、培训、员工保留、技能交叉等手段。

4. 结论。战略人力规划的有效执行依赖于以下关键因素:

一是企业的人力资源数据。无论是人力资源规划还是战略人力规划,企业既有的人力数据都对规划的准确性起重要作用,因此企业人力资源部门必须有效记录各类历史数据。

二是高效的分析工具。由于人力资源的流动性、双变量模型的复杂性,办公常用软件如Excel、Access等难以建立复杂的动态模型进行有效模拟,企业应选用更强大的分析工具。

三是企业务必要成立一个跨部门团队来实施战略人力规划。

资料来源:梁星晖,梅竹.战略性人力资源规划的困境.中国人力资源网,2017.

第三节　企业劳动定员管理

一、企业定员管理概述

(一)定员管理的相关概念

1. 劳动定员

劳动定员,简称"定员"。企业劳动定员是在一定的生产技术组织条件下,为保证企业生产经营活动的正常进行,按一定素质要求,对企业配备各类人员所预先规定的限额。凡是企业进行正常生产经营所需要的各类人员都在企业定员的范围内,如从事企业生产经营活动的一般员工、各类初级中级管理人员、专业技术人员以及高层领导者。

劳动组织从设计组建之时起,就要考虑组织需要多少人,人员需要具备什么样的条件,如何将这些人合理组合起来,既满足生产和工作的需要,又能发挥各类人员的作用等问题。制定企业的用人标准,加强企业的定岗、定员、定额等管理,能促进企业劳动组织的科学化。

2. 人员编制

编制是指国家机关、企事业单位、社会团体及其他工作单位中,各类组织机构的设置及人员数量定额、结构和职务的配置。编制包括机构编制和人员编制两部分。机构编制是对组织机构的名称、职能(职责范围和分工)、规模、结构以及总机构、分支机构设置的限定。人员编制是对工作组织中各类岗位的数量、职务的分配、人员的数量及结构所作的统一规定。按社会组织的性质和特点,人员编制可分为行政编制、企业编制、军事编制等。

3.劳动定员与劳动定额

劳动定员与劳动定额两个概念虽然有许多相似之处,但也有许多区别:

从概念的内涵上看,企业定员是对劳动力使用的数量、质量界定,这种界定既包含了对劳动力消耗"质"的界定,也包含了对劳动力消耗"量"的限额。它与劳动定额的内涵,即对活劳动消耗量的规定是一致的。

从计量单位上看,劳动定员通常采用的劳动时间单位是"人/年""人/月""人/季",与劳动定额所采用的劳动时间单位"工日""工时"没有"质"的差别,只是"量"的差别,即长度不同。例如:按制度工日(每周五天工作制)或工时折算,每人/年可等于251个工日或2008个工时。

从实施和应用的范围来看,在企业中除某些人员因长期脱离生产岗位不在定员管理范围之内外,凡是在常年性工作岗位上工作的人员,如工人、管理人员、工程技术人员及服务人员等都应纳入定员管理的范围。在企业中实行劳动定额的人员约占全体员工的40%～50%,企业可以工时定额等数据为依据,核定出定额人员的定员人数。

从制定的方法上看,制定企业定员的方法主要有按劳动效率定员,按设备定员,按岗位定员,按比例定员,按组织机构、职责范围和业务分工等定员。在上述定员方法中,前三种与劳动定额存在着直接的联系,后两种方法是制定劳动定额的基本方法,是经验估计、统计分析、技术测定等方法的延伸。

通过上述分析,我们可以基本弄清了企业定员与劳动定额的异同,两者都是对人力消耗所规定的限额,只是计量单位、应用范围不同而已。

(二)企业定员管理的作用

企业劳动定员作为生产经营管理的一项基础工作,对于企业人力资源开发与管理具有重要的作用。

1.合理的劳动定员是企业用人的科学标准

有了定员标准,企业在用人方面可精打细算,在保证员工生理需要的前提下,合理、节约地使用人力资源,用尽可能少的活劳动消耗生产出尽可能多的产品,从而提高劳动生产率。

2.合理的劳动定员是企业人力资源规划的基础

劳动定员是在对企业整个生产经营、管理等过程全面分析的基础上,以先进合理的定员标准和劳动定额为依据来核定的。所以,按定员标准编制企业各类员工的需求计划是企业人力资源规划的重要内容。

3.科学合理定员是企业内部各类员工调配的主要依据

企业内部员工调配工作的目的是合理安排、使用、开发各类人才。为此,企业既要了解员工的知识、技能和健康等各方面状况,更要了解企业的定员计划,即各个工作岗位需要多少人、需要什么条件的人。定员标准是员工调配的主要根据,而员工调配又是定员标准得以贯彻的保证。

4. 先进合理的劳动定员有利于提高员工队伍的素质

合理的定员要使企业各工作岗位的任务量达到满负荷。这就要求所有在岗的员工必须具备相应的专业技术能力且全部精力投入工作，否则便不能胜任。劳动定员可以激发员工学习知识、钻研业务技术的积极性。

(三) 企业管理定员的原则

为了实现劳动定员水平的先进合理，必须遵循以下原则。

1. 定员必须以企业生产经营目标为依据

科学的定员标准应能保证整个生产过程连续、协调进行所必需的人员数量，因此，定员必须以企业的生产经营目标以及保证这一目标实现所需的人员为依据。

2. 定员必须以精简、高效、节约为目标

在保证企业生产经营目标的前提下，定员应强调精简、高效、节约的原则。为此，产品方案要设计科学、兼职设计要合理、工作分工要明确、职责划分要清晰。

3. 确保各类人员的比例关系协调

企业内部人员的比例关系包括直接生产人员和非直接生产人员之间的比例、基本生产工人和辅助生产工人之间的比例、非直接生产人员内部各类人员以及基本生产工人和辅助生产工人内部各工种之间的比例等。在一定的产品结构和生产技术条件下，上述各类岗位存在数量上的最佳比例，按此比例配备人员能使企业获得最佳效益。因此，在定编定员中，企业应处理好比例关系。

4. 定员要做到人尽其才、人事匹配

企业一方面要认真分析劳动者的基本状况，包括年龄、工龄、性别、专业知识和技术水平等，另一方面要进行岗位分析，了解每项工作的性质、内容、任务和环境条件等。只有将劳动者安排到真正能发挥其作用的岗位上，定员工作才是科学合理的。

5. 创造贯彻执行定员标准的良好环境

定员的贯彻执行需要有适宜的内部和外部环境。内部环境包括企业领导和广大员工思想认识的统一，企业的用人制度、考勤制度、奖惩制度、劳动力余缺调剂制度等基本健全。外部环境包括企业真正成为独立的生产者，企业的经营成果与员工的经济利益挂钩，相对规范的劳务市场已建立，劳动者有选择职业的权力，企业有选择劳动者的权力。

6. 定员标准应适时修订

在一定时期内，企业的生产技术和组织条件具有相对的稳定性，企业的定员也应有相应的稳定性。但是，随着生产任务的变动、技术的发展、劳动组织的完善、劳动者技术水平的提高，定员标准必须作相应调整，以适应内外环境的变化。

二、企业定员的核定

由于各类人员的工作性质不同,总工作任务量和个人工作(劳动)效率表现形式以及其他影响定员的因素不同,企业核定用人数量标准的具体方法也不尽相同。长期以来,我国企业在核定定员人数时,总结和推广了以下五种常用核定方法。

(一)按劳动效率定员

1. 适用范围

按劳动效率定员适用于以手工操作为主的工种。

2. 计算公式

$$定员人数 = \frac{计划期生产任务总量}{工人劳动效率 \times 出勤率} \quad (公式2\text{-}7)$$

其中,工人劳动效率=劳动定额×定额完成率(劳动定额可以是工时定额或产量定额),当某工种生产产品的品种单一、变化较小而产量较大时,宜采用产量定额来计算人数。

如计划期任务是按年规定的,而产量定额是按班规定的,可采用下面的公式:

$$定员人数 = \frac{\sum(每种产品年总数量 \times 单位产品工时定额)}{年制度工日 \times 8 \times 定额完成率 \times 出勤率} \quad (公式2\text{-}8)$$

此外,在生产实际中,有些工种(或工序)不可避免会有一定数量的废品产生,计算定员时,需要把废品因素考虑进去:

$$定员人数 = \frac{\sum(每种产品年总数量 \times 单位产品工时定额)}{年制度工日 \times 8 \times 定额完成率 \times 出勤率 \times (1-计划期废品率)}$$

$$(公式2\text{-}9)$$

(二)按设备定员

1. 适用范围

按设备定员适用于以机械操作为主、使用同类型设备、采用多机床看管的工种。

2. 计算公式

$$定员人数 = \frac{需开动设备台数 \times 每台设备开动次数}{工人看管定额 \times 出勤率} \quad (公式2\text{-}10)$$

(三)按岗位定员

1. 设备岗位定员

(1)适用范围

按设备岗位定员适用于连续性生产装置(或设备)组织生产的企业,如冶金、化工、炼油、造纸、烟草、机械制造、电子仪表等企业中需使用大中型连动设备的工种。

(2) 计算公式

多人共同进行操作一机的岗位的定员计算公式如下：

$$定员人数 = \frac{共同操作的各岗位生产工作时间总和}{工作班时间 - 个人需要与休息宽放时间} \qquad (公式2\text{-}11)$$

2. 工作岗位定员

按工作岗位定员适用于有一定岗位，但没有设备且不能实行定额的工种，如检修工、检验工、值班电工、茶炉工、警卫员、清洁工、文件收发员、信访人员等。这种定员方法和按设备定员的方法基本相似，主要根据工作任务、岗位区域、工作量和实行兼职作业的可能性等因素来确定定员人数。

(四) 按比例定员

1. 适用范围

按比例定员主要适用于服务业或企业中非直接生产人员的定员。例如，辅助生产工人，政治思想工作人员，工会、妇联、共青团脱产人员以及从事特殊工作人员的定员。

2. 计算公式

$$定员人数 = 员工总数或某一类人员总数 \times 定员标准(百分比) \qquad (公式2\text{-}12)$$

在企业中，由于劳动分工与协作的要求，某一类人员与另一类人员之间总存在着一定的数量依存关系，并且随着后者人员数量的增减而变化，如就餐人数和服务人员、保育员与入托儿童人数、医务人员与就诊人数、人力资源管理人员数量与企业人数等。企业对这些人员定员时，应参考国家或主管部门所确定的比例。

(五) 按业务分工定员

1. 适用范围

按业务分工定员主要适用于企业管理人员和工程技术人员的定员。

2. 定员方式

一般是先定组织机构，再定各职能科室，明确了各项业务及职责后，根据各项业务工作量、复杂程度，结合管理人员和工程技术人员的工作能力、技术水平等进行定员。

上述五种定员核定的基本方法在确定定员标准时，应视具体情况，灵活运用。例如，机器制造、纺织企业应以效率和设备定员为主，冶金、化工、轻工企业应以岗位定员为主。有的大中型企业，工种多、人员构成复杂，可以同时采用上述多种方法。实际上，企业除了可以直接规定劳动定额的工种外，尚有多种需要区分不同情况的工作岗位，针对不同的变动因素，企业需采用不同的方法进行定员。表2-5是对以上五种定员方法的比较分析。

表 2-5　各种定员方法的比较

定员方法	基本内容	适用对象
按劳动效率定员	利用总任务量和劳动效率(主要形式为劳动定额)求出定员总量	有明确劳动定额(工时或产量定额)的生产人员
按设备定员	利用设备开动数量和看管定员求出定员总量	有明确看管定额的生产人员
按比例定员	根据企业内部不同类别人员之间的比例关系,在某一类人员总量确定的前提下确定与其存在比例关系的另一类人员数量	服务类岗位或某些管理岗位
按岗位定员	按照岗位职责设置定员标准	缺乏明确劳动定额的岗位
按业务分工定员	按照组织结构下的业务分工定员	各类管理人员

技术方法 2-1

定员核定方法的应用

【例1】 某车间某工种计划在 2017 年生产 A 产品 300 台、B 产品 400 台、C 产品 500 台,D 产品 200 台,其单台工时定额分别为 20、30、40、50 小时,计划期内定额完成率为 125%,出勤率为 90%,废品率为 8%,则该车间该工种的定员人数是多少?

解:定员人数 $= \dfrac{\Sigma(\text{每种产品年总数量} \times \text{单位产品工时定额})}{\text{年制度工日} \times 8 \times \text{定额完成率} \times \text{出勤率} \times (1 - \text{计划期废品率})}$

$= \dfrac{300 \times 20 + 400 \times 30 + 500 \times 40 + 200 \times 50}{251 \times 8 \times 1.25 \times 0.9 \times (1 - 0.08)} \approx 23$ 人

【例2】 某印刷集团公司下属的印刷厂购置了 25 台 C 型数字化印刷设备。由于供货方提供的定员资料不够完整,厂方领导要求人力资源部在最短时间内提出该设备的定员方案。于是人力资源部门负责组建测评小组,首先对已经试用的 5 台设备进行了全面的测定,通过工作日写实,发现看管该种设备的岗位有 3 个工作点,甲点的工作时间为 300 工分,乙点工作时间为 220 工分,丙点工作时间为 280 工分,根据以往的经验,该种设备的个人需要与休息宽放时间 60 工分。此外,根据 2017 年的计划任务量,该种设备每台需要开动 2 个班次,才能满足生产任务的需要。已知过去 3 年该厂员工的平均出勤率为 96%。请根据上述资料:(1)核算出每台设备的看管定额;(2)核算出 2011 年该类设备的定员人数。

解:(1) 工人看管定额 $= \dfrac{\text{开动设备台数} \times \text{每台设备开动次数}}{\text{定员人数} \times \text{出勤率}}$

∵ 定员人数 $= \dfrac{\text{共同操作的各岗位生产工作时间总和}}{\text{工作班时间} - \text{个人需要与休息宽放时间}} = \dfrac{300 + 220 + 280}{60 \times 8 - 60} \approx 2$ 人

∴ 工人看管定额 $= \dfrac{5 \times 2}{2 \times 0.96} \approx 5$ 人/台

(2) 2011 年该设备的定员人数 $= \dfrac{\text{需开动设备台数} \times \text{每台设备开动次数}}{\text{工人看管定额} \times \text{出勤率}}$

$= \dfrac{25 \times 2}{5 \times 0.96} \approx 10$ 人

【例3】 某企业计划扩大生产规模。过去 10 年机床操作工、机床维修人员、基层管理人员的比例一直是 60∶10∶17。明年计划补充机床操作工 600 人。求需补充机床维修人员、基层管理人员的人数。

解：∵ 定员人数＝员工总数或某一类人员总数×定员标准(百分比)

操作工定员标准 $= \dfrac{60}{87} \times 100\% = 68.97\%$

维修人员定员标准 $= \dfrac{10}{87} \times 100\% = 11.49\%$

基层管理人员定员标准 $= \dfrac{17}{87} \times 100\% = 19.54\%$

∴ 员工总数 $= \dfrac{\text{操作工总数}}{\text{操作工定员标准}} = \dfrac{600}{68.97\%} \approx 870$ 人

维修人员人数＝员工总数×维修人员定员标准＝870×11.49%≈100 人

基层管理人员人数＝员工总数×基层管理人员定员标准＝870×19.54%≈170 人

资料来源：http://wenku.baidu.com/view/f9e2dc37f111f18583d05a59.html.

◆ 技术方法 2-2

企业定员的新方法

1. 运用数理统计方法对管理人员进行定员。

用回归分析方法求出管理人员与其工作量各影响因素的关系。

$$P = K \cdot X_1^{l_1} \cdot X_2^{l_2} \cdot X_3^{l_3} \cdots X_\beta^{l_\beta} \qquad \text{(公式 2-13)}$$

在公式 2-13 中，P 为某类管理人员数；$X_1 \sim X_p$ 为该类管理人员工作量各影响因素值；$l_1 \sim l_p$ 为各因素值的程度指标；K 为系数。

例如某公司根据 2006 年年底的统计资料，采用计算机进行回归分析，求出了财会人员定员的基本计算公式：

$$P = 0.0095 \cdot x_1^{0.9097} \cdot x_2^{0.0575} \cdot x_3^{0.0037} \cdot x_4^{0.0859} \qquad \text{(公式 2-14)}$$

在公式 2-14 中，x_1 为员工总数；x_2 为纳入固定资产的设备台数；x_3 为主要产品产量乘以单台产品零件的数量；x_4 为企业与外单位签订的各种经济合同份数。该公司有员工 1428 人，设备 636 台，年主要产品零件总数是 97 万件，签订合同 1900 份，则财会人员应配备数量为：

$$P = 0.0095 \times 1428^{0.9097} \times 636^{0.0575} \times 97^{0.0037} \times 1900^{0.0859} \approx 20 (\text{人})$$

2. 运用概率推断确定合理人数。

我们以某诊所为例探讨这种方法的具体步骤：

(1) 根据统计调查掌握资料。选择诊治病人次数最多的月份，求出平均每天诊治病人次数和标准差。其计算公式是：

$$\overline{X} = \sum X / n$$

$$\sigma = \sqrt{\dfrac{\sum (X - \overline{X})^2}{n}} \qquad \text{(公式 2-15)}$$

在公式 2-15 中，$\overline{X}$ 代表平均每天诊病的人数；X 代表除公休节假日以外每天就诊人数；n 代表制度工日数；σ 代表平均每天诊病人数的标准差。

(2)测定每位医务人员每天准备、接待患者以及必要的休息时间。

(3)测定必要的医务人员数。

例如，某医务所诊治病人次数最高的月份，平均每天就诊人数($\overline{X}$)为 120 人次，其标准差 σ 为 10 人次，在保证 95％可靠性的前提下，该企业医务所每天就诊人次数为：120＋1.6×10＝136 人次。又已知医务人员接待每一位病人平均时间为 15 分钟，医务人员平均每天实际工作时间利用率为 85％。根据上述材料，可推算出必要的医务人员数为 5 人：

$$该医务所必要的医务人员数 = \frac{该医务所每天诊病总工作时间}{每一医务人员实际工作时间}$$

$$= \frac{136 \times 15}{60 \times 8 \times 0.85} = 5（人）$$

资料来源：安鸿章.企业人力资源管理师(3 级).北京：中国劳动社会保障出版社，2007.

◆ 本章小结

1.人力资源规划指企业为实施发展战略并完成生产经营任务，根据企业内外环境和条件的变化，应用科学的技术和方法，对人力资源需求和供给进行预测分析，制定相应的政策和措施，使企业人力资源供求达到平衡的过程。

2.人力资源需求预测主要有经验预测法、德尔菲法、劳动定额法、趋势分析预测法、岗位职责法、比率分析法和回归预测法等方法。

3.人力资源内部供给分析主要有人员核查法、人员替换图法、技能清单法和马尔可夫法等方法。

4.企业劳动定员是对企业配备各类人员预先规定的限额。企业定员方法主要有按劳动效率定员、按设备定员、按岗位定员、按比例定员以及按组织机构、职责范围和业务分工定员。

◆ 本章习题

1.什么是人力资源规划？人力资源规划与企业战略有何关系？

2.企业人力资源规划有何作用？人力资源规划的原则有哪些？

3.简述人力资源规划编制的基本程序。

4.在企业人力资源的供求关系中存在哪些不平衡？如何解决？

5.企业定员主要有哪些方法？

◈ 案例研讨

绿色公司的人力资源规划

绿色公司的总经理要求人力资源部经理在10天内拟出一份公司人力资源5年计划。

人力资源部经理用了3天时间来收集制定规划所需要的资料。

1. 公司现状。公司共有生产与维修工人825人,行政和秘书性白领职员143人,基层与中层管理干部79人,工程技术人员38人,销售员23人。

2. 公司近5年来员工的平均离职率为4%,但是不同类型员工的离职率不一样,生产工人离职率高达8%,而技术和管理干部则为3%。

接着,人力资源经理召开了一个由公司各职能部门负责人参加的会议,议题是根据公司既定的经营战略和扩产计划,讨论各部门所需员工的变化情况。会后整理总结为:白领工人和销售人员要增加10%~15%,工程技术人员要增加5%~6%,中、基层干部不增也不减,生产与维修的蓝领工人要增加5%。

人力资源经理又向有关人员了解行业和政府的相关政策,获悉,最近本地政府颁布了一项政策,要求当地企业招收新员工时,要优先考虑中年妇女和下岗工人。人力资源经理知道本公司的招聘政策一直未曾有意排斥妇女和下岗工人,只要他们来申请,就会按照同一标准进行选拔,并无歧视,但也没有特别照顾。

人力资源部还收集了一些相关数据:目前公司销售员几乎全是男性;中基层管理干部也只有2名女性,工程师中有3名女性,蓝领工人中约有11%是女性或下岗工人,并且集中在底层的劳动岗位上。公司刚刚认证通过了几种有吸引力的上市新产品,预计公司未来5年的销售额会翻一番。

资料来源:吴国华,崔霞.人力资源管理实验实训教程.南京:东南大学出版社,2008.

请分析:

1. 人力资源经理该如何编制公司人力资源5年规划?
2. 这份人力资源规划大致的内容有哪些?

◈ 践行辅导

如何编制企业的人力资源规划?

【体验目的】

1. 了解影响企业人力资源规划的因素。
2. 学生真正掌握人力资源供求预测的方法。

【参与人员】

学生自由组合形成调研小组,每组4人,男女各半,抽选2组(第一章参加过的同学暂且不考虑)。

【实施步骤】

1. 学习完本章内容之前布置学生联系当地某一企业的人力资源部,说明调研的目的以及可能帮助企业解决的问题。

2. 本章结束后学生利用课余时间开展调研,1周后,两组同学对调研结果展开讨论,教师参与并辅导。讨论的主题是:该企业现有人力资源规划状况;该企业人力资源规划存在的问题;针对该企业实际情况,应制定怎样的人力资源规划。每组将以上内容归纳成文字。

3. 本章结束后,课堂上安排1节课,由两组同学分别对见习活动进行总结和评价,总结组派1名代表讲演,总结时间不超过10分钟;评价组的同学对总结情况进行评价,并形成一致意见,评价总时间不超过15分钟。随后,旁观同学可自由发言,不超过10分钟。

4. 两组相互借鉴,在该企业人力资源部门相关人员以及任课教师共同参与下,制定该企业的人力资源规划。

5. 任课教师对整个活动过程进行总结和点评,并对参与调研活动的同学给予实践教学环节的评分。

【效果评价】

1. 本次践行活动让学生深刻体会人力资源规划的复杂性。

2. 通过践行活动,学生可以理论联系实际,真正掌握企业人力资源供求预测的各种方法。

第三章

工作分析与评价

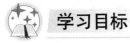 **学习目标**

☆ 掌握工作分析与工作评价的概念
☆ 掌握工作分析的内容、流程及方法
☆ 掌握工作说明书的编写技巧
☆ 了解工作评价的要素分类及指标体系

  关键术语

☆ 工作分析 Job Analysis
☆ 工作说明书 Job Descriptions
☆ 工作岗位设计 Job Design
☆ 工作评价 Job Evaluation

  学前思考

有人说,人力资源管理是为了实现"事得其人、人尽其才、才尽其用"。事实上,许多管理者并不清楚岗位的目标是什么,设岗的意义何在,岗位的任务职责、权限范围、利益回馈、任职资格如何。以至于在实际工作中,岗位的责、权、利、能边界模糊,部门及岗位之间推诿扯皮,员工抱怨等现象屡见不鲜,既降低了组织的运营效率,又损耗了组织人力资源。要从根本上解决这些问题,就必须从工作分析做起。

◆ 开篇案例

彼得原理(The Peter Principle)

彼得原理是指在各种组织中,雇员总是趋向于晋升到其不称职的地位。彼得原理有时也被称为"向上爬"的原理。

这种现象在现实生活中无处不在:一名称职的教授被提升为大学校长后却无法胜任;一个优秀的运动员被提升为主管体育的官员而无所作为。

对于一个组织而言,一旦相当部分人员被安排到不称职的岗位,就会产生人浮于事、工作效率低下等问题,导致平庸者出人头地,组织发展停滞。

因此,企业要改变单纯的根据贡献决定晋升的企业员工晋升机制,不能因某人在某个岗位上干得很出色,就推断此人一定能够胜任更高一级的职务。

将一名职工提拔到其无法很好发挥才能的岗位,不仅不是对本人的奖励,反而使其无法很好地发挥才能,同时会给企业带来损失。

资料来源:HR十大经典理论,你知道几个. 中国人力资源网,2017.

试问:员工职位晋升的标准有哪些?应该如何确定?职位晋升是激励员工的最佳选择还是糟糕的举措?

第一节 工作分析

工作分析是人力资源管理的基础和工具,它可为人力资源管理的其他环节提供各种基本资料。只有通过工作分析,我们才能知道组织需要的工作是什么样子的,该做哪些事情,需要什么样的人来做,组织才能以此来招聘和配置员工、评估员工的工作绩效、实施岗位培训、提供相应的薪酬待遇等。

一、工作分析概述

(一)工作分析的含义

工作分析又称"职务分析"或"岗位分析",是对某项工作作出明确规定,确定完成这一工作需要什么样的行为的过程,也是对某一职务或岗位的工作内容和任职资格进行描述和研究的过程。简言之,工作分析就是确定某一工作的任务以及什么样的人(从经验和技能的角度来说)适合从事这一工作。

工作分析包括两方面内容:首先是对岗位名称、地点、任务、权责、工作对象、劳动资料、工作环境及本岗位与相关岗位之间的联系和制约方式等进行系统表达;其次是该职务或岗位对员工任职要求的描绘,如知识水平、工作经验、道德标准、身体状况等资格条件。

工作分析必须要解决工作中六个方面的问题,即工作内容(what)、责任者(who)、工作岗位(where)、工作时间(when)、工作目的(why)、怎样做(how)。如图3-1所示。

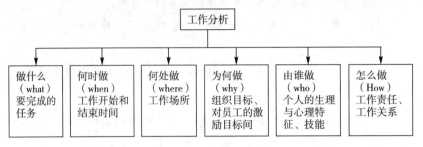

图3-1 工作分析解决的问题

(二)工作分析中的常用术语

开展工作分析活动时,组织可以从不同个体的职业生涯与职业活动的调查入手,分析其职务、职位、职责、工作任务与工作要素,从不同层次上确定工作的性质、繁简难易程度与任职者的资格条件。以下常用术语是工作分析中经常出现的,应当明确。

1. 工作要素

工作要素是指工作活动中不能再继续分解的最小动作单位。例如,速记人员在工作中能正确书写各种速记符号;行政文员在工作中使用计算机、签字、打电话、发传真等。

2. 任务

任务也称"工作任务",是为了达到工作目的所完成的一系列不同工作活动,即在工作活动中为了达到工作目的的要素集合。例如,管理科研项目、组织社会调研、打印文件、参加会议、搬运货物等是不同的任务。

3. 职责

职责指某人担负的一项或多项相互关联的任务集合。例如,薪酬专员的主要职责之一是进行薪资调查,这一职责通常由下列任务组成:设计调查问卷,把问卷发给调查对象,将结果表格化并加以解释,把调查结果反馈给调查对象。

4. 职位

职位是指某一时间内某一主体所担负的一项或多项相互关联的职责集合。例如,办公室主任一般应同时担负该单位的内外协调沟通、文秘档案管理、行政事务处理等职责。在同一时间内,职位数量与员工数量相等,有多少位员工就有多少个职位。

5. 职务

职务是对主要职责在重要性与数量上相当的一组职位的集合或统称。例如,开发工程师、秘书等都是职务。职务实际上与工作是同义的。一种职务可以对应设置多个职位,如企业中的法律顾问这一职务,可能只设置一个职位;开发工程师这一职务,则可能设置多个职位。

6. 职业

职业指在不同时间、不同组织中,工作要求相似或职责平行(相近、相当)的职位集合。

例如，教师、会计、工程师等。

(三)工作分析的内容

工作分析包括两个方面的内容，即工作描述与工作规范。工作描述是对组织中各类职位的工作性质、工作任务、工作职责与工作环境等所作的要求，明确任职者应该做什么、如何去做以及在什么样的条件下去做；工作规范则是对职务或岗位任职者资格条件的要求。工作分析的主要内容如图3-2所示。

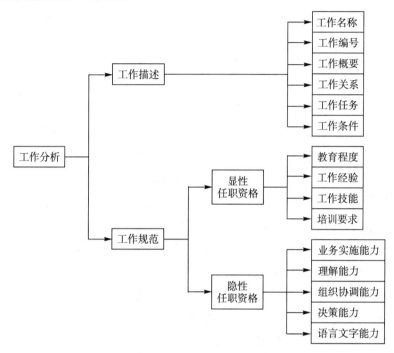

图3-2　工作分析内容结构

(四)工作分析流程

工作分析流程可以分为四个阶段：准备阶段、调查阶段、分析阶段、完成阶段，这四个阶段相互关联、依序进行，如图3-3所示。

图3-3　工作分析流程

1. 准备阶段

准备阶段的具体任务包括：

第一，根据工作分析的总目标、总任务，对企业各类岗位的现状进行调查、了解，掌握各种基本数据和资料。

第二,设计调查方案。

首先,明确岗位调查的目的。岗位调查要根据岗位研究的目的,搜集有关反映岗位工作任务的实际资料。因此,在岗位调查的方案中要明确调查目的。只有明确目的,才能正确确定调查的范围、对象和内容,选定调查方式,弄清应当收集哪些数据资料,到哪儿去收集岗位信息,用什么方法去收集岗位信息。

其次,确定调查的对象和单位。调查对象是指被调查的现象总体,它是由许多性质相同的调查单位所组成的一个整体。所谓"调查单位"就是构成总体的每一个单位。如果将企业劳动组织中的生产岗位作为调查对象,那么,每个操作岗位就是构成总体的调查单位。在调查中如果采用全面的调查方式,须对每个岗位(即调查单位)进行调查,如果采用抽样调查的方式,应从总体中随机抽取一定数目的样本进行调查。正确地确定调查对象和调查单位,直接关系到调查结果的完整性和准确性。

再次,确定调查时间。要明确规定调查的期限,即从什么时间开始到什么时间结束;要明确调查的日期、时点。调查方案中要指出调查地点,即登记资料、收集数据的地点以及根据调查目的、内容,决定采用什么方式进行调查。调查方式及方法的确定,要从实际出发,在保证质量的前提下,力求节省人力、物力和时间。如果能采用抽样调查、重点调查方式,就不必进行全面调查。

最后,确定调查表格和填写说明。调查项目中所提出的问题和答案,一般采取调查表形式。为了保证这些问题便于理解和回答,便于汇总整理,必须根据调查项目,制定统一的调查表格(问卷)和填写说明。

第三,为顺利开展工作分析,企业还应做好员工的思想工作,说明工作分析的目的和意义,建立友好合作的关系,使有关员工对工作分析有良好的心理准备。

第四,根据工作岗位分析的任务、程序,将工作分解成若干单元和环节,以便逐项完成。

第五,组织有关人员,学习并掌握调查的内容,熟悉具体的实施步骤和调查方法。必要时可先对若干个重点岗位进行初步调查分析,以便取得岗位调查的经验。

2. 调查阶段

调查阶段的主要任务是根据调查方案,对岗位进行认真细致的调查研究。调查应灵活地运用访谈、问卷、观察、小组集体讨论等方法,广泛深入地搜集有关岗位的各种数据资料。例如,岗位的识别信息,岗位任务、责任、权限,岗位劳动负荷、疲劳与紧张状况,岗位员工任职资格条件、生理心理方面的要求、劳动条件与环境等。对各项调查事项的重要程度、发生频率(数)应作详细记录。

3. 分析阶段

工作分析并不是简单地收集和积累某些信息,而是要对岗位的特征和要求作出全面深入的考察,充分揭示岗位主要的工作内容、任务结构和关键影响因素,对工作相关信息进行整理和分析,根据工作分析目的和要求,分析工作任务的合理性、任务的饱满度、难易程度、对任职资格的要求等。

4. 完成阶段

完成阶段是工作分析的最后环节。在系统分析和归纳总结的基础上,撰写工作说明书、岗位规范等人力资源管理的规章制度。在人力资源管理实践中,按工作说明书和岗位规范要求进行人员招聘甄选、培训开发、绩效考核、薪酬管理、劳动关系管理等活动。

在工作分析完成并使用一段时间(通常是半年至一年)之后,将工作分析的结果与实际情况进行对比,如有差异,需要及时修订。

阅读推荐 3-1

胜任特征模型(Competency Model)在工作分析中的应用

1973年,美国著名心理学家大卫·麦克利兰(David C. McCleland)提出了"胜任特征"的概念。胜任特征是"能将某一工作(或组织、文化)中有卓越成就者与表现平平者区分开来的个人潜在特征,它可以是动机、特质、自我形象、态度或价值观、某领域的知识、认知或行为技能——任何可以被可靠测量或计数的并能显著区分优秀与一般绩效的个体特征"。胜任特征就好比一座冰山,技能和知识只是露在水面上的冰山一角,自我认知、动机、个人品质以及价值观都潜藏在水面以下,很难判断和识别。胜任特征可以概括为以下7个层级,如下表所示:

胜任特征各层级内容

素质层级	定义	内容
技能	一个人能完成某项工作或任务所具备的能力	如:表达能力、组织能力、决策能力、学习能力等
知识	一个人对特定领域的了解	如:管理知识、财务知识、文学知识等
角色定位	一个人对职业的预期	如:管理者、专家、教师
价值观	一个人对事情的是非曲直、重要性及必要性等的价值取向	如:合作精神、献身精神
自我认知	一个人对自己的认识和看法	如:自信心、乐观精神
品质	一个人持续而稳定的行为特性	如:正直、诚实、责任心
动机	一个人内在的、自然而持续的想法和偏好,驱动、引导和决定个人行动	如:成就需求、人际交往需求

胜任特征模型是指承担某一特定的职位角色所应具备的胜任特征要素的总和,即针对该职位表现优异要求的胜任特征结构。

传统的工作分析比较注重工作的组成要素,而胜任特征的分析突出与优异表现相关联的特征及行为。工作分析可以为胜任特征模型中特征的提取提供工作任务、工作要求等基本的信息,所得到的工作分析结果也可以对胜任特征模型进行具体的解释。而胜任特征模型体现了组织特性和岗位的需求,弥补了工作分析在组织层面和岗位层面对人才优异特性需求的不足。两者的结合不仅为组织建立核心竞争力提供了保障,也是未来工作分析发展的方向。

胜任特征模型的工作分析要求把胜任力作为人力资源开发与管理的重要特征贯穿于人力资源管理的各项职能中,使"人员——岗位——组织"匹配成为组织取得竞争优势的一条重要途径。胜任特征模型的职责内容具有更强的工作绩效预测性,能够为更有效地选拔、培训员工以及为员工的职业生涯规划、薪酬设计等提供参考标准。因此,胜任特征模型在人力资源管理活动中起着基础性、决定性的作用。

资料来源:张一驰,张正堂.人力资源管理教程(第2版),北京:北京大学出版社,2010.

二、工作分析方法

(一)观察法

观察法是工作人员在不影响被观察人员正常工作的条件下,通过观察将有关的工作内容、方法、程序、设备、工作环境等信息记录下来,最后将取得的信息归纳整理为适合使用的结果的过程。

采用观察法进行岗位分析时,应力求结构化,根据岗位分析的目的和组织现有的条件,事先确定观察内容、观察时间、观察位置、观察所需的记录单,做到省时高效。

观察法要求观察取得的信息客观和准确,观察者要有足够的实际操作经验,且不能得到有关任职者资格要求的信息。

观察法通常只能用于标准化、周期短、以体力活动为主的工作,不适用于工作循环周期长、以智力活动为主的工作。

表 3-1 是观察法所涉及的部分提纲内容。

表 3-1 某公司职位分析观察记录表范例(节选)

工作观察记录										
职位名称: 观察对象姓名: 所在部门和班组:										
观察日期及时间: 月 日 时 至 月 日 时 观察员:										
步骤及任务名称	工作投入	工作方法	产出结果	产出标准(工艺质量)要求	输出地点	时间耗费	使用工器具	知识、技能和经验等要求	工作环境	备注
第一步										
第二步										
第三步										
第四步										
第五步										
第六步										

资料来源:杨红英.人力资源开发与管理.昆明:云南大学出版社,2014.

(二)访谈法

访谈法是针对某一岗位的工作情况,由访谈人员与访谈对象按事先拟定好的访谈提纲进行的交流和讨论。访谈对象包括:该职位的任职者、对工作较为熟悉的直接主管人员、与该职位工作联系比较密切的工作人员、任职者的下属。为保证访谈效果,一般事先要设计好访谈提纲,提前交给访谈者准备。

访谈法通常用于工作分析人员不能实际参与观察的工作。该方法的优点是:既可以得到标准化工作的信息,又可以获得非标准化工作的信息;既可以获得体力工作的信息,又可以获得脑力工作的信息;还可以获取其他方法无法获取的信息,比如工作经验、任职资格等,尤其适合对文字理解有困难的人。但访谈法也有不足之处,被访谈者对访谈的动机往往持怀疑态度,回答问题会有所保留,信息可能会被扭曲。因此,访谈法一般不能单独用于信息收集,需要与其他方法结合使用。表 3-2 就是一张访谈记录表。

表 3-2　访谈记录表

```
姓　　名:_____      日　　期:_____      地　　点:_____
任职时间:_____      现时职位与级别:_____
工作部门:_____      组　　别:_____      主管姓名:_____
1. 工作目的:_____
2. 主要职责:_____
3. 次要职责:_____
4. 使用设备:     续使用         经常使用         偶尔使用         基本不使用
                _____     _____      _____       _____
```

(三)问卷调查法

问卷调查是根据工作分析的目的、内容等事先设计一套调查问卷,由被调查者填写,再将问卷加以汇总,从中找出有代表性的回答,形成对工作分析的描述信息。问卷调查法是工作分析中最常用的一种方法。问卷调查法的关键是问卷设计,主要有开放式和封闭式两种形式。开放式调查问卷由被调查人自由回答问卷中所提问题;封闭式调查问卷则是由调查人事先设计好答案,被调查人选择确定答案。

问卷提问要准确,不能模棱两可;表格设计要精练;语言要通俗易懂;问卷要有导语;问题排列应有逻辑,将能够引起被调查人兴趣的问题放在前面。

问卷调查法的优点是调查费用低、速度快、范围广,尤其适用于对大量工作人员进行的工作分析;调查结果可以量化,进行计算机处理,开展多种形式、多种用途的分析。但是,问卷调查法对问卷设计要求比较高,设计问卷需要花费较多的时间和精力,同时需要被调查者的积极配合。

(四)工作日志法

工作日志法是指任职者按照时间顺序详细记录自己的工作内容和工作过程,然后经过工作分析人员的归纳、提炼,获取所需工作信息的一种工作分析方法,又称"工作活动记录表"。根据不同的工作分析目的,需要设计不同的"工作日志"格式,使用特定的表格。任职者通过填写表格,提供有关工作的内容、程序和方法,工作的职责和权限,工作关系以及所需时间等信息。表 3-3 是工作日志法的例子。

表 3-3　工作日志法示例

工作日志		
姓名:	职务名称:	从事本业务工龄:
所属部门:	直接上级:	
填写日期自＿＿月＿＿＿日　至　＿＿＿月＿＿＿日		

工作日志填写说明:
1. 请您在每天工作开始前将工作日志放在手边,按工作活动发生的顺序及时填写,切勿在一天工作结束后一并填写。
2. 要严格按照表格要求进行填写,不要遗漏那些细小的工作活动,以保证信息的完整性。
3. 请你提供真实的信息,以免损害您的利益。
4. 请您注意保留,防止遗失。

感谢您的真诚合作!

工作日志法记录表

序号	工作活动名称	工作活动内容	工作活动结果	时间消耗	备注
1					
2					
3					
4					
……					

＿＿＿月＿＿＿日　工作开始时间＿＿＿＿＿＿＿　工作结束时间＿＿＿＿＿＿＿

资料来源:http://www.docin.com/p-1192864204.html。

(五)关键事件法

关键事件法(Critical Incident Technique,CIT)是客观评价体系中最简单的一种形式,它是通过对工作中最好或最差事件的分析,对造成这一事件的工作行为进行认定,从而作出工作绩效评估的一种方法。

关键事件是指使工作成功或失败的行为特征或事件。关键事件法主要收集、整理导致某工作成功或失败的典型、重要的行为特征或事件,获得有关工作的静态信息和动态信息。在预定的时间,通常是半年或一年之后,利用积累的记录,由主管者与被测评者讨论相关事件,为测评提供依据。使用关键事件法的主要原则是认定员工与职务有关的行为,并选择其中最重要、最关键的部分来评定其结果。

关键事件记录包括导致事件发生的原因和背景,员工特别有效或无效的行为,关键行为的后果,员工自己支配或控制上述后果。在大量收集关键事件以后,进行分类,总结该工作的关键特征和行为要求。

不同的工作分析方法所获取的信息是不同的,工作分析人员通常会将各种方法结合起来使用,以便取得更好效果。表 3-4 是对上述几种工作分析方法的比较。

表3-4 几种定性的工作分析方法比较

方法	优点	缺点
观察法	能较多、较全面地了解工作要求	不适用于包含思维性较多的复杂活动及不确定性、变化较多的工作
访谈法	能控制访谈内容,深入了解信息,效率较高	面谈对象可能会夸大其词,易失真;对提问要求高
问卷调查法	费用低;速度快,调查面广;可在业余进行;易于量化;可对调查结果进行多方式、多用途的分析	对问卷设计要求高;问题的广度和深度有限;收集的信息有一定限制
工作日志法	信息可靠,且获取成本较低;能基本确定工作职责、内容、工作关系、劳动强度等信息	注意力不集中于结果;使用范围小;记录者工作量较大;信息的分析与判断存在误差
关键事件法	针对性比较强,对评估优秀或劣等表现十分有效	对关键事件的把握和分析可能存在某些偏差

(六)职位分析问卷法

职位分析问卷法(Position Analysis Questionnaire,PAQ)是由美国普渡大学的研究员研究出的数量化工作描述,是最常用的一种定量的职位分析工具。一份详细的职位分析问卷共有 194 个项目,主要分为五大类基本活动:决策、沟通、社会责任方面的活动;运用技能方面的活动;身体活动;操作设备方面的活动;信息处理活动(表 3-5 描述了信息处理活动中的一部分)。通过职位分析问卷得出的最终"得分"能显示某一职位在上述五大类活动方面得到的评价结果。

职位分析人员需要确定 194 个项目中的每一个项目在职位上是否起作用,如果起作用的话,还需要判断起作用的程度。如表 3-5 中"书面材料"一项的评价是第 4 级,因为评价尺度是从第 1 级到第 5 级逐渐更重要,因此,该评价表明书面材料在这个职位中具有相当重要的作用。

职位分析问卷法的优势在于职位分类,当确定了一个职位在决策活动、技能活动、身体活动、设备操作活动以及信息处理活动等特征方面的得分之后,便可以对职位之间的相对价值进行定量比较,进而为每一个职位区分薪酬等级。

表 3-5　职位分析问卷表格范例(摘选)

职位分析问卷的 194 个要素被划分为六个维度。本表展示的是"信息输入"要素中包含的问题或元素。根据任职者在工作中将其作为信息来源使用的程度,对以下各项目进行评分。
使用程度:NA－不曾使用　1－极少　2－偶尔　3－中等　4－重要　5－极重要
1.信息输入
1.1 工作信息的来源
1.1.1 工作信息的视觉来源
1　　4　　书面材料(书籍、报告、办公记录、文章、工作指南等)
2　　2　　定量材料(与数量或数字相关的材料,如图例、账目、报表、清单等)
3　　1　　图片材料(作为信息来源的图画或类似材料,如地图、线路图、胶卷、X 光片等)
4　　1　　模型或相关装置(如模板、型板、模型等,不含上述第 3 项中的要素)
5　　2　　可视展示物(刻度盘、标准尺、信号灯、时钟、画线工具等)
6　　5　　测量装置(被当做信息来源加以观察的工具,如尺、天平、温度计、量杯等)
7　　4　　机械装置(被当作信息来源加以观察的工具、机械、设备等)
8　　3　　被加工的物料(工作中、修理中和使用中的零部件、材料、物体等)
9　　4　　未被加工的物料(未经过处理的零部件、材料、物体等)
10　　3　　大自然特征(风景、田野、地质标品、植被等)
11　　2　　人造环境特征(建筑物、水库、公路等,经过观察或检查成为工作资料的来源)

(七)功能性职务分析法

功能性职务分析法(Functional Job Analysis,FJA)是由美国训练与就业署开发出来的,依据的假设是每一种工作的功能都能反映在该工作与资料、人和事三项要素的关系上,由此对各项工作进行评估。在各项要素中,各类基本功能都有重要性的等级,数值越小,代表的等级越高;数值越大,代表的等级越低。采用这种方法进行工作分析时,各项工作都会得出数值,据此可以决定薪酬等级。此外,FJA 方法同样可以对工作环境、机器与工具、员工特征进行数量化的分析。表 3-6 是使用 FJA 方法的典型例子。

表 3-6　员工工作的基本功能

	数据		人		事情
基本活动	0	综合	0	指导	0	筹建
	1	协调	1	判断	1	精密工作
	2	分析	2	教育	2	运营与控制
	3	编辑	3	监督	3	驾驶与运行
	4	计算	4	安抚	4	操纵
	5	复制	5	说服	5	看管
	6	比较	6	表达信号	6	育饲
			7	服务	7	操作
			8	接受命令		

资料来源:张一驰,张正堂.人力资源管理教程(第 2 版).北京:北京大学出版社,2010.

一种改进的功能性职务分析法是在上述工作分析方法基础上进行扩充，即除了资料、人和事三项要素之外，还补充了以下资料：一是指出完成工作所需要的教育程度，包括执行工作任务所需要的判断能力、数学能力以及应用语言能力的程度；二是指出绩效标准和训练要求。

三、工作说明书的编写

(一)工作说明书的概念

工作说明书是根据某项工作的物质和环境特点，对工作人员所必须具备的任职资格的详细说明。它是对工作分析结果(工作描述、工作规范)的整合，是具有组织法规效果的正式书面文件，也是人力资源管理活动的基本依据。

(二)工作说明书的内容

工作说明书的编写无固定模式，主要根据企业工作分析的特点、目的与要求具体确定编写的条目。一般包括以下内容：

1. 工作标识

工作标识包括工作名称、工作编号、直接上级、所属部门、工资等级、工资标准、所辖人数、工作性质、工作地点、工作分析日期、岗位分析人等。

2. 工作概要

工作概要是对工作总体职责、性质的概括描述，说明岗位工作的中心任务内容，并逐项说明岗位工作活动的内容、活动的权限以及执行的依据等。

3. 工作任务

工作任务是工作描述的主体，逐条指明工作的主要职责、工作任务、工作权限及工作结果(工作的绩效标准)等。为使信息最大化，工作职责应在时间和重要性方面实行优化，指出每项职责的分量或价值。

4. 工作条件

工作条件主要包括任职者主要应用的设备名称和运用资料的形式。工作环境包括工作场所的条件、工作环境的危险性、工作的时间、工作的均衡性(是否有集中特别繁忙或特别闲暇的时间)等。

5. 工作关系

工作关系又称"工作联系"，指任职者与组织内外其他人之间的关系。工作关系分内部关系和外部关系，包括工作受谁监督，可晋升的职位、可转换的职位以及可迁移至此的职位，与哪些部门的职位发生联系等。

6. 工作规范

工作规范的内容主要包括显性任职资格与隐性任职资格。

显性任职资格包括年龄、性别、学历、工作经验、健康状况、力量与体力、运动的灵活性、感觉器官的灵敏度等。

隐性任职资格包括观察能力、集中能力、记忆能力、理解能力、学习能力、解决问题能力、创造性、数学计算能力、语言表达能力、决策能力、交际能力、性格、气质、兴趣、爱好、态度、事业心、合作性、领导能力等。

7. 绩效标准

绩效标准是指企业期望员工在执行工作说明书中的每一项任务时应达到的标准或要求。比如，"如果你做到这样，我会对你的工作很满意"。如果工作说明书中的每一项职责和任务都能按照这句话的指引叙述完整，就会形成一套较为清晰的绩效标准。

工作说明书没有严格、固定的格式，表 3-7 和表 3-8 为按照以上内容编写的不同岗位的工作说明书。

表 3-7 银行客户经理的工作说明书

职位名称	银行客户经理	职位代码		所属部门	贷款部门
直接上级	区域主管	薪金标准		填写时间	

工作概要
在业务权限内对企业及个体工商户进行经营性贷款

工作内容
1. 负责银行客户关系的建立和维护。 2. 负责完成相应银行产品和服务的销售指标。 3. 负责售前和售后的协调工作。 4. 负责与合作银行各相关机构建立并保持良好的合作关系。 5. 负责参与与银行业务有关的会议与谈判以及事务协调。 6. 负责收集用户信息，及时向产品开发部门提供建议。 7. 负责配合或组织公司其他部门及成员完成银行产品项目的接入和实施。 8. 负责签订相关的合同、协议等工作。

工作权限
1. 决策权限：各项业务的协调、安排和选择客户的决策权。 2. 监督权限：有向上级提出合理化建议和意见的权利。

任职资格
1. 教育背景：金融、市场营销相关专业，本科及以上学历。 2. 工作经验：两年以上从事金融或营销方面的相关工作。 3. 培训经历：接受过金融、管理技能、销售管理等方面的培训。 4. 技能技巧：具有较强的计划、组织、协调能力和人际交往能力；掌握相关产品的知识，并具备开发、维护和管理客户的能力；熟练操作办公软件。 5. 个人素质：责任心和原则性强，处事公正客观；善于沟通协调，具有较强的亲和力；心胸开阔，具良好的敬业精神和团队精神。 6. 其他条件：年龄 35 岁以下。

工作环境
1. 工作地点：办公室及客户单位。 2. 工作条件：舒适。

绩效考核标准
1. 完成公司确定的各阶段工作目标任务。 2. 在国家政策法规及行业制度准则范围内开展工作。 3. 建立并保持良好的客户关系，拓展服务范围。

表 3-8 中型日化公司销售部经理工作说明书

职位编号		职位名称	销售部经理	所属部门	销售部
职位类型		上级职位	营销总监	编写日期	
职位概要		领导本销售区域内市场开发与管理工作,完成销售任务目标,深入了解市场状况,建立长期代理商关系,树立公司品牌形象			
履行职责及考核要点					
履行责任				占用时间	
协助营销总监制定营销战略规划,为重大营销决策提供建议和信息支持				15%	
领导部门员工完成市场调研、市场开发、推广、销售、客户服务等工作				50%	
参与公司产品创新				20%	
负责销售部内部的组织管理				15%	
工作关系	直接下属人数	15	间接下属人数	30	
	内部主要关系	市场部、生产部			
	外部主要关系	经销商、顾客			
	工作场所	办公室,各市场区域			
	工作时间	需经常加班,节假日调休			
	使用设备	计算机,电话、打印机、通讯设备等			
	可转换的职位	部门:销售部 职位:区域销售经理			
	可晋升的职位	部门:销售部 职位:营销总监			
任职资格要求					
一般条件	最佳学历	本科	最低学历	大专	
	专业要求	工商管理、市场营销等相关专业			
	资格证书	无要求			
	年龄要求	35 岁以下			
必要的知识和工作经验	必要知识	掌握市场营销相关知识,了解本公司产品和行业动态等			
	外语要求	英语四级以上			
	计算机要求	熟练使用办公软件			
	工作经验	2年以上工作经历,1年以上本行业或相关行业销售管理经验			
必要的业务培训					
必要的能力和工作态度	能力	具有较强的领导能力、判断与决策能力、人际沟通能力、计划执行能力、客户服务能力			
	态度	爱岗敬业、任劳任怨、不怕吃苦、乐于奉献			
其他事项					

第二节 工作岗位设计

工作岗位设计是在工作分析的基础上,研究和分析如何做工作以促进组织目标的实现以及如何使员工在工作中得到满意以调动员工的工作积极性。工作岗位设计要满足两个目标:一是生产率和质量的目标;二是工作安全、有激励性,使工人有满意感的目标。设计良好的工作岗位,既可以促进员工积极进取,在实现自我价值的同时帮助组织实现目标,又可以达到提高生产效率、降低成本、缩短生产周期的目的。

一、工作岗位设计的原则

一般来说,某一组织中的工作岗位设计是由该组织的总体任务决定的。"因事设岗"是工作岗位设计的基本原则。工作是客观存在的,岗位应以"事"和"物"为中心设置,而非"因人设事、因人设岗"。企业的生产任务和经营管理活动决定了"需要多少岗位""需要什么样的岗位"。

(一)明确目标任务的原则

工作岗位的设计要以企业战略、目标和任务为主要依据。岗位的存在是为了实现特定的任务和目标,岗位的增加、调整和合并都必须以有利于实现工作目标为衡量标准。所以,在工作岗位设计中,首先应明确所属单位的总目标是什么,每个岗位的目标又是什么,并且力图使岗位目标具体化、清晰化,并使岗位的设置与承担的任务量相对应。这就要求企业广泛地推行系统化、科学化的目标管理,以杜绝岗位重叠、人浮于事、效率低下等问题的存在。

(二)合理分工协作的原则

劳动分工是在科学分解生产过程基础上的劳动专业化,使企业员工从事不同但又相互联系的工作。劳动协作是采用适当的形式,将局部协作的劳动联系在一起,共同完成某项整体性的工作。基于劳动分工的工作岗位设计,不仅有利于员工发挥各自的技术专长,提高专业技能含量,也可以明确岗位的工作职责,在分工明确的情况下主动地开展工作。岗位设计应充分考虑劳动协作的客观要求,明确岗位与岗位之间的协作关系。分工是协作的前提,协作是分工的结果。岗位之间只有通过紧密的协作,才能进一步发挥集体的智慧和团队的力量,从而创造出更高的劳动生产力。

(三)责权利相对应的原则

在进行工作岗位设计时,首先要明确每一岗位的责任、权限和利益。岗位责任是任职者应尽的义务,岗位权限是岗位员工应有的对各种资源支配、使用和调动的权力,以保证岗位运行顺畅,利益是驱使岗位员工更好地完成任务的动力。组织必须切实保证岗位的义务、权力与利益的对应性和一致性;不受责任制约的权力和利益,必然导致滥用权力,利益膨胀,滋生腐败;而不授予任职者足够的权力和利益,仅强调岗位责任,则难以保障岗位工作任务的完成和预期目标的实现。

(四)专业分工的原则

专业分工追求知识深度与市场经验的积累,在此原则下的岗位设置是对组织细分的过程,岗位成为组织中自成体系、职责独立的最小业务工作单元。关于组织细分,目前有流程优先与职能优先两种观点。部门是一级流程分解的结果,是企业内部价值链具有一定使命的独立环节,而岗位是对部门,即一级流程分解下某一个模块的再分解。因此,在专业分工原则下,部门岗位设计的第一步是工作内容细分,表现形式为岗位最小化。

(五)协调费用最小的原则

协调费用最小是指为减少不同岗位之间的协调和运作成本,通过工作关系分析和工作定量分析来实现工作岗位的设计。工作关系分析是对最小业务活动之间的工作相关性进行分析,确定适用的优化组合方案,通过对工作岗位、部门的相关性分析,使组织发挥系统和平衡的功能,达到分工合理、简洁高效和工作畅顺的目的。工作定量分析则是在工作量不饱满的情况下,对职能细分或流程被分割的岗位予以撤岗或并岗,以保证每一个岗位的工作负荷,使所有工作尽可能集中,并降低人工成本。

(六)不相容职务分离的原则

不相容职务分离的原则的核心是内部牵制,是指一人不能完全支配账户,另一个人也不能独立地加以控制的制度。不相容职务是指那些如果由一个人担任,既可能发生错误和舞弊行为,又可能掩盖其错误和弊端行为的职务。基于不相容职务分离原则的岗位设置需要在岗位间进行明确的职责权限划分,确保不相容岗位相互分离、制约和监督。企业经营活动中的授权、签发、核准、执行和记录等工作步骤必须由相对独立的人员或部门分别实施或执行。

二、工作岗位设计的内容

工作岗位设计是为了有效组织生产劳动过程,通过确定一个组织内的个人或小组的工作内容来实现工作的协调和确保任务的完成。工作岗位设计的目标是通过建立工作结构来满足组织及其技术的需要,满足工作者的个人心理需求。工作岗位设计的主要内容包括工作扩大化与丰富化、工作的满负荷、岗位工时制度、劳动环境的优化四个方面。

(一)岗位工作扩大化与丰富化

随着现代科学技术的迅猛发展,组织中各岗位的分工越来越细。细致的分工与协作虽然能够大幅度地提高工作效率,促进本单位各项活动顺利发展,但也带来了一些问题,如工作单调乏味、劳动者的情绪低落等。岗位设计内容需要考虑以下内容:

1. 工作扩大化(Job Enlargement)

工作扩大化可以通过两个渠道实现:其一是横向扩大工作。如由一个人或一个小组负责一件完整的工作;降低流水线传动速度,延长加工周期,用多项操作代替单项操作等。其二是纵向扩大工作,将经营管理人员的部分职能分解给生产者承担。如生产工人不仅要承担一部分生产任务,还要参与产品试制、设计、工艺管理等工作。工作扩大化使岗位工作范围、责任增加,从而有利于提高劳动效率。

2. 工作丰富化(Job Enrichment)

工作丰富化是指在岗位现有工作的基础上,通过任务的整体性和多样化来充实工作内容,明确工作目标和任务,员工"一专多能";通过明确任务的意义,员工明确了完成本岗位任务的重要作用和实际意义;通过赋予员工工作的自主权,在确保组织和部门整体目标实现的前提下,员工可以自行设定中短期的工作目标和任务,提高员工的责任感和激励度;通过信息的沟通与反馈,员工不仅可以获得各种有关信息以改进工作,也能将想法、困难和建议及时反馈给上级领导,促进上级领导作出正确的决策。岗位工作丰富化为员工的发展提供了更广阔的空间,让员工有了更多实现个人价值、彰显个人特质、展示自己才能的机会,从而有利于提高工作效率,提升员工在生理上、心理上的满足感。

工作扩大化和工作丰富化虽然都属于改进岗位设计的重要方法,但两者存在明显差异。工作扩大化是通过增加任务量、扩大岗位任务空间使员工完成任务的内容、形式和手段发生变更;而工作丰富化是通过岗位工作内容的充实使岗位的工作变得丰富多彩,促进员工综合素质的提高。

(二)岗位工作的满负荷

岗位设计的基本原则是使有限的劳动时间得到充分利用和使岗位的工作量饱满。若工作岗位长期低负荷运转,必然会造成人力、物力和财力的浪费;但若工作岗位超负荷运转,虽然能带来一定的较高效率和效益,但这种效率和效益不仅不能维持长久,容易对员工产生某种伤害,影响员工的身心健康,也会使生产设备、工位器具等生产资料得不到正常的维护和保养,造成设备器具过度使用、超常磨损。总之,在岗位设计的过程中,设计者应当重视对岗位任务量的分析,设计出先进合理的岗位劳动定员定额标准,切实保证岗位工作的满负荷。

(三)岗位的工时制度

岗位工时制度是岗位设计不可忽视的一个重要方面,做好工时工作制度的设计具有双重意义。对企业来说,它影响工时利用的状况、劳动生产率以及整体的经济效益;对员工来说,它体现为以人为本,科学合理地安排员工的工作轮班和作业时间,切实保证劳动者的身心健康,使他们始终保持良好的精神状态。

(四)劳动环境的优化

劳动环境的优化是指利用现代科学技术,改善劳动环境中的各种因素,使之与劳动者的生理心理特点相适应,建立起"人—机—环境"的最优化系统。

劳动环境优化应考虑两方面的因素:一是影响劳动环境的物质因素,包括工作地的组织、照明与色彩、设备仪表和操纵器的配置。对物质因素的优化既能方便工人操作,又能保证环境安全卫生,使工人心情舒畅、工效提高。其二是影响劳动环境的自然因素,包括空气、温度、湿度、噪声以及绿化等因素。

以上四个方面的岗位设计,不仅为组织的人力资源管理提供了依据,保证了事(岗位)得其人、人尽其才、人事相宜,也优化了人力资源的配置,为员工发挥自身能力和提高工作效率提供了有效的管理环境基础。

❖ 技术方法 3-1

工作时间设计方法

工作时间设计方法是不改变完成工作的方法,但改变员工个人工作时间的严格规定,旨在提高劳动效率的设计方法。此方法是一种辅助性的工作设计法。

1. 缩短工作周。

缩短工作周是指员工在5天内工作40个小时,比如,每周工作4个工作日、每个工作日工作10小时,从而错开工作时间,保证在所有的工作日都有员工在工作。这种方法的优点是缩短员工的每周工作次数,降低员工的交易成本,提高工作满意度;缺点是每日工作时间延长可能使员工感到疲倦,工作压力大,在与传统工作周的企业进行联络时,可能会存在时间上的冲突。

2. 弹性工作制。

员工每周工作时间是特定的,但在一定范围内可以自由改变工作安排。在每天核心工作时间段内(比如上午九点至十一点、下午两点至四点),所有员工必须在岗,在其他工作时间,员工可自由选择上下班时间。弹性工作制的优点是员工可以自己掌握上下班时间,降低缺勤率和离职率,提高工作效率;缺点是企业需要复杂的管理监督系统来确保员工的工作时间总量符合规定。

3. 电子办公。

电子办公又称为"在家办公"。在这种工作方式下,员工在家处理工作并把工作结果通过电子方式传送到公司。电子办公的方式使员工工作不受他人干扰,提高了工作效率,节省了办公空间及工作场所的往返时间。虽然电子办公是目前发展较为迅速的方式之一,但是可能会使在家的员工错过一些重要的会议,不能及时参与公司的一些集体活动,缺乏与同事间的交流,同时由于晋升、加薪的可能性降低而导致社会支持度较低。

资料来源:张一驰,张正堂.人力资源管理教程(第2版).北京:北京大学出版社,2010.

三、工作岗位设计的基本方法

(一)程序分析

程序分析是以生产过程中的作业、运输及检验等环节为对象,通过对生产程序中的每项作业和运输进行比较和分析,剔除不合理的部分,重新合理地安排生产程序,将人力、物力的耗费降到最低限度,以提高岗位工作效率的综合方法。它具体采用以下分析工具:

1. 作业程序图(Operation Process Chart)

作业程序图是分析生产程序的工具之一,它是显示产品在加工制作过程中的各个作业程序以及保证效果的检验程序的图表。作业程序图能全面显示生产过程中的原料投入、检验及全部作业的顺序,能反映整个生产工作程序的概貌和程序中各作业相互间的关系,让研究人员更容易发现问题。

2. 流程程序图(Flow Process Chart)

流程程序图是分析生产程序的另一种工具,它是显示产品在加工过程中,操作、检验、运输、延迟、储存等全部子过程的图表。由于它比操作程序图更具体、更详细,因此常被用于分析研究某种产品、某一零部件或一项工作任务的加工制作过程。流程程序图可以揭示整个流程中工时损失和浪费的情况,为减少各种事项发生的次数、消除不必要的人力耗费和工时损失、缩短运输的距离和时间、提高工效提供依据。流程程序图按照表示方式的不同,可分为用于分析单一物料流程的单柱型流程图和通常被用于分析零部件装配或多种物料流程的多栏型流程图。

3. 线图(Flow Diagram)

线图又称"流线图",即用平面图或立体图来显示产品加工制作的全过程。流线图的绘制应按比例将工厂、车间、工作地点、机器设备、工位器具的布置情况如实地反映出来,然后用线条和符号说明物料的整个流程。由于流线图充分揭示了产品的实际制作过程,能清晰地显示出物料流动的轨迹,因此,它成为减少工时消耗、改善工作地布置、进行程序分析的基本手段。特别是将线图与流程图作业程序图结合在一起使用,工作效果更明显。

以上三种分析工具主要侧重于对产品制造过程中操作、检验、运输等事项的分析研究,以宏观的物料流程为对象。

(二)动作研究

动作研究是运用目视观察或者影片、摄像机等技术设备,将岗位员工的作业分解成若干作业要素,必要时将要素再细分成一系列动素的分析工具。现在一般有17项动素,包括伸手、握取、移物、装配、应用、拆卸、放手、检验、寻找、选择、计划、对准、预对、持住、休息、迟延、故延。根据动作经济原理,若发现其中不合理的部分则加以改进,设计出新的、合理的、以作业结构为基础的操作程序,从而改善员工的操作水平,使员工工作更有效、更快捷,省时省力。

第三节 工作评价

一、工作评价概述

(一)工作评价的基本概念及特点

工作评价是在工作分析的基础上,按照预定的衡量标准,对工作任务的繁简难易程度、责任权限、所需的资格条件以及劳动环境等方面所进行的测量和评定的过程。它是在对所有职位进行科学分析后,评定组织内各个职位之间相对价值。

工作评价具有以下特点:

1. 工作评价以岗位为评价对象

工作评价的对象是客观存在的"事",而非具体的人员。工作评价在总体上是以岗位为对象的,对岗位所担负的工作任务进行客观评估。岗位不仅具有一定的稳定性,而且能与企业的专业分工、劳动组织和劳动定员定额保持统一,促进企业完善劳动定员定额,从而改善企业管理。虽然工作评价以"事"为中心,但由于岗位的工作是由劳动者承担者的,因此离不开对劳动者的总体考察和分析。

2. 工作评价是对各类劳动抽象化和定量化的过程

在工作评价过程中,建立较为系统的岗位评价指标体系,对岗位的主要影响因素逐一进行测定、评价,得出各个岗位的量值,这样各个岗位之间就有了价值对比的基础,最后根据评定结果,将岗位划分不同的等级。

3. 工作评价需要运用多种技术和方法

工作评价主要运用劳动心理、劳动卫生、环境监测、数理统计知识和计算机技术,通过排列法、分类法、评分法、因素比较法等基本方法,对岗位不同的评价因素进行准确的评价或测定,最终作出科学评价。

(二)工作评价的作用

1. 确定职位级别的手段

职位等级通常会被企业用作确定工资级别、福利标准、出差待遇、行政管理权限等的依据,有时也会被企业作为内部股权分配的依据,而工作评价恰是确定职位等级的最佳手段。工作评价不应仅仅依据职位头衔来划分职务等级。比如,在某企业内部,财务经理和销售经理职位等级相同,但这两个职位对于企业的价值贡献可能不同,职务待遇也应不同。再如,在不同的企业,尽管都有财务经理这一职位,但由于企业规模不同、该职位的具体工作职责和要求不尽相同,职位级别及薪酬待遇也不应完全相同。

2. 进行合理薪酬分配的基础

在工资结构中,很多公司都有职位工资这一项目。企业通过工作评价得出职位等级之后,可依据职务价值标准合理地确定相应职位的工资标准。当员工按时全面履行本岗位的工作任务后,便可以获得相应的职务工资,获取与职务岗位相对应的劳动报酬后,得到一定程度的满足。

3. 员工确定职业发展和晋升路径的参照系

员工在企业内部跨部门平移或晋升时必须参考各职位等级。透明化的工作评价标准,便于员工理解企业的价值标准,知道该怎样努力晋升到更高的职位。

总之,工作岗位评价的基本功能和具体作用的充分发挥将使组织各个层级的岗位量值转换为货币值,为建立让组织、员工、工会三方满意的公平合理的薪资报酬制度提供科学的依据。

二、工作评价的标准

工作评价指标包括指标名称和指标数值。指标名称概括了事物的性质,指标数值反映了事物的数量特征。一般来说,影响岗位员工工作的因素可以概括为劳动责任、劳动强度、劳动技能、劳动环境以及社会心理五个要素。工作评价指标是指有关部门对岗位评价的方法、指标及指标体系等方面所作的统一规定。下面我们分别列出上述五个要素的评价指标及分级标准。

(一)劳动责任要素

劳动责任是指岗位在生产过程中的责任,它反映了岗位劳动者智力的付出和心理状态,主要包括以下六点:

1. 质量责任

质量责任指岗位生产活动对质量指标的责任。分级标准见附表1。

2. 产量责任

产量责任指岗位生产活动对产量的责任。分级标准见附表2。

3. 看管责任

看管责任指岗位所看管的设备仪器对整个生产过程的影响。分级标准见附表3。

4. 安全责任

安全责任指岗位对整个生产过程安全的影响。分级标准见附表4。

5. 消耗责任

消耗责任指岗位物资消耗对成本的影响。分级标准见附表5。

6. 管理责任

管理责任指岗位在指导、协调、分配、考核等管理工作上的责任。分级标准见附表6。

(二)劳动技能要素

劳动技能是指岗位在生产过程中对劳动者技术素质方面的要求,它反映了岗位对劳动者智能要求的程度,主要包括以下五点:

1. 技术知识要求

技术知识要求指岗位知识文化水平和技术等级的要求。分级标准见附表7。

2. 操作复杂程度

操作复杂程度指岗位作业复杂程度和掌握操作所需要的时间。分级标准见附表8。

3. 看管设备复杂程度

看管设备复杂程度指岗位操作使用设备的难易程度及看管设备所需经验和水平。分级标准见附表9。

4. 品种质量难易程度

品种质量难易程度指岗位生产的产品品种规格的多少和质量要求水平。分级标准见附表10。

5. 处理预防事故复杂程度

处理预防事故复杂程度指岗位能迅速处理或预防事故所应具备的能力水平。分级标准见附表11。

(三)劳动强度要素

劳动强度是指岗位在生产过程中对劳动者身体的影响,它反映了岗位劳动者的体力消耗和生理、心理紧张程度,主要包括以下五点:

1. 体力劳动强度

体力劳动强度指岗位劳动者体力消耗的程度。分级标准见附表12。

2. 工时利用率

工时利用率指岗位净劳动时间与工作日总时间之比。分级标准见附表13。

3. 劳动疲劳度

劳动疲劳度指岗位劳动者的主要劳动姿势对身体疲劳的影响程度。分级标准见附表14。

4. 劳动紧张程度

劳动紧张程度指岗位劳动者在工作中的生理器官的紧张程度。分级标准见附表15。

5. 工作班制

工作班制指岗位劳动组织安排对劳动者身体的影响。分级标准见附表16。

(四)劳动环境要素

劳动环境是指岗位的劳动卫生状况,它反映了岗位劳动环境中的有害因素对劳动者健

康的影响程度,主要包括以下五点:

1. 粉尘危害程度

粉尘危害程度指岗位劳动者健康受生产场所粉尘的影响。分级标准参照国家《生产性粉尘作业危害程度分级》(GB/T5817—2009)。

2. 高温危害程度

高温危害程度指岗位劳动者接触生产场所高温对健康的影响程度。分级标准见附表17。

3. 辐射热危害程度

辐射热危害程度指岗位劳动者接触生产场所辐射热对健康的影响程度。分级标准见附表18。

4. 噪声危害程度

噪声危害程度指岗位劳动者接触生产场所噪声对健康的影响程度。分级标准见附表19。

5. 其他有害因素危害程度

其他有害因素危害程度指岗位劳动者接触化学性、物理性等有害因素对健康的影响程度。分级标准见附表20及附表21。

(五)劳动心理要素

劳动心理因素是指社会对某类岗位的各种舆论对该类岗位人员在心理上所产生的影响,主要采用人员流向指标来反映。人员流向属于心理因素,它是由于岗位的工作性质和地位对员工在社会心理方面产生的影响而形成人员流动的趋势。人们对岗位向往程度分级标准见附表22。

上述工作岗位评价指标按指标的性质和评价方法的不同可分为两类,如图3-4所示。

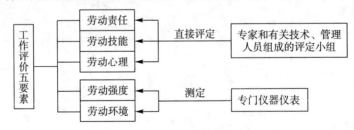

图3-4 工作评价要素及评价方式

◇阅读推荐3-2

工作评价的误区

岗位价值评价是人力资源管理的基础性工作,因为操作难度较大,又不容易看到效益,所以常常在实践中陷入一些误区,进而影响评价结果的合理运用。

1. 岗位价值与工作量成正比。

在考量岗位价值评价因素时,有些企业误把工作量作为评价因素,认为工作量越大,岗位价值越大。为此,企业进行工作评价时要充分考虑工作性质,即完成岗位工作所需要投入的精力、创新价值等。岗位价值虽与岗位职责有很大的关系,但与工作量并不存在必然的联系,很多工作做不完也许是个人工作效率的问题,或者是定员定岗问题,不属于岗位评价范畴。

2. 行政等级与职位等级不分。

在进行岗位价值评价时,企业要注意行政等级相同岗位的岗位价值不一定相同。例如,一些专业职位如客服经理等是为了对外拓展的需要而设定的,不属于管理职位,与部门经理职位在任职能力要求方面存在差异,两者评价的结果应不同。为此,职位评价人员需要弄清各类各级职位任职资格要求的差异,依据专业经验和对评价岗位的充分了解,区分不同评价要素的分值,使评价结果相对清晰有效且趋向合理。

3. 岗位定位不清,评价无据可依。

工作评价人员对某些职位的定位不清会影响职位评价的结果。所以,在评价之前,职位分析是必须做好的工作,而职位分析并不是简单的信息罗列,更多的是对职位定位的系统思考。只有厘清职位的一系列信息,建立职位与评价之间的信息桥梁,职位价值评估才能走出定位模糊的误区。

4. 评价岗位就是评价岗位任职者。

没有专业人员参与或指导的职位价值评价委员会往往会存在"以人代职"的误区,在评价时认为岗位任职能力强的人价值评价高。同一岗位不同任职者的岗位价值不同。为保证岗位价值评价的客观性,企业应对评价人员进行严格筛选,注重将评价聚集在职位上,而不是在任职者身上。

岗位价值评价是一项系统工程,包括评价要素、人为因素、思想观念等。任何一方如有偏差,岗位价值评价结果都将受到影响。通过技术手段在一定程度上保证职位价值评估的客观有效是管理的科学性所在。

资料来源:石沛.工作评价的误区.世界经理人论坛,2014.

三、工作评价的基本方法

(一)序列法

序列法是指由评定人员凭着自己的工作经验进行主观判断,按岗位相对价值依次排序的工作评价方法。这是一种最简单的职位评价方法。它将工作岗位作为一个整体来考虑,通过简单的现场写实观察或者对相关岗位的信息比较来操作。

1. 具体步骤

第一,有关人员组成评定小组,做好准备工作。

第二,了解情况,收集有关岗位方面的资料、数据。

第三，评定人员事先确定评判标准，对本单位同类岗位的重要性逐一作出评判，最重要的排在第一位，再按岗位的重要程度依次往下排列。

第四，首先将所有评定人员对各岗位的评价结果进行汇总，得到序号和。然后将序号和除以参加评定人数，得到每一岗位的平均排序数。最后，根据平均排序数的大小，按照评定出的岗位相对价值，由小到大作出排列。具体以表3-9为例：

表3-9 序列法示例

岗位编码	0001	0002	0003	0004	0005
评价人员甲	1	3	4	5	2
评价人员乙	4	2	1	5	3
评价人员丙	3	1	5	4	2
评价人员丁	4	5	3	2	1
评价人员戊	1	3	2	5	4
合计	13	14	15	21	12
平均值	2.6	2.8	3	4.2	2.4
岗位排序	2	3	4	5	1

由表中数据可知，按照重要性程度由高到低排列的结果是：0005，0001，0002，0003，0004。

2. 适用范围

序列法适用于组织规模较小、生产产品单一、岗位数量较少的中小企业。

(二)分类法

分类法是以岗位的责任、技能、知识、职责、工作量以及工作经历等方面的要求为依据，将组织的各类岗位分别定级，然后将各种级别排列成为一个体系的工作评价方法。

1. 工作步骤

第一，由单位内专门人员组成评定小组，收集有关资料。

第二，按照生产经营过程中各类岗位的作用和特征，将企事业单位的全部岗位分成几个大的系统，每个系统按内部的结构、特点再划分为若干子系统。

第三，将各个系统中的各岗位分成若干层次，最少分为5档，最多可分为17档。

第四，明确规定各档次岗位的工作内容、责任和权限。

第五，明确各系统、各档次(等级)岗位的资格要求。

第六，评定不同系统、不同岗位之间的相对价值和关系。

2. 适用范围

分类法适用于组织规模相对适中、岗位类别与数量不太多的中小企业。

(三)因素比较法

因素比较法是一种量化的工作评价方法。它是按评价因素对选定的标准岗位进行评分定级,制定出标准岗位分级表,把非标准岗位与标准岗位分级表对比并评价相对位置的方法。这种评价方法最大的优点就是可以直接得出所评价岗位的薪资水平。

1. 具体步骤

(1)选择标准岗位

在因素比较法中,标准岗位的选择是一项既困难又重要的操作,因为评价结果的可靠性是以所选择的标准岗位为依据的。标准岗位必须具备两个条件:一是岗位必须具有代表性,二是在确定的范围内能够准确地给予定义。

(2)根据标准岗位建立等级

在实际采用因素比较法时,标准岗位数量的选取要恰当。如果数量太多,通过该方法对工作岗位进行排列所耗费的时间会很多;如果数量太少,测评结果的误差就会相对较高。一些专家认为,实行因素比较法至少要选择30个标准工作岗位。

(3)将标准岗位按照选定的因素进行排列

标准岗位被确定后,对所选定的因素按相对重要程度依次排列,制定出标准工作分级表。排列工作由评定小组的每一个成员分别进行分级,然后将分级结果提交给评定小组作综合分析。

(4)将标准岗位按照选定因素确定工资额

对标准岗位进行排列之后,因素比较法直接对每一岗位确定工资额,即根据每个因素在该工作中的重要程度,按一定比例确定相应的工资值,并据此对工作重新进行排列。

(5)对其他岗位进行排列

将企业中尚未进行评定的其他岗位与现有的已评定完的标准岗位进行对比,如果某岗位的某因素相近,就按相近条件的岗位工资分配计算工资,累计后就是本岗位的工资。

2. 适用范围

因素比较法适用于掌握了较为详细的市场薪酬调查资料的企业。

(四)评分法

评分法亦称"因素计点法"。评分法首先选定岗位的主要影响因素,并给予这些要素以不同的权数(分数),然后按预先规定的衡量标准,对现有岗位的各个因素逐一比较、评价,求得点数,经过加权求和,最后得到各个岗位的总点数。该方法必须关注两项内容:一是主要影响因素及其等级确定;二是因素权重值的确定。

1. 具体步骤

(1)确定工作职位评价的主要影响因素

(2)根据岗位的性质和特征,确定各类工作职位评价的具体项目

无论何种性质的岗位,比较普遍采用的评价项目,一般包括以下几点:

①劳动负荷量,即执行任务时的能量代谢率。其衡量标准可参照国家标准。

②工作危险性,即该项工作的危险性以及可能造成的伤害程度,或可能引起的职业病。

③劳动环境,即本岗位的自然和物质环境因素。其衡量标准为温度、湿度、照明、空气、噪声、振动、通风、色彩等环境监测指标。

④脑力劳动紧张疲劳程度,即完成本岗位规定的工作时,人员脑力劳动及精神上的负荷量。其衡量指标为工作单调程度、工作速度和要求的精密度、工作要求的决策反映机敏程度、工作注意力集中程度与持续时间。

⑤工作复杂繁简程度。其衡量标准是岗位任务牵涉面的深度和广度。

⑥知识水平,即从事本岗位任务所必需的文化基础和理论知识(受教育程度)。其衡量标准为参加各类正规学校学习的时间、学位等。

⑦业务知识,即与本岗位有关的、必要的专业知识。其衡量标准为有关的必要知识的广度和深度。

⑧熟练程度,即从事本岗位任务所需技能的熟练程度及掌握该技能的困难程度。其衡量标准是一般掌握该项技能以及达到某种水平所需要的时间。

⑨工作责任,即从事本岗位任务在管理上以及对物、财所负的责任。其衡量标准为该岗位的职责范围、权限,发生责任事故后的损失程度。

⑩监督责任,即从事本岗位任务时对下级的指导及监督考查的责任。其衡量标准为该岗位要求的组织能力、监督责任。

(3)对各评价因素区分出不同级别,并赋予一定的点数(分值)

在各评定项目总点数确定之后,企业可采用等级差数规定本项目各级别的评分标准。某岗位所需体力评分标准如表3-10所示。

表3-10 所需体力评分标准

评价等级	1	2	3	4	5	6	7
评价内容	极轻体力	较轻体力	重复连续（坐下）	重复连续（站立）	重复连续（较重）	重体力	极重体力
点数(Y)	8	10	14	20	28	38	50

表3-10所给定的点数是按下式计算: $Y = x^2 - x + 8$。

式中 Y 表示点数, x 表示等级序号。

(4)给定加权数

将全部评价项目合并成一个总体,根据各个项目在总体中的地位和重要性,分别给定权数。一般来说,重要项目给以较大权数,次要的项目给以较小的权数。权数的大小应依据组织的实际情况以及各类岗位的性质和特征加以确定,然后计算出各岗位总点数。以某类岗位为例,其工作职位评价的权数分配情况如表3-11所示。

表 3-11 某类工作职位评价的权数分配表

序号	工作职位评价项目	指标权重 f_i	元素权重 $\sum f_i$	权数比
劳动生产要素	(01)劳动负荷量 (02)工作危险性 (03)劳动环境 (04)脑力劳动紧张程度 (05)工作复杂繁简程度 (06)知识水平 (07)业务知识 (08)熟练程度	07 08 06 05 10 12 09 12	57	2
管理要素	(09)工作责任 (10)监督责任	15 15	30	1

假设某一岗位第 i 项目的权数为 f_i，第 i 项目的评价结果为 x_i，则该岗位的总点数为 X，它等于各项目评价点数的加权数之和，即：$X = \sum f_i x_i$。仍依上例，假设对该岗位 9 项因素的评价结果如表 3-12 所示，则可知该岗位的总点数为：$X = \sum f_i x_i = 138$。

表 3-12 某类岗位的评价结果

评价项目序号	01	02	03	04	05	06	07	08	09	合计
评价点数 x_i	10	8	20	10	38	10	14	20	10	140
权数 f_i	7	8	6	6	10	12	9	12	15	87
确定级别 $x_i f_i$	70	64	120	50	380	120	126	300	150	1380

(5)确定级别

为了将企事业单位相同性质的岗位归入一定等级，可将工作职位评价的总点数分为若干级别，如表 3-13 所示。根据该表标准，上例中被评价的岗位属于 G 级。

表 3-13 工作职位评价结果分级标准

A 级	800 以下	E 级	1101—1200	I 级	1501—1600	M 级	1901—2000
B 级	801—900	F 级	1201—1300	J 级	1601—1700	N 级	2001—2100
C 级	901—1000	G 级	1301—1400	K 级	1701—1800	O 级	2101—2200
D 级	1001—1100	H 级	1401—1500	L 级	1801—1900	P 级	2201—2300

2. 适用范围

评分法适用于生产过程复杂、岗位类别数目多的大中型企事业单位。

(五)各种评价方法的比较

我们介绍了四种职位评价方法，现将序列法、分类法、因素比较法、评分法系统地作一下比较，如表 3-14 所示。

表3-14 各种职位评价方法比较表

方法	实施步骤	优点	缺点	适用企业
序列法	选择评价岗位;根据工作说明书进行评价和排序。	简单方便易操作;成本较低;能够有较高的满意度。	主观性强;评价结果准确程度不高且不稳定;只能排列各岗位价值的相对次序。	适用于规模较小、生产单一、岗位设置较少的企业。
分类法	进行岗位分析并做出分类;确定岗位类别数目;定义各岗位类别及各级别。	方法简单明了;能避免出现明显的判断错误。	岗位的比较存在主观性,准确度较差;成本较高。	适用于组织规模相对适中、岗位类别与数量不太多的中小企业。
因素比较法	选择代表性岗位;确定报酬要素;确定各代表性岗位在各报酬要素上应得的基本工资;将一般性岗位在每个薪酬要素上分别同代表性岗位比较,确定其在各报酬要素上应得的报酬,并加总。	要素的确定富有弹性,适用范围广;比较简单易行。	对要素的判断常带有主观性,使评价的结果受到影响;需要经常作薪酬调查,成本相对较高。	适用于能随时掌握较为详细的市场薪酬调查资料的企业。
评分法	确定关键影响要素;选择评价标准和权重;对各要素划分等级并评分;进行评分并最后加总。	准确性高;易于理解接受。	在评定项目以及给定权数时带有主观性;工作量大,费时费力。	适用于生产过程复杂、岗位类别数目多、对精度要求较高的大中型企业。

❖ 本章小结

1.工作分析是对组织中某些岗位的任务、内容、工作条件、任职资格等信息进行收集与分析,并作出明确规定的过程。工作分析要经过准备阶段、调查阶段、分析阶段和完成阶段。工作分析的结果是形成工作说明书,即明确做什么、如何做以及任职者应具备何种知识、技能及经验的制度规范。

2.工作岗位设计是在工作分析的基础上,研究和分析工作如何做以及如何促进组织目标的实现。工作岗位设计采用程序分析与动作研究两大类方法进行作业分析。

3.工作评价是在工作分析的基础上,按照一定的客观标准,对岗位进行系统评价的过程。工作评价涉及劳动责任、劳动强度、劳动技能、劳动环境以及社会心理等要素指标。工作评价通常采取序列法、分类法、评分法和因素比较法等方法。

❖ 本章习题

1.什么是工作分析?工作分析的主要内容有哪些?

2.工作分析的各种方法优缺点有哪些?

3.什么是工作说明书?工作说明书的内容是什么?

4. 工作岗位设计的原则是什么？

5 什么是工作职位评价？简要说明工作职位评价的主要方法。

❖ 案例研讨

南方电脑公司的工作分析

南方电脑公司是目前国内电子行业中效益好、发展潜力大的公司，它主要为企业和个人提供电子元件、电子产品、电脑及服务。自 1987 年创办以来，南方电脑公司通过灵活的经营手段在市场竞争中保持了行业领先地位。

该公司在初创时期员工较少，公司上下级之间很容易沟通，同一部门的工作经常由员工们共同协力完成，有超常能力和成就的员工会很快获得晋升。因而，公司并不重视岗位工作说明书，各个岗位的具体职责和要求也就没有人去真正地关心和考虑。但是，随着公司规模扩大，员工增多，一些问题逐渐显现，比如，岗位职责不清，部门之间职能重叠，工作出现矛盾时常有"踢皮球"现象；缺乏准确的工作职责要求，人力资源部门没有对员工工作绩效制定确切的衡量标准，更不用说为员工制定合理的改进方案或安排恰当的培训计划，降低了员工的工作积极性；公司的薪酬奖励计划与员工的岗位职责和技能要求之间缺乏关联。

公司高层领导意识到这种情况阻碍了公司的进一步发展，于是找来人力资源管理部门的王经理商量，让王经理对每一岗位重新进行工作分析，对旧的工作说明书进行修正。恰巧公司近期将招聘一名助理程序员，于是，王经理拿出助理程序员的工作说明书。

职位：助理程序员。

基本目的：在项目经理的监督下进行编码、测试、调试程序。

具体任务：根据总体的程序设计，编码、测试、调试程序，开发程序的文件资料；

　　　　　使用系统时培训用户，为用户提供帮助，按要求向管理者汇报服务管理信息。

任职资格：在相关领域里具有 BA/BC 学位或相当的经验和知识；

　　　　　具备 FORTRAN 语言编程知识；

　　　　　在经营和财务应用方面具有较好的工作知识。

其他要求：具有在分时环境下计算机编程经验；

　　　　　接受过 COBOL、PLI 或者装配语言方面的培训。

王经理发现该工作说明书的内容较笼统，任务没有清晰的界定，且与现实的工作内容相差甚远。因此，王经理决定从招聘的助理程序员的工作说明书修正开始，对公司所有的工作岗位进行重新分析，以解决企业当前的问题。

资料来源：邹华，修桂华.人力资源管理原理与实务.北京：北京大学出版社，2015.

请分析以下问题：

1.假如你是该公司人力资源部门的工作分析人员，可采用哪些方法收集工作分析所需要的信息？请为该公司制定一套工作分析活动的实施方案。

2. 请为该公司的助理程序员设计一份工作说明书。

◈ 践 行 辅 导

工作说明书的编写

【体验目的】

1. 掌握工作说明书中的工作描述和工作规范内容。

2. 培养学生理论联系实际、分析思考问题的能力以及提升团队合作的意识。

【实施要求】

选择学校物业管理的某一岗位，运用访谈法、观察法、调查问卷法等工作分析方法收集所需资料，准确界定工作描述和工作规范的内容，进行工作分析，形成工作说明书。

【实践步骤】

1. 准备阶段，明确目标与任务。

第一步，形成实践小组，实行组长负责制，每组5~7人；

第二步，各组确定调查的岗位，制定相应的调查计划；

第三步，各组拟确定采用哪些方法来收集所需信息。

2. 采集工作分析需要的资料。

第一步，收集已有的资料，比如岗位责任制度，日常工作记录等；

第二步，运用所学的工作分析方法，采集对员工的个人能力要求方面的信息。

3. 形成工作说明书。

第一步，对有关的调查资料进行总结与分析；

第二步，撰写工作说明书并提交课堂讨论。

【实践时间】

时间为1周左右。

【实践效果】

通过该项实践活动，学生增强了对工作方法的实际运用能力，体验了工作分析过程，并能自行编写规范的工作说明书。

第四章
招聘甄选与人员配置

学习目标

☆ 理解员工招聘和甄选的作用
☆ 了解招聘渠道的选择和招聘流程的控制
☆ 掌握人员甄选的基本技术及效果评价方法
☆ 了解员工的录用决策内容及程序
☆ 了解人员配置的原则和方法

关键术语

☆ 招聘甄选 Recruiting & Selecting
☆ 结构化面试 Structured Interview
☆ 评价中心 Assessment Center
☆ 招聘筛选金字塔 Recruiting Yield Pyramid
☆ 行为面试法 Behavioural Based Interview(BBI)

学前思考

21世纪,全球企业最激烈的竞争是人才竞争,人力资源管理的首要任务是及时为组织选聘到合适的人才。关键岗位和关键人才对企业生存和发展的作用越来越明显。然而,在人与企业双向选择的过程中常常出现"空位"与"错位"现象,既有知识技能又有实践经验的人才往往难遇又难求。随着人们对自身发展定位及求职选择的理性回归,企业既要把握招聘人才的策略和方法,更要善于运用甄选技术和科技手段来寻找自己的"最爱"。

❖ 开篇案例

"亚马逊"招聘：不走寻常路

在人才激烈竞争的今天，企业往往会迎合人才的需求，而"亚马逊"则保持一贯的矜持和个性，对人才的素质严格要求，不走寻常路。

"亚马逊"的创始人杰夫·贝佐斯(Jeff Bezos)的很多观点和举动都有违传统，但当你见识到亚马逊的成绩，你又很难持有异议。

随着人才竞争形势越来越激烈，企业为了招募优秀的人才都穷尽一切办法：宣扬公司的宏伟蓝图和优渥福利，夸大公司是如何"粉碎"竞争对手，鼓吹公司快乐的工作文化等。但"亚马逊"不同，对于公司的前景，他们显得过于"矜持"。他们甚至会告知求职者，要想在"亚马逊"生存下去并不容易，需要长时间、非常努力和高效率的工作。

曾经在"亚马逊"工作的人说，大部分加入"亚马逊"的经理人都要做迈尔斯—布里格斯人格测试(Mgers-Briggs Type Indicator)，80%的经理具有相似的人格，和贝佐斯一样：内敛、注重细节、工程师人格。所有员工不仅必须来自名校，在校成绩出色，还要是那种在酒吧不知道该如何跟异性搭讪的人。

可能有人说，从事仓储物流的员工需要那么高的学历做什么？可在贝佐斯看来，如果"亚马逊"想要开创一番新事业，聪明和才华是两项最重要的因素。为了证明应征者的顶尖和优秀，贝佐斯还制定了极麻烦的应聘规范。好不容易通过书面审核，面试者还需要面对"你如何为失聪者设计汽车"这类刁钻的问题，据说是为了考验应聘者的头脑灵活度。

为了让员工的素质越来越高，保持"亚马逊"的领先和创新，公司明确指出，"每雇佣一名新人，就必须将招聘的标准提高"，并且强调，"要让员工进来工作5年后，会庆幸自己在5年前就加盟了，要是现在来应聘，肯定挤破脑袋都进不来"。

2012年7月，"亚马逊"公布了一项职业选择计划，以帮助公司小时工找到公司以外的待遇更优厚的岗位。该计划将在未来4年内，为公司员工学习工程、信息技术、交通和会计等职业培训课程每年支付2000美元，总计最多8000美元的费用。

这样的公司，你愿意加入么？

资料来源：首席招聘官．慧聪网，2014．

第一节 招聘活动

企业之间的竞争实质上是人才的竞争。企业拥有什么样的人才就拥有什么样的竞争力。无论企业的性质、产品的类别有怎样的天壤之别，人才都是实现企业发展战略的必要支撑。任何一个企业从初创到发展再到壮大，都会开展无数次人才招聘活动，可以说人才招聘的成败就等于企业未来发展的成败。

一、招聘概述

(一)招聘的前提

招聘活动起始于组织对人才的需求。短期来看,企业规模扩大、业务拓展、员工离职等因素都会导致人力资源的不足,从而产生招聘需求。长期而言,企业要用战略的眼光来看待招聘需求。战略目标是界定工作任务和影响企业绩效的重要变量。任务的承担和绩效的创造需要角色扮演,如同一部影视作品需要角色来演绎一样。但是谁能够胜任岗位并扮演不同的角色呢?人力资源管理的一项重要任务就是将员工岗位和组织战略联系在一起,依据战略目标和岗位分析来确定需要的员工数量和质量,针对特定岗位招聘合适的人。

企业在进行招聘工作前,首先要回答一系列问题,如:要实现企业战略目标,未来一定时间段内需要新增哪些岗位?目前亟待设立和补缺的岗位有哪些?这些岗位的任职资格要求是什么?需要采取长期固定还是短期灵活的雇佣方式?

在人力资源管理中,人力资源战略规划、工作分析与设计、组织人力资源现状分析等为以上问题提供了答案,是招聘工作的基础和前提。人力资源规划和工作设计决定了企业要招聘人员的部门、职位、数量、类型和到岗时间。工作分析既决定了对所需人员的生理、心理、技能、知识、品格要求,也向应聘者提供了关于工作岗位的详细信息。

(二)招聘的内涵

招聘是指运用一定的方法、策略,将符合岗位任职要求的求职者吸收到组织中的过程。招聘实际上是企业与应聘者之间进行双向选择和匹配的动态过程。

对企业来说,招聘是一项非常重要的人力资源管理活动,它关系到企业绩效乃至战略目标的实现。招聘表面上看似简单,实际上却是在有限时间内将经验、方法、技巧综合运用的过程。如何通过招聘来识别优秀的人才,让优秀的人才进入企业是招聘的主旨。越来越多的企业人力资源管理者发现,鉴别人才难,让人才为己所用更是难上加难。如此看来,招聘不单单是选择人才,更关键的是吸引人才。我们不妨将招聘描述为"吸引那些能为特定组织作出贡献的人才的过程"。本章的开篇案例让我们明白,招聘是双向选择的过程,是吸引的过程,是企业和人才之间建立有效的心理契约的过程。

人才有权选择他们愿意为之工作的组织,并且决定是否向企业作出努力工作的承诺。因此,人力资源管理者应该通过对企业优势的表达来影响人才的选择与决策,实质上就是招聘营销。在招聘活动中,企业通过政策的拟定与宣讲,依赖人力资源管理者的经验技巧的运用,展示企业良好的形象,让优秀的人才为之震撼、为之向往,最终完成企业与人才之间积极的心理契约的建立。招聘活动是形成这种心理契约的初始且重要的环节。

二、招聘渠道

一旦企业决定增加或重新配置员工,就面临着"如何选择渠道寻找适合的申请者"这一问题。职位申请者可能来自于组织内部,也可能来自于组织外部,人力资源管理者需要采取有效措施将招聘信息传递给内部和外部的潜在申请者,根据申请者来源的不同,选择特定的招聘渠道来决定信息的传递方式以及与申请者与组织之间沟通的方式。招聘渠道的选择差异将会直接影响招聘的效果。

(一)内部渠道

内部招聘渠道是从组织的内部员工中寻找合格人才,实际上是对企业内部人力资源进行优化配置的一种方式,主要通过内部竞聘、推荐、兼职、晋升等多种形式进行。

1. 内部竞聘

在组织内部招聘空缺职位的合适人选,组织需要了解在现任员工中有谁可能对空缺职位感兴趣,将这些感兴趣的员工组织起来参与竞聘,通过技能清单和就职演说等方式来鉴别可能的胜任人选。竞聘的前提是明确告知组织内部员工目前的空缺职位,通过会议、公告牌、内部刊物、内部网站等方式对招聘信息进行有效传递。一种被称为"工作公告"(Job Posting)的计算机系统软件已经问世,对空缺职位产生兴趣的雇员可以使用此软件测试自身的技能和经验与空缺职位任职资格的匹配程度,从而清楚地知道如果参与给定职位的竞争,哪些素质是必须具备的。

2. 内部推荐

许多企业采取内部员工推荐的方法来招聘新员工,鼓励员工推荐自己的朋友或亲属参加空缺职位的选拔。一些组织甚至采用金钱激励的方式,为成功的推荐支付"发现者酬金"。内部推荐的优点是招聘活动成本较低,被推荐者具有良好的信用基础和较好的素质。据了解,美国微软公司40%的员工都是通过内部推荐的方式获得的。但是,企业采用内部推荐时必须谨慎,避免内部形成非正式组织。

3. 员工兼职

如果是暂时性短缺的岗位或者少量的额外工作,组织可以采用内部兼职的方式进行招聘,给员工提供各类奖金而不纳入计时工资,这样可以吸引有余力的员工兼任第二份工作。我国人才市场的现状表明,有一批人拥有一份以上的工作,这说明他们有相当充足的精力和相当强的能力。由于兼职已经非常普遍,所以管理者必须建立相应的"兼职制度",包括沟通绩效期望、预防利益冲突、保护经营信息等内容。

4. 内部晋升

内部晋升是从组织内部获取管理者的一种途径。从内部晋升的管理者有着自身的优势,比如业绩、才能、服众等。相对于从外部引进的"空降兵"而言,内部晋升的管理者熟悉组织的业务,了解组织发展中的优势与不足,认同组织的文化和价值理念。但是,内部晋升的管理者可能会受到思维定势、人际关系等阻碍，缺乏改革创新的动力。

(二)外部渠道

外部招聘渠道就是根据企业发展的用人需求，从外部把优秀、合适的人才吸引到企业。如果组织内部没有足够的候选人可供挑选的话，就必须把目光转向外部以补充劳动力。外部渠道招聘有很多种形式，发展相当成熟的渠道包括广告媒体招聘、职业机构招聘、校园招聘、招聘会、网络招聘等。

1. 广告媒体招聘

企业可以在各种媒体上刊登招聘广告以获得新员工，最常见的是在报纸杂志上公告企业空缺职位的相关信息，以吸引对职位感兴趣的潜在人选。外部招聘可供使用的广告媒体还有户外广告牌、电视广告等。有效的招聘广告可以体现企业的整体形象，所以在进行招聘广告设计时要突出企业文化及价值理念。此外，随着我国公民权利意识的增强及劳动法律法规的日臻完善，招聘广告必须符合劳动法律法规，否则会使企业陷入法律纠纷。

◆ 应用案例 4-1

不同版本招聘广告的效果

以下是外贸销售人员招聘广告的几个不同版本，从中你可以判断它们的效果和可能吸引的人数差异。

A版本(传统版本)：

国内某知名的大型外贸企业因为海外市场拓展的需要，急需招聘大量外贸销售专业顾问，一经录用，待遇从优。具有以下条件并有意者，请持相关证件到公司行政办参加面试。

1. 年龄28岁以下。
2. 大学本科文化程度。
3. 国贸专业或商务英语专业。
4. 英语水平6级以上。
5. 有两年以上外贸企业销售经历和从业经验。
6. 具备良好的沟通能力和谈判能力。

B版本(开放型版本)：

天赋者，成就业绩！诚招销售精英。

这是一家蓬勃发展、充满朝气的股份制外贸企业。我们走过12年的历程，通过了ISO9000认证；我们拥有一流的产品并致力于拓展全球市场；我们的核心产品——新型节能环保照明设备得到客户的高度认同；我们快速发展，创造年均2亿元的销售业绩。这里有公平、公正的竞争舞台。健全的激励机制和丰厚的回报为优秀者而准备，同时，我们用严格的考评制度来拒绝一切平庸者。我们渴望优秀外贸人才的加盟！如果你喜欢销售这份职业,如果你能吃苦、有韧性,如果你渴求高额的奖金,来接受挑战吧!

C版本(依据优秀外贸销售人员的性格特征撰写的广告):

如果你对下述问题回答都是肯定,请致电我们……

1. 你是个闲不住的人,没事做会让你烦恼。
2. 你是个善于思考和分析的人,你相信事出有因。
3. 你不喜欢承诺,而是习惯做了才讲。
4. 你认为每个人都是不一样的。
5. 你擅长将一个普通朋友变成深交。
6. 你的英语水平达到4级。

资料来源:不同版本招聘广告的效果.中国人力资源开发网,2017.

请分析以上三个版本招聘广告的内容和特点,哪种广告对求职者来说更有吸引力?

2. 职业机构招聘

随着人才流动的日益普遍,各类人才交流中心、职业介绍所、猎头公司等劳动与就业服务中介机构应运而生。这些机构扮演着双重角色:既为单位选人,也为求职者择业。借助这些平台,单位和求职者均可获得并传递大量信息。这些机构通过定期或不定期举办活动(如交流会、洽谈会等)使双方面对面交流,提高了招聘的成功率。

职业机构包含两类,一类是人才交流中心、职业介绍所等,另一类是猎头公司(Head Hunter)。

人才交流中心等服务机构专门发布各类企业的招聘需求信息,并承担寻找和筛选求职者的工作。这些机构常年为单位服务,一般建有人才资料库,用人单位可以方便地从资料库中搜寻相关条件的人员。通过人才交流中心选人的招聘方式具有针对性强、费用低廉等优点,但该方式不适用于对信息技术、金融等热门专业人才或高层次人才的招聘。

猎头公司是适应企业对高层次人才的需求与高级人才的求职需求而发展起来的。在国外,猎头服务早已成为企业招揽高级人才和高级人才流动的主要渠道之一。我国的猎头服务近些年发展迅速,越来越多的企业开始接受这种招聘方式。对于高级和尖端人才,企业用传统的招聘渠道往往很难获取,但这类人才对企业的意义重大。猎头服务的一大特点是推荐的人才素质高。猎头公司一般会建立人才库,优质高效的人才是公司重要的资源之一,对人才库的管理和更新是日常的工作,搜寻手段和渠道则是猎头公司专业性服务最直接的体现。企业通过猎头公司招聘人才需要支付昂贵的服务费,猎头公司现收费标准基本上是所推荐人才年薪的25%~35%。

3. 校园招聘

传统意义上的校园招聘就是由组织派出专员或招聘代表到校园向毕业生宣讲企业发展近况并组织面试工作。如今的校园招聘时已经变得更加富有创造性。例如,企业通过校园选拔竞赛方式建立全面的沟通框架,让应聘双方在一定程度上真正融入对方并了解彼此的诉求,从而使校园招聘取得意想不到的效果。比如:"欧莱雅校园企划大赛""华硕校园精英培训营""可口可乐校园总经理招聘""安利(中国)管理培训生校园招聘"。

毋庸置疑,开展富有挑战性和高参与度的校园选拔活动是"双赢"的过程。对于企业而言,一方面,学生是校园文化的传播者,他们会将活动中的感受和体验传播给更多受众,帮助企业传播雇主品牌形象;另一方面,企业通过选拔活动来考察学生的职业倾向、团队合作等能力,从而找到适合的人才。对于学生而言,通过参与这些活动,他们能接触到真实的企业,切身体会到"想象中的企业"与"真实的企业"之间的差距,帮助规划职业生涯,选择适合自己的企业,还开阔了眼界,这些活动经历将成为他们择业的重要参考。

4. 招聘会

为了满足企业招聘需求,主办方承办招聘会,企业租用展位或展厅传递招聘信息,应聘者按照招聘会举办时间到既定的场所参加招聘会,投递简历。在招聘会中,企业和应聘者可以直接进行接洽和交流。随着人才市场的日臻完善,招聘会呈现出专业化发展的趋势,即面向特定群体举办专场招聘会,如校园招聘会、下岗职工招聘会、海归人才招聘会、某行业人才招聘会等。面对各种类型的招聘会,企业在进行选择时,一般要考虑以下几个方面:一是明确企业所需要的人员类别,从而选择合适的招聘会;二是了解招聘会的范围、对象、其他参加企业、举办时间及地点,结合自身的情况有所选择;三是了解招聘会的宣传力度、参会人员的规模。

5. 网络招聘

也许从没有一种方法像网络招聘一样,对企业的招聘实践产生革命性影响。2000年,《财富》全球500强企业中使用网上招聘的已占88%。很明显,网络招聘已经成为全球最主要的招聘手段之一。企业可以通过两种方式进行网络招聘:一是在企业自身网站上发布招聘信息,搭建招聘系统;二是与专业招聘网站合作,如中华英才网、前程无忧、智联招聘等,通过网站发布招聘信息,利用专业网站已有的系统进行招聘活动。

互联网作为招聘手段之所以流行的原因有很多。从组织的期望来看,网络招聘依赖互联网技术搭建的先进的信息平台,宣传覆盖面广、招聘成本低、时间投入少、效率高,但网络招聘也存在一些问题,如信息处理难度大、虚假信息大量存在、应聘者个人信息泄露等。

阅读推荐 4-1

互联网时代的企业招聘

雅虎中国北京研发中心关闭的消息刚刚公布,国内致力于将硅谷的科技创新成果带到中国的PingWest(品玩网)便在其网站上发布了这样一则消息:

2015年3月18日,雅虎中国北京研发中心宣布关闭,那些渴求研发人才的互联网企业,是时候抛出橄榄枝了。

对于毕业于"985"或"211"知名高校,获得硕士及以上学位,曾参与开发Flickr、雅虎天气、雅虎邮箱和个性化广告系统等若干款明星产品的聪明的数据科学家和软件工程师们,企业有了拥抱和选择的全新机会。

雅虎北京全球研发中心的关闭是雅虎这家老牌硅谷明星公司遭遇的又一次挫折，也让很多留恋它和曾经在那里全身心投入工作的工程师和数据科技学家们心存不舍，尽管这些聪明人分分钟就能找到新的机会。现在，到了我们为这些踏实、勤勉和聪明靠谱的工程师和研发专才们寻找最合适机会的时候了。

以下公司（包括但不限于 Google 中国、腾讯、阿里巴巴、百度、小米、360 等）通过我们的注册通道向雅虎的工程师和研究人员发出了邀请，欢迎大家垂询并直接与他们取得联络。我们无意促成市场上狂热的跳槽风潮，但我们愿意帮那些踏实、诚信且有一技之长的聪明人找到新的值得他们全心投入和付出的平台。

拥抱和选择新机会的时候到了，"Yahoo-er"们。

正是因为互联网行业每时每刻都在发生人才争夺，一些垂直型行业招聘网站才有了生存的空间，其中竟诞生了估值破亿者，这真让那些日薄西山的老牌招聘网站冷汗狂流。

资料来源：杨长清."互联网+"时代人才管理变革.北京：中国铁道出版社,2017.

6. 熟人推荐

通过单位的员工、客户、合作伙伴等熟人推荐拟招聘人选，是组织招聘员工的另一种方式。据有关资料显示，美国微软公司有大约 40% 左右的员工是通过员工推荐的方式招聘的。在我国珠江三角洲、长江三角洲的广大地区，大量的企业在招聘一般员工时，采用"老乡介绍老乡"的推荐方式。熟人推荐的方式适用的范围较广，既可用于一般人员招聘，也可用于企业专业技术人才招聘。该方式不仅可以节约招聘成本，也在一定程度上保证了应聘人员的专业素质和可信任程度。有些企业为了鼓励员工积极推荐人才，还专门设立推荐人才奖，以此奖励那些为企业推荐优秀人才的员工。

熟人推荐的招聘方式的长处是企业对候选人的了解比较准确，候选人一旦被录用，顾及介绍人的关系，工作也会更加努力，招聘成本很低；其问题是可能在组织中形成裙带关系，不利于企业各项政策和制度的推行。表 4-1 是几种典型的内外招聘渠道的对比分析。

表 4-1　几种内外招聘渠道的对比

渠道类型	渠道细分	优势	劣势	适合对象
内部推荐	员工的圈层、关系网络	质量高、存续率高	管理成本高	适用于中层管理、骨干员工的招聘
自主招聘	企业官网、校园宣讲、社交招聘	有利于雇主品牌宣传	管理成本高	适用于大规模的一般性岗位招聘；作为人才储备的渠道
招聘网站	综合招聘网站、垂直招聘网站	门槛低	低效、管理成本高	适用于边缘岗位、价值贡献度低的岗位招聘
职业机构	猎头公司、高级职业介绍所等	简便、质量高	财务成本高	适用于高级管理者、专业人才的招聘

（四）内外招聘渠道的比较与平衡

内部招聘渠道和外部招聘渠道都有各自的优势和不足。如果将两者结合起来，相辅相成、优势互补，就能实现企业的招聘计划。

1. 内外渠道比较

(1) 内部招聘渠道的优势

内部渠道除了招聘成本低、可信度高之外，它突出的优势还有：

①能够对员工产生激励作用，增强员工对组织的忠诚度。从组织的内部获取人才，实际上是对员工业绩和能力的肯定，是员工与企业同步成长的见证。通过晋升榜样的力量，员工拥有对工作的美好愿景与规划，对企业的情感归属和忠诚度也会与日俱增，更重要的是增强了努力工作的信心，员工整体的工作士气得到了鼓舞。

②能够缩短员工的适应期，增强员工对组织文化的认同。现有员工已经度过了初入组织的不适期并融入组织。相比外部引进的新员工，现有员工更了解企业的运作模式和企业文化，对组织价值理念的认知更深刻，不会轻易离开组织，从而降低了企业人员流失的风险。

要发挥内部招聘的优势，还必须有几个前提条件：企业已建立准确的人员潜力识别系统，已建立完善的内部选拔与培养机制，已建立规范的员工职业发展通道及公平公开的内部职位调整制度。

(2) 外部招聘渠道的优势

内部渠道招聘虽然具有许多优点，但人员的选择范围比较狭窄，常常不能满足企业发展的需要，所以企业常采用各种外部招聘渠道。外部渠道突出的优势有：

①能够打破思维定势，形成多元化的局面。企业通过从外部获取人才，充分借鉴外部人才的知识、技术和能力，补充和更新血液，形成人才多元化的局面和多角度的思维方式，突破发展的瓶颈。从外部招聘来的优秀技术人才和管理专家会给组织现有员工带来压力，激发现有员工的工作动力。外部招聘的人员来源广，选择余地大，企业能招聘到许多优秀人才。

②能够树立公众形象，打造雇主品牌。企业可以通过招聘活动，充分与外界交流，展示企业的风采，彰显企业的价值；借助招聘活动及营销策略，打造雇主品牌，从而在员工、客户或其他外界人士中树立良好的社会公众形象，吸引更多优秀人才的关注。

企业内部招聘渠道和外部招聘渠道的优劣对比见图 4-1。

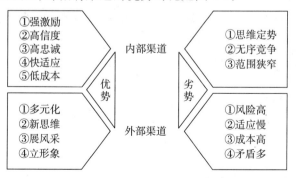

图 4-1 内部招聘渠道和外部招聘渠道的优劣对比

2. 内外招聘渠道平衡

要想做到内外招聘渠道优势互补,需要从以下几方面考虑平衡两者关系:

(1)从企业的发展阶段和经营战略考虑

当企业处于迅速发展阶段,根据未来规模扩张和业务拓展的需要,很多岗位需要大批人才,内部的人才供给缺口很大,此时应选择外部渠道来获取所需人才。当企业处于发展成熟阶段,如果个别关键岗位人才空缺,且企业内部已经形成完善的培训机制和人员接替计划,则可通过内部招聘渠道获取。

(2)从企业现有的人力资源状况出发

企业人力资源管理部门在招聘前必须对企业现有人员从数量、质量、结构及潜能方面进行核查与评估,从而明确招聘需求;当现有的人才资源无法与空缺职位的任职资格良好匹配,且内部培训成本较高时,可采用外部招聘渠道获取人才。

(3)从企业所处的外部环境出发

外部环境包括人才市场建立与完善状况、行业薪资水平、就业政策与保障法规、区域人才供给状况、人才信用状况等。这些环境因素决定了企业能否从外部招聘到合适的人选。若企业所处区域的人才市场发达、政策与法规健全、有充足的供给、人才信用良好,在不考虑其他因素的情况下,外部招聘不仅能获得理想人选,而且快捷方便。

(4)从企业文化角度考虑

若企业文化崇尚多元、崇尚变革,那么企业在用人偏好上倾向于通过外部招聘来增加新鲜"血液",鼓励新思想、新观点的产生,激发现有员工的活力,形成良性竞争。两种招聘方式在企业招聘渠道所占的比重就有所不同。

三、招聘流程

招聘活动不仅决定了企业能否吸纳所需要的员工,也会影响现有人员的有序流动。招聘活动的成功直接影响着企业运营目标的实现、价值理念的传递以及员工和顾客的忠诚度。一个好的招聘流程是保证招聘活动有效完成的基础。

企业招聘流程一般有五个环节,即招聘计划的制定、招聘方式和渠道的选择、招聘中的甄选、录用决策、招聘活动的评估。

(一)招聘计划

招聘计划是企业在招聘工作正式开展前,对招聘工作的具体活动进行安排的过程。它涉及以下几方面内容:

1. 明确招聘条件

企业应依据人力资源规划,核查现有人员的需求与供给状况,对照工作说明书,明确需要招聘员工的数量、职位、类型、渠道、标准。

(1)招聘数量

企业可以根据招聘筛选金字塔(Recruiting Yield Pyramid)模型,确定实际录用到的一定数量的新员工,大致需要组织多大范围和多少人员参与区间的招聘活动。

知识拓展 4-1

图 4-2　招聘筛选金字塔

如图 4-2 所示,如果企业在新的一年中要招聘到 50 名新的初级会计师。根据以往经验,接到录用通知的人与实际就职的人的比例大约是 2:1,参加面试的人和确定可以录用的人的比例大致是 3:2,接到面试通知的人与实际来企业面试的人的比例大约是 4:3,投递简历的求职者总人数与企业发出面试通知的人的比例约为 6:1。一旦这些比例关系确定下来,企业就可以计算出要邀请到 200 名工作候选人接受面试,至少要有 1200 名求职者。在接到企业所发出的面试邀请的 200 人中,大约会有 150 人来参加面试,而企业将会向这 150 人中的 100 人发出录用通知。最后实际上只会有一半的人,即 50 名会计师被录用。

资料来源:加里·德斯勒.人力资源管理(第 10 版).北京:中国人民大学出版社,2007.

(2)招聘职位

企业需要预知因实现经营发展战略而可能产生的空缺岗位(职位),明确岗位(职位)的具体名称、在组织中的级别、职务代码等。

(3)招聘类型

企业应该明确是雇佣长期相对固定的员工,还是采用短期、更为灵活的雇佣方式。

(4)招聘渠道

企业要选择从内部获取人才还是从外部获取人才,不仅要了解整个人力资源市场的情况,还要熟悉各种招聘渠道的特点及组合方式;在确定内外渠道之后,要认真选择招聘的方式。

(5)招聘标准

详细的工作说明书能够明确拟招聘人员的具体标准,包括学历资历、工作经验、专业能力、个性品质、身体条件等。

2. 明确招聘的时间和地点

企业所确定的招聘时间的安排一般要比相关职位产生空缺的时间较早一些。企业选择在哪个区域空间开展招聘，一般要考虑潜在应聘者寻找工作活动的概率、企业所在地区及劳动力市场状况等因素。

3. 进行招聘经费预算

在执行招聘计划之前应对每一个环节的费用支出进行预算，保证招聘工作的正常进行。除了对参与招聘工作的有关人员提供工资报酬、劳务补贴之外，还需要投入广告费、考核费、差旅费、通信费、办公费等费用。表 4-2 反映了招聘工作中的经费预算。

表 4-2　招聘预算费用统计表

招聘时间			
招聘地点			
招聘部门			
招聘负责人			
招聘费用预算明细			
序号	费用预算项目		预算金额（单位）
1	招聘海报广告制作费		
2	会议场地租用费		
3	通信费		
4	交通费		
5	伙食费		
…	…		…
合计			
预算审核人（签字）：		公司主管领导（审批）：	

4. 拟定招聘活动的实施方案

编制招聘实施方案是开展招聘活动的基本依据。方案内容包括确定招聘工作小组的组成、制定招聘章程、确定考核方案和人员选聘的条件、拟定招聘宣传相关资料、规定招聘工作的进度安排等。

（二）人员招聘

企业在制定详细的招聘计划之后，下一步就需要进行人员招聘。人员招聘简单地说就是企业通过各种渠道发布招聘信息，最大可能地获取职位申请人。

人员招聘主要包括两个步骤：一是发布招聘信息，二是获取应聘者的相关资料。

完整的招聘信息包括以下一些内容：

第一，工作岗位名称、工作职责。

第二，完成工作所需的知识、技能和经验。

第三,工作条件的简单描述。

第四,基本的工作报酬。

第五,招聘工作的截止时间。

应聘者在获悉企业招聘信息后,可以通过网上申请、指定地点报名、信函等多种方式与企业建立联系。企业通常采用填写申请表的形式来获取应聘者的个人信息,以便为下一步的甄选工作提供资料。

(三)人员甄选

人员甄选是指企业采用各种测试方式,对申请人的教育背景、知识经验、技术能力、人格特征与职位的胜任资格进行系统、客观的测量,评价匹配程度,从而作出录用决策。甄选和录用将在本章第二节中作具体介绍。

(四)人员录用

企业通过人员甄选,作出初步录用决定后,接下来要对这些入选者进行背景调查和健康检查,合格者与企业签订试用协议,经过试用后,录用为正式员工。

(五)招聘评估

招聘评估是企业在招聘活动中需要及时进行且非常重要的环节。通过对招聘过程和招聘结果的双重评估,企业能发现招聘过程的规律,从而不断改进招聘方式,使招聘工作更加有效。此部分内容将在本章第二节中作介绍。

四、招聘方案的编制

在招聘活动中,一份详细周全的招聘工作方案将有助于企业目标明确、有条不紊地开展各招聘环节的工作,最终选到合适的人才。

(一)编制原则

1.依据企业发展阶段来编制

企业的发展阶段决定了选人和用人的政策方向,所以要结合企业发展实际来制定招聘计划。比如,处于初创阶段的企业在人才招聘的渠道和标准方面,一般会倾向于采用外部引进的方式,并且引进的人才必须在相关业务领域有比较成熟的经验与技能,进入公司后能很快进入角色,拓展业务;对于成熟阶段的企业,由于业务范围及人才队伍相对稳定,所以,招聘渠道的选择可以内外兼顾,既可以从外部为企业补充急需的人才,也可以从内部选拔培养人才。

2.依据成本效益来编制

在企业人力资源管理成本预算中,招聘成本占有较大的比重。在制定招聘计划前,企业应对当年招聘情况进行信息分析，如招聘职位数量、层次结构、招聘渠道、简历数量、招聘周期等，以判断各种招聘渠道的效果及性价比，之后，结合计划年份的业务发展规划来制定有效的招聘策略。这样编制的招聘预算能事前控制好招聘成本，提高招聘成本效益。

3.依据企业发展战略来编制

企业的发展战略随市场的变化而不断调整，其中业务发展方向及模式的改变必定带来人才需求结构的变化。人力资源管理者在做好日常事务的同时，必须关注企业发展战略，根据公司的业务发展规划，提前做好人才储备。近几年流行的HRBP（人力资源业务伙伴）模式的职能之一，就是人力资源经理必须深入业务并关注业务发展，为企业提供最具时效性的业务支持。

(二)编制内容与步骤

招聘方案包括确定招聘工作小组的组成、制定招聘章程、确定考核方案和人员选聘条件、拟定招聘宣传相关资料、规定招聘工作的进度安排、确定恰当的招聘时间等。选择在哪个区域空间开展招聘，一般要考虑潜在应聘者寻找工作活动的概率、企业所在地区及劳动力市场状况等因素。

招聘方案的编写一般包括以下步骤：

1.统计本年度人员招聘与使用信息

(1)本年度人员数量及结构盘点

(2)本年度各月份各层级各年龄段人员流失情况

(3)本年度各岗位人员招聘渠道使用情况及效果评估

(4)本年度招聘费用及招聘成本

(5)本年度曾进行计划以外的招聘人员数量及职位类别

2.进行年度人员需求与流失的预测

(1)计划年度预期新项目的开展时间及进度安排、人员预期到岗时间及数量

(2)计划年度需要新招聘的岗位、新岗位说明

(3)计划年度各月份人员流失情况预期比率

3.成立招聘工作小组

企业要确定参加招聘活动的工作人员，并对每个人进行具体分工，从而将招聘活动的目标任务分解到每一成员。除了相关工作人员，企业还必须确定招聘团队的核心人员，即考官或面试官。在组建招聘团队时，需要从以下方面考虑招聘人员的组合。

(1)知识能力互补

企业要根据招聘岗位所需知识背景、能力要求及用人部门，选择相应的专业人才或管理人才加入招聘团队。

(2)资历与年龄

资历深、年龄偏大的考官会具有洞察能力及选人经验，而年轻的考官有激情、有活力、眼

光独到。一般将两者有机结合、相互补充。

(3)性别比例

在招聘实践中,女性考官通常更关注细节,而男性考官通常更关注整体趋势。两者结合起来,可以更准确、全面地选择人才。

4. 选择招聘渠道

根据职位类型及外部可能资源分析确定招聘渠道并确定需要重点开拓的招聘渠道。

5. 确定筛选标准与考核方法

6. 明确招聘预算

7. 明确招聘工作时间进度

8. 拟定招聘信息与广告

除了编制以上招聘活动内容外,还有一项关键任务就是对可能出现的特殊情况或变故制定应对措施。

第二节 甄选与录用

企业的招聘甄选活动主要有两方面的含义:一是招聘活动本身。如怎样计划招聘活动流程、招聘渠道,采取何种方法降低企业的选人成本,在招募活动中人力资源部门和各相关职能部门如何分工。二是人员甄选。企业通过内外招聘等方式吸引来职位申请者之后,下一个环节就是进行人员甄选,完成申请人与空缺职位的比对,在此基础上作出录用决策。

一、人员甄选

招聘中的人员甄选过程是指综合利用心理学、管理学等学科的理论、方法和技术,对申请人具备的知识、经验、能力、品质等方面进行系统、客观的测量和评价,并与空缺职位的任职资格进行匹配,从而作出录用决策。

(一)甄选要素

有效甄选的前提是明确拟招聘人员应具备怎样的知识、技术、能力及其他特征。不同岗位对员工的知识、能力等需求必须通过工作分析来确定,并精确地反映在工作说明书中。因此,员工甄选之前的工作分析非常重要。在甄选过程中,企业通常会测量和评价以下几种因素。

1. 知识

在劳动者能力与素质之中,知识具有基础性地位,是对拟录用人员测量评价的基本内容。知识是系统化的信息,通常分为普通知识和专业知识。普通知识是在日常生活中获得的;专业知识则需要进行专门学习才能获得,是特定职位所要求的。在人员甄选过程中,专业知识的掌握一般可通过特定领域的教育背景来判断。当然,不同岗位对知识的要求是不同的,有的岗位要求员工必须有熟练的专业知识,有的则无严格的限制。

目前,由于人们对知识状况的测评方法相对较为完善,因而在员工甄选录用中对于知识方面的考察常处于优先位置。知识的掌握可分为记忆、理解和应用三个层次,而知识的应用是企业真正需要的。企业一般通过笔试等多种甄选方式来鉴别申请者对知识的应用程度。

2. 能力

能力是指引起个体绩效差异的持久性的个人心理特征。能力反映了个人完成某些任务或做好某项工作的可能性,任何工作都要求参与者具备一定的能力。如果能力不够,工作就不能顺利进行,就会影响工作绩效。人的能力可分为体能、智能、技能三类。体能是指个人的身体素质和健康程度;智能是指个体理解事物本质和应用科学技术的能力,表现为学习、分析、处理问题的能力;技能是指个体运用所掌握的专业技术来解决实际问题的能力。按能力的复杂程度,能力又可分为基本能力、综合能力两大类。基本能力是指单因素能力,如感知力、记忆力、平衡力、爆发力等;综合能力是基本能力的结合,如教学能力、管理能力、控制能力等。不同职位的不同任职者应具备的专业能力会有所差别。如管理者应具有较强的分析决策能力、组织能力、人际沟通能力等;从事设计的人员需要具有良好的空间知觉能力及色彩分辨力;还有一些职位可能要求申请者具备一定的抗压能力。

能力测试具有评价和预测功能,可以用来判断一个人的能力优势和成功发展的可能性,为职业选择、人员招聘等提供科学可靠的依据。能力测试有以下四类:

(1) 认知能力测试

认知能力测试是测试人们的感觉与思维能力,包括记忆、推理、观念表达等。

(2) 体力能力测试

体力能力测试是测试人们身体的爆发力、平衡力、持久力。

(3) 心理驱动能力测试

心理驱动能力测试是测试人们观念活动与身体活动之间的关联能力,比如反应速度和反应时间、动作的稳定性和控制准确度等。

(4) 感知洞察能力测试

感知洞察能力是测试人们对某种外部刺激加以感知和进行分辨的能力,常以直觉方式体现。

3. 经验和过去的业绩

经验和过去的业绩是人员甄选的一个很有效的因素。过去在相似的工作中所作出的业绩是将来业绩的一种预示。经验是反映能力和工作态度的指标。一般而言,一个潜在的员工现在申请与原工作相似的工作,一定与他热爱和能胜任这份工作有关。

4. 个性和品行

据研究表明,个性和工作业绩之间存在明显的正相关关系。某些工作倾向于由某种个性类型的员工来从事。例如:随和是从事接触公众工作人员所必需的个性特征。"大五"个性因素包括情绪稳定性、外倾性、经验开放性、随和性和责任心,所描述的行为特征能解释

75%的个性特征。我们可以利用测试量表来判断申请者的个性,预测其未来工作的业绩。

◆ 知识拓展 4-2

"大五"个性因素模型

"大五"个性因素模型(Big Five Factor Model)最初由突普斯和克里斯特(Tupes&Christal)提出。该模型认为任何个体都存在着五个相对显著、独立并且稳定的个性因素。

外倾性:这一维度描述的是个体对关系的舒适感程度。

随和性:这一维度描述的是个体服从别人的倾向性。

责任心:这是对信誉的测量。

情绪稳定性:这是指个体承受压力的能力。

经验开放性:这主要是用来描述一个人的认知风格以及个体对新奇事物的兴趣和热衷程度。

资料来源:史蒂文·麦克沙恩.组织行为学(第5版),北京:机械工业出版社,2013.

5. 动机

员工要取得良好的工作绩效,不仅取决于知识、能力水平,还取决于做好这项工作的意愿。在动机系统中,最重要的是价值观,它表明了一个人的工作志趣和奋斗目标。具有不同价值观的员工对企业文化的相融程度是不一样的,企业的激励系统对员工的作用效果也是不一样的。所以,动机是人员甄选的一个重要因素。

6. 个性

个性是人们在认知、情感、意志等心理活动过程中所表现出来的相对稳定的心理特征,是个人各种心理特征的稳定组合,它体现了一个人的社会行为特点。现实生活中,个性通过人的需要、动机、价值观、气质、情绪、自我知觉、角色行为、态度等表现出来。由于个性的差异,不同个性的人适合从事不同的工作。许多企业会有意识地将个性特征作为人员甄选的因素之一,不仅如此,企业还应对员工的个性与工作进行合理匹配。理解个性差异有助于管理者选拔和使用人才,如果在制定甄选标准时考虑到个性类型与职业的匹配度,企业将会拥有一批能创造高绩效和令人满意的员工,并提高员工对工作的满意度。

准确地判断求职者的个性特征需要利用专门的方法与技术,问卷测量和投射测量是两种常用的测量方法。

(二)甄选方法

人员甄选常采用笔试、面试、量表测试和评价中心等方法对申请者的知识、能力、个性和动机等要素进行评价,判断其是否能胜任工作岗位。

1. 笔试

笔试是通过纸笔测验的形式,对应聘人的基本知识、专业知识、管理知识、综合分析能力和文字表达能力进行衡量的一种方式。笔试可以用来测试申请者的知识广度、知识结构、知识层次。笔试具有成本低、效率高、公平公正的优势,但也存在一定的局限性,比如无法检测申请人的灵活应变能力、实际操作能力和沟通能力等。在笔试中,出题者可以通过改变题目的类型,比如采用案例分析等方式来考查应聘人对知识实际运用的能力。在企业招聘程序中,笔试是人员甄选的第一道程序,也是重要依据之一,只有合格者才能继续参加面试。

2. 面试

面试是考官与应聘者通过面对面地观察、交谈等双向沟通方式,让企业了解应聘者的素质、能力及动机的一种人员甄选方法。面试是用人单位最常用的、必不可少的测评手段。调查表明,99%的用人单位在招聘中都会采用这种方法。当前,用人单位越来越注重考察员工的实际能力与工作潜质,通过面试环节可以达到该目的。

在面试过程中,代表用人单位的面试考官与应聘者直接交谈,根据应聘者对问题的回答情况,考查其相关知识的掌握程度以及判断分析问题的能力;根据应聘者在面试过程中的行为表现,观察其衣着外貌、风度气质以及现场的应变能力,判断应聘者是否符合应聘岗位的标准和要求。面试时,考官可以通过连续发问,及时了解应聘者更深层次的信息,减少应聘者说谎、欺骗、作弊等行为的发生。当然,面试效果依赖于面试官的经验、方法与技巧。

通过近距离的接触和沟通,用人单位能全面了解应聘者的社会背景以及表达能力、反应能力、品行修养、逻辑思维能力等;应聘者也能初步了解自己未来的职业发展前景,并将个人期望与现实情况进行对比,找到更好的结合点。

3. 心理测验

在一些高级管理人员和特殊技能人员的招聘甄选过程中,招聘者倾向于采用心理测验的方法来评判其认知能力、应变能力、人格特征、职业性向、气质类型、智商和情商等。目前,国内外学者已经开发了很多应用于不同目的的测试量表,但是企业在使用这些量表时应正确认识其局限性,并审慎分析结果,不能将其作为甄选录用人才的唯一工具。

(1) 认知能力测试

认知能力测试在人力资源甄选中有广泛的应用。它包括对申请人基本语言、数学、逻辑、分辨等能力的测量。世界上应用最广的智力测验是韦克斯勒成人智力测试(Wechsler Adult Intelligence Scale)。这一测试共有14个部分,分为2类。语言类包括常规的信息、算术、同义词、词汇量和其他项测试。能力类包括完成图画、图画排列、物体装备和相似项测试。

文书能力对于很多工作来说也是很有用的认知能力。明尼苏达文书测试(Minnesota Clerical Test)是较为常用的文书能力测试。这一测试要求申请者快速判断数字和名字的正确性。快速比对条目能力对秘书和文职人员的工作来说是工作表现良好的预测器。

(2) 个性测试

个性测试主要有自陈式量表法和投射法两种。自陈式量表法是由被测试者自己填写测量问卷,依据答案得分来判断人格特征。"16种个性因素测验"(Sixteen Personality Factor Questionaire, 16PFQ)是较为常用的一种人格测试量表,该量表由美国伊利诺斯大学的教授编制,分别测试16种人格特质。

人的一些基本个性特征和行为倾向是深藏在意识底层的。所谓投射,就是让人们在不自觉的情况下,把潜意识中的态度、动机、内心冲突、价值观、需要、愿望和情绪等,在他人或环境中的其他事物上反映出来。诱导被试者表现出真实个性特征的物体称为投射物。常用的投射测试有罗夏墨迹测验、主题统觉测试等。

(3)职业兴趣测试

职业兴趣测试可以用来推测一个人最感兴趣并最可能从中得到满足的工作。最常用的职业兴趣测试是霍兰德职业兴趣测试量表,它把职业兴趣类型分为现实型、研究型、社会型、事务型、企业型和艺术型六种,如图4-3所示。

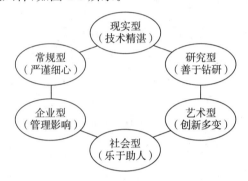

图4-3 职业兴趣类型

除了以上三种测试,还有笔记测验、诚实测验等多种心理测试方式。

4.评价中心

评价中心是一种综合性的、动态的测评方法。这种方法通常将被试者置于模拟的工作情境中,采用多种评价技术,由多个评价者观察被试者的行为表现。评价中心更多地测量被试者实际解决问题的能力,而不是他们的观念和知识。评价中心所采用的形式主要有公文处理模拟、角色扮演、无领导小组讨论等。

(1)公文处理模拟

公文处理模拟又称"公文筐测试",是一项情境模拟测试。它将被评价者置于特定职位或管理岗位的模拟环境中,由评价者提供一批该职务工作经常需要处理的文件,要求被评价者在一定时间和规定的条件下处理完毕,并且以书面或口头的方式解释说明这样处理的原则和理由。公文处理模拟是评价中心最常用的形式之一。

公文筐测试通过对应试者计划、授权、预测、决策、沟通等能力,特别是对综合业务信息把握、运用等方面的考察,评判其是否具备高层管理者的胜任力特征。

公文筐测试的公文通常有以下形式:

①所需处理的公文已有正确结论,是已经处理完毕归入档案的材料。用这样的公文让候选人处理,是要考察候选人处理公文是否有效、恰当、合乎规范。

②所需处理的公文条件已具备,要求筛选人在综合分析的基础上作出决策。

③所需处理的公文尚缺少某些条件或信息。用这样的公文考察候选人是否能够发现问题和提出进一步获得信息的要求。

（2）角色扮演

角色扮演即通过要求被试者扮演一个特定的管理角色来观察被试者的多种表现，了解其心理素质和潜在能力的一种测评方法。这也是通过情景模拟，要求被试者扮演指定行为角色，并对其行为表现进行评定和反馈，以此来帮助其发展和提高行为技能的一种培训方法。

知识拓展 4-3

角色扮演的理论基础

角色扮演理论是以米德的角色理论和班杜拉的社会学习理论为基础发展起来的。

1. 米德的角色理论。

米德通过对自我的研究发现，自我是通过学习、扮演其他人的角色发展起来的，是他人对自己看法的总和，是各种角色的总和，是具有一定社会地位的人所期望的行为。角色扮演是在与他人交往和实际社会生活中，一个人所表现出来的一系列特定行为。

2. 班杜拉的社会学习理论。

美国心理学家班杜拉的社会学习理论是角色扮演用于塑造人的行为的理论基础。社会学习理论认为人的社会行为是通过"观察学习"获得的。在观察学习中，人们不用什么奖励或强化，甚至不需要参加社会实践，只要通过对榜样的观察，就可学到新的行为。这是一种"无偿式学习"，通过形成一定的行为表象来指导自己的操作和行动。

资料来源：杨振芳，谌丽婷.角色扮演面试：理论基础、实施步骤与注意问题.人力资源管理，2017.

（3）无领导小组讨论

无领导小组讨论法（Leaderless Group Discussion，LGD）是对一组人同时进行测试的方法，在人员招聘甄选中越来越普遍地被采用。讨论小组一般由 5~8 人组成，不指定主持人，仅介绍一种管理情境，其中隐含着一个或数个需要决策和处理的问题，以引导小组展开讨论。

采用这种方法时，通常没有人告诉任何一个小组成员他应该坐在哪个位置上，一般使用一张圆桌，以显示每个坐席的位置都是平等的。在小组讨论的过程中，即使出现冷场或僵局，甚至发生争吵，测评者也不出面干预，令其自发进行。

最后，由几位观察者给每一位参试者评分。根据每人在讨论中的表现及所起作用，观察者按既定维度予以评价。维度通常包括主动性、宣传鼓励与说服力、口头沟通能力、企业管理能力、人际协调能力、自信、创新能力、心理承受力等。这些素质和能力是通过被测评者在讨论中所扮演的角色（如主动发起者、指挥者、鼓动者、协调者等）及其行为来判断的。

技术方法 4-1

无领导小组讨论的实施方法与步骤

开展有效的无领导小组讨论需要做好以下工作：

第一，要确定无领导小组讨论招聘的重点是什么，即无领导小组讨论测试的目的。是选拔特定性格的人才？是特定素质的人才？还是专业知识型人才？或是几者兼具。考核目的影响考核进程。

第二，要确定考核的题目，不同目的考核题目会有所区别。选拔特定性格和素质的人才可以选用通用题目，比如常用的排序题、分析讨论题，也可结合岗位特征选择与岗位相关的题目。选拔专业知识型人才，则要专业性较强的题目。

第三，要制定评定标准。无领导小组讨论一般是多组进行，要想保证不同群组间能够横向比较，并且避免观察者的主观因素，需要制定完整详细的评价标准。评价标准应该包括：一是基于招聘目的的主要评定标准，需要有核心素质、行为的评定方法以及打分方法；二是需要特殊的加减分评定方案，对于特别不符合岗位、团队或者公司的行为进行扣分，对于不在岗位需求内，但是有附加需求的素质或行为进行加分，比如对角色已认定是破冰者、领导者、协调者等进行适当加分。同时，观察员应该提前熟悉计分表。

第四，确定讨论时间、人数及观察员。一般时间为 1 小时，人数为 5~8 人。每个观察员观察和记录 2~3 人。给应聘者 5~10 分钟阅读材料，每人 2~3 分钟进行自我介绍和个人陈述，自由讨论时间 30~40 分钟，汇报时间为 5~8 分钟。

无领导小组讨论的实施步骤：

1. 考生入场。由工作人员引导，按要求入座。
2. 阅读材料。考生阅读材料，作发言准备。
3. 个人介绍和陈述。引导人或主持人作介绍或引导，考生按提示和要求进行思考和准备，之后，考生进行个人陈述。
4. 自由讨论。此阶段，考生可自由参与讨论，发表观点，提出解决问题的意见和建议。观察期间，面试考官只观察并依据评分标准给每位考生打分，不参与讨论或任何形式的引导。
5. 总结陈述。讨论结束后，选出一位小组代表，进行总结陈述观点。
6. 考生退场。主持人宣布面试结束，考核人员按要求退场。
7. 计分。考官根据考核人员表现单独评分，主考官在成绩单上签字。

最后在合理有效的计分制度下以考核评分为主、观察员讨论为辅，得出考核结论。

资料来源：无领导小组讨论的实施方法与步骤．中国人力资源开发网，2017．

（三）甄选程序

人员甄选的一般程序：

1. 应聘资料分析与筛选

通过人工或电子信息处理方式，企业对求职者的申请表、简历信息、推荐材料等进行审查,对其任职资格标准进行初步比对,筛选出参加后期考核的候选人。

2. 初步测验

通过一般性考察、专门性测试、初步面谈、一般能力测验或书面测验(笔试)等方式,对被考核人的知识、能力、个性特征、职业倾向进行测试。该阶段的测试可以委托社会上的专业人才测评机构去完成。

3. 面试

申请者将在这一阶段与面试官进行面对面的沟通和交流,面试官可依据任职资格提出各种类型的问题,要求应试者回答,从而根据应试者的现场表现来评价其与空缺职位的匹配程度。面试通常会进行1~3轮。

4. 面试评价

面试结束后,企业需要对面试的过程和结果进行梳理,并形成综合性的评价。

5. 体格检查

对面试结果评价符合空缺职位任职资格的候选人进行身体健康状况检查。

6. 录用决策

进入最终正式录用阶段。

二、面试活动

实践中,面试是最常使用的甄选技术。面试活动涉及的内容很多,如语言和非语言行为、个性特征、压力测试、面试者与被试者之间的相似性、面试印象等。为了较完整地描述面试活动,以下从面试影响因素、面试结构类型、面试方式、面试评价等方面展开介绍。

(一)面试影响因素

面试相关信息是否能真实有效地在面试者和被面试者之间传递受到多种因素的制约。影响面试有效性的常见因素有:

1. 第一印象

人与人之间在第一次接触时会给对方留下一个初始印象,这个印象继而会使彼此在判断对方时产生锚定效应,面试者和被面试者之间也不例外。研究显示,面试官往往在面试的前5分钟里就会对候选人形成初步判断,并影响最终面试结果。因此,在面试中,考官应该努力降低第一印象对面试结果造成的偏差。

2. 对工作的了解程度

面试官如果没有进行全面细致的工作分析,仅仅对职位的任职资格作简要了解,将会导致面试方法选择与面试目标不匹配,从而大大降低面试的有效性。例如:向应征打字员工作的申请者询问非常规的问题等。

3. 面试顺序

申请者的面试顺序会影响面试官的评定。一项研究表明:在评价了一些"不合适"的求职者后再去评价一般求职者时,会给予超出实际的高评价。另一研究表明:当经理告诉主考官招募定额已满或招募定额没有完成时,考官会对后面的求职者给予过低或过高的评价。

4. 非语言行为

面试官往往通过非语言行为方式来推断求职者,这可能导致评价扭曲。一项研究显示:人力资源管理专家观看录制的工作面试短片,求职者所说的内容完全相同,但是非语言行为存在明显差异。第一组表现出更多的眼神交流,音调、语速、停顿都比较适中,第二组则相反,结果是较多专家推荐第一组的求职者进入下一轮面试。

5. 面试官的行为

面试官在与求职者的交流过程中,无意或有意向求职者进行提示或暗示,可能导致求职者无法真实地展现自己。例如:面试官在提问时,无意间说出期望的答案,会给求职者心理暗示。例如:"这个工作需要应对很多的压力,你难道不能这样做吗?""你难道不认为这是错的吗?"

(二)面试结构类型

面试按结构化程度可分为三种类型:结构化面试、非结构化面试和半结构化面试。

1. 结构化面试(Structured Interview)

结构化面试又称"标准化面试",包括三个方面的含义:一是面试程序的结构化。在面试的准备、开始、正式面试、结束及评价等阶段,面试官要做些什么、注意些什么、要达到什么目的,事前都会有相应的策划。二是面试试题的结构化。在面试过程中,面试官要考察应聘者哪些方面的素质,围绕这些考察角度主要提哪些问题、在什么时候提出、怎样提,在面试前都会作准备。三是面试结果评判的结构化。从哪些角度来评判应聘者的面试表现、等级如何区分、甚至如何打分等,在面试前都应有相应规定,并且要求全体考官统一尺度。

表4-3 面试评价打分举例

1分	对工作变动几乎无适应能力。	不可以接受
2分	不喜欢工作变动;尽量适应工作变动;工作表现差。	尚可接受
3分	可以接受工作变动;及时补充新知识;工作表现不差。	可以接受
4分	可以接受工作变动;能迅速适应新环境;工作表现进步。	完全可以接受
5分	非常喜欢挑战性工作;工作表现积极主动;能举例说明自己过去成功适应工作的历史。	很欣赏

结构化面试的一项主要要求是:对报考相同职位的应试者,应该测试相同的面试题目,使用相同的评价标准。考官根据应试者的应答表现,对相关能力素质作出相应的评价。结构化面试的优点是对所有应聘者均按同一标准进行,可以提供内容与形式基本相同的信息,便于考官作分析、比较,减少主观性,并提高面试的效率,且对面试考官的要求较低。缺点是谈话方式过于程式化,难以随机应变,所收集信息的范围受到限制。

2. 非结构化面试(Unstructured Interview)

非结构化面试指无固定的模式、框架和程序,主考官可以"随意"向被测者提问,而被测者也无固定答题标准的面试形式。主考官所提问题的内容和顺序都取决于考官本身的兴趣和应试者现场的反应。被测者事先也无需作太多的准备,只要掌握组织、岗位的基本情况即可。这种面试方法给谈话双方以充分的拓展空间,主考官可以针对被测者的特点进行有区别的提问。虽然非结构化面试形式给予了面试考官自由发挥的空间,但这种形式也存在一定的问题,容易受主考官主观因素的影响,面试结果无法量化以及无法同其他被测者的评价结果进行横向比较。

3. 半结构化面试(Semi-structured Interview)

半结构化面试是指面试构成要素中有的内容作统一的要求,有的内容则不作统一的规定,也就是在预先设计好的试题(结构化面试)的基础上,在面试过程中,主考官向应试者提出一些随机性的问题。半结构化面试是介于非结构化面试和结构化面试之间的一种形式,它结合了两者的优点,有效避免了单一方法上的不足。总体而言,此方法有很多优势,面试过程中的主动权主要控制在评价者手中,评价者可以获得丰富、完整和深入的信息,并且面试可以做到结构性和灵活性的结合。所以,半结构化面试得到越来越广泛的运用。

(三)面试方式

1. 情景面试(Situational Interview)

在情景面试中,面试题目主要是一些情景性的问题,即给定一个情景,看应聘者在特定的情景中是如何反应的。情景面试的理论依据是动机理论中的目标设置理论。目标设置理论认为,一个人的未来行为会在很大程度上受到他的目标或行为意向的影响。基于这个假设,情景面试的目的是给应试者设置一系列工作中可能会遇到的事件,并询问"在这种情况下你会怎么做",以此来鉴别应试者与工作相关的行为意向。情景面试就是通过设置工作中的各种典型情景,让应试者在特定情景中扮演一定的角色,完成一定的任务,从而考查应试者实际工作能力的一种面试方法。

◆ 应用案例 4-2

情景面试案例

早上9点,你正在为下午3点的一个活动写发言稿,写完这份稿件大约需要5个小时;你突然接到一个电话,你的一个朋友重病住院,需要5000元交住院押金,你有能力帮到他,但这笔钱需要在上午12点之前交付;刚放下电话领导又交给你一个任务,有一位重要客户来公司洽谈事务需要你到飞机场去接一下,飞机到达时间是上午11点,去车站来回约需2个多小时。你打算怎样安排这几件事?

资料来源:情景面试案例.CN人才网,2016.

2. 行为面试（Behavioral Interviews）

行为面试（Behavioural Based Interview，BBI）是通过被试者描述过去某项工作或者某段生活经历的具体情况来了解其各方面素质特征的方法。行为面试法的基本假设是：一个人过去的行为可以预测这个人将来的行为。行为面试法是通过一系列问题，如"这件事情发生在什么时候""您当时是怎样思考的""为此您采取了什么措施来解决这个问题"等，收集被试者在代表性事件中具体行为和心理活动的详细信息。例如：电话中心的主管发现在1年内，其部门的50位员工中有31位辞职，很多辞职者之所以辞职是因为不能忍受那些偶尔遇到的发怒的顾客所提出的非难。于是，该主管不再通过询问求职者是否愿意和生气的顾客一起工作。相反，他问："告诉我一个你与在气头上的人谈话的情景，你是如何扭转这种情况的？"

行为面试的特点是通过行为问题的追问制造紧张感，被试者发挥的空间很狭小。通过行为性问题、理论性问题和引导性问题举例，我们可以更好地理解行为面试提问的方式和技巧。

表4-4　行为性问题、理论性问题、引导性问题举例

	行为性问题	理论性问题	引导性问题
解决问题的能力	请讲一个你最近在工作中遇到的问题（质量问题、设备问题、工艺问题）。你是怎样解决的？	你应该怎样解决生产过程中出现的问题？	你能解决质量出现的问题吗？
适应能力	请讲一个你必须按照不断变化的要求进行调整的事例。当时的情况怎样？结果又怎样？	如果你必须按照不断变化的要求调整计划，你会感觉怎样？	如果在短短的时间内换了多个工作岗位，你会介意吗？
销售能力	请描述一个在过去一年中你做的最大一笔订单的情况，你是怎样完成的？	你为什么认为自己可以做销售？	你能接受我们给你制定的销售目标的挑战吗？
团队协调能力	作为一名主管，你如何处理棘手的员工事例？	你如何对付难以管理的职员？	你擅长解决矛盾或冲突吗？

行为面试中所有的问题都是针对"STAR"来设计的，它们之间的关系如图4-4所示。"STAR"表示问题设计的四种因素：S（Situation that existed）、T（Task or problem to be undertaken）、A（Action taken by yourself）、R（Result what happened）。对问题的回答也需按照"STAR"来进行，也就是围绕以下四个方面来讲述自己经历的真实情境。

一是发生的时间、地点、项目和涉及的人员；二是要完成的任务或遇到的问题；三是自己采取了哪些步骤或行动；四是得出了什么样的结果或取得了什么成就。

图4-4　行为面试法（BBI）与四要素（STAR）关系图

3. 压力面试(Stress Interview)

压力面试的目的是确定求职者对压力的承受能力和面对压力时的应变能力。压力面试通常用于需要较高心理承受力岗位的招聘测试。测试时,面试官可能会突然问一些不礼貌甚至冒犯的问题,让被面试者感到很突然而承受较大的心理压力。在这种情况下,心理承受能力较弱的求职者的反应可能会发生异常,而心理承受能力强的求职者则表现正常,能较好地应付。例如,一位顾客关系经理职位的候选人提到她在过去2年内从事了4项工作,面试官可能反驳她,频繁的工作变换反映了不负责任和不成熟。如果求职者对工作变换为什么是必要的作出合理解释,就可以开始其他的话题。相反,如果求职者表现出愤怒或不信任,则表明其在压力环境下的承受力偏弱。

◇ 阅读推荐 4-2

联想公司的"金牌面试官"

联想公司对面试官的要求有四项清晰的标准:

1. 有亲和力、较强的客户意识,尊重对方。

面试官要能给人一种好感,很快地与应聘者交流意见。不论应聘者是何出身、背景,面试官都应设法去尊重应聘者所表现出的人格、才能和品质。面试官应在面试结束前,告诉对方会在何时通知面试结果,并将应聘者送至前台。

2. 了解公司状况和职位要求。

公司面试官必须深入了解公司的业务情况、人员状况、用人政策、用人理念等,并需要详细了解应聘职位的素质要求、岗位职责等相关情况。

3. 能公正、客观地评价应聘者。

面试官应极为客观,理智地去判断一些事务。人员招聘是为公司选拔所需的人才,不可因个人的好恶或应聘者的外表、习惯、家庭背景等非评价因素影响评价结果。

4. 能有效地面对各类应聘者,控制面试的进程。

在面试过程中,面试官要把握好时间,注意面试内容不要偏离主题,控制面试节奏,使面试进程和目的免受破坏。

资料来源:华为、联想们是如何培养"金牌面试官"的.中国人力资源开发网,2017.

(四)面试评价

面试评价是运用评价量表,根据面试过程中所收集到的信息,对应试人的素质特征及求职动机、工作经验等进行判断的过程。在这一过程中,有两项任务需要完成:一是制定面试评价标准,形成面试评分表;二是确定面试评价结果。

1. 制定面试评价标准

面试评价标准通常包含三方面的内容:一是指标,即反映应考者素质的典型行为表现;二是刻度,即描述行为所体现的各种能力和心理素质的数量水平或质量等级的量表系统;三是评价规则,即一定刻度与一定指标间的对应关系。面试评价标准在面试评价中对面试官具有很重要的指导作用,能让面试官对被试者的推断比较客观。

评价标准的制定通常是在对空缺岗位的工作分析基础上进行的,并根据面试目的确定测评要素的内涵和操作定义。操作定义就是体现测评要素特征的具体行为表现,也就是所谓的"测评指标"。比如"口头表达能力"可以由"用词""思路与逻辑""语音""节奏感"等语言行为来反映和体现。

评价标准的完整结构形式是:评价标准=评价要素+测评指标+测评刻度。表 4-5 可用来评判应聘者的逻辑思维能力。

表 4-5　逻辑思维能力测评标准

评价要素	测评指标	测评刻度
逻辑思维能力	回答问题层次是否清楚	清楚　一般　混乱
	论述问题是否周密	周密　一般　不周密
	论点、论据照应是否连贯	连贯　一般　不连贯

一份完整的面试评价表是面试官手中的重要工具,集中体现了面试评价标准。该表应包括应聘者的基本信息、测评要素及其权重、观察要点(测评指标)、评分刻度、考官记录及评语等内容。表 4-6 和表 4-7 是两份面试评价表的示例。

表 4-6　问卷式面试评价表示例

评价项目	评价等级 3　2　1
1.求职者的仪表和姿态是否符合本工作的要求?	好　一般　不好
2.求职者的自我表现能力(包括表情、语言、自信)如何?	好　一般　不好
3.求职者的态度及工作抱负与本单位的工作目标是否一致?	一致　一般　不一致
4.求职者的气质、性格类型是否符合本项工作的要求?	符合　一般　不符合
5.求职者的工作意愿能否在本单位得到满足?	可以　一般　不可以
6.求职者的专业特长是否符合所聘职位的工作要求?	符合　一般　不符合
7.求职者的工作经历是否符合所聘职位的要求?	符合　一般　不符合
8.求职者的教育程度是否符合所聘职位的要求?	符合　一般　不符合
9.求职者所要求的待遇及其工作条件是否适合本单位所能提供的条件?	适合　一般　不适合
10.求职者的潜能是否有在本单位继续发展的可能?	有可能　一般　不可能
11.求职者的口头表达能力如何?	较强　一般　较弱
12.求职者的综合分析能力如何?	较强　一般　较弱
13.求职者的随机应变能力如何?	较强　一般　较弱
14.求职者的想象力和创新意识如何?	较强　一般　较弱
15.求职者的工作热情和事业心如何?	足够　一般　不够
16.求职者是否有足够的精力担当此项工作?	足够　一般　不够
17.求职者所表现出来的综合素质是否足以担当所要任命的工作职务?	足够　一般　不够
综合评语及录用建议:	面试官签字:

资料来源:马新建.人力资源管理与开发(第 2 版).北京:北京师范大学出版社,2008.

表4-7 问卷式面试评价表示例

姓名		性别		出生年月		学历	
参加工作时间				原工作单位及职务			

评价要素	权重	测评指标	评分标准				
			5	4	3	2	1
身体外貌	10%	健康程度					
		气 质					
		风 度					
		仪 表					
小计							
知识经验	40%	常识水平					
		专业知识					
		实际经验					
		职业道德					
小计							
工作能力	30%	社交能力					
		决策能力					
		创新能力					
		沟通能力					
		应变能力					
小计							
个人特质	20%	随和性					
		经验开放性					
		外倾性					
		责任心					
		情绪稳定性					
小计							
合计							

资料来源:马新建.人力资源管理与开发(第2版).北京:北京师范大学出版社,2008.

2.确定面试评价结果

在多位考官分别评价同一位应聘者之后,如何确定该应聘者的面试总成绩,主要有两种方式:协议法和统计法。

(1)协议法

协议法主要适用于采用分级量表评分时面试总成绩的确定,如5分制、7分制等。面试结束后,考官坐在一起,比较各自的给分并陈述理由,讨论分歧点;讨论之后,考官各自重新打分以反映讨论的结果。因此,这种方法有时也被称作"二次评分法"。若重新打分后的结果仍然不一致,则再进行讨论。这个过程可以重复,直到达成一致为止。

(2)统计法

统计法是通过对各面试官的原始评分进行统计处理来取得面试总成绩的方法。这种方法适用于面试成绩采用百分制的情况,在实践中有两种不同的统计模式。第一种简称为"总分和去高低分法"。首先,分别把 N 个考官每人在 M 项要素上的给分加总,得到各考官给该应考者的 N 个面试总成绩,然后从 N 个总成绩中去掉最高分和最低分,余下的 N－2 个分数的平均数即为应考者的面试总成绩。第二种简称为"要素和去高低分法"。首先,分别求出应考者每个要素上得到的 N 个分数,去掉最高分和最低分,求余下 N－2 个分数的平均数,然后将 M 个要素平均数相加,即得到应考者的面试总成绩。

三、录用决策

人员录用是依据选拔的结果作出录用决策并进行安置的活动,其中最关键的内容是做好录用决策。录用决策是依照人员录用的原则,把选拔阶段多种考核和测验结果组合起来,进行综合评价,从中择优确定录用人员。下面主要介绍三类录用策略:

(一)多重淘汰式

多重淘汰式的每种测试方法都是淘汰性的,应聘者只有在每种测试中都达到一定水平,方能在依次通过各项测试后,成为最后可能的合格者。该方法是将多种考核与测验项目依次实施,每次均采取"末位淘汰"法,即每次淘汰若干低分者。最后按面试或测验的实得分数,将全部通过考核项目者排出名次,择优确定录用名单。

(二)补偿式

补偿式的不同测试成绩可以互为补充、综合平衡,最后根据应聘者在所有测试中的总成绩作出录用决策。如分别对应聘者进行笔试与面试,再按照规定的笔试与面试的权重比例,综合算出应聘者的总成绩,最后决定录用人选。需要注意的是,由于权重比例不一样,录用人选也会有差别。假设在甲、乙两人中录用一人,两人的基本情况与考核得分如表 4-8 所示。到底录用谁,关键要看不同项目的权重系数。

表 4-8 各项指标的权重设置

指标 得分		技术能力	学历	政治思想水平	组织领导能力	事业心	解决问题能力	适应能力
甲的得分(分)		0.9	0.5	1	1	0.8	0.8	1
乙的得分(分)		0.7	0.9	0.8	0.8	1	1	0.7
权重	W_1	1	1	1	1	1	1	1
	W_2	1	0.5	1	0.8	0.8	0.7	0.6
	W_3	0.5	1	0.8	1	0.7	0.7	0.6

如果各考核因素的权重均相同，则甲的综合得分为6，乙为5.9，甲更优；如果突出技术能力与政治思想水平，则甲的综合得分为4.75，乙为4.51，甲更优；如果突出学历与组织领导能力，则甲的综合得分为4.55，乙为4.61，乙更优。

(三)结合式

所谓结合式指的就是淘汰式和补偿式的结合使用。例如：应聘者只有通过部分淘汰性的测试内容后，才能参加其他测试。

在完成一系列的测试之后，具有胜任力的申请者将会进入录用阶段。录用阶段包含两项活动：一是背景调查。背景调查一般采用电话或信函的方式进行，调查前需要经过应聘者的同意，请应聘者提供原单位的人力资源部门、相关同事的联系方式，由企业招聘人员向应聘者的原工作单位进行与工作相关内容的核实与了解。二是录用手续。录用手续的办理是确定员工身份的依据。一般来讲，人员录用工作主要包括确定并公布录用名单、通知应聘者、签订试用协议、办理入职手续等步骤。

四、效果评估

对人员选聘效果的评估是招聘工作中最后的环节，也非常重要。通过对招聘成本与效益的比对、选聘和录用人员的完成比例及人员质量的跟踪评价、选聘方法的信度和效度的测试，企业可以更加准确地把握整个招聘工作流程的绩效水平，从而降低招聘成本，改进工作方法，不断提高招聘工作绩效。

(一)成本效益评估

招聘成本效益评估是指对招聘中的费用进行调查、核实，并对照预算进行评价的过程。招聘成本效益评估是鉴定招聘效率的一项重要指标。

1. 招聘成本

招聘成本分为招聘总成本与招聘单位成本。招聘总成本指人力资源的获取成本，它由两部分组成。一部分是直接成本，包括招募费用、选拔费用、录用员工的家庭安置费用和工作安置费用、其他费用(招聘人员差旅费、应聘人员招待费等)。另一部分是间接费用，包括内部提升费用、工作流动费用。招聘单位成本是招聘总成本与实际录用人数之比。如果招聘实际费用少，录用人数多，意味着招聘单位成本低；反之，则意味着招聘单位成本高。

2. 成本效用评估

成本效用评估是对招聘成本所产生的效果进行的分析，主要包括招聘总成本效用分析、招募成本效用分析、人员选拔成本效用分析和人员录用成本效用分析等。计算方法是：

$$总成本效用 = 录用人数 / 招聘总成本$$
$$招募成本效用 = 应聘人数 / 招募期间的费用$$

选拔成本效用＝被选中人数/选拔期间的费用

人员录用效用＝正式录用的人数/录用期间的费用

3. 招聘收益成本比

招聘收益成本比既是一项经济评价指标,也是对招聘工作的有效性进行考核的一项指标。招聘收益成本比越高,则说明招聘工作越有效。

招聘收益成本比＝所有新员工为组织创造的总价值/招聘总成本

(二)数量与质量评估

1. 数量评估

录用员工数量评估是检验招聘工作有效性的一个重要方面。企业通过数量评估能分析录用人员在数量上满足或不满足需求的原因,找出招聘环节的薄弱之处,改进招聘工作;同时,通过录用人员数量与招聘计划数量的比较,为人力资源规划的修订提供依据。

录用人员评估主要从录用比、招聘完成比和应聘比三方面进行。其计算公式为:

录用比＝录用人数/应聘人数×100%

招聘完成比＝录用人数/计划招聘人数×100%

应聘比＝应聘人数/计划招聘人数×100%

当招聘完成比大于等于100%时,则说明在数量上完成或超额完成了招聘任务;应聘比则反映了招募的效果,该比例越大,则招聘信息发布的效果越好。

2. 质量评估

录用员工质量评估是对员工工作绩效行为、实际能力、工作潜力的评估。这一评估需要在员工试用期内进行。企业通过对员工实际工作行为特征、完成工作任务绩效进行跟踪调查来确定人员的能力、性格、知识等是否与工作岗位相匹配。

(三)信度(Reliability)与效度(Validity)测试

甄选方法的有效性很大程度上取决于测试内容的信度和效度。

1. 信度

信度主要是指测试结果的可靠性或一致性。可靠性是指一次又一次的测试总是得出同样的结论,它或者不产生错误,或者产生同样的错误。信度通常可分为稳定系数、等值系数、内在一致性系数。

稳定系数是指用同一种测试方法对同一(组)应聘者在两段不同时间进行测试,其结果之间具有的一致性。

等值系数是指对同一(组)应聘者使用两种对等的、内容相当的测试方法,其结果之间具有的一致性。

内在一致性系数是指把同一(组)应聘者进行的同一测试分为若干部分加以考察,各部分所得结果之间具有的一致性。内在一致性系数可用各部分结果之间的相关系数来判断。

2.效度

效度指有效性或精确性,是指实际测到应聘者有关特征与想要测的特征之间的符合程度。一项测试必须能测出它想要测定的功能才算有效,即"所测为所求"。效度的重要性仅次于信度。比如:用一把尺度有问题的尺子去测量一块长10厘米的木条,不管你去测量多少次,结果都是一致的,但你永远都得不到你想要的10厘米的木条。效度主要有三种:预测效度、内容效度、同侧效度。

预测效度用来预测将来行为的有效性。在人员选拔过程中,预测效度是考虑选拔方法有效性的一个常用指标。我们可以把应聘者在选拔中得到的分数与他们被录用后的绩效分数相比较,两者的相关性越大,则说明所选的测试方法、选拔方法越有效。

内容效度是指测试方法能真正测出想要预测内容的程度。确定内容效度时,招聘者主要考虑所用方法是否与想通过测试得到的特性有关,如招聘打字员,测试打字速度和准确性、手眼协调性与手指灵活度的操作测试的内容效度是较高的。

同侧效度是指对员工实施某种测试,然后将测试结果与员工实际工作绩效考核得分进行比较,若两者的相关系数很大,则说明此测试效度高。

第三节 人力资源的有效配置

人力资源配置就是通过一系列人力资源管理手段把符合组织发展需要的各类人员及时、合理地安排在岗位上,并与经济资源相结合,开展组织运营的过程。

一、配置原则

人力资源管理要做到人尽其才、才尽其用、人事相宜,最大限度地发挥人力资源的作用。科学合理地配置人力资源应遵循以下原则:

(一)要素有用

任何要素都是有用的,没有无用之人,只有没用好之人。人力资源配置就是为所有人员找到和创造发挥作用的条件。要素有用原则强调优势定位,一方面,员工要根据自己的兴趣和能力设计职业发展目标;另一方面,管理者需要辩证地看待员工的优势与不足,将员工安排到最有利于其发挥优势的岗位上。

(二)能级对应

合理配置人力资源,提高人力投入产出比率,首先要充分了解人力资源的构成和特点。人力资源质量由于身体状况、教育程度、实践经验等因素影响而存在个体差异。承认不同个体之间能力和水平差异,是为了在使用人力资源时,做到"大才大用、小才小用、各尽所能、人尽其才",使每一个人所具有的能级水平与所处的层次和岗位的能级要求相对应。

(三)互补增值

互补增值原则是在承认个体多样性和差异性的基础上,在人员分配与安置上扬长避短,增强互补性,使人力资源系统的整体功能得到强化,从而产生"1+1>2"的增值效应。互补增值主要体现在知识互补、气质互补、人格互补、能力互补、性别互补、年龄互补等方面。

(四)动态适应

动态适应原则是指当人员或岗位要求发生变化的时候,要适时地对人员配置进行调整,以保证将最合适的人安排在最合适的工作岗位上。从组织内部的劳动者个人与工作岗位的关系来看,无论是由于岗位对人的能力要求提高了,还是由于人的能力提高而要求变动岗位,都要求企业及时地了解人与岗位的适应程度,并作出调整,以达到"人适其位、位得其人"的目的。

(五)弹性冗余

弹性冗余原则要求在人与事的匹配过程中,既要使工作量达到满负荷,又要符合劳动者的生理和心理要求,不能超越身心的极限,确保对人、对事的安排留有余地,既给劳动者一定的压力和紧迫感,又保障所有员工的身心健康。总之,企业应根据岗位类别、行业、工作环境等具体情况的不同,把握好度。

二、空间配置

企业人力资源与其他经济资源相结合产出各种产品的过程,就是人力资源在空间和时间上实现多维度有效配置的过程。企业人力资源空间配置主要包括招聘岗位配置、劳动分工协作、任务指派、工作地组织等内容。

(一)招聘岗位配置

招聘岗位配置有三种基本方法:以人为标准进行的配置、以岗位为标准进行的配置和以双向选择为标准进行的配置。

1. 以人为标准进行的配置

从人的角度,根据每人得分,为其安排得分最高的岗位。使用这种方法可能出现的问题是,几个人同时在某岗位上得分最高,但结果只能选择一个员工,而其他优秀的人才被拒之门外。假设五个岗位所需要员工能力的最低测试分值分别为3.5、2.5、2.5、3.0、3.5。根据表4-9的资料,根据这种方法,配置的结果是:$P_1(4.5)$到岗位J_1,$P_5(2.5)$或$P_9(2.5)$到岗位J_2,$P_3(3.5)$到岗位J_3,$P_2(4.5)$到岗位J_5,岗位J_4空缺。

表 4-9　基于员工能力标准的配置结果

	P_1	P_2	P_3	P_4	P_5	P_6	P_7	P_8	P_9	P_{10}
J_1	4.5	3.5	2.0	2.0	1.5	1.5	4.0	2.5	2.0	1.0
J_2	3.5	3.0	2.5	2.5	2.5	2.0	3.5	2.0	2.5	0.5
J_3	4.0	2.0	3.5	3.0	0.5	2.5	3.0	3.0	1.0	1.5
J_4	3.0	2.0	2.5	1.5	2.0	2.0	3.5	2.0	0.5	0.5
J_5	3.5	4.5	2.5	1.0	2.0	2.0	1.5	1.5	1.0	0.5

注：P 代表人员，J 代表工作职位。

2. 以岗位为标准进行的配置

从岗位的角度出发，每个岗位都要挑选测试得分最高的人员，以保证组织效率达到最高。使用这种方法可能出现的问题是，一个人同时被几个岗位选中，而有些岗位出现空缺的现象。根据表 4-10，这种方法选择的结果是：岗位 J_1 由 P_1(4.5) 承担，岗位 J_2 或 J_4 由 P_7(3.5) 承担，岗位 J_3 空缺，岗位 J_5 由 P_2(4.5) 承担。

表 4-10　基于岗位标准的员工配置结果

	P_1	P_2	P_3	P_4	P_5	P_6	P_7	P_8	P_9	P_{10}
J_1	4.5	3.5	2.0	2.0	1.5	1.5	4.0	2.5	2.0	1.0
J_2	3.5	3.0	2.5	2.5	2.5	2.0	3.5	2.0	2.5	0.5
J_3	4.0	2.0	3.5	3.0	0.5	2.5	3.0	3.0	1.0	1.5
J_4	3.0	2.0	2.5	1.5	2.0	2.0	3.5	2.0	0.5	0.5
J_5	3.5	4.5	2.5	1.0	2.0	2.0	1.5	1.5	1.0	0.5

3. 以双向选择为标准进行的配置

由于单纯以人为标准或者以岗位为标准进行配置，均有难以克服的问题，因此，可采用双向选择的方法进行配置，即在岗位和应聘者两者之间进行必要的调整，以满足岗位与人员配置的要求。采用双向选择的配置方法，对岗位而言，有可能导致得分最高的员工不能安排到该岗位上，对员工而言，有可能没有被安排到其得分最高的岗位上工作。但该方法综合平衡了岗位和人员两方面的因素，现实又可行，能从总体上满足岗位人员配置的要求，效率较高。根据表 4-11，员工与岗位的配置结果是：P_1(4.5) 到岗位 J_1，P_5(2.5) 或 P_9(2.5) 到岗位 J_2，P_3(3.5) 到岗位 J_3，P_7(3.5) 到岗位 J_4，P_2(4.5) 到岗位 J_5。

表 4-11　基于人与岗位双向标准的员工配置结果

	P_1	P_2	P_3	P_4	P_5	P_6	P_7	P_8	P_9	P_{10}
J_1	4.5	3.5	2.0	2.0	1.5	1.5	4.0	2.5	2.0	1.0
J_2	3.5	3.0	2.5	2.5	2.5	2.0	3.5	2.0	2.5	0.5
J_3	4.0	2.0	3.5	3.0	0.5	2.5	3.0	3.0	1.0	1.5
J_4	3.0	2.0	2.5	1.5	2.0	2.0	3.5	2.0	0.5	0.5
J_5	3.5	4.5	2.5	1.0	2.0	2.0	1.5	1.5	1.0	0.5

(二)劳动分工协作

1. 企业劳动分工

企业劳动分工是把生产、服务过程分解为若干局部的劳动,各局部的劳动既相互联系,又各自独立,具有专门的职能。企业劳动分工的形式有以下三种:

(1)职能分工

企业全体员工按所执行的职能进行分工,一般分为:工人、技术人员、管理人员、服务人员及其他人员。这是企业劳动组织中最基本的分工,是研究企业人员结构、合理配备各类人员的基础。

(2)专业分工

专业分工是职能分工下的第二层次的分工。例如:工程技术人员及管理人员可以按专业特点分为设计人员、工艺人员、计划人员、财会人员、统计人员等。

(3)技术分工

技术分工是指每一专业内部按业务能力和技术水平进行的分工。例如:技术人员可分为助理技术人员、技术员、助理工程师、工程师和高级工程师。

2. 企业劳动协作

企业劳动协作就是将各方面、各环节的劳动组织起来,相互配合、协同劳动的形式。作业组是企业中最基本的协作关系和协作形式,它是在劳动分工的基础上,把为完成某项工作而相互协作的有关人员组织起来的劳动集体。

(三)任务指派

企业在劳动组织过程中,为了提高人力资源资源配置的有效性,可以采用运筹学的数量分析方法。例如,在解决员工任务指派问题时,企业普遍采用的匈牙利法,就是实现人员与工作任务配置合理化、科学化的典型方法。

企业在应用匈牙利法解决员工任务合理指派问题时,应当具备两个约束条件:一是员工数目与任务数目相等;二是求解的是最小化问题,如工作时间最小化、费用最小化等。

◇ 技术方法 4-2

运用匈牙利法进行人与岗位的配置

假定甲单位有甲、乙、丙、丁、戊五个员工,需要在一定的生产技术组织条件下完成A、B、C、D、E五项任务,每个员工完成每项工作所需要耗费的工作时间如表4-12所示。

请问:员工与任务之间应当如何进行配置,才能保证完成工作任务的时间最短?

表 4-12　员工完成任务时间汇总表　　　　单位：小时

任务\员工	甲	乙	丙	丁	戊
A	10	5	9	18	11
B	13	19	6	12	14
C	3	2	4	4	5
D	18	9	12	17	15
E	11	6	14	19	10

1. 根据各个员工完成各项任务的时间，得矩阵一。

矩阵一

$$\begin{vmatrix} 10 & 5 & 9 & 18 & 11 \\ 13 & 19 & 6 & 12 & 14 \\ 3 & 2 & 4 & 4 & 5 \\ 18 & 9 & 12 & 17 & 15 \\ 11 & 6 & 14 & 19 & 10 \end{vmatrix}$$

2. 对矩阵一进行行约减，即每一行数据减去本行数据中的最小数，得矩阵二。

矩阵二

$$\begin{vmatrix} 5 & 0 & 4 & 13 & 6 \\ 7 & 13 & 0 & 6 & 8 \\ 1 & 0 & 2 & 2 & 3 \\ 9 & 0 & 3 & 8 & 6 \\ 5 & 0 & 8 & 13 & 4 \end{vmatrix}$$

3. 检查矩阵二，若矩阵二各行各列均有"0"，则跳过此步，否则进行列约减，即每一列数据减去本列数据中的最小数，本例属于后一种情况，经变换得矩阵三。

矩阵三

$$\begin{vmatrix} 4 & 0 & 4 & 11 & 3 \\ 6 & 13 & 0 & 4 & 5 \\ 0 & 0 & 2 & 0 & 0 \\ 8 & 0 & 3 & 6 & 3 \\ 4 & 0 & 8 & 11 & 1 \end{vmatrix}$$

注意：也可先进行列约减，再进行行约减。

4. 画盖"0"线，即画最少的线将矩阵三中的"0"全部覆盖住，得矩阵四。

矩阵四

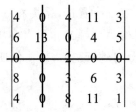

操作技巧:从含"0"最多的行或列开始画盖"0"线。

5. 数据转换。若盖"0"线的数目等于矩阵的维数则直接跳到第七步,若盖"0"线的数目小于矩阵的维数则进行数据转换,本例属于后一种情况,应进行转换,操作步骤如下:

(1)找出未被盖"0"线覆盖的数中的最小值 λ,例中 $\lambda=1$。
(2)将未被盖"0"线覆盖住的数减去 λ。
(3)将盖"0"线交叉点的数加上 λ。

本例结果见矩阵五。

矩阵五

$$\begin{vmatrix} 3 & 0 & 4 & 10 & 2 \\ 5 & 13 & 0 & 3 & 4 \\ 0 & 1 & 3 & 0 & 0 \\ 7 & 0 & 3 & 5 & 2 \\ 3 & 0 & 8 & 10 & 0 \end{vmatrix}$$

6. 重复第4步和第5步,直到盖"0"线的数目等于矩阵的维数。本例最终矩阵见矩阵六。

矩阵六

$$\begin{vmatrix} 0 & 0 & 4 & 7 & 2 \\ 2 & 13 & 0 & 0 & 4 \\ 0 & 4 & 6 & 0 & 0 \\ 4 & 0 & 3 & 2 & 2 \\ 0 & 0 & 8 & 7 & 0 \end{vmatrix}$$

7. 求最优解。对 n 维矩阵,找出不同行、不同列的 n 个"0",每个"0"的位置代表一对配置关系,具体步骤如下:

(1)先找只含有一个"0"的行(或列),将该行(或列)中的"0"打"√"。
(2)将带"√"的"0"所在列(或行)中的"0"打"×"。
(3)重复(1)和(2)至结束。若所有行列均含有多个"0",则从"0"的数目最少的行或列中任选一个"0"打"√"。

结果如矩阵七所示,即员工甲负责任务 A,员工乙负责任务 D,员工丙负责任务 B,员工丁负责任务 C,员工戊负责任务 E,参照表 4-12 各员工完成任务时间汇总表,得出表 4-13 所示的员工配置最终结果。

矩阵七

$$\begin{vmatrix} 0\checkmark & 0\times & 4 & 7 & 2 \\ 2 & 13 & 0\checkmark & 0\times & 4 \\ 0\times & 4 & 6 & 0\checkmark & 0\times \\ 4 & 0\checkmark & 3 & 2 & 2 \\ 0\times & 0\times & 8 & 7 & 0\checkmark \end{vmatrix}$$

表 4-13　员工配置最终结果　　　　　　　　　　　　　　　　单位：小时

任务＼员工	甲	乙	丙	丁	戊
A	10				
B			6		
C				4	
D		9			
E					10

资料来源：企业人力资源管理师 3 级（第 3 版）. 北京：中国劳动社会保障出版社，2014.

（四）工作地组织

工作地组织就是在合理分工协作的基础上，使工作范围内的劳动者、劳动工具与劳动对象的关系达到最优的组合。工作组织的基本内容包括合理装备和布置工作地、保持工作地的正常秩序和良好的工作环境、正确组织工作地的供应和服务工作。

◆ 知识拓展 4-4

"5S"现场管理

"5S"活动起源于日本，指在生产现场中对人员、机器、材料、方法等生产要素进行有效的管理。"5S"是整理（Seiri）、整顿（Seiton）、清扫（Seiso）、清洁（Seiketsu）和素养（Shitsuke）这 5 个词的首字母缩写。

整理是指把需要与不需要的人、事、物分开，再对不需要的人、事、物加以处理，这是开始改善生产现场的第一步。整顿是指把需要的人、事、物加以定量、定位，通过前一步的整理后，对生产现场需要留下的物品进行科学合理的布置和摆放，以便用最快的速度取得所需之物，在最有效的规章、制度和最简捷的流程下完成作业。清扫是指把工作场所打扫干净，设备异常时马上修理，使之恢复正常。清洁是对前 3 项活动的坚持与深入，从而消除发生安全事故的根源。企业创造一个良好的工作环境，能使职工能愉快地工作。素养指努力提高人员的修养，使人员养成严格遵守规章制度的习惯，是"5S"的核心。

随着管理实践的丰富，"5S"管理的思想不断得到丰富与升华，近些年来，出现了"6S""9S""10S""12S"等活动，它们既讲究个体素养的培养和提高，又强调相互间的团结协作，促进组织方方面面满意度的提升。

资料来源：孙经明. 对现代企业管理中"5S"管理应用的探讨. 低碳世界，2014.

三、时间配置

对于企业来说，时间配置的主要任务是建立工作班制，组织好工作轮班以及合理安排工时制度。企业的工作班制有单班制和多班制两种。工作轮班是指在实行多班制生产条件下,组织各班人员按规定的时间间隔和班次顺序轮流进行生产活动的一种劳动组织形式,体现了劳动者在时间上的分工协作关系。

1. 工作班制

单班制是指每天只组织一班生产,组织工作比较简单,主要是促进不同工种之间的相互配合,充分利用工作班内的时间。多班制是指每天组织两班、三班或多班进行轮班生产。

企业是实行单班制还是多班制,主要取决于企业生产活动的特点和规律。工艺过程不能间断进行的,例如发电、化工、石油、冶金等行业的主要生产过程要求连续生产,必须实行多班制。而工艺过程可以间断的行业,可根据企业生产的任务、经济效益和其他生产条件而定。一般来说,实行单班制不利于厂房、机器设备的充分利用,但员工的工作生活有规律,有利于人的身心健康,劳动组织任务也比较简单。而实行多班制有利于充分利用机器设备,缩短生产周期,合理使用劳动力,但企业需要组织工作轮班,组织任务较为复杂。

2. 工作轮班

工作轮班是指企业在生产作业工作日内,为保证作业活动的协调持续进行,组织不同生产班次进行生产作业的形式。不同企业需要根据自己的工艺特点、生产任务、人员数量及其他相关生产条件,选择不同的轮班组织形式,如两班制、三班制和四班制等。

工作轮班要兼顾企业生产效益和员工的利益,尊重员工心理、生理特点。一般来讲,企业安排轮班需处理好以下三个问题:一是合理配备各班人员力量,平衡数量与素质,保证各班生产的相对稳定;二是合理安排倒班和轮休;三是加强组织管理。

◆ 本章小结

1. 招聘既能吸引人才又是企业营销策略。招聘渠道分内外两种。内部招聘是对企业内部人力资源优化配置的一种方式。外部招聘是从企业外部把优秀、合适的人才吸引到组织中来的过程。

2. 企业招聘一般有五个步骤:招聘计划、人员招聘、人员甄选、录用决策、招聘评估。

3. 人员甄选是综合利用心理学、管理学等学科的理论和方法,对申请人在知识、能力、品质等方面进行科学测价的过程。人员甄选方法主要有笔试、面试、心理测验、评价中心等。

4. 面试是通过近距离的双向沟通,深度把握应聘者的素质、能力及动机的一种甄选技术。面试主要有结构化、非结构化和半结构化等形式。面试方法有情景面试、行为面试、压力面试。

5. 选聘效果的评估是指对选聘方法信度和效度的测试,包括对选聘人员数量上的完成比例及质量上的跟踪评价以及招聘成本与效益的计算。

6. 人力资源配置主要涉及空间和时间两个方面。空间配置包括招聘岗位配置、劳动分工协作形式、任务指派、工作地组织等内容。时间配置包括建立工时工作、工作轮班等制度。

❖ 本章习题

1. 请分析招聘的目的有哪些？企业的招聘与营销有联系吗？
2. 招聘的渠道主要有哪些？请列举实践中的一些新的招聘形式及其特点。
3. 你知道的国内大型招聘网站有哪些？请举例说明它们的类型和特点。
4. 你认为用心理测试的结果来作为人员甄选的唯一标准合适吗？为什么？
5. 请解释行为面试法的概念及特点。
6. 人力资源有效配置的原则有哪些？

❖ 案例研讨

松下公司：只招 70 分水平的人

企业在招聘选才时，完全没有必要"人才高消费"，刻意追求那些最优秀的人。

大名鼎鼎的松下公司创始人松下幸之助曾提出："松下只招 70 分水平的人，不招 90 分优秀的人才。"他的主要理由在于越优秀的人，待遇要求越高，导致人工成本高昂；通常优秀的人不好管理，在特别强调团队合作的企业环境中，这些不好管理的人时常会成为团队绩效的障碍点。

万科集团董事会名誉主席王石也说过："所谓一流企业，是指招到三流的人才，做出二流的事情，却赚到一流的钱；而所谓三流企业，往往是招到一流的人才，做出二流的事情，只赚到三流的钱。"

上述观点的价值在于两方面：一是虽然招聘非常重要，但是如何用好招到的人更加重要；二是充分体现了招聘工作的本质。

那么，招聘工作的本质是什么？匹配——将目标岗位的任职要求与应聘者的素质、能力与经验加以匹配，以判定两者的吻合程度。因此，所谓招聘到"最理想"的人才，不是指招聘到一个学历、能力水平最高或者背景最好的人，而是招聘到一个与目标岗位任职要求最匹配的人。

反观企业招聘的普遍现实，很多企业一味追求"最好"的人才：校园招聘总想招聘"985""211"学校的学生，社会招聘也总是想招聘到顶尖的人才。姑且不论这样的人才企业是否有能力招到，即便招到，也未必是与企业和岗位要求"最匹配"的人，结果往往是希望越大失望就越大，企业常常感慨很多人才"水土不服"！其实企业首先要反思自身的招聘标准。

具体来说，招聘的匹配工作主要体现在三方面的匹配：人岗匹配、风格匹配与人际匹配。

既然招聘的本质是匹配，因此招聘的一切核心都要围绕这一本质展开。企业事先要设计有利于判定应聘者岗位匹配性的方式、方法和运作模式，还要设计具体的操作环节与步骤。

资料来源：只招 70 分水平的人. 中国人力资源网, 2017.

请分析以下问题：

1. 指出松下公司招聘选人观点的理论依据和现实意义。

2.你是否认同松下公司"只招70分"的选人观点?该用人观点与"武大郎开店""王婆卖瓜"之说有无区别?

◆ 践行辅导

【体验目标】

1.熟悉面试方法的应用和面试效果的评价。

2.锻炼学生的沟通能力。

【体验内容】

某银行在一座城市内设有6个网点,现需要从外部招聘6名大堂经理。

1.大堂经理的职责。

(1)迎送客户。热情、文明地对进出网点的客户迎来送往,从客户进门时起,大堂经理就应主动迎接客户,询问客户需求。

(2)业务咨询。热情、诚恳、耐心、准确地解答客户的业务咨询。

(3)差别服务。识别高低端客户,为优质客户提供贵宾服务,为一般客户提供基础服务。

(4)产品推介。根据客户需求,主动客观地向客户推介、营销我行先进、方便、快捷的金融产品和交易方式、方法,为客户当好理财参谋。

2.要求。

(1)通过了解背景材料,对拟招聘人员的任职资格条件进行系统分析和认定。

(2)草拟面试评价量表。

(3)通过角色扮演,实践情境、行为、压力三种面试方法。

(4)通过面试体验,认识面试中可能存在的问题和需要注意的事项。

【实施步骤】

1.将自愿参与的学生分为3组,每组设定6人,其中3人扮演面试官,另外3人扮演应聘者。

2.每组扮演面试官的同学首先需根据背景材料,系统分析拟招聘人员的任职资格,形成具体的评价要素,并反映在面试评价量表中(可参照面试评价表4-5)。

3.分组尝试3种不同的面试方法。第一组尝试用情境面试法进行面试;第二组尝试用行为面试法进行面试;第三组尝试用压力面试法进行面试。每组中的3位面试官需事先商讨面试的具体问题及提问顺序。

4.扮演面试官的同学根据不同面试法的提问方式对应聘者进行提问模拟,扮演应聘者的同学对所提出的情境问题、行为问题、压力问题作出回答。

5.扮演面试官的同学需参照面试评价量表,根据3位应聘者在面试中的表现进行评价。

6.未参与角色扮演的同学在旁观看,分析评判面试活动扮演者在模拟活动中的表现。

第五章

培训与开发

 学习目标

☆ 掌握培训需求分析的流程及方法
☆ 能够编制培训规划及实施方案
☆ 了解几种基本的培训方法及特点
☆ 了解如何进行培训效果的评估
☆ 了解培训制度的基本内容,能起草简单的培训文件

 关键术语

☆ 培训需求分析 Training Demand Analysis
☆ 培训规划 Training Plan
☆ 培训方法 Training Method
☆ 培训制度 Training System
☆ 培训效果 Training Effectiveness

 学前思考

"工欲善其事,必先利其器。"对员工的培训与开发是提高组织应变力和竞争力的重要手段,因而备受现代企业的重视;同时,对于员工而言,培训与开发既是一种福利,更是锻炼能力、提升自我的机会。高效的培训是企业追求的目标。当下,只有把人的智慧和能力作为战略资源,增加人力资本投资,通过有效的培训与开发,提升员工的素质和能力,企业才能在激烈的市场竞争中立于不败之地。

◈ 开篇案例

"海底捞"的员工培训

餐厅的员工培训往往是高管培训店长,店长培训领班,领班培训员工,经过层层传递,最终的培训效果距离最初的目标和理念可能相差甚远。

但是"海底捞"成功构建了自己的培训体系,从初级员工、中级员工、领班到大堂经理,每个层级都有培训。

"海底捞"的新员工是由片区人事部负责统一招聘、集中培训,在系统内挑选1名最优秀的培训人员做培训工作;对于中层员工,如大堂经理的培训,主要通过考核制度,学习更高层的沟通技巧;对于管理者,如店长的培训,则要求其将门店几十个岗位全部通晓。

1. 入职培训。

入职培训内容主要包括企业文化、基本制度、基本服务礼仪及流程、日常管理行为认可度。培训完就考试,重点考核新进员工对企业文化的认可度,考核通过者正式入职上班。

2. 基层员工培训。

经过了入职培训后,在岗工作满两个月的员工参加基层员工培训。培训以餐饮知识、餐饮技能、餐饮处事技巧为主要培训内容,考核方式为笔试和操作。

3. 基层管理者培训。

管理人员具有较好的实践工作能力,是员工学习的榜样,也是形成良性管理循环的重要保障。基层管理者培训是店铺组长、领班、主管或主任一级的员工培训。如果是店铺自行组织的培训项目,还涉及即将晋升的优秀员工。

4. 高层管理者培训。

高层管理者培训的主题主要包括如何提升店铺业绩、如何做好顾客关系维护、如何提升团队绩效、如何更有效评估员工等。借此培训,高层管理者能深入学习、深造思想,掌握更多素材和管理方式。

员工培训还有一项重要功能,即让上级发现最有潜质成为管理者的人。因此,培训体系与薪酬体系、晋升体系实现联动,没有通过培训考核的员工不能晋升或领取更高薪酬。

资料来源:黄铁鹰."海底捞"你学不会.北京:中信出版社,2012.

第一节 培训与开发的组织实施

员工培训是指组织创造一种学习环境,帮助员工改变工作态度、工作行为及工作成果,从而使员工在现在或未来的工作岗位上表现更出色,并为组织创造更多利益的活动。员工开发是指企业帮助员工发展的正规教育、在职体验、人际互助及个性和能力测评等活动。

员工培训与开发工作要取得实效,就必须有组织、有计划、有目的地进行。在现代化的企业中,员工培训与开发的概念不断扩展和延伸,不仅强调员工完成现在的工作,而且着眼于组织未来的工作。理性的企业管理者都会保持清醒的头脑,认真思考员工培训的重要性和迫切性。

一、培训需求分析

(一)培训需求分析的内涵和作用

1.培训需求分析的内涵

企业为什么要培训、培训什么内容不能是领导说了算,也不能由培训管理者凭空臆断。当企业出现一些问题,只有通过培训才能解决时,培训需求应运而生。所谓培训需求分析,就是通过收集组织及其成员现有绩效的有关信息,确定实际绩效水平与理想绩效水平之间的差距,并进一步找出组织及其成员在知识、技术和能力方面的不足,为培训活动提供依据。简单地说,培训需求就是采用科学的方法弄清谁最需要培训、为什么要培训、培训什么等问题,并深入探究的过程。

培训需求反映了企业要求具备的理想状态与现实状态之间的差距。管理者只有首先了解员工培训的需求是什么,然后才能采取有效的激励措施。所以,建立培训体系的首要工作就是进行培训需求分析。

2.培训需求分析的作用

培训需求分析具有很强的指导性,是确定培训目标、设计培训计划、有效实施培训并进行培训效果评估的前提,是整个培训活动的首要环节。培训需求分析的主要作用如下:

(1)找出差距并确立培训目标

进行培训需求分析时,首先应当确认培训对象的实际状况同理想状况之间的差距,明确培训的目标与方向。寻找差距一般包括三方面:一是明确培训对象目前的知识、技能和能力水平;二是分析培训对象理想的知识、技能和能力标准;三是对培训对象的理想和现实状况进行对比分析。

(2)找出解决问题的方法

消除需求差距的方法有很多,可以通过培训的方法,也可以通过与培训无关的方法,如人员变动、工资增长、新员工吸收等,或者将几种方法综合运用。由于企业面临的环境复杂多变,最好将几种可供选择的解决问题的方法综合起来,形成多样化、组合式的培训策略。

(3)进行前瞻性预测分析

企业的发展过程是动态变化的过程,当组织发生变革时,不管这种变革是涉及技术、程序、人员,还是涉及产品或服务,原先的培训计划都必须作相应的调整。培训需求分析是培训计划的前提,因此必须作前瞻性和预测性的分析,以把握未来的发展趋势。

(4)有利于确定培训成本的预算

通过培训需求分析找到解决问题的方法后,培训管理人员就应该把成本因素纳入培训需求分析之中,预算培训成本,回答"不进行培训的损失与进行培训的成本之差是多少"的问题。如果不进行培训的损失小于培训的成本,则说明当前还不需要或不具备条件进行培训。

(5)有利于企业各方达成共识

通过培训需求分析,企业收集了制定培训计划、选择培训方式等大量信息,为确定培训的对象、目标、内容、方式方法提供了依据,可促进员工及其上司、管理者等各方达成共识,保证培训计划的制定和实施。

(二)培训需求分析的内容

进行培训需求分析,首先要界定企业所处的环境状况、企业的发展战略以及员工需要具备的素质和能力;然后对目前员工的实际能力进行测评,找出理想与现实的差距,对这些差距进行研究,确认是否可以通过培训来解决问题。如果找到了通过培训解决问题的方式,则可以明确培训需求。在实际工作中,企业的培训需求涉及以下内容。

1. 组织状况分析

组织状况分析指确定组织的培训需求范围,保证培训计划符合组织的整体目标与战略要求,它反映的是某一企业的员工在整体上的培训需求。该分析主要是确认培训是否支持组织的战略导向,是否符合人力资源的需求,是否符合企业的效率要求。

组织分析涉及三个问题:

一是企业发展战略及目标的分析,包括短期目标、中期目标和长期目标,决定总体培训需求。

二是企业人力资源的需求分析,指企业为实现发展目标和任务,在当前和未来一段时期需要的人力资源的数量、质量及结构。

三是企业效率分析,具体指标有劳动成本、产量、质量、设备使用率、维修率等。对企业效率的分析,可为培训的总体设计提供宏观依据。

此外,大量研究表明,管理者对参与培训抱有积极的态度也是培训成功的重要因素,如果管理者采取不支持的态度或行为,那么员工很难把培训收获运用到实际工作中去。

2. 工作状况分析

工作状况分析又称"作业层面分析",指的是确定每个工作岗位上的员工为圆满完成任务而必须掌握的知识、技能和能力。企业运行与发展总是通过一定的工作体系来实现的,工作状况分析即是对工作体系运行状况的分析,分析目的是从岗位工作的角度确定培训需求。工作状况分析具体包括两方面内容:一是岗位工作职责,如各岗位的工作任务、性质、责任及难度等;二是任职资格分析,如履行岗位工作职责应具备什么样的素质条件,需要掌握何种知识、技术、能力等。工作状况分析要以工作分析为基础,通过对工作职责和任职资格的分析,判断工作人员是否需要接受培训或需要接受何种培训。

工作状况分析包括四个步骤:

第一,选择待分析的工作岗位。

第二,通过访问、观察员工和他们的直接上司,或者与其他进行过工作分析的人员讨论,列出工作岗位所需执行的各项任务基本清单。

第三,确保任务基本清单的可靠性和有效性,包括以会议讨论或问卷调查的方式让在职人员、经理等确定执行该任务的频率、完成各项任务所需的时间,判断该工作的重要性以及难度。表 5-1 给出了对电工进行任务分析的调查问卷的部分样题。

第四,一旦工作任务确定下来,就要通过访谈或问卷来明确员工完成各项任务所需的知识、技能或能力,并按照重要性进行排序。

运用需求优先指标(Priority Need Index,PNI)计算培训需求时,量表评定等级分别表示任务的重要性和任职者的工作熟练程度。公式如下:

$$PNI = I \times (I - D)$$

其中,I 为任务的重要性,D 为任职者的工作熟练程度。

表 5-1 培训需求分析量表

工作	电工		
任 务	执行等级评定		
任务描述	执行频率	重要性	难 度
换灯泡	0 1 2 3 4 5	0 1 2 3 4 5	0 1 2 3 4 5
换插座	0 1 2 3 4 5	0 1 2 3 4 5	0 1 2 3 4 5
装灯座	0 1 2 3 4 5	0 1 2 3 4 5	0 1 2 3 4 5
换电灯开关	0 1 2 3 4 5	0 1 2 3 4 5	0 1 2 3 4 5
安装新的断路开关	0 1 2 3 4 5	0 1 2 3 4 5	0 1 2 3 4 5
执行次数 重要性 难度的量化	执行次数 0=从来没有 5=经常	重要性 1=可忽略 5=非常重要	难度 1=非常容易 5=非常难

PNI 的值越大,表明培训需求越大,在排序上越需要优先考虑。比较不同任务的 PNI 值,可以得到培训需求的优先顺序。

3.人员状况分析

人员状况分析又称"人员层次分析",是从员工实际工作绩效的角度考察培训需求。岗位规定的工作绩效要求是进行培训的标准,而员工的实际工作绩效是决定培训的依据,绩效要求与实际绩效之间的差距及产生差距的原因就是员工培训的主要内容。

赫伯特(G. Hebert)认为,人员层面的培训需求分析可以分为两部分,一是用来判断员工个人整体绩效水平的判断式人员分析,二是用来寻找隐藏在个人绩效背后原因的诊断式人员分析。他还对人员绩效评估进行了归纳,具体如图 5-1 所示。人员分析绩效评估分为以下几个步骤:

第一,进行全面准确的绩效评估,获取现有资料;

第二,确认员工行为、特质与理想的绩效标准之间的差距;

第三,确认差距的成因,确认这种差距是由于员工个体特征还是由于工作环境形成的;

第四,选择合适的措施消除差异;

第五,经过干预措施实施后,反馈到第一步重新评估。

在进行人员分析时,为了明确培训是否是解决绩效问题的最佳方案,管理者应该评价以下几点:

第一,绩效问题是否重要;

第二,雇员是否知道应如何有效地工作;

第三,雇员是否掌握正确的知识和行为方式;

第四,绩效预期是否明确,是否存在实现绩效的障碍;

第五,绩效优秀的员工是否会获得满意的回报,业绩差的员工是否得不到奖励;

第六,雇员能否获得有关他们工作绩效的及时、有意义、准确、建设性和具体的反馈;

第七,是不是有其他解决办法。

在雇员缺乏完成工作的知识和技能且条件允许的情况下,培训是必需的。

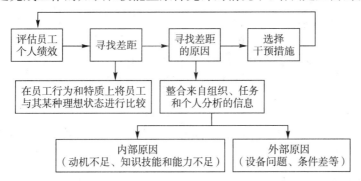

图 5-1　人员分析绩效评估

(三)如何进行培训与开发的需求分析

培训需求分析的最终目的是确保企业培训的针对性和实用性。因此,需求分析可按以下步骤进行:

第一步,选择科学可行的方法,准确客观地收集培训需求信息;

第二步,从组织层面、任务层面、员工个体层面三个角度对收集的信息进行归纳、整理和分类;

第三步,确认员工的培训需求结果;

第四步,在培训过程中,结合实际情况,对培训需求结果作适时的调整和修订。

在培训需求分析结束后,企业要根据需求分析的结果组织相应内容的培训。在培训的具体实施过程中,企业仍有必要对培训需求的结果进行调整,因为原来收集到的培训需求分析信息可能存在偏差,也可能由于组织变化等一系列因素导致新的培训需求产生。因此在培训项目的实施过程中,对培训的内容、课程作适时的调整和修订是必要的,同时要记录在实际培训过程中发现的新的培训需求,因为新的培训需求可能更贴近实际。

二、培训规划的制定

(一)培训规划的内容

培训规划的内容可以从六个层面去考察。

1. 确定培训项目

一是在培训需求分析的基础上,列出各种培训需求的优先顺序,并根据企业的资源状况优先满足那些最紧迫的需求;二是明确培训的目标群体及其规模;三是在考虑个体差异性、培训互动性以及培训预期目标的基础上,确定培训群体的培训目标。

2. 开发培训内容

培训内容必须坚持"满足需求、突出重点、立足当前、讲求实用、考虑长远、提升素质"的基本原则,应包括培训过程中的环节和练习。

3. 培训实施过程设计

首先要充分考虑实施过程的各个环节和阶段,合理安排培训进度。其次要结合培训师的期望与受训者的参与程度,合理选择教学方式和培训内容。此外,培训环境要尽量与实际工作环境保持一致,以保证培训内容能在具体工作中进行应用。

4. 选择评估指标

评估指标主要有:如何确定培训成败,如何评估中间效果,如何评估受训者的培训效果,如何考察在工作中的运用情况等。

5. 筹备培训资源

培训需要各类资源的支持,如人、财、物、时间、空间和信息等。资源分析实际上就是可行性分析,以此确定培训能否开展,是采取企业内部培训的方式还是外部委托培训的方式,或是与外部培训机构进行合作。

6. 培训成本的预算

实施培训必须得到高层管理者的支持,高层管理者除了关心培训规划是否完善可行之外,更关注培训的成本效益分析。因此,成本预算既是培训规划获批的必要条件,也是对培训实施过程中各项支出的参考。预算包括培训的经费来源、经费的分配与使用、培训成本与收益的计算、制定培训预算计划、培训费用的控制等。

(二)制定培训规划的步骤和方法

制定培训规划是一个复杂的过程,每一个步骤都有相应的目标、结果和方法,这些步骤不能截然分开,管理者应根据实际需要确定各个步骤的先后顺序,也可以决定是否跨过或重复其中的某个步骤。

1. 培训需求分析

培训需求分析的目的是提高员工的绩效,这就需要一种机制来决定员工现有绩效是否需要提高以及在哪些方面、以何种程度来提高。

(1)目的

搜寻现有绩效问题的有关证据,判断现有绩效和理想绩效之间是否存在差距、哪些方面存在差距、哪些人员应对这些差距负责,由此决定是否需要培训、需要在哪些方面培训、需要进行多少培训、哪些人员需要培训等。

(2)结果

确定未达到理想绩效水平的员工的比例以及主要在哪些工作领域存在差距、差距有多大。

(3)方法

管理者可以采取主观判断、定量分析等各种方法,具体选择何种方法依赖于对整个工作中"哪些工作领域最重要"和"哪种培训效果最好"的判断。

2. 工作说明

要想判断某一培训规划应包括什么、不包括什么,需要一种机制来说明培训与什么有关或与什么无关。

(1)目的

工作说明是界定工作要求的基础。设计者要收集关于工作活动的所有信息,以形成一份客观、全面、可靠的工作说明。

(2)结果

工作说明的结果是工作活动一览表。该表可以是树形图或工作流程图,主要包括工作人员面临的资源状况、必须作出的决策、必须采取的行动、每项行动的结果、行动或结果的标准等内容。

(3)方法

工作说明的方法包括观察、访谈、调研等。有些方法注重人的外显行为,有些则注重人的精神活动。

3. 任务分析

由于各类工作岗位的任务内容不同,因而对培训的要求也不同。有些工作可能要求专业知识方面的培训,有些则要求解决问题方法的培训。因此,针对某项工作任务选择培训方法,需要采用特定的方式分析岗位工作任务的培训需求。

(1)目的

任务分析旨在明确工作对培训的要求。它由一系列相关问题组成,如,该工作需要哪些技能?这些技能在何种条件下运用?受训者的特征是有利于还是不利于学习?对这些问题的回答构成了培训的特殊问题环境,也决定了将要采取的特殊措施。

(2)结果

任务分析的结果是提交一张任务分类表,或是一张关于每项任务所需技能的统计表。两张表中都应包括受训者可能存在的困难、对应措施以及受训者的特征。

(3)方法

一是列出员工在工作中的实际表现,二是列出员工在工作中的心理活动。两种方法都要分类并分析技术构成,都运用了主观定性分析和客观定量分析,具体采用哪种方法由费用、时间等因素决定。

4. 排序

由于每项工作都有很多技能需要学习,因此如何确定科学的学习次序就变得非常重要。

(1)目的

有些任务可以任意安排,而有些任务则必须按一定顺序安排时间。培训规划排序就是找出任务适合采用哪种方式。发现多种任务的内在联系是决定学习次序的首要因素。

(2)结果

排序的结果是一张学习流程图,图中所有的学习活动、步骤都依次排列。

(3)方法

通常排序依赖于对任务说明结果的检查与分析。任务说明的结果能显示任务之间在层次和程序上的联系,基于这些联系,再考虑其他因素,如费用、后勤等。

5. 陈述目标

目标是对培训结果或由培训带来的岗位工作结果的规定。为了使培训达到预定的目标,管理者必须对培训目标作清楚明白的说明。

(1)目的

陈述目标的目的是翻译和提炼早期收集的信息,为顺利实现剩余任务提供有力工具。

(2)结果

陈述目标的结果包括工作人员面临的情境、使用的辅助工具或工作助手、对每种情境必须作出的反应行为、每项行为的辅助工具、行为及其结果的标准等。

(3)方法

设计者对工作说明的结果进行转换使结果成为目标。

6. 设计测验

培训规划最终要对培训结果进行评估。因此必须要有可靠、有效的测评工具,这些工具必须能精确地显示受训者在经过培训后有多少进步。

(1)目的

测验目的是检验培训规划是否符合要求。测验是对培训规划设计及其使用情况进行评估的关键因素。测验结果有不同的用途:在培训设计时,它证明培训规划符合要求;在培训规划使用时,它为设计者提供反馈,帮助修改、调整规划并做好下一次规划。

(2)结果

测验结果与工作绩效的要求越接近,就越能代表实际工作绩效,越具有可预测性。直接测验和模拟测验必须根据工作所要求的技能,可以使用与培训相同或不同的媒介工具,如纸、笔、计算机等;也可以要求受训者进行多项选择、配对和回答问题;还可以采取自评和他评相结合的方式。

(3)方法

"测试学"是心理学中一门比较成熟的分支学科,有关编制测验的技术也相当先进并广为人知,这些都可在设计测验时应用。

7. 制定培训策略

制定培训策略是指根据培训所面临的问题环境,选择和制定相应的措施。

(1)目的

培训策略应根据工作对培训提出的要求,规定培训的类型。策略越成功,培训就越能满足工作的需要。

(2)结果

培训策略规定了受训者将要参加的培训的性质、内容和特征。

(3)方法

在前面的几个步骤中,任务说明、目标陈述和设计测验的结果都规定了工作要求的类型,任务分析的结果规定了基于工作要求的学习目标,受训者分析的结果明确了那些可能影响受训者达到培训目标的因素,排序结果则明确了实现所有目标的最优次序。培训策略就是要适应这些条件,在这些条件和对应措施间进行最适宜的搭配。

8. 设计培训内容

培训策略只有转化成具体的培训内容和培训程序,才能被执行和运用。

(1)目的

如果说培训策略规定了所需培训的大致框架,培训内容设计则是将这个框架充实、填满。

(2)结果

培训内容设计的结果是一份培训教案,包括所有活动情景。这些情景告诉受训者应该做什么、如何做、结果是什么,培训中如果遇到困难应怎样处理、应遵守什么规则等。

(3)方法

通常的方法是根据工作要求确定培训内容的性质和类型,然后对培训内容进行分析,将其分解成一个个细节,并根据受训者的心理发展规律、内容之间的联系来确定各个细节的先后顺序,最后选择适宜的工具和方式来展现这些细节。

9. 实验

上述培训规划步骤在理论上可能已经完善,但在实践中的运用需要进行实验,然后根据实验结果进行改善。

(1)目的

首先,找一个实验组,按培训规划进行培训;然后,检验受训者的培训效果;最后,根据测验结果找出培训规划的缺点并改进。如果时间和经费允许,可以进行多轮实验和多次改进,以保证培训规划更有效。

(2) 结果

实验的结果是加以改进的培训规划。改进的内容可能有增加新内容、重新安排议题和各项议题的顺序、增添新型教具、改进测验系统等。改进必须针对实验中诊断出的主要问题。

(3) 方法

实验对象要从将要参加培训的学员中选取。实验的环境条件、方法步骤、内容形式、设备工具要尽量与真正的培训一致。实验数据的收集要全面、真实、准确,也可以在多轮实验中变换实验方法和工具,再将各自的结果加以比较分析。

三、培训的组织实施

培训的组织实施必须有系统而周密的培训计划,以预测实施中可能发生的许多事情,如学员、培训师的选择,培训时间和场地的安排,教材、讲义的准备,培训经费的落实,培训评估方法的选择,等等。此外,培训的成功实施还依赖于培训师的素质、培训人员的学习成效、培训环境、培训时间等相关因素的配合。

培训的组织实施是指把培训计划付诸实践的过程,它是达到预期培训目标的基本途径。培训项目设计得再好,如果在实践中得不到实施,也没有意义。所以,培训实施是整个培训过程的实质性阶段。

(一) 培训前的准备

在培训项目即将实施之前要做好各方面的准备工作,主要包括以下几个方面:

1. 确认并通知参加培训的学员

如果先前的培训计划已有培训对象,在培训实施前必须再一次审核,确认是否有变化。为使培训对象了解培训的意义、目的、内容等,培训组织者事前应有所准备,在可能的情况下,应将培训相关资料事先分发给培训对象。开班前,再次确认培训对象能否参加培训。

2. 联系培训专家

培训所需要的专家要在培训实施前尽早确定,然后把培训的目的、内容、培训要求等明确地传达给培训专家。培训组织者要确定培训大纲并初步审核,审核时主要看内容是否完整、重点是否突出,同时要注意不同培训师之间的内容有无交叉、遗漏。

3. 相关后勤准备

培训组织者要落实培训场地和设施,提供相应的后勤服务保障,如座位安排、交通通讯、休息室、茶水等,进行相关费用的预算,如聘请培训师的酬金、场地及教学设施的租用金、餐饮服务费及管理人员的劳务费等。

4. 确认培训时间

确认培训时间须考虑的相关因素有:员工的工作状况,合适的培训时间长度(原则上白天 8 个小时、晚上 3 个小时为宜),适合培训内容的教学方法的运用,培训时间控制与进度安排等。

5.相关资料的准备

相关资料主要包括编制的课程资料、设备状况检查记录、培训活动日程安排、座位安排表、学员考勤签到表、培训结业证书等。

(二)培训实施阶段

做好培训前各项准备工作之后,按培训日程安排进入正式的培训实施阶段。

1.课前工作

准备好培训设施;学员报到,在考勤簿上签名,就座;对课程和培训师进行介绍;学员心态引导;宣布课堂纪律。

2.培训前的介绍

无论什么培训课程,开始实施后要做的第一件事都是介绍。

介绍培训主题:向培训对象说明培训的目的,并对培训对象提出学习期望。

简要介绍课程:围绕培训的目的、意义、内容、要求、方法等,进行简短的课程介绍。

介绍培训师:培训师可以自我介绍,也可以由培训负责人代为介绍。介绍目的是让培训对象了解培训师的相关经历,增加培训对象对培训师的信任。

介绍日程安排:这能使培训对象明确通过这次培训可能达到的目标,即培训对象在培训结束后能做到什么;介绍本次培训中涉及的相关问题及培训的方式方法;说明如何通过培训活动达成预定的目标。

3.培训器材的管理

保持培训场所的环境卫生,注意节约水、电等资源;爱护培训中所用到的设施和电子设备,小心使用,定期清洁。

(三)知识或技能的传授

1.课程讲解

传授知识或技能的方法有很多,在大多数企业中,培训师要亲自进行课程讲解、媒体教学、组织讨论和解答疑问等。

(1)课堂讲授

讲课往往是培训的重要手段之一,也是培训师显示其知识和能力的重要途径之一。培训师一般会把课程内容分为几部分,形成"讲授—活动—总结"的循环,以避免培训对象的乏味感,也使培训对象有足够的时间消化吸收课程内容。

(2)媒体教学

有时课程的内容需要通过录像、幻灯片等媒体进行传授,这时要避免学员陷入被动"看"的状况之中,培训师应在多媒体教学中多营造双向交流的氛围。

(3)组织讨论

组织讨论是培训的一种重要手段,讨论分正式讨论和非正式讨论两种。在正式的讨论中,培训师一般先发给大家有关的阅读材料和一些问题,准备之后就开始讨论,讨论中不时地插入一些新的问题,引导培训对象将学到的知识与工作实践联系起来。非正式的讨论是在课程讲解中没有正式安排问题,而是随机插入问题讨论,以此检查培训对象的掌握情况,并激发培训对象参与培训的兴趣。

(4)解答疑问

课程讲解完毕之后,一般都要对员工的疑问进行解答,培训师最好对员工可能提出的问题事先有所准备,以便更好地解答问题。

2. 课程管理

培训期间,对培训的管理工作也必不可少,主要包括以下三点:

(1)与培训师的联系

培训的实施必须按照培训进程安排进行,因此培训管理者一定要与培训师和培训对象经常进行沟通。

(2)培训教室及设备的管理

培训管理者必须确保教室的清洁。座位布置要准确无误,教学器材的准备要充分,尤其是投影仪、电脑、麦克风、白板笔等在开课前要进行检查和调整。

(3)考勤管理及培训纪律

培训管理者要关注参训学员的出勤情况,除了签到、点名之外,还要注意教室空缺座位的格局,引导培训对象到前排就座,与培训师拉近距离,营造轻松的培训气氛。

(四)对学习进行回顾和评估

一般在培训的最后阶段,当学员听到"现在我们来总结一下所学的内容"等时,他们就会松弛下来,认为培训已经结束了。实际上,短暂的总结非常重要,具有承上启下的作用,既高度概括了培训的中心内容,又提示了学员留意今天培训的内容,明确哪些内容可以应用到今后的工作中。

总结可以帮助大家复习学过的内容,但如果学员只是被动地听,则效果不会理想。因此,即使在培训的最后阶段,培训师也不要忘记学员的参与是培训成功的关键。此时,学员的参与关系到把所学知识运用到工作中去,即培训目标的最终实现。

做任何一件事情都要有始有终,培训也是一样。但培训者通常都很重视培训开始和培训过程,往往忽略培训总结部分。好的开始可以给培训者带来信心,培训过程中的主要环节是传授知识和技能,留给培训总结的时间很少。但是总结真的非常重要,哪怕只为总结留出全部培训时间的5%,就能取得意想不到的效果。

(五)培训后的工作

培训项目结束后,还应对该项培训进行总结并做一些扫尾工作。

(1)培训考核

对培训对象培训效果的确定,要通过考试(主要以培养分析问题和解决问题的能力为主)、写论文、答辩、案例分析等方式进行。

(2)培训效果调查

培训效果调查是指听取培训对象对培训的意见,可通过座谈会、问卷调查等形式进行。

(3)结业仪式

结业仪式包括结业致辞、颁发结业证书、培训总结、培训对象代表致辞、宣布培训结束等活动。

(4)学员的送别

全体培训工作人员应为培训对象送行,对培训对象在培训期间的努力和合作表示感谢,并祝愿他们学有所用、学以致用。

(5)整理

送走培训对象之后,培训负责人要整理培训教室、办公室、休息室等,同时要整理好培训相关的材料、文件、资料,一并归档。

(6)实施过程的检讨

由全体培训工作人员对整个培训过程作完整的回顾,找出问题和不足。这项工作要在培训实施完成后马上进行。

(7)培训跟踪

培训对象经过培训后,其知识、技能、态度等与培训前的改变,培训管理者及工作人员要主动、及时到其所在单位听取其上司和同事的反应,听取培训对象的意见。当然,由于有些培训很难立竿见影,所以培训管理者要有长期跟踪调研的准备。

四、培训效果的评估

培训的目的是实现组织、部门及员工绩效的提高,这就要求在培训过程中对培训的效果及时评估,以考量和分析培训的效能。如果对培训后的效果不闻不问,培训工作就会流于形式。

(一)评估的阶段

培训效果评估从总体上可分为三个阶段,即事前评估(培训前评估)、事中评估(培训中评估)和事后评估(培训后的效果评估)。在不同阶段,培训效果评估的内容必然不同。

1.事前评估

事前评估内容包括:对培训需求的整体评估,对培训对象的知识、技能和工作态度的评估,对培训对象工作成效及行为的评估,对培训计划评估。

2.事中评估

(1)监测培训活动的参与情况

该评估内容包括:培训目标群体的确认,培训项目的覆盖范围,培训对象的参与热情度和持久性。

(2) 评估培训内容

该评估内容包括：培训的结构内容，培训的强度，提供的培训数量，培训的频率，培训的时间安排。

(3) 评估培训进度与培训中期效果

该评估内容包括：培训组织准备工作评估，培训学员参与情况评估，培训内容和形式的评估，培训讲师和培训工作评估，现代培训设施应用的评估。

(4) 评估培训的环境

(5) 评估培训机构和培训人员

该评估内容包括：培训机构的规模和特征，培训机构的领导体制、内部分工状况、沟通协调机制，培训服务网点分布状况，培训者的素质、能力及工作安排等。

3. 事后评估

事后评估内容包括：培训目标的达成情况，培训效果与效益的综合评估，培训工作者的工作能力和态度的评估。

(二) 评估的层次

为了对某个培训项目进行评估，我们有必要确定项目有效的标准和依据，这些标准和依据与评估的层次紧密相连，不同层次评估的标准和依据是不一样的。

培训效果评估层次的提出建立在培训成果四层次理论的基础上。柯克帕特里克(D. L. Kirkpatrick)最早提出划分培训成果的四层次框架体系(Four Level Frame Work)。他认为培训成果的四个层次分别是反应、学习、行为和结果，对应于培训成果的四个不同层次，培训成果的评估也可以分为四个层次。

1. 反应或感受层次的评估

反应或感受层次的评估是第一层次的评估，即在培训项目刚刚结束时，了解受训者对该培训的主观感受和满意程度。该层次的评估目标往往包括对培训项目的意见反馈和评估既定计划的完成情况。

反应或感受层次需要评估的因素包括：内容、培训师、方法、材料、设施、场地、报名的程序等。对这个层次的评价，首先要有总体的评价，比如询问学员一些问题：对该培训项目的感觉如何？有没有可能向其他人推荐这项培训？这一层次的评估容易产生以偏概全、主观性强、不够理智等问题。

2. 学习层次的评估

学习层次的评估是第二层次的评估，它主要着眼于对学习的度量，即评估受训者在知识、技能、态度或行为方式方面的收获。该层次评估的方法很具体，无论是测试、模拟、技能练习还是教师的评价，都是为了评估学习的情况。学习层次的评估往往在培训期间或之后进行，由培训师或培训辅导员负责实施。

学习层次的主要评估方法有考试、演示、讲演、讨论、角色扮演等，该层次评估的优点是：

对培训学员的压力促使学员更认真地学习;对培训师的压力促使培训师更尽职尽责地实施培训。该层次评估的缺点是:过大的压力可能会使报名者信心不足、参与度不高;评估中用到的测试方法的可靠度、可信度以及难易程度难以把握。

3. 行为层次的评估

行为层次的评估是培训评估的第三层次。该层次评估的主要工作是评估学员在工作中的行为方式有多大程度的改变。行为层次评估的方式主要有观察、管理人员的评价、服务对象的评价以及团队成员的评价等。

行为层次评估也是优点与缺点并存。该评估的优点主要有:培训的目的是改变学员的行为,而该评估可以直接反映培训的效果;通过这一评估,高层领导和直接管理人员看到培训的效果,从而更加支持培训。行为层次评估的缺点主要有:该评估要花费很多的时间和精力,人力资源部门的工作负担将加重;问卷设计的难度较大;该层次评估要占用相关人员较多的时间,且需要相互配合;由于影响受训者行为的因素较复杂,因而难以排除不相关因素。

4. 成效或结果层次的评估

成效或结果层次的评估是培训评估的第四层次。该层次评估的目标主要针对培训项目引起的业务结果的变化情况。该层次评估主要通过质量、数量、安全以及学员上司最关注的且可度量的指标来考察、判断培训成果的转化,与培训前进行对照,看最终产生什么结果。

该层次评估的优点是:如果拿出翔实且令人信服的调查数据,不仅能打消高层领导投资培训的疑虑,而且可以指导培训项目,将有限的培训经费用于最有效益的方向。该层次评估的缺点是:该评估需要时间,短期内很难看到结果;人们对该评估缺乏必要的技术和经验;该评估必须取得管理层的合作和支持,否则无法获取相关信息,评估难以继续。

(三)评估的方法

培训效果评估的方法有很多,我们主要学习以下五种评估方法:

1. 目标评价法

目标评价法要求企业在制定的培训计划中,将受训人员完成培训计划后应学到的知识、技能、应改进的工作态度及行为、应达到的工作绩效标准等目标列入其中。培训结束后,企业将受训者的测试成绩和实际工作表现与既定的培训目标相比较,得出培训效果。为衡量培训效果,企业应提早制定出确切、可检验、可衡量的培训目标。目标评价法操作成功的关键是确定培训目标。通常有两种方法确定培训目标:一是任务分析法。企业培训部门设计出任务分析表,详细列明有关工作任务和工作技能信息,包括主要子任务、各任务的频率和绩效标准、完成任务所必需的知识和技能等。第二种是绩效分析法。这种方法必须与绩效考核相结合,确定标准绩效。

2. 绩效评价

绩效评价是由绩效分析法衍生而来的,主要用于评估受训者行为的改善和绩效的提高,要求企业建立规范、系统的绩效考核体系。该体系要有受训者培训前的绩效记录。在培训结束后三个月或半年,再次对受训者进行绩效考核,并且与以前的绩效记录进行对照,从而看出培训的效果。

3. 关键人物评价

关键人物是指与受训者在工作上接触较为密切的人,该人可以是他的上级、同事,也可以是他的下级或者顾客等。有研究发现,在这些关键人物中,同级最熟悉受训者的工作状况,因此评估可采用同级评价法,向同级了解受训者培训后的改变。这样的调查通常很容易操作,可行性强,能够收集很多有用信息。

4. 测试比较

测试比较是衡量员工知识掌握程度的有效方法。在实践中,企业会经常采用测试来评估培训效果,但结果并不理想,原因在于评估没有加入任何参照物,只是进行简单的测试。有效的测试应该是具有对比性的测试比较评价。

5. 收益评价

企业的经济性特征迫使企业必须关注培训的成本和收益。培训收益评价就是从经济角度综合评价培训项目,计算培训为企业带来的经济收益。虽然有的培训项目能直接计算经济收益,尤其是操作性和技能性强的培训项目,但不是所有的培训项目都可以直接计算出收益。

以上五种培训评估方法可以联合使用。企业在操作中可以采用问卷调查、访谈、观察等方法取得相关数据,再将两组或多组不同的数据进行分析比较。

培训效果的评估是一项系统而复杂的管理活动,没有一个放之四海而皆准的固定模式。企业只有根据不同情况,选择合适的方法,才能得到客观、有效的评估结果。

◈ 技术方法 5-1

PDCA 在培训项目里怎么用?

PDCA 是英语单词 Plan(计划)、Do(执行)、Check(检查)和 Act(修正)的首字母,PDCA 循环就是按照顺序进行质量管理,反复循环下去的科学程序。PDCA 最早是由美国质量管理专家休哈特(W. Shewhart)提出的,由戴明(W. Deming)采用和宣传的,所以又称为"戴明环"。PDCA 在员工培训中如何运用?

1. 培训体系之计划(P)。

计划包括分析确定培训需求;分析数据,总结差距和根源,明确组织能力、员工技能与业务目标的差距,明确各种培训项目信息(培训时间、培训类型、培训名称、参加人员范围、费用预算);确定培训解决方案;沟通与确认培训计划。

2. 培训体系之实施(D)。

实施包括确定筹划方案;确定课程规划;对培训调查问卷进行统计分析;召开培训总结会。

3. 培训体系之检查(C)。

第一层次是反应层,即学员对课程的满意程度;第二层次是学习层,即学员到底学到了什么;第三层次是行为层,即学员多大程度上能将所学用于改变自己的行为;第四层次是效益层,即判断培训后员工工作业绩的提高程度。

4.培训体系之改善(A)。

改善包括总结经验、巩固成绩,对效果好的培训进行总结提炼;处理遗留问题,将问题转入下一个 PDCA 循环。

资料来源:史上最好教程——一文看懂 PDCA.中国人力资源网,2017.

第二节 培训方式方法

培训成功的一个关键点是选择正确的培训方法。培训方法的使用是为了让培训取得良好的效果,因此选择一种好的培训方法至关重要。常用的培训方法可分为四类:直接传授型培训法、实践型培训法、参与型培训法、态度型培训法。在介绍培训的基本方法前,首先介绍几种与培训和开发有关的学习理论与方式。

一、学习理论与方式

(一)学习理论

1.操作学习理论

操作学习理论认为行为是结果的函数。人们的学习行为并非是由先天或条件反射决定的,而是由操作行为、主动或习惯的行为决定的。在具体的行为之后创设令人满意的结果——强化物,会增加行为出现的频率。所谓强化物是指使反应发生的概率增加,或者维持某种反应水平的任何刺激。强化又分为正强化和负强化,正强化通过呈现刺激增强反应概率,负强化通过中止不愉快条件来增加反应概率。例如,当某种工作行为得到奖励或表扬时,就会被人们重复或仿效。

2.社会学习理论

社会学习理论认为,个体不仅可以通过直接经验进行学习,还可以通过观察或听取发生在他人身上的事情进行学习。因此人们的知识、技能或行为既可以通过直接经验,又可以通过间接经验——观察或借鉴别人的行为及行为成果学习。社会学习理论认为,人们学习(尤其是榜样影响下的学习)包括四个过程,如图 5-2 所示。

图 5-2 社会学习过程

3. 期望理论

期望理论认为,一种行为倾向的强度取决于个体对这种行为可能带来的结果的期望强度以及这种结果对行为者的吸引力。员工培训开发的动机主要来源于内在的期望,具体见图5-3所示。

图5-3 期望理论与员工培训开发动机之间的关系

(二)两种性质不同的学习方式

根据操作学习理论、社会学习理论,员工的培训与开发实际上是学习的过程,本质上存在着代理性学习和亲验性学习这两种性质不同的学习方式。

代理性学习指的是在学习过程中,学习者不是靠自身实践阅历或亲身体验来直接获得知识、经验和结论,而是靠别人整理加工后传授的第二手或若干手的阅历知识、间接经验和结论来获得知识、经验和结论。亲验性学习指的是学习者通过亲身体验来掌握知识和技能的学习方式。

有效的培训与开发应当从实际出发,实事求是地将这两种学习方式与知识、技能以及培训目标、培训资源、培训对象等要素有机结合起来,使得两种学习方式恰当匹配、相辅相成。

◆ 阅读推荐 5-1

升职了,工作反而不顺手了,怎么办?

光辉国际(Korn/Ferry International)提出学习敏锐度(Learning Agility)这一概念,将其定义为:"从过往经验中总结学习的意愿与能力以及将所学知识成功迁移至新情况并解决问题的能力。"

实践研究表明,学习敏锐度是一个人长期潜力的关键组成部分,学习敏锐度高的人更容易在不熟悉的环境中成功,更容易升职,也更容易在升职后获得成功。这一点不难理解,有的人可能在前一个岗位上工作努力,有了良好的绩效,进而被提升到更高一级岗位工作,但是职位上升之后由于工作内容、性质、范围发生了变化,结果反而不能适应新岗位,不能再产生更大的绩效,多半是因为这些人的学习敏锐度不高。

综观全球环境,工作稳定的时代已经结束,不确定性成为未来时代的特性。技术的革新、商业的模式迭代、市场的竞争发生在看不见的地方。一个残酷的现实是:我们并没有充足的时间和耐心来培养和发展复杂的技能,尤其是战略思维,或是与他人结为协作网络等技能。当一个新的角色来临，你将如何应对挑战？答案是快速学习，尤其是从经验中学习。于是，学习敏锐度基于时代的需要被提出。

光辉国际提出，学习敏锐度包括人际、变革、结果三方面。人际敏锐度，指一个人能在多大程度上以开放的态度对待他人，喜欢与各类人员交往，了解他人独特的优势与不足并充分利用他人来实现目标。变革敏锐度，指一个人能在多大程度上乐于接受变革，致力于持续改进和引领变革的兴趣。结果敏锐度，指一个人能在多大程度上在困境中激发斗志，通过充分运用资源激励他人。

资料来源：吴玉婷.中国人力资源网，2017.

二、培训方法的介绍

(一)直接传授型培训法

直接传授型培训法适用于知识类培训，主要包括讲授法、专题讲座法和研讨法等。

1. 讲授法

讲授法是指教师按准备好的讲稿系统地向受训者传授知识的方法。它是最基本的培训方法，适用于各类学员对学科知识、前沿理论的系统了解，主要有灌输式、启发式、画龙点睛式三种讲授方式。

讲授法的优点有：传授内容多，知识比较系统、全面，有利于大面积培养人才；对培训环境的要求不高；有利于讲师水平的发挥；学员可利用教室环境相互沟通，也能够向教师请教疑难问题；培训费用较低。

讲授法的局限性有：传授内容多，学员难以完全消化、吸收；单向传授不利于教学双方的互动；不能满足学员的个性化需求；讲师水平直接影响培训效果，容易导致理论与实践的脱节；传授方式较为枯燥。

2. 专题讲座法

专题讲座法在形式上与课堂教学法相近，但内容上有所差异。课堂教学一般是系统知识的传授，围绕不同知识点，连续多次授课；专题讲座是针对某一个专题知识，一般只安排一次培训。这种培训方法适用于管理人员或技术人员了解专业技术发展方向或当前热点问题等。

专题讲座法的优点有：培训不会占用大量时间，形式比较灵活；培训可随时满足员工某一方面的培训需求；讲授内容集中于某一专题，培训对象易于加深理解。

专题讲座法的局限性有：讲座中传授的知识相对集中，内容可能不具备较好的系统性。

3. 研讨法

研讨法是指在讲师引导下，学员围绕某一个或几个主题进行交流，相互启发的培训方法。

(1)研讨法的类型

①以讲师或受训者为中心的研讨。

以讲师为中心的研讨，从头至尾由讲师提出问题，引导受训者回答。讲师负责活跃气氛,使讨论不断深入。讨论的问题除围绕主题外,有时也包括受训者的提问。讨论可采取由讲师先指定阅读材料,然后围绕材料提问并要求受训者回答。研讨结束后,由讲师总结。

以受训者为中心的研讨常常采用分组讨论的形式:一是由教师提出问题或布置任务,受训者独立回答问题或完成任务;二是不规定研讨的任务,受训者就某一议题自由讨论,相互启发。

②以任务或过程为取向的研讨。

任务取向式的研讨着眼于达到某个事先确定的目标,通过讨论弄清某一个或几个问题,或者得出某个结论。组织这样的研讨需要设计能够引起讨论者兴趣、具有探索价值的题目。

过程取向式的研讨着眼于讨论过程中成员之间的相互影响,重点是相互启发、信息交换,以增进成员之间的了解、加深感情。

任务或过程取向的研讨,既能得出某些结论,又能相互影响,但需要进行精心的组织。例如,先分小组讨论,在小组内进行充分的交流,达成一致意见;然后小组推举一人在全体学员的讨论会上发言。

(2)研讨法的优点

①讲师与学员、学员与学员在研讨中相互交流、启发和借鉴,可多向式地进行信息交流。

②学员积极参与研究和讨论,有利于培养综合能力。

③通过对实际问题的研讨,学员有了运用所学知识的机会,加深了对知识的理解,提高了运用能力。

④研讨法的形式多样,适应性强,可针对不同的培训目的选择适当的方法。

(3)实施研讨法的难点

①对研讨题目、内容的准备要求较高。

②对指导教师的要求较高。

(4)选择研讨题目应注意事项

①题目应具有代表性、启发性。

②题目难度要适当。

③研讨题目应事先提供给学员,以便做好研讨准备。

(二)实践型培训法

实践型培训法简称"实践法",主要适用于以掌握技能为目的的培训。

实践法是让学员在实际工作岗位或真实的工作环境中,通过亲身操作、体验,掌握工作所需的知识、技能的培训方法,是员工培训中应用最普遍的方法。实践法将培训内容和实际工作直接结合,具有很强的实用性,是员工培训的有效手段,适用于从事具体岗位所应具备的能力、技能和管理实务类培训。

实践法有很多优点:受训者边干边学,一般无须特别准备教室和其他培训设施;受训者通过实干来学习,培训的内容与受训者将要从事的工作紧密结合,受训者在实践中能迅速得到关于工作行为的反馈和评价。

实践法的常用方式如下：

1. 工作指导法

工作指导法又称"教练法""实习法"，是由有经验的工人或直接主管人员在工作岗位上对受训者进行培训的方法。指导者的任务是教受训者如何做或提出如何能做好的建议，并对受训者进行激励。

工作指导法的优点是应用广泛，可用于基层生产工人培训，如让受训者通过观察教练工作和实际操作，掌握机械操作的技能，也可用于各级管理人员培训，让受训者与现任管理人员一起工作，现任管理人员负责对受训者进行指导，当现任管理人员因退休、调动等原因离开岗位时，训练有素的受训者可立即顶替。

这种方法并不一定要有详细、完整的教学计划，但应注意培训的要点：一是关键工作环节的要求；二是做好工作的原则和技巧；三是必须避免的问题和错误。

2. 工作轮换法

工作轮换法是指让受训者在预定时期内变换工作岗位，使其获得不同岗位的工作经验的培训方法。以管理岗位的工作轮换培训为例：受训者有计划地到各个部门学习，如分别在生产、销售、财务等部门工作几个月，参与所在部门的工作，或作为观察者了解所在部门的业务，增加对整个企业各环节工作的了解。

工作轮换法的优点有：受训者能丰富工作经验，增加对企业工作的了解；受训者能明确自己的长处和短处，找到适合自己的位置；部门间的合作改善，管理者能更好地理解相互间的问题。

工作轮换法的不足有：工作轮换法鼓励"通才化"，适用于一般直线管理人员的培训，不适用于职能管理人员的培训。

3. 特别任务法

特别任务法是指企业通过为某些员工分派特别任务对其进行培训的方法。此法常用于管理培训。具体形式如下：

(1)委员会或初级董事会

这是为有发展前途的中层管理人员提供的，培养分析企业存在问题的能力，提高决策能力的培训方法。初级董事会一般由10~12名受训者组成，受训者来自各个部门，针对高层的管理问题，如组织结构、经营管理人员的报酬、部门间的冲突等提出建议，并提交给正式的董事会，从而为管理人员提供了分析公司高层次问题的机会。

(2)行动学习

行动学习是让受训者将全部时间用于分析、解决其他部门而非本部门问题的一种课题研究法。4~5名受训者组成一个小组，定期开会，就研究进展和结果进行讨论。

经过特别任务法的培训，受训者分析、解决实际问题的能力，制定和执行计划的能力将得到很大的提升。

4. 个别指导法

个别指导法和我国以前的"师傅带徒弟"或"学徒工制度"相类似。目前我国仍有很多企业在实行这种"传、帮、带"的培训方式,资历较深的员工通过指导新员工,让新员工能够迅速掌握岗位技能。

个别指导法的优点有:新员工在"师傅"的指导下开展工作,可以避免盲目摸索,能尽快融入团队,消除刚从高校毕业开始工作时的紧张感,还可从指导者那里获取丰富的经验,有利于企业传统优良工作作风的传递。

个别指导法的缺点有:为提防新员工的威胁,指导者可能会有意保留自己的经验、技术,使指导流于形式;指导者本身的水平对新员工的学习效果有极大影响;指导者不良的工作习惯会影响新员工,不利于新员工的工作创新。

(三)参与型培训法

参与型培训法是通过调动培训对象的积极性,让培训对象在培训双方互动中学习的方法。这种方法的主要特征是每个培训对象都积极参与培训活动,从亲身参与中获得知识、技能,转变思想观念和行为方式。参与型培训法的主要形式有自学、案例研究法、头脑风暴法、模拟训练法、敏感性训练法和管理者训练法。

1. 自学

自学适用于知识、技能、观念、思维、心态等多方面的学习。自学既适用于岗前培训,又适用于在岗培训,新员工和老员工都可以通过自学掌握必备的知识和技能。

(1)自学的优点

①费用低。组织只需要为自学者创造一定的学习条件或者对自学进行必要的组织即可,自学费用比课堂培训低得多。

②不影响工作。与集中培训不同,自学往往利用业余时间,学习和工作不会矛盾。

③自主性强。自学者可根据自己的具体情况,有重点地安排学习时间、内容和进度。

④体现个体差异。自学者可以有选择地学习,按自己的学习习惯,着重学习自己不熟悉的内容。

⑤培养员工的自学能力。在信息时代,每个人都必须终身受教育,学会如何学习对每个人都很重要。自学的过程也是提高学习能力的过程。

(2)自学的缺点

①学习的内容受到限制。

②由于自学能力和主动性不同,学习效果可能存在很大差异。

③学习中遇到疑问和难题往往得不到解答。

④自学是单独进行的,如果学习者对学习的内容缺乏兴趣,就会感觉单调、乏味。

2. 案例研究法

案例研究法是一种信息双向交流的培训方式,它将知识传授和能力提高两者融合到一起,是一种非常有特色的培训方法。案例研究法可分为案例分析法和事件处理法两种。

(1)案例分析法

案例分析法又称"个案分析法",它是围绕一定的培训目的,对实际工作中真实的场景加以典型化处理,形成供学员思考分析和决断的案例,通过独立研究和相互讨论的方式来提高学员分析及解决问题的能力的一种培训方法。

用于教学的案例应满足三个要求:一是内容真实;二是包含一定的管理问题;三是分析案例的目的明确。

案例分析可分为两种类型:一种是描述评价型,即描述解决某个问题的全过程,包括实际后果(不论成功或失败),留给学员的分析任务只是对案例中的做法进行事后分析,提出"亡羊补牢"性的建议。另一种是分析决策型,即只介绍某一待解决的问题,由学员分析并提出对策。分析决策型方法更能有效地培养学员分析决策、解决问题的能力。上述两种方法不是截然分开的,中间存在一系列过渡状态。一般来说,解决问题的过程有7个环节(见图5-4)。

图 5-4　解决问题的 7 个环节

案例分析过程可以终止于以上环节中的任一个。如果进行到第 3 个环节,即问题产生原因已找出,学员要做的事便是对症下药,列出若干备选方案,权衡比较后作出决策等;若只找出了问题,分清了主次,则查明原因这一环节也需要学员去做,任务便加重了,案例分析的难度也相应增加。如此逐步上溯,若案例只介绍头绪纷繁的一种管理情景,则学员首先需要找出存在的问题,案例研究的难度更大;反之,若案例中 7 个环节均已覆盖,即介绍了解决问题的全过程及其结果,学员只需对此作一番评价,则属于描述评价型的案例。

(2)事件处理法

事件处理法是指让学员收集亲身经历的案例作为个案,利用案例研究法进行分析讨论,并用讨论结果来警戒工作中可能出现的问题。学员间通过彼此亲历事件的相互交流和讨论,企业内部信息得到充分利用和共享,有利于形成和谐、合作的工作环境。

事件处理法的适用范围:员工了解收集各种情报、分析具体情况的重要性;了解工作中相互倾听、相互商量、不断思考的重要性;通过自编案例及案例的交流分析,学员理论联系实际的能力、分析解决问题的能力以及表达、交流能力较强;员工间的人际关系良好。

事件处理法的优点有:学员的参与性强,变被动接受为主动参与;学员能将解决问题的能力的提高融入知识传授中;教学方式生动、具体、直观,学员之间能够通过案例分析达到交流的目的。

事件处理法的缺点有:案例准备的时间较长且要求高;培训需要较多的时间,对学员能力及培训顾问的能力都要求较高;无效的案例会浪费培训对象的时间和精力。

3. 头脑风暴法

头脑风暴法又称"研讨会法""讨论培训法",其特点是培训对象在培训活动中相互启迪、激发创造性思维,最大限度地发挥每个参加者的创造能力,对问题提供更多、更好的解决方案。

头脑风暴法的操作要点是只规定一个主题,即要解决的问题,保证讨论内容不泛滥。参加者组织在一起,无拘无束地提出解决问题的建议或方案,组织者和参加者都不能评议他人的建议和方案。事后收集各参加者的意见,交给全体参加者。然后排除重复的、明显不合理的方案,重新表达内容含糊的方案。全体参加者对各可行方案进行逐一评估,选出最优方案。实行头脑风暴法的关键是排除思维障碍,消除心理压力,让参加者轻松自由、各抒己见。

头脑风暴法的优点有:为企业解决了实际问题,提高了培训的收益;帮助学员解决工作中遇到的实际困难;培训中学员参与性强,小组讨论有利于加深学员对问题的理解;体现了集体智慧,达到了相互启发的目的。

头脑风暴法的缺点有:培训顾问主要扮演引导者的角色,讲授机会较少;研究问题的解决受到培训对象水平的限制;问题的挑选难度大,不是所有的问题都适合用来讨论。

4. 模拟训练法

模拟训练法是基于工作中的实际情况,将工作中可利用的资源、约束条件和工作过程模型化,学员在假定的工作情境中活动,学习从事特定工作的行为和技能,从而提高处理问题的能力。模拟培训法基本形式是:人与机器共同参与模拟活动;人与计算机共同参与模拟活动。

模拟训练法的优点有:学员的工作技能有所提高;员工的竞争意识加强;培训的气氛活跃。

模拟训练法的缺点有:模拟情景准备时间长且质量要求高;对组织者的要求高,组织者要熟悉培训中的各项技能。

模拟训练法与角色扮演法类似,但模拟训练法更侧重于对操作技能和反应敏捷的培训,把参加者置于模拟现实的工作环境中,让参加者反复操作,解决实际工作中可能出现的各种问题,为进入实际工作岗位打下基础。模拟训练法适用于对操作技能要求较高的员工的培训。

5. 敏感性训练法

敏感性训练法又称"T 小组法",简称"ST(Sensitivity Training)法"。敏感性训练要求学员在小组中就个人的情感、态度及行为进行坦率、公正的讨论,相互交流对各自行为的看法,并说明引起的情绪反应。目的是提高学员对自己和他人的行为的洞察力,了解自己在他人心目中的"形象",了解自己与周围人群的相互关系和相互作用,学习与他人沟通的方式,发展应变能力及在群体活动中开展建设性活动。

敏感性训练法适用于组织发展训练、晋升前的人际关系训练、中青年管理人员的人格塑造训练、新进人员的集体组织训练、外派工作人员的异国文化训练等。

敏感性训练法常采用集体住宿、小组讨论、个别交流等活动方式。具体训练日程由指导者安排,内容可包括问题讨论、案例研究等。讨论中,每个学员充分暴露自己的态度和行为,并从小组成员那里获得他人对自己行为的真实反馈,接受他人给自己提出的意见,同时了解自己的行为如何影响他人,从而改善自己的态度和行为。

阅读推荐 5-2

与其抱怨,不如想办法释放员工的潜能

管理学之父彼得·德鲁克在《他们不是雇员,他们是人》一文中指出:"对于任何组织而言,伟大的关键在于寻找人的潜能并花时间开发潜能。"

这与教练的本质不谋而合,教练的本质是培养被指导者的觉察力和责任感,将被指导者的内在潜能释放出来,帮助他们自行找到解决方法,进而实现目标。

1. 以员工为中心,激活管理。

相对于传统自上而下展开的上下级对话模式而言,教练式对话以员工为中心,用开放式提问启发员工思考,用学习型、成长型思维替代评判型思维,信任员工,帮助员工成长,为员工、团队、组织带来价值。

2. 三大原则,做教练型管理者。

教练遵循三个不变的原则,即支持下属实现目标、期待持有问题的人自己解决问题、相信人有无限的潜能。

3. 三种能力,随时启发引导。

教练要具备三种基本的能力,即深度倾听、有力提问、有效反馈。日常工作中,只要掌握这三种能力,就可以随时随地进行片段式训练,提升管理效能。

"GROW"流程,帮助教练技术落地:

在掌握了深度倾听、有力提问、有效反馈三大基本能力后,教练可以使用对话流程指导员工行为改变。通过研究,我们发现市场上很多企业教练的对话流程至少有八九步,太复杂了,不便于学习和掌握。其实,所有对话的核心只有四步,即聚焦目标(Goal setting)、了解现状(Reality Check)、探索行动方案(Options)、强化意愿(Will),简称"GROW"。

资料来源:季益祥.与其抱怨,不如想办法释放员工的潜能.培训,2017.

(四)态度型培训法

态度型培训法主要针对行为调整和心理训练,具体包括角色扮演法和拓展训练等。

1. 角色扮演法

角色扮演法是让参加者身处模拟真实的工作情境之中,并按照其在实际工作中应有的权责来扮演类似的角色,模拟性地处理工作事务,从而提高处理各种问题的能力。这种方法的精髓在于"以动作和行为作为练习的内容来开发设想"。也就是说,学员们不是针对某些问题相互对话,而是针对某些问题采取实际行动,以提高个人及集体解决问题的能力。

行为模仿法是一种特殊的角色扮演法。它向学员展示特定行为的范本,由学员在模拟的环境中进行角色扮演,并由指导者对学员行为提供反馈。它适用于中层管理人员、基层管理人员、一般员工的培训。它能使学员的行为符合其职业、岗位的行为要求,提高学员的行为能力,使学员能更好地处理工作环境中的人际关系。它根据培训的具体对象确定培训内容,如基层主管指导新雇员、纠正下属的不良工作习惯等。它的操作步骤如下:首先,建立示范模型;其次,进行角色扮演与体验;再次,进行社会行为强化;最后,将培训成果进行转化与应用。

(1)角色扮演法的优点

①学员参与性强,学员与教师之间的互动交流充分,学员培训的积极性高。

②角色扮演中特定的模拟环境和主题有利于增强培训效果。

③在角色扮演过程中,学员之间需要进行交流、沟通与配合,因此可以增加彼此间的感情交流,培养他们的沟通能力、自我表达能力、相互认知能力等社会交往能力。

④在角色扮演过程中,学员可以互相学习,及时认识到自身存在的问题并进行改正,明白自身的不足,提高各方面能力。

⑤学员不仅提高了业务能力,同时提高了反应能力和心理素质。

⑥角色扮演法具有高度的灵活性,实施者可以根据培训的需要改变受训者的角色,调整培训内容。同时,角色扮演对培训时间没有任何特定的限制,应视要求决定培训时间。

(2)角色扮演法的缺点

①场景是人为设计的,如果设计者没有较高的设计能力,设计出来的场景可能会过于简单,受训者得不到真正的锻炼和提高能力的机会。

②实际工作环境复杂多变,而模拟环境却是静态的、不变的。

③角色扮演中的问题分析仅限于个人,不具有普遍性。

④有时学员由于自身原因,参与意识不强,角色表现漫不经心,影响培训效果。

综上所述,角色扮演法既有优点,又有不足,是一种难度很高的培训和测评方法。要想达到理想的培训和测评效果就必须进行严谨的情景模拟设计,同时,角色扮演过程的要有效控制,随时纠正可能产生的偏差。

2.拓展训练

拓展训练是指通过模拟探险活动进行的情景式心理训练、人格训练、管理训练。它以外向型体能训练为主,将学员置于各种艰难的情境中,使学员在面对挑战、克服困难和解决问题的过程中心理素质得到改善。拓展训练包括场地拓展训练和野外拓展训练两种形式。

(1)场地拓展训练

场地拓展训练是指利用人工环境设施或固定基地进行的训练活动,包括高空断桥、空中单杠、过缅甸桥等高空项目以及扎筏泅渡、合力过河等水上项目等。

场地拓展训练可以促进团队内部和谐,提高沟通效率,提升员工的积极性,促进形成真正被大家认同的企业文化,也可以作为企业业务培训的补充。

(2)野外拓展训练

野外拓展训练是指在自然地域,通过模拟探险活动进行的情景体验式心理训练。它起源于第二次世界大战中的海员学校,英文是 Outward Bound,意思是一艘小船离开安全的港湾,勇敢驶向探险的旅程,去接受一个个挑战,战胜一个个困难。它旨在训练海员的意志和生存能力,后被应用于管理训练和心理训练等领域,用于提高人的自信心,提高把握机遇、抵御风险的能力,锻炼积极进取的意志,以提高个体与组织适应环境的能力。

野外拓展训练通过野外探险活动中的情景设置,使参加者体验所经历的各种情绪,从而了解自身(或团队)面临某一外界刺激时的心理反应及后果,帮助实现学员能力提升的培训目标。野外拓展训练项目主要有远足、登山、攀岩、漂流等,这些项目可以使参加者了解自身与同伴的力量、局限和潜力。

(五)信息时代的培训方式

随着现代社会信息技术的发展,信息技术被引入培训领域。在这种情况下,新兴的培训方式不断涌现,如网上培训、虚拟培训等培训方式在很多公司受到欢迎。

1.网上培训

网上培训,又称"基于网络的培训",指通过组织局域网或互联网对学员进行培训的方式。它是将现代网络技术应用于人力资源管理与开发领域所衍生出来的一种培训方法。它以无可比拟的优越性受到越来越多的企业的青睐。

在网上培训中,教师将培训课程储存在培训网站上,分散在世界各地的学员利用网络浏览器进入网站接受培训。

(1)网上培训的优越性

①学员无须从各地同时召集到一起,节省了时间等培训成本。

②网上培训的培训内容易于修改、更新,无须提供纸质教材或培训硬件工具。

③网上培训可以充分共享网络上的声音、图片和影音等资源,增强培训的趣味性,提高学习效率。

④网络培训的进程安排比较灵活,学员可以充分利用空闲时间进行,无须中断工作。

(2)网上培训的缺点

①网上培训要求企业建立网络培训系统,为此企业前期需要投入大量的资金,中小企业往往无力购买相关培训设备和技术。

②不是所有培训内容都适用于网上培训方式,如人际交流沟通的技能培训就不适用于网上培训方式。

2.虚拟培训

虚拟培训是指利用虚拟现实技术生成实时的、具有三维信息的人工虚拟环境,学员通过某些设备接受和响应环境的各种感官刺激而进入虚拟环境,并可以根据需要运用多种交互设备来影响环境、操作工具和操作对象,从而达到提高技能或学习知识的目的。

虚拟培训的优点在于培训内容具有仿真性、超时空性、自主性、安全性。在培训中,学员能够自主地选择或组合虚拟培训场地和设施,可以在重复中不断增强训练效果;更重要的是,虚拟环境使学员脱离了现实环境培训中的风险,并能从培训中获得感性知识和实际经验。

◈ 应用案例 5-1
四段循环培训模式

弥补理想与现实差距的重要方法是培训。某集团公司基于目标一致、理念认同、文化兼容、流程融合的理念,采用"冬训夏练、春秋自学"的四段循环培训模式。

1. 冬季集训。

(1)理论培训:大多采用短训班、专题讨论会等形式,时间不长,主要是学习一些基本原理以及在某些方面的新进展、新成果,或就一些实践问题进行理论探讨等。

(2)实务培训:根据各岗位的实际需求,组织内部培训师进行相关实务培训或组织相关岗位人员的经验分享与交流,提升员工的实操能力。

(3)企业文化培训:企业将文化"内化于心、固化于制、外化于形、实化于行"。

(4)制度规范培训:对员工进行制度规范的培训,增强制度权威,规范员工行为及工作绩效标准,降低公司运营成本并防控运营风险。

(5)流程标准培训:对员工进行流程标准的培训,可以提高员工的工作效率,减少推诿扯皮,帮助树立标准意识,实现"OPDCAS"模式,即目标管理(O)标准化(S)下的PDCA循环。

2. 夏季练兵。

(1)班组竞赛:在班组内,结合工作实际,进行相同岗位的竞赛、练兵、组内对标,以提高员工及班组整体的实操能力,实现绩效倍增。

(2)部门竞赛:在部门内,结合工作实际,进行相同岗位的竞赛、练兵,提高员工实操能力。

(3)公司竞赛:在公司内,结合公司战略及年度经营目标,开展公司层面的竞赛、练兵。

3. 春秋自学。

(1)读书活动:根据公司年度培训计划和员工发展计划,公司指定必读和选读图书的目录。

(2)集中学习:针对公司运营所必知的课程内容,通过集中时间学习,或针对某类员工进行培训,持续进行培训效果的评估。

(3)知识共享:通过制度要求员工对工作中的案例以及工作经验教训进行总结,企业鼓励员工定期进行知识共享。

(4)轮流授课:在公司、部门、班组等层面,对员工开展轮流授课。

(5)网上学习:通过公司内部开发、外部采购等形式,公司在OA平台、微信公众号等相关网络平台上,进行文字、视频、音频等传播。

在企业培训工作中,构建培训管理相关制度体系,加强各层次员工培训效果评估,调研培训需求并及时改进培训模式及内容,通过培训驱动组织绩效提升及组织战略目标的实现。

资料来源:韦祎.四段循环培训模式.中国人力资源开发网,2016.

第三节 培训制度的建构与实施

一、培训制度与内容

(一)企业培训制度的内涵

培训制度是能够直接影响和作用于组织培训系统与培训活动的各种法律、规章、制度及政策的总和,主要包括培训的法律和规章、培训的具体制度和政策两方面。

企业培训的具体制度和政策是企业员工培训健康发展的根本保证,是企业在开展培训工作时要求人们共同遵守并按一定程序实施的规定、规则和规范。企业培训制度的根本作用在于为培训活动提供制度性框架和依据,促使培训沿着法制化、规范化的轨道运行。

企业培训涉及企业和员工两个培训主体,这两个培训主体培训的动力和目的有一定的差别。在一定的制度条件下,这种差别将导致培训无法达到预期的培训目标和效果。要提高培训的效益,企业就必须建立一套完整的培训制度,通过制度来明确双方的权利和义务、利益和责任,使双方的目标和利益总体上保持一致。培训制度是由企业制定的,其主要目的是调动员工参与培训的积极性,同时使企业的培训活动系统化、规范化、制度化。

(二)企业培训制度的内容

企业人力资源管理部门在起草某一具体的培训制度时,应当注意结构和内容的完整性和一致性。一项具有良好的适应性、实用性和可行性的培训制度至少应包括以下基本内容:

第一,制定企业员工培训制度的理论和政策依据;第二,实施企业员工培训的目的或宗旨;第三,企业员工培训制度的实施办法;第四,企业培训制度的核准与施行;第五,企业培训制度的解释与修订权限的规定。

二、常见培训管理制度

(一)培训服务制度

1.制度内容

培训服务制度是培训管理的首要制度,虽然不同组织各有规定,但必须符合企业和员工的利益并遵守国家法律法规。培训服务制度包括培训服务制度性条款和培训服务协议条款两部分。

(1)培训服务制度性条款

员工在正式参加培训前,应根据个人和组织需要向培训管理部门或部门经理提出申请。培训申请批准后需要签署培训服务协议。

(2)培训服务协议性条款

培训服务协议性条款应包括参加培训的申请人;参加培训的项目和目的;参加培训的时间、地点、费用和形式等;参加培训后要达到的技术或能力水平;参加培训后要在企业服务的时间和岗位;参加培训后如果出现违约的补偿;部门经理人员的意见;参加人与培训批准人的有效法律签署等内容。

2. 制度解释

对于投入较大且需要离职培训的项目,企业不仅要支付员工培训费用,而且要正常提供员工的工资待遇,还要承担员工在离职期间不能正常工作的成本。如果参加培训的员工学成后跳槽,则培训损失会较大。为了防止该类问题的发生,企业必须制定培训服务制度对上述行为进行约束。

(二)入职培训制度

1. 制度内容

入职培训制度主要由人力资源部门专职人员与用人部门管理人员共同协商制定,主要包括以下内容:培训的意义和目的;需要参加培训的人员界定;特殊情况不能参加入职培训的解决办法;入职培训的主要责任人(部门经理或培训组织者);入职培训的主要方法和基本要求(内容、时间、考核等)。

2. 制度解释

入职培训制度是规定员工上岗或任职之前必须经过的培训,没有经过入职培训的员工不得上岗和任职。入职培训体现了"先培训、后上岗""先培训、后任职"的原则,符合企业培训的目的,也有利于提高员工的工作绩效。

(三)培训激励制度

1. 制度内容

与培训配套的激励制度主要包括以下内容:完善的岗位任职资格要求;公平、公正、客观的业绩考核标准;公平竞争的晋升规定;以能力和业绩为导向的分配原则。

2. 制度解释

企业培训制度旨在激励各利益主体积极参与培训,激励形式主要体现为:

(1)对员工的激励

企业必须建立"培训—使用—考核—奖惩"等配套制度,形成以目标激励为先导、竞争激励为核心、利益激励为后盾的人才培养激励机制。

(2)对部门及其主管的激励

企业必须建立岗位培训责任制,把培训任务的完成情况与各级领导的责、权、利挂钩,将培训责任制纳入领导的目标管理体系,让培训不仅是培训部门的事,更是每一个部门、每一位管理人员的事。

(3)对企业本身的激励

培训制度是对企业有效开展培训活动的一种约束。企业培训的目的是提高员工素质、改善工作行为,从而提高企业绩效。因此,培训制度的制定与实施能激发企业培训员工的积极性,使培训能满足企业的发展需要。

(四)培训考核评估制度

1. 制度内容

培训考核评估制度主要包括以下内容:被考核评估的对象;考核评估的执行者(培训组织者或部门经理);考核的类型、主要方式及评价标准;考核结果的签署确认与备案;考核结果的证明或证书等;考核结果的使用。

2. 制度解释

设立培训考核评估制度,既能检验培训的最终效果,也为培训奖惩制度的确立提供了依据,还是规范培训相关人员行为的重要途径。培训后的考核评估是必不可少的环节,要与培训前制定的目标和标准保持一致,考核评估要做到"公平、公正、公认"。

(五)培训奖惩制度

1. 制度内容

员工培训奖惩制度主要包括以下内容:制度制定的目的;制度的执行组织和程序;奖惩的对象、方法及标准的说明;奖惩的执行方式和方法。

2. 制度解释

奖惩制度是保证各项培训管理制度能够顺利执行的关键,如果参加与不参加培训一个样,培训考核评估好与不好一个样,则谁都不会重视培训制度,更加不会重视培训工作。制度一定要明确对培训中可能出现各种情况的奖惩标准,如果奖惩标准不一或不明确,则无法保证制度的有效性。

(六)培训风险管理制度

1. 制度内容

为规避企业培训员工的风险,必须制定培训风险管理制度。

一是企业必须根据《中华人民共和国劳动法》,与员工建立相对稳定的劳动关系。

二是根据培训的具体情况,在培训之前,企业必须与受训者签订培训合同,明确双方的权利义务和违约责任,包括企业和受训者各自负担的成本、受训者的服务期限、保密约定和违约补偿等事项。

三是根据"利益获得原则",企业应按投资与受益的正比关系,考虑培训成本的分摊与补偿。比如,对于投资大、时间长、主要是提高受训者的素质、能力和个人收入的开发性培训项目,培训费用应以个人投资为主,企业承担部分费用。

2. 制度解释

员工培训是一项人力资源投资活动。既然是投资就必然存在风险,如人才流失带来的经济损失、培训没有达到预期效果、送培人员选拔失当、专业技术保密难度增大等。企业必须通过风险管理制度,对培训中的风险加以预警和防范,减少损失。

应用案例 1-1

宝洁公司的员工培训制度

在宝洁公司,"业绩评价""能力评估""个人发展"和"未来一年工作计划"紧密结合在一起,形成了著名的"四位一体"制度。这些制度是研究宝洁其他制度和做法的"DNA"。

1. "四位一体"制度。

每个财年年末,宝洁公司都要对照年度工作计划开展绩效评估工作。比较有特点的是:

(1)宝洁将业绩分为业务成绩和对组织发展的贡献两部分,其中对组织的贡献中包括了培养下属、招聘(培训)、效率提升和知识分享等方面。

(2)年度业绩评估不采取单项指标打分的方法,而是由主管对员工进行综合评分。如果由于客观原因没有达成目标,只要员工尽了最大努力,照样可以得高分。

(3)业绩评估结果采取强制分布,分1、2、3等,1等为最优。1、2、3等分别占10%~15%、60%~70%、15%的比例。只有2等以上的员工才有资格升级和跨部门轮岗。

(4)在业绩评价的同时,对员工进行能力分析评估,明确员工优势能力和需改进能力。

(5)由员工提出自己的长期(5年后)和短期(3~5年)的职业兴趣,经理根据员工个人意见、同事反馈及经理观察,提出员工个人发展计划,其中包括员工培训及内容。

(6)组织贡献几乎占业绩考核的50%,员工对组织的贡献与业务成绩几乎同等看待。

"四位一体"的体制是宝洁企业大学得以成功的基础。如果没有对员工个人业绩和能力的恰当评价,没有研究员工的个人发展规划,企业培训项目的针对性和有效性都将大大降低。

2. "内部提升制"和"双教练制"。

(1)内部提升制是宝洁人力资源管理哲学的核心,在这个核心基础上,除了法律、医生等极少数岗位,大多数岗位宝洁以校园招聘为主。所有管理岗位都是从内部提升,这是宝洁文化能够传承的主要原因。

(2)双教练分别为直线经理和真正的教练。直线经理定期与员工进行谈话,谈话主题主要为员工的工作业绩、工作方法、能力发展以及员工职业规划,通过谈话员工受益良多。真正的教练对员工工作中遇到的问题进行指导。

"教会徒弟饿死师傅"在许多人的潜意识中是根深蒂固的。直线经理培养员工的热情从何而来?宝洁为此有专门的制度安排,否则,直线经理对部属的培养热情恐怕会大打折扣。由于宝洁长期坚持这样的制度安排,各级经理热情培训下属已逐步形成宝洁的传统和文化。

资料来源:一文教你读懂宝洁培训体系精华.中国人力资源开发网,2017.

三、培训制度的实施

培训制度要贯穿于培训体系的各个环节之中,使培训工作有章可守、有法可依。在执行各种规章制度的同时,企业要加大监督检查的力度,监督检查人员不能仅限于企业高层领导,还应该吸收员工代表,从多个角度监督检查培训制度的落实情况。此外,企业还应采取开放式的管理政策,使每一个员工都有权利和义务监督培训制度的执行情况,如有意见或建议可以直接提出或采用匿名的方式提出。

任何制度的制定都不可能一步到位,要通过实际的运行才能得到检验。培训制度在贯彻实施过程中会遇到一系列问题,这些问题的出现有可能是员工自身的原因,也有可能是制度本身造成的。如果企业员工培训制度确实存在一些问题和不足,与企业的现实情况相抵触,企业需要组织力量,深入实际,进行调查,在全面掌握真实的信息后,对制度的某些条款作出适当的调整,只有这样做才能保障培训制度的科学性、完整性和可行性。培训制度推行与完善的步骤见图5-5。

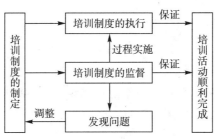

图5-5 完善培训制度流程图

❖ 本章小结

1.培训需求分析是指通过收集组织及成员的绩效信息,确定实际绩效与理想绩效之间的差距,为培训提供依据的活动。培训需求分析是确定培训目标、设计培训计划、实施培训方案及培训效果评估等整个培训活动的首要环节。

2.培训规划主要包括:确定培训项目、开发培训内容、设计培训过程、选择评估指标、筹备培训资源、培训成本预算等方面。培训规划的制定包括：需求分析、工作说明、任务分析、排序、陈述目标、设计测验、制定策略、设计内容、进行实验等步骤。

3. 组织实施培训的主要步骤有：培训准备、培训介绍、培训项目讲解、培训项目管理及培训评估。

4. 员工培训评估可分为事前、事中、事后评估，培训评估可从反应层面、学习层面、行为层面、结果层面等进行，运用目标评价、绩效评价、测试比较、收益比较等评估方法。

5. 员工培训方法可分成直接传授型培训法、实践型培训法、参与型培训法、态度型培训法等四大类。

6. 在培训制度方面，本书主要介绍了企业培训制度的内涵、培训管理制度的基本内容以及如何推行和完善企业培训制度。

◇ 本章习题

1. 培训需求的人员分析包括哪些内容？
2. 列举员工培训的主要方法。
3. 哪些培训方法可以组合在一起？你认为可能的最佳组合包括哪些？
4. 结合本章内容并联系实际，谈谈如何做好培训的需求分析。
5. 试调查某行业常用的培训方法，并分析原因。
6. 某信息公司的一位有10多年工作经验的高级技术主管总是事必躬亲，最近他感觉到工作上力不从心，与下属也是隔阂不断，你认为问题可能出现在哪里？他是否需要接受培训？

◇ 案例研讨

通过内部培训挖掘人才

Facebook 的 CEO 扎克伯格（M. Zuckerberg）说过，1 名优秀的工程师抵得上 100 个普通的工程师。据调查，90％以上的企业都存在人才紧缺现象，严重影响了企业的战略发展。针对人才匮乏的问题，专家建议企业将探寻人才的雷达从外部转向内部，稳打稳扎地建立起内部人才培养梯队。

1. 善于发现内部人才。

没有无用的人才，只有不合适的岗位。与其花重金进行外部招聘，倒不如在企业内部重点培养有潜质的员工。IBM 通过公司工作轮调为员工选配良师益友，让那些具有"DNA"潜质的员工得到培养，并且引导、强化他们的"DNA"潜质。

IBM 公司的直属领导对具有"DNA"潜质员工的发掘鉴定有很大的义务和责任。直属领导要像矿工一样把自己管辖领域内的"金属"挑选出来，但"金属"能否成为"金子"，还要辨别和鉴定。

从IBM公司发现内部人才培养计划可以看出,将合适的人放在合适的岗位,再重点培养以提升绩效,是制定培训计划的首要因素。

2. 实施针对性内训。

人力资源经理不仅要有一双雷达似的眼睛来探测谁是人才,还要组织好一系列挖掘机似的内训课程,将员工最大潜力挖掘出来。当企业明确未来所需人才的能力,构建一套系统化的员工能力模型,并据此开展人员测评,且将测评结果有效地运用于企业内部管理后,企业就能清楚地识别哪些员工具有潜力,从而制定适合员工职业晋升发展的具有针对性的培训方案。

师徒制:在现代企业中,有没有师徒制,对员工的职业发展影响很大。沃顿商学院做过一项研究,他们追踪一家高科技公司里1000名员工在5年内的发展。结果发现,有师傅带领的员工获得升迁的概率是没有师傅带领的员工的5倍。

教练制:"互联网+"时代倒逼企业转型升级,以往的培训模式难以达到及时为企业补给人才的目的。据调查,员工表现出来的能力通常仅占其全部能力的30%。企业因此要改进培训模式,选好教练,引导员工发挥主观能动性,达到高绩效工作目标。

轮岗制:很多人力资源经理发现,"种子员工"经过一段时间的培训,理论专业技能很强,可是当把他们提拔到一定位置时,却达不到期望值,很大原因是员工缺乏实践经验。为此,许多企业采用了轮岗制培训。

除了以上三种培训模式外,还有很多具有针对性的培训模式,如"翻转培训""慕课""E-learning培训""影子培训""ERP培训"等。台湾著名企业咨询师尤登弘说过,一切有效的培训都要从员工个人角度出发。因此,无论采用何种培训模式,企业首先要明确员工是哪种类型的人才,再去挖掘其潜能,只有这样才能快速提升员工能力以及企业绩效。

资料来源:刘青青. 怎么通过内训挖掘内部人才. 中国人力资源开发网,2017.

请讨论:

1. 本案例中采用了哪些培训方法?
2. 对本案例采用的培训方法进行比较分析,这些方法有何优势,又有哪些不足?

践行辅导

如何进行培训需求和培训项目设计?

【体验目的】

1. 掌握培训与开发需求分析的流程及获取培训需求信息的方法。
2. 根据所采集培训需求分析的信息设计培训项目。

【体验准备】

向企业负责人介绍进行培训需求分析的意义和作用,并请企业人力资源管理负责人向员工解释进行培训需求分析是对员工、对企业都是一项有益的工作,以取得员工的信任和支持,使获取信息更为便捷和有效。

【起止时间】

在本章第一节教学完成后开展本项实践活动,时间控制在两周内。

【实践步骤】

1. 学生自由组合以 8~10 人为一组,选定小组长,选择一家企业进行需求分析调查。

2. 将一系列的问题编制成问卷,发放给培训对象待其填写后收回分析。

3. 每组根据本组获取的信息设计培训项目。

4. 教师预留两节课的时间,汇总各组培训项目方案,以每组的组长为代表,陈述本组的方案和支撑方案的材料分析过程。小组之间结对互评,每位同学均参与评价并给出意见,最终对各个方案进行排序。

5. 教师利用课堂时间,结合课堂所学知识点评学生组织实施情况。

6. 成绩评定:教师以课上讨论积极、与本组其他同学协作解决实际问题的能力表现为依据,给出每组的成绩。最后每位同学根据实验内容结合所学理论知识及自己的分析和理解,撰写实验报告,教师对每位同学的实验报告给出成绩及教师点评。

【效果评价】

1. 学生掌握了培训需求分析的基本方法和操作流程,并能根据培训需求分析设计培训项目。

2. 运用培训的理论和方法开展培训需求分析,提高组织实践活动的能力。

第六章

绩 效 管 理

 学习目标

☆ 掌握绩效管理的相关概念及绩效管理的流程
☆ 理解绩效管理系统的设计、运行及开发
☆ 熟悉绩效考核的相关内容
☆ 掌握几种常见的绩效考核方法

 关键术语

☆ 绩效管理 Performance Management
☆ 绩效考核 Performance Appraisal
☆ 绩效管理系统 Performance Management Systems
☆ 绩效指标 Performance Indicator
☆ 绩效考核方法 Performance Appraisal Methods

 学前思考

有人说,再也没有如绩效管理一样让人看不懂的人力资源管理工具了。一边是深信不疑的管理专家和人力资源经理们,另一边却鲜有成功案例。无数企业雄心万丈地启动了绩效管理,但不同的起点均走向同样失败的终点。或许,这只能说明一个问题:绩效管理存在误区。老板说是人力资源经理们引错了路,人力资源经理们却说是中国老板们带错了队。关于绩效管理,为什么在欧美企业中屡试不爽,而在中国企业中屡屡受挫?中国企业的绩效管理到底"路在何方"呢?

◆ 开篇案例

制度的力量

18世纪末期,英国政府决定把犯了罪的英国人统统发配到澳洲。一些私人船主承包了从英国往澳洲大规模地运送犯人的工作。英国政府实行的付费办法是根据船上的犯人数支付船主费用。当时那些运送犯人的船只大多是由一些很破旧的货船改装的,船上设备简陋,没有什么医疗药品,更没有医生,而且船主为了牟取暴利,尽可能地多装人,所以船上条件十分恶劣。一旦船只离了岸,船主按人数拿到了政府的钱,对于这些人能否远涉重洋活着到达澳洲就不管不问了。有些船主为了降低费用,甚至故意断水断食。3年后,英国政府发现:运往澳洲的犯人在船上的死亡率平均为12%,甚至有些船只运送犯人的死亡率超过30%。英国政府花费了大笔资金,却没能达到安全移送犯人的目的。

英国政府想了很多办法,例如:在每一艘船上都派一名政府官员监督,再派一名医生负责犯人的医疗卫生工作,同时对犯人在船上的生活标准作了硬性的规定。但是,死亡率不仅没有降下来,有些船上的监督官员和医生竟然也不明不白死去。原来一些船主贪图暴利,贿赂官员,如果官员不同流合污就将他扔进大海。政府支出了监督费用,却照常死人。

政府又采取新办法,把船主召集起来进行教育培训,教育他们要珍惜生命,理解政府的长远大计,不要把金钱看得比生命还重要。但是情况依然没有好转,死亡率一直居高不下。

一位英国议员认为那些私人船主钻了制度的空子,而制度的缺陷在于政府给予船主的报酬是以上船人数来计算的。他提出改变制度:政府以到达澳洲后上岸的人数为准计算报酬,不论在英国上船多少人,只有到了澳洲通过清点上岸的人数才支付报酬。

问题迎刃而解。船主主动请医生上船,在船上准备药品,改善船上生活条件,尽可能地让每一个上船的人都健康地到达澳洲。自从实行上岸计数的办法以后,船上的死亡率降到了1%以下。有些运载几百人的船只经过几个月的航行竟然没有一个人死亡。

这个故事告诉我们,绩效管理的导向作用很重要。企业的绩效目标决定了员工的行为方式和价值取向,如果企业认为绩效考核是惩罚员工的工具,那么员工的行为方向就是避免犯错而非创新,企业战略发展的目标就无法实现;如果企业的绩效导向是组织目标的达成,则员工的行为方向就会与组织目标保持一致,围绕组织目标分解任务,并制定切实可行的实施方案,员工与经理结成绩效合作伙伴,不断改善绩效,最终实现组织的长远目标。

资料来源:徐剑.绩效管理中的五个经典案例.新浪博客,2012.

第一节 绩效管理概述

一、绩效管理相关概念

(一)绩效管理内涵

所谓绩效,就是员工在工作过程中所表现出来的与组织目标相关的并且能够被评价的工作业绩、工作能力和工作态度。

绩效管理是指制定员工的绩效目标并收集与绩效有关的信息,定期对员工的绩效目标完成情况作出评价和反馈,以改善员工工作绩效并最终提高企业整体绩效的制度化过程。绩效管理的目的在于提高员工的能力和素质,改进与提高公司绩效水平。

知识拓展 6-1

美国学者鲍曼和穆特威德鲁(W. Borman & S. Motowidlo)在归纳众多研究的基础上提出了任务绩效和周边绩效的概念。任务绩效是员工执行工作所要求的活动的效率,与结果有关;周边绩效是指那些对组织效率很重要,但并不属于任务要求的活动和行为,比如,主动承担非工作范围内的任务,为完成工作不懈努力,帮助他人,即使在个人不便的情况下也能遵守组织的规章和程序,支持、维护组织目标等。

任务绩效主要受员工个人能力和技能(如认知技能、身体技能)的影响,周边绩效则主要受员工个人的人格特点(如动机水平、责任心等)的影响,具体见表 6-1。

表 6-1 任务绩效和周边绩效的主要区别

任务绩效	周边绩效
各职位间不同	各职位间很相近
角色事先规定	角色非事先规定
达成的前提是能力和技能	达成的前提是个性

资料来源:孙健敏. 人力资源管理. 北京:科学出版社,2016.

(二)绩效管理的意义

无论企业处于何种发展阶段,绩效管理对于提升企业的竞争力都具有巨大的推动作用,企业进行绩效管理是非常必要的。绩效管理不仅能促进组织和个人绩效的提升,而且能促进管理流程和业务流程的优化,最终保证组织战略目标的实现。

1. 绩效管理促进组织和个人绩效的提升

绩效管理通过设定科学合理的组织目标、部门目标和个人目标,为企业员工指明了努力的方向。管理者通过绩效辅导沟通及时发现下属工作中存在的问题,给下属提供必要的工作指导和资源支持;下属通过工作态度以及工作方法的改进,保证绩效目标的实现。绩效管理能使内部人才得到成长,同时能吸引外部优秀人才,使人力资源能满足组织发展的需要,促进组织绩效和个人绩效的提升。根据翰威特(Hewitt)公司对美国所有上市公司的调查,具有绩效管理系统的公司在企业绩效的各个方面明显优于没有绩效管理系统的公司,表 6-2 是该项调查的结果:

表 6-2　绩效管理对企业绩效的影响

指标	没有绩效管理系统	具有绩效管理系统
全面股东收益率	0.0%	7.9%
股票收益率	4.4%	10.2%
资产收益率	4.6%	8.0%
投资现金流收益率	4.7%	6.6%
销售实际增长	1.1%	2.2%
人均销售额	126100 美元	169900 美元

2. 绩效管理促进管理流程和业务流程优化

企业管理涉及对人和对事的管理,对人的管理主要涉及激励和约束问题,对事的管理主要涉及流程问题。在绩效管理过程中,各级管理者都应从公司整体利益出发,尽量提高业务处理的效率,不断进行优化调整,使组织运行效率逐渐提高,在提升了组织运行效率的同时,逐步优化公司管理流程和业务流程。

3. 绩效管理保证组织战略目标的实现

企业一般有比较清晰的发展思路和战略,管理者将公司的年度经营目标向各个部门、各个岗位分解,制定每个部门和岗位的关键业绩指标。对于绩效管理而言,企业年度经营目标的制定与分解是比较重要的环节,这个环节的工作质量对于绩效管理取得预期效果起到非常关键的作用。绩效管理能促进和协调各个部门以及员工按照企业预定目标努力,形成合力,最终促进企业经营目标的完成,保证企业近期发展目标以及远期目标的实现。

(三)绩效管理与绩效考核

绩效考核是对员工的工作绩效进行评价,以形成客观公正的人事决策的过程。绩效考核以制定考核计划开始,接着确定考评的标准和方法,对员工前一阶段的工作态度、工作业绩等进行分析评价,最后将考核结果运用到相关人事决策(晋升、解雇、加薪、奖金)中去。

1. 绩效管理与绩效考核的联系

绩效考核是绩效管理不可或缺的组成部分,绩效考核可以为组织的绩效管理的改善提供资料,帮助组织不断提高绩效管理的水平和有效性,使绩效管理真正帮助管理者改善管理水平,帮助员工提高绩效能力,帮助组织获得理想的绩效水平。绩效管理以绩效考核的结果作为衡量的参照,通过与考核标准的比较,寻找两者之间的差距,提出改进方案,并推动方案的实施。

2. 绩效管理与绩效考核的区别

从涵盖的内容来看,绩效管理的内容更丰富。绩效考核更多的是强调员工考核的结果,侧重于判断和评估;而绩效管理不仅包括上述内容,还着重强调了绩效信息的分析、员工绩效的改进与提升,侧重于信息沟通与绩效提高。

从实施的过程来看,绩效管理更加完善。绩效考核包括考核标准的制定与衡量、绩效信息的反馈,注重员工的绩效结果;绩效管理是一个完善的管理过程,作为一种管理模式贯穿于企业运作的始终,具有延续性、灵活性,更注重员工的行为与结果的考核。

从实施的角度上看,绩效管理更注重从组织的战略整体出发。绩效考核以员工或部门为基础,强调对员工或部门的工作绩效的"衡量";但绩效管理更加强调从整体、战略的高度出发,注重员工与管理者之间的沟通。

绩效管理与绩效考核的主要区别如表 6-3 所示。

表 6-3　绩效管理与绩效考核的区别

绩效管理	绩效考核
从战略的高度对绩效进行管理	对个人或部门的绩效进行评价
着眼于组织绩效和长远发展	着眼于个人或部门的绩效
一个完善的管理过程	管理过程中的局部环节和手段
侧重于信息沟通与绩效提高	侧重于判断和评估
伴随管理活动的全过程	只出现在特定的时期
事前的沟通与承诺	事后的评估

其实对于很多企业来说,虽然讲的是"绩效管理",但实际操作的往往是"绩效考核"。这两个概念的混淆已经成为企业进行绩效管理的一大误区。要想使绩效管理成功,企业必须溯本清源,纠正错误的认识,使组织的绩效管理系统与组织的战略目标联系起来,把绩效管理视为整个管理过程中的一个有效工具。

二、绩效管理系统的设计

绩效管理系统(Performance Management System,PMS)是一套有机整合的流程系统,专注于建立、收集、处理和监控绩效数据。它既能增强企业的决策能力,又能通过一系列综合平衡的测量指标来帮助企业实现战略目标和经营计划。

绩效管理系统的设计包括绩效管理制度的设计与绩效管理程序的设计两个部分。绩效管理制度是企业单位组织实施绩效管理活动的准则和行为的规范。绩效管理程序的设计又分为管理的总流程设计和具体考评程序设计两部分。

绩效管理的总流程设计包括五个阶段:准备阶段——实施阶段——考评阶段——总结阶段——应用开发阶段。

(一)准备阶段

1. 明确绩效管理的对象以及各管理层级的关系

一般情况下,绩效管理会涉及以下五类人员:

一是考评者:涉及各层级管理人员(主管)、人力资源部门专职人员。

二是被考评者:涉及全体员工。

三是被考评者的同事:涉及全体员工。

四是被考评者的下级:涉及全体员工。

五是企业外部人员:涉及客户、供应商等与企业有关联的外部人员。

在绩效管理的活动过程中,根据不同的考评目的,有时需要由多方面的人共同对被考评者进行全面的考评,有时可能是部分人员分别对绩效进行考评。

2. 根据绩效考评的对象,正确的选择考评方法

在绩效考评的对象确定的情况下,首先应当解决采用什么方法进行绩效考评的问题。据不完全统计,自20世纪30年代以来,国外管理学派已经提出了近20种适用于企业不同类别岗位人员的考评方法,这些方法具有不同的特点和适用范围。

3. 根据考评的具体方法,提出企业各类人员的绩效考评要素(指标)和标准体系

绩效考核要素应包括被考核者的工作成果、劳动过程中的行为表现以及员工的潜质(员工的心理品质和能力素质)。

4. 对绩效管理的运行程序、实施步骤提出具体要求

具体要求包括考评时间和考评期限的设计、工作程序的确定。

(二)实施阶段

实施阶段是在完成企业绩效管理系统设计的基础上,组织全体员工贯彻绩效管理制度的过程。在这个过程中,无论是上级还是下级,无论是绩效的考评者还是被考评者,都必须严格地执行绩效管理制度的有关规定,认真地完成各项工作任务。企业绩效管理在实施阶段应当注意以下两点:一是通过提高员工的工作绩效来增强核心竞争力;二是收集信息并注意资料的积累。

(三)考评阶段

考评阶段是绩效管理的重心,不仅关系整个绩效管理系统运行的质量和效果,也涉及员工的当前利益和长远利益,需要人力资源部门和所有参与考评的主管高度重视,并注意从以下几方面做好考评的组织实施工作:

一是考评的准确性;二是考评的公正性;三是考评结果的反馈方式;四是考评使用表格的再检验;五是考评方法的再审核。

(四)总结阶段

总结阶段是绩效管理的一个重要阶段。总结阶段不仅是上下级之间进行绩效面谈,沟通绩效信息,相互激励的过程,也是企业对整体绩效管理体系,乃至总体管理状况和水平进行必要的检测、评估和诊断的过程。

在总结阶段要完成的工作有：

第一，各个考评者完成考评工作，形成考评结果的分析报告（包括上下级绩效面谈记录在内的各种相关资料的说明）。

第二，针对绩效诊断所揭示的各种涉及组织现存的问题，写出具体详尽的分析报告。

第三，制定下一期企业全员培训与开发计划，薪酬、奖励、员工升迁与补充调整计划。

第四，汇总各方面的意见，在反复论证的基础上，对企业绩效管理体系、管理制度、绩效考评指标和标准、考评表格等相关内容，提出调整和修改的具体计划。

（五）应用开发阶段

应用开发阶段是绩效管理的终点，也是下一轮绩效管理工作循环的起点。此阶段应从以下几个方面入手，进一步推动企业绩效管理活动的顺利开展。

第一，考评者绩效管理能力的开发。

第二，被考评者的绩效开发。

第三，绩效管理系统的开发。

第四，企业组织的绩效开发。

三、绩效管理系统的运行

绩效管理系统在运行过程中可能会遇到很多困难和问题，主要原因有两个：一是系统故障，即考评的方式方法、工作程序等设计和选择不合理；二是考评者以及被考评者对系统的认知和理解存在偏差。为了保证绩效管理系统的有效运行，各级主管应当掌握绩效面谈的方法和技巧，并且能够及时作出绩效诊断，协助员工改进绩效。

（一）提高绩效面谈质量的措施

1.做好绩效面谈的准备工作

为了提高和保证绩效面谈的质量和效果，考评者应当注意做好以下两项准备工作。

一是拟定面谈计划，明确面谈的主题，预先告知被考评者面谈的时间、地点以及应准备的各种绩效记录和资料。二是收集各种与绩效相关的信息资料。

2.采取有效的信息反馈方式

在绩效面谈中，企业仅仅要求员工回顾和总结自己的工作绩效是不够的，还必须使考评双方对组织的状况和下属员工的绩效有深入、全面、具体、清晰的认识。因此，为保证绩效面谈的质量，企业除了应做好绩效面谈前的各种准备工作之外，更重要的是采取有效的信息反馈方式，使得信息反馈具有针对性、真实性、及时性、主动性和适应性。

技术方法 6-1

绩效面谈：启发式提问很重要

这篇文章将为各位管理者、绩效工作者提供一套启发性问题。通过这些启发性的问题，企业能破解绩效面谈"无话可谈"的尴尬局面，激发面谈双方的思考，进而提升绩效，最终达成公司业务目标。

在绩效面谈中如何更好地启发员工？你可以这么问：

1. 你和你的业务部门在未来 1 年的主要业务目标是什么？
2. 为什么在此期间这是个重要的目标？这个目标背后的推动因素是什么？
3. 我们用什么指标来测量这个目标？当前这些指标的现状怎么样？
4. 你准备用什么策略来实现这个目标？
5. 组织外部有哪些因素会阻碍目标的实现？有哪些因素会促进成功？
6. 组织内部有哪些因素会阻碍目标的实现？有哪些因素会促进成功？
7. 哪些员工将对这个目标的实现作出最直接的贡献？
8. 考虑到你面临的业务目标和挑战，你和你的同事们必须在哪些方面做得更多、更好或不同来支持这个目标的实现？当前是否有人已经取得了期望的结果？如果有，他们在哪些方面做得不同？
9. 现在你在日常工作中是怎么做的？现在的做法和你理想中的做法有什么大的差距吗？
10. 如果有阻碍的话，是什么阻碍你按照你设想的去做？有哪些可能的解决方法和途径呢？

上述问题可以打印成一个问卷，供面谈双方前期准备和过程记录。

资料来源：启发式提问很重要．中国人力资源开发网，2017．

（二）绩效诊断与绩效改进

1. 绩效诊断

绩效诊断就是分析引起各种绩效问题的原因，通过沟通寻求支持与了解的过程。绩效诊断的作用在于帮助员工制定绩效改善计划，作为上一循环的结束和下一循环的开始，连接整个绩效管理循环，使绩效不断循环上升。影响绩效的原因非常多，除了能力素质外，还受到企业内外部环境的影响。企业要使绩效改进有的放矢，建立绩效诊断系统非常重要。

绩效诊断的主要内容包括：

（1）对企业绩效管理制度的诊断

现行的绩效管理制度在执行的过程中，哪些条款得到了落实，哪些条款遇到了障碍难以贯彻，绩效管理制度存在哪些明显不科学、不合理、不现实的地方。

（2）对企业绩效管理体系的诊断

绩效管理体系在运行中存在哪些问题，各子系统相互协调配合的情况如何，目前亟待解决的问题是什么,等等。

(3)对绩效考评指标和标准体系的诊断

绩效考评指标与评价标准体系是否全面完整、科学合理、切实可行,有哪些指标和标准需要修改调整等。

(4)对考评者全面全过程的诊断

在执行绩效管理的规章制度以及实施考评的各个环节中,有哪些成功的经验可以推广,有哪些问题亟待解决,考评者自身的职业品质、管理素质、专业技能存在哪些不足等。

(5)对被考评者全面的、全过程的诊断

在企业绩效管理的各项活动中,员工持何种态度,通过参与绩效管理活动,员工态度有何转变,实际工作取得何种成果,职业品质和素养有哪些提高等。

2. 绩效改进

绩效管理的目的不仅是建立员工薪酬、奖惩、晋升等人事决策的依据,更重要的是促进员工能力的不断提高及工作绩效的持续改进。

所谓绩效改进,即确认组织或员工工作绩效的不足和差距,查明原因,制定并实施有针对性的改进计划和策略,不断提高员工竞争力的过程。绩效改进计划通常是在管理者和员工进行充分沟通之后,由员工自己提出,管理者予以确认后制定的。绩效改进的内容通常包括绩效改进项目、改进原因、目前的水平和期望的水平、改进方式及达标期限。表 6-4 是绩效改进计划的一个范例。管理者应承诺在员工进行绩效改进的期间为员工提供尽可能的帮助。

表 6-4 绩效改进计划(举例)

姓名:王＊＊　　部门:＊＊部　　直接主管姓名:李＊＊　　制定时间:＊年＊月＊日		
改进项目:沟通技能	目前水平:2.5 分	期望水平:3.5 分
改进原因:与客户沟通是市场开发人员的基本能力,目前本人在这方面有比较大的缺陷		
改进措施		评估时间
1.向沟通能力较好的张＊＊请教沟通方法		2009 年 1 月 15 日
2.参加"提升沟通能力"的培训		2009 年 2 月 15 日
3.阅读《有效的沟通》这本书		2009 年 3 月 1 日
……		……

资料来源:孙健敏.人力资源管理.北京:科学出版社,2016.

绩效改进的步骤:

首先,分析员工的绩效考核结果,找出员工绩效存在的问题及问题产生的原因。

其次,针对存在的问题,制定合理的绩效改进方案,并确保能够有效的实施,如个性化的培训等。

再次,在下一阶段的绩效辅导过程中,落实已经制定的绩效改进方案,尽可能为员工的绩效改进提供知识、技能等方面的帮助。

各级主管在剖析各种绩效差距的原因时,可借用因果分析图(简称"鱼刺图")的方式进行分析,如图6-1所示。

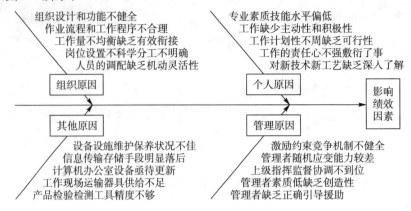

图6-1 影响因素因果分析图

(三)绩效管理中的矛盾冲突与解决方法

由于管理者与被管理者、考评者与被考评者所处的位置不同,观察问题的角度不同,权责与利害关系不同,因而他们在绩效管理的活动中不可避免地经常出现一些矛盾和冲突。因此,各级主管需要掌握并运用人事管理的艺术,通过积极有效的面谈,抓住主要矛盾和关键性问题,尽最大可能及时地化解冲突。建议采用以下措施和方法:

第一,在绩效面谈中,公司主管应当做到以行为为导向,以事实为依据,以制度为准绳,以诱导为手段,本着实事求是的态度,与下属进行沟通交流。

第二,在绩效考评中,一定要将过去的、当前的以及今后可能的目标适当区分,将近期绩效考评的目标与远期开发目标严格区分。

第三,适当下放权限,比如,原来由主管负责登记下属的工作成果,改为由下属自己登记。

阅读推荐 6-1

设计绩效评估系统的五大原则

建立有效的绩效评估流程,首先要明确定位,让企业上下明确知道,绩效评估是唯一的正式沟通渠道,上司与下属都有责任和义务利用好此渠道;其次,定位清楚后,企业应设计适合的绩效系统。现提出以下原则供大家参考。

1. 目标要清晰。

大量调研结果显示,员工对上司最大的意见就是"目标不清晰"。上司在没有充分准备的情况下,将一个不清晰的目标传达给下属,双方会因此产生种种误会。所以,上司必须花时间厘清绩效评估工作,明确目标,这比任何激励机制都更有效。

2.设计自己的KPI(关键绩效指标)。

当前,管理层面临人力资源管理的最大挑战是怎样提升员工对工作的投入度。《驱动力》一书提到,如果要员工全身心投入工作,最好让员工设定自己的工作目标。每年设定新目标时,上司应将工作思路、策略同下属谈清楚,然后让下属设计工作目标;下次见面时,下属向上司阐释其目标和计划,并说明可行性。这样上司可以了解下属,同时,从下属设定的目标里,上司可以看清下属的思维方式,有时会收获意外惊喜。当然,这不仅需要时间成本,而且此方法不太适合新员工。

3.个人提升计划。

有效的绩效评估流程应该包括员工个人提升计划。业务目标的评估固然重要,但员工个人提升计划的评估亦不可省去。上司除了要与员工一起制定个人提升计划之外,还应该帮助员工完成计划。比如,如果员工在个人提升计划中列出"报读某商学院",那么上司需要作出相应的配套安排,尽量帮助员工实现计划。

4.沟通机会。

绩效评估是上司与员工建立有效沟通的好机会,因此千万不要一年才沟通一次。相隔时间太长,沟通很难顺畅。建议每季度保证一次沟通,沟通地点不一定是很正式的场合,沟通可以在吃饭、喝咖啡时进行,只要沟通内容能覆盖绩效评估中应沟通的内容即可。同时,沟通中上司要让下属展现过去的业绩,即使上司已知道,仍需制造机会让下属直接表达并给予认可。

5.沟通心态。

绩效评估应改为"绩效沟通"。上司的出发点应该是沟通而不是评估。沟通不仅能让上司知道员工的工作进度,更能了解他们处理事情的方式方法以及能给予的帮助。上司与下属沟通时,只要抱着帮忙的心态,沟通就会有成效。绩效评估难免要讨论下属"需要改善"的地方,当谈到这些问题时,上司必须态度真诚,对事不对人,且希望下属成功。应牢记,上司的责任是将下属的潜力尽量发挥出来,所以,一切沟通、反馈都应该基于此目标出发。

资料来源:林正刚.绩效评估关键是沟通而非评估.中国人力资源网,2017.

(四)绩效管理系统的开发

1.绩效管理系统的检查与评估

企业之所以要构建并完善绩效管理系统,是为了实现组织发展、员工效能提高等基本目标。科学有效的绩效管理系统应当充分地体现人事决策及开发人力资源的双重功能。

为了检查和评估企业绩效管理系统的有效性,通常可以采用以下几种方法:

(1)座谈法

通过专题座谈会,企业可以广泛地征询各级主管、考评者与被考评者对绩效管理制度、工作程序、操作步骤、考评指标和标准、考评表格形式、信息反馈、绩效面谈、绩效改进等方面的意见,并根据会议记录撰写分析报告书,针对目前绩效管理系统存在的主要问题,提出具体的调整方案和改进建议。

(2) 问卷调查法

有时为了节约时间,减少员工之间的干扰,充分了解各级主管和下属对绩效管理系统的看法和意见,企业可以预先设计一张能够检测系统故障和问题的调查问卷,然后发给相关人员填写。企业采用问卷调查的方法,有利于掌握更详细、更真实的信息,对特定的内容进行更深入、全面的剖析。

(3) 工作记录法

为了检验管理系统中考评方法的适用性和可行性,企业可以采用查看绩效管理原始记录的方法,作出具体的评价,判断考评的结果是否存在中心化倾向、近因误差、晕轮效应等。如通过查看各个下属单位的奖励记录,企业可以发现绩效考评被利用的程度,通过查看绩效面谈的记录,企业可以发现绩效面谈中存在的问题等。

(4) 总体评价法

为了提高绩效管理的水平,企业可以聘请企业内外的专家,组成评价小组,运用多种检测手段,对企业绩效管理系统的总体功能、总体结构、总体方法、总体信息以及总体结果进行分析。

2. 企业绩效管理系统的再开发

为了保障企业绩效管理系统的正常运行,提高系统的有效性和可靠性,充分发挥绩效管理系统的双重功能,企业应当对总体系统进行诊断和分析,及时发现问题,查找原因,及时进行必要的调整和改进。

第二节　绩效考核体系设计

一、绩效考核内容与流程

绩效考核也叫"绩效评价",是指在考核结束时,选择相应的考核主体和考核方法,收集相关的信息对员工完成绩效目标的情况作出考核。

从本质上讲,绩效考核就是对人和事的评价,它本身不是目的,而是一种手段。因此,绩效考核的内容会随着管理的具体需要发生变化。一般来说,绩效考核是对员工在日常工作中所显现出来的工作能力、工作态度、工作成绩等进行的以事实为依据的考评。

(一) 绩效考核内容

绩效考核的内容通常分为业绩评价、能力评价、态度评价、潜力评价。这四个方面不是孤立存在的,而是相互联系、为实现管理目的而形成的绩效评价系统。

1. 业绩评价

业绩评价是对组织成员职务行为的直接结果进行的考核和评价。它是对组织成员贡献程度的衡量,不仅要说明各级员工的工作完成情况,还要有计划地指导改进工作,以促进组织目标的实现。对组织而言,组织希望员工通过职务行为促进组织完成组织目标,而对员工的业绩评价能够直接反映员工实现组织目标的过程,并对这一过程进行控制;对员工而言,员工希望自己的工作业绩得到管理者的认可,因而需要通过业绩评价的结果来客观地反映自己对组织的贡献。

2. 能力评价

能力评价是考评组织成员在职务中发挥出来的能力。根据被评价者在工作中表现出的能力,参照标准和要求,对被评价者所担当的职务与其能力是否相匹配作出评定。与业绩评价相比,能力评价较难,且难以衡量和比较,但是我们可以通过一系列的指标来进行判断。能力评价主要有四项指标:知识(常识、专业知识、管理知识以及其他相关知识);技能;工作经验;精力。

工作能力评价通常要参照一定的标准,不一定要综合评价能力的所有方面,而应该根据评价的目的和职位等特征,有针对性地进行评价。对于那些不易改变、可以通过资格审查说明的能力,我们不需要在日常的绩效评价中进行评价,而只需在较长周期内进行一次评价或资格认证。

3. 态度评价

态度评价是考评组织成员对某项工作的认知程度以及为此付出努力的程度。通常能力越强,工作业绩越好。但在组织中经常可以看到这样一种现象:某人能力很强,但工作态度不佳;而另一个人能力平平,却兢兢业业,干得很不错。不同的工作态度将产生截然不同的工作结果,因此在绩效评价中要对员工的工作态度进行评价,以鼓励员工充分发挥现有的工作能力,最大限度地创造出工作业绩。

态度评价与能力评价的内容不同,态度评价不论员工的职位高低,也不管员工的能力大小,而是评价员工是否努力、认真地工作,工作中是否有干劲、有热情,是否遵守各种规章制度等。一般情况下,对工作态度的评价采用过程评价的方式进行,而能力评价既可以是过程评价,也可以是结果评价。

4. 潜力评价

潜力评价是对组织成员在现任职务中不能发挥出的能力进行测评。员工的能力未能充分发挥的情况在企业经营过程中经常存在,比如员工没有获得工作机会,从而失去了发挥能力的舞台;工作设计、分配出了问题,员工承担工作任务不合理,不能发挥全部能力;上级的指令或指导出现失误影响了员工能力的发挥,等等。因此找出阻碍员工发挥潜力的原因,将有利于员工工作潜力的发挥,将潜力转化为现实的工作能力。潜力评价能很好地解决上述问题,为企业的工作轮换、升迁等多各种人事决策提供依据。

潜力评价可以运用各种专业的测量手段来进行,各国学者已经开发出多种量表,众多咨询机构也向客户提供此类服务,日常潜力评价的方式方法包括:根据组织成员日常表现出来的能力进行测评的推断法,根据考试或文凭的知识判断法,根据被评价者在突发事件中的言行表现进行判断的关键事件法等。

(二)绩效考核流程

绩效考核结果不仅会对人力资源管理职能产生重要影响,也关系着员工的切身利益,受到全体员工的重视。为了确保考核结果的公正性、客观性和科学性,企业应该建立一套科学的绩效管理流程。一般来说,企业在进行考核时要经过如下步骤。

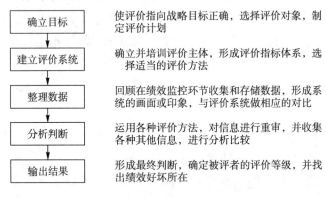

图 6-2　绩效考核流程

资料来源:方振邦.战略性绩效管理(第4版).北京:中国人民大学出版社,2014.

1. 确立目标

这一步骤需要明确组织的战略目标、选择考核对象。确立目标的过程主要在绩效计划中实现:企业可以使用平衡记分卡和关键绩效指标两种考核工具,对组织战略目标层层分解,由组织目标到部门目标再到员工个人目标,利用这些目标分别对组织层面、部门层面和个人层面的绩效进行评价。

2. 建立评价系统

评价体系建立包括三个方面的内容:确定评价主体、构建评价指标体系、选择恰当的考核方式。

3. 整理数据

企业把在绩效监控阶段所收集到的数据进行整合分析,按照考核指标和标准进行界定、归类。这一过程要尽量减少主观色彩,遵循客观事实和客观标准,以保证最终考核结果的公正客观。

4. 分析判断

这一过程需要对信息进行重新整合,按照所确定的评价方式对评价对象进行最终判断。

5. 输出结果

考核结束后,企业需要得出具体的考核结果。考核结果既要包括绩效得分和排名,也要包括对绩效结果的初步分析,找出优秀和不足的原因,以供反馈和改进之用。

✧ 应用案例 6-1

两位人力资源经理的绩效管理交流谈话

林经理是一家城市污水生物治理公司的人力资源部经理。这家公司近年来发展很快,年销量已达 5000 万元,员工有 100 多名。随着公司的发展,公司高层改变了过去小企业相对随意的管理模式,以绩效管理为突破口,在企业管理中引入了绩效考核。

何经理是一家房地产公司的人力资源部经理。公司在房地产界属于中等规模,有 50 多位员工。随着公司规模日益扩大,为提高管理水平,促进公司业绩提升,最近公司开始推行绩效考核,考核成绩与基本工资挂钩,每个月计算一次。

林经理:"我们公司在制定考核制度时,考虑到如果每月、每季度计算绩效工资,操作起来很麻烦,在公司绩效管理方法、制度不完善的基础上,很难操作到位。最后公司决定将绩效工资不纳入平时的工资体系,而在年底调整薪酬、提级时考虑,结果还是有问题,很多员工觉得反正到年底才兑现考核,到时在不在公司工作还很难说,大家平时根本不在乎考核成绩。"

何经理:"我们公司恰恰相反。刚开始时,大家都非常紧张,害怕自己成绩不好,影响收入,面子上也不好看,工作业绩在一段时间内得到了明显提升。但是,经过了半年的运作,员工都去找自己的主管争取考核分,相互攀比,部门领导也在给员工考评分值之间找平衡。最后每个部门成员的考核分值差距都很小。后来,有的员工出现工作失误后还说,不就是扣分扣钱吗!爱扣就扣去。现在员工的神经已经麻木了,根本起不到通过考核改进工作和激励员工的作用。公司让我拿出有效的方案,我找了好多资料,也想了许多办法,但是仔细推敲发现都存在问题。"

资料来源:姜定维.如何以绩效考核促进企业成长.中华文本库.2015.

请问:为什么这两家公司的绩效考核没有达到理想的效果?

二、绩效考核主体

在绩效管理过程中,绩效考核的主体包括员工的直接上级主管、同事、员工本人、下属等组织内部人员和客户、供应商等组织外部人员。不同的考核主体具有不同的特点,在绩效考核中承担了不同的考核责任乃至管理责任。下面我们将针对这些情况一一作出说明。

(一)上级考评

上级主管在绩效管理过程中自始至终都起着关键的作用。上级主管对被考评者承担着直接的领导管理与监督责任,对被考评者是否完成了工作任务,是否达到了预定的绩效目标等实际情况比较了解,而且在思想上也没有较多的顾忌,能较客观地进行考评。在大多数组织中,上级考核是最常见的评价方式。所以在绩效管理中,一般以上级主管的考评为主,考评分数对被考评者的评价结果影响很大,约占考评总分的 60%~70%。

(二)同级考评

这里的同级不仅包括考核对象所在团队或部门的成员,还包括其他部门的成员。同级人员通常与考核对象处于组织命令链的同一层次,与被考评者共同工作,密切联系,相互协作,相互配合,可能比上级主管更能清楚地了解被考评者,对被考评者的潜质、工作能力、工作态度和工作业绩了如指掌。上级与被考评者的接触的时间毕竟有限,被考评者总是会在上级面前展示最优秀的方面,而同级总能看到其最真实的表现,这也是同级考评最有意义的地方。但同级考评常受人际关系状况的影响,所以在绩效管理中,同级考评会占有一定的份额,但不会过大,一般约占考评总分的10%。

(三)下级考评

下级考核给管理者提供了一个了解员工对其管理风格看法的机会,实际上这种自下而上的绩效反馈更多的是基于管理者提高管理技能的考虑。作为被考评者的下属,对考评者的工作作风、行为方式、实际成果有比较深入的了解,不仅对考评者的一言一行有亲身的感受,而且有独特的观察视角,但对被考评者容易心存顾虑,致使考评的结果缺乏客观公正性,所以评定结果约占考评总分的10%。

(四)自我考评

被考评者对自己的绩效进行自我考评,能充分调动被考评者的积极性,特别是对那些以"实现自我"为目标的人来说更为重要。但在绩效管理中,由于自我考评容易受到多种因素的影响,因而有一定的局限性,所以评定结果约占考评总分的10%。

(五)客户和供应商考评

在某些组织中,外部人员也成了绩效考核的主体之一。最常见的做法就是将客户和供应商纳入考核主体之中。这种做法是为了了解那些只有特定外部成员才能够感知的绩效情况,或通过引入特殊的考核主体引导考核对象的行为。

三、绩效考核指标与权重

(一)绩效考核指标

绩效考核指标又称为"绩效考核因素"或"绩效考核项目",是指在绩效考核过程中把被考核对象的各个方面或各个要素具体为可以测定的考核因素。考核因素就是绩效考核指标。

绩效考核指标一般包括四个构成要素:

一是指标名称。指标名标是对考核指标的内容作出的总体概括。

二是指标定义。指标定义是对指标内容的操作性定义,用于揭示考核指标的关键可变特征。

三是标志。考核的结果通常表现为将某种行为、结果或特征划归到若干个级别之一。考核指标中用于区分各个级别特征的规定就是绩效考核指标的标志。

四是标度。标度用于对标志所规定的各个级别所包含的范围作出规定,或者说,标度是用于揭示各级别之间差异的规定。

表6-5 绩效考核指标的构成要素

指标名称	工作效率				
指标定义	工作中对工作时间的利用效率				
标志	S	A	B	C	D
标度	工作高效率	工作效率较高	工作效率正常	工作效率不高	工作效率很低

1.绩效考核指标设计的步骤

(1)工作分析(岗位分析)

工作分析是指根据考核目的,对被考核对象的岗位的工作内容、性质以及完成这些工作所具备的条件等进行研究和分析,从而了解被考核者在该岗位工作所应达到的目标、采取的工作方式等,初步确定绩效考核的各项要素。

(2)工作流程分析

绩效考核指标必须从流程中去把握,根据被考核对象在流程中扮演的角色、责任以及同上游、下游之间的关系来确定衡量工作绩效的指标。此外,如果流程存在问题,还应对流程进行优化或重组。

(3)绩效特征分析

企业可以使用图标标出各指标要素的绩效特征,按需要考核程度分档,如按照非考核不可、非常需要考核、需要考核、需要考核程度低、几乎不需要考核五档对上述指标要素进行评估,然后根据少而精的原则按照不同的权重进行选取。

(4)理论验证

依据绩效考核的基本原理与原则,企业对所设计的绩效考核要素指标进行验证,保证指标能有效反映被考核对象的绩效特征和满足考核要求。

(5)要素调查并确定指标

根据上述步骤所初步确定的要素,企业可以灵活运用多种方法进行要素调查,最后确定绩效考核指标体系。在进行要素调查和确定指标体系时,企业往往将几种方法结合起来使用,使指标体系更加准确、完善。

(6)修订

为了使确定好的指标更趋合理,企业还应对指标进行修订。修订分为两种:一种是考核前修订。通过专家调查法,企业将所确定的考核指标提交给领导、专家会议及咨询顾问,征求意见,修改、补充、完善绩效考核指标体系。另一种是考核后修订。企业根据考核指标应用后的效果,对考核指标进行修订,使考核指标体系更加准确、完善。

2.绩效考核指标制定的原则

绩效考核指标的制定必须符合 SMART 原则:

S:(Specific)——明确的、具体的。指标要清晰、明确,让考核者与被考核者能够准确理解目标。

M:(Measurable)——可量化的。一家企业要量化老板、量化企业、量化组织架构的考核指标。目标、考核指标更要量化,"比较好""还不错"这些词都不具备可量化性,将导致标准的模糊,评价一定是要数字化的。没有数字化的指标,是不能随意考核的,一考核就容易出现误差。

A:(Attainable)——可实现的。目标、考核指标都必须是付出努力能够实现的,既不能过高也不能偏低。比如对销售经理的考核,如果去年销售收入为 2000 万,今年要求销售收入为 1.5 亿,企业也不给予任何支持,这就是一个完全不具备可实现性的指标。指标的目标值应结合个人的情况、岗位的情况、历史的情况来设定。

R:(Relevant)——实际性的、现实性的,而不是假设性的。现实性是指具备现有的资源,且存在客观性。

T:(Time Bound)——有时限性的。目标、指标都要在规定的时间内完成,时间一到,就要看结果。如企业要求完成 2000 万的销售额,单单这么要求是没有意义的,只有规定必须在多长时间内完成 2000 万的销售额才有意义。

(二)绩效考核指标权重设置

员工的工作绩效会受到主客观多种因素的影响,因此,企业需用多种维度或多方面去分析与考评员工的绩效。例如,对一名工人的绩效评估,除了要考虑产量指标完成情况外,产品质量、原材料消耗、能耗,甚至团队意识、工作纪律等都需综合考虑评估,也就是通过一系列的指标综合评估员工的业绩。指标的权重代表了各项指标在指标体系中的相对重要程度或者绩效考核指标在总分中所占的比重。通过绩效指标权重的设定或调整,企业可以对员工的行为起引导作用。

企业要根据不同的评价对象、不同的考评时期和不同的考核目的对各项指标的权重加以确定。对于管理人员,部门绩效和能力指标要求较高,对于销售人员则侧重于个人绩效;绩效考核的目的不同,也要求对考核指标的权重进行相应的调整,比如,在用于奖酬分配时,业绩方面的指标所占的权重较大,而用于人事决策时,能力方面的指标所占的权重较大。

权重确定的方法有很多,主要分为主观判断和定量处理法两大类。主观判断方法有专家会议法、德尔菲法、名义小组法等,定量处理法有对偶加权法、倍数加权法、权值因子判断表法、层次分析法(AHP)等。

◇ 技术方法 6-2

倍数加权法的应用

首先选择最次要的考核指标,以此为1,将其他考核指标的重要性与该指标进行比较,得出重要性的倍数,再进行归一处理。

表6-6 倍数加权法举例

考核指标	与C指标相比的倍数关系	权重%
A	1.5	10
B	2	14
C	1	7
D	3	21
E	5	34
F	2	14
合计	14.5	100

在表6-6列的6个考核指标中,假设C为最次要指标,拿其他要素的重要性与C相比,重要性倍数关系分别在表中列出。6项合计倍数为1.5+2+1+3+5+2=14.5,故各项考核指标权重分别为1.5/14.5,2/14.5,1/14.5,3/14.5,5/14.5和2/14.5。

资料来源:林筠.绩效管理(第2版).西安:西安交通大学出版社,2011.

第三节 绩效考核的方法与应用

一、行为导向型考核方法

行为导向型绩效考核方法重点在于甄别与评价员工在工作中的行为表现,即工作是如何完成的。该方法适用于职位工作输出成果难以量化或者强调以某种规范行为来完成工作任务的情景,诸如组织中的事务管理人员和行政人员等。

行为导向型考核方法有:比较法、强制分布法、关键事件法、行为锚定等级评价法、关键绩效指标法、行为观察量表法、混合标准尺度法。

(一)比较法

比较法是一种相对考核的方法,通过员工之间的相互比较从而得出考核结果。这类方法比较简单且容易操作,可以避免宽大化、严格化和中心化的倾向,适合作为奖惩的依据。但是,这类方法对实现绩效管理的目的、发挥绩效管理作用的帮助不大,不能提供有效的反馈信息。因为这类方法不是对员工的具体业绩、能力和态度进行考核,而只是靠整体印象得出考核结果;另外,它无法对不同部门的员工作出比较。比较法主要有以下几种:

1. 简单排序法

简单排序法是指将员工按工作绩效从好到坏依次排列,工作绩效既可以是整体工作绩效,也可以是某项特定工作的绩效。该方法的优点是比较简单,便于操作;缺点是排序是概括性的、不精确的,所评出的等级或名次只有相对意义,无法确定等级差。例如,某公司只有5名员工,排序结果可能如表6-7所示。简单排序法仅适用于被考核对象较少、组织规模较小、任务较单一的情况,当企业员工的数量较多、职位工作差别性较大的时候,以这种方法来区分员工绩效就比较困难,尤其是对中等绩效的员工进行考评更加困难。

表6-7 简单排序法应用举例

顺序	等级	员工姓名
1	最好	王明
2	较好	刘林
3	一般	张晓东
4	较差	李丽
5	最差	赵晓峰

2. 间接排序法

间接排序法也称"交替排序法"。该方法基于个体所具有的认知感觉差异化选择性的特征——人们比较容易发现群体中最具差异化的个体。绩效考核中人们往往最容易辨别出群体中绩效最好的和最坏的被考核者。应用交替排序法进行绩效考核,第一步是把绩效最好的员工列在名单之首,把绩效表现最差的员工列在名单末尾;然后从剩下的被考核者中挑选出绩效最好的列在名单第二位,把绩效最不好的列在名单倒数第二位……这样依次进行,不断挑选出剩余被考核者群体中绩效最好的和最不好的员工,直到排序完成。排序名单上中间的位置是最后被填入的。

在实际考核过程中,人情、面子都是影响绩效考核的因素,所以考核者往往不愿意对被考核者作出比较低的评价,容易造成"集中趋势"的误差,以至分不出员工之间绩效的差别。

3. 配对比较法

顾名思义,配对比较法就是把每一位员工与其他员工一一配对,分别进行比较。每一次比较时,给表现好的员工记"+",另一个员工记"-"。所有员工都比较完后,计算每个人"+"的个数,依此对员工作出考核——谁的"+"的个数多,谁的名次就排在前面,具体见表6-8所示。

表6-8 配对比较法示例

对比人 姓名	A	B	C	D	E	"+"的个数
A		−	−	+	+	2
B	+		+	+	+	4
C	+	−		+	+	3
D	−	−	−		−	0
E	−	−	−	+		1

例如,A 与 D 相比,A 强于 D,就在对应的栏目中记"+";而 A 与 C 相比则不如 C,就记"—"。这样,五个员工全部比较完之后,计算他们的"+"号个数,A 是 2 个,B 是 4 个,C 是 3 个,E 是 1 个,D 则没有。这五个员工的优劣顺序就容易看出来了:B 是第一,以下依次为 C、A、E、D。

配对比较法的优点是将每一个员工与其他员工绩效进行比较,结果更加客观,准确度比较高;缺点是操作繁琐,在同时评价很多员工的情况下,需要进行相当多次数的比较。

(二)强制分布法

强制分布法是按照事物"两头小、中间大"的正态分布规律,先确定各等级在总数中所占的比例,然后按照每个被考核者绩效的相对优劣程度,将被考核者强制分配到相应的等级。

表 6-9　绩效等级状态与被考核者绩效比例分布举例

绩效等级	被考核者绩效分布比例
绩效最高的	10%～15%
绩效较高的	20%
绩效一般的	40%
绩效略低于要求水平的	20%
绩效很低的	5%～10%

应用强制分步法的实际操作过程为:首先,将准备考核的每一位员工的姓名分别写在一张小卡片上;接着,根据每一种评价要素来对员工进行逐个评价;最后,根据评价结果将这些代表员工的卡片放在相应的工作绩效等级上。

强制分布法的主要优点为:适用于人数较多情况下对员工总体绩效状况的考核;考核过程简易方便;避免考核偏松、偏严或趋中等偏差;利于管理控制,特别是在引入员工淘汰机制的公司中,能明确筛选出淘汰对象;由于员工担心因多次落入绩效最低区间而遭解雇,因而具有强制激励和鞭策功能。但是强制分布法如果被用在被考核群体样本不够多或者群体绩效状态明显呈非正态分布的情景下,不仅优势难以发挥,还会影响考核结果的客观公正性。所以,考核者在制定分配比例时应该根据具体情况进行调整,将强制分布法与人性化决策相结合,发挥此方法的优势,避免缺陷,使绩效考核结果更具有实践价值。

(三)关键事件法

关键事件法是由美国学者福莱诺格(J. C. Flanagan)和伯恩斯(Baras)在 1954 年共同创立的。关键事件法是由考核者通过观察、记录被考核者的关键事件,而对被考核者的绩效进行考核的一种方法。关键事件是指那些会对企业或部门的整体绩效产生积极或消极重大影响的事件。关键事件一般被分为有效行为事件和无效行为事件。上级主管纪录员工平时工作中的关键事件:一种是做得特别好的,一种是做得不好的。在预定的时间,通常是半年或一年之后，利用积累的纪录，由主管与被测评者讨论相关事件，为测评提供依据。关键事件法的基本步骤为：当有关键事件发生时，填在特殊设计的考核表上；摘要评分；与员工进行评估面谈。

1. 记录关键事件的"STAR"法

"STAR"法是由 4 个英文单词的第 1 个字母所表示的一种方法。由于"Star"译为中文后是星星的意思，所以又叫"星星法"。即：

"S"是 Situation——情景，表示这件事发生时的情景是怎样的。

"T"是 Target——目标，表示这件事要达到什么样的目的。

"A"是 Action——行动，表示被考核者当时采取了什么样的具体行动。

"R"是 Result——结果，表示被考核者采取行动之后获得了什么样的结果。

技术方法 6-3

安妮是某公司的物流主管。当客户从海外的订货到港后，物流主管负责对货物进行清关、报关、提取，按照客户的需求进行货物运送与交付。物流主管的工作在于保证上述整个物流过程的顺利进行。

安妮所在的是一家小公司，共有 20 位员工，只有安妮一人负责这项工作。物流工作除了她再没人懂了。在刚进行完一月份考评后，安妮家中在二月份就发生了一件事情。事情大致经过是这样的：一天夜里，安妮 80 多岁的祖母突然病逝。安妮是由祖母一手带大的，祖母的病逝使她很悲伤。为料理后事，安妮人很憔悴，也病了。碰巧第二天，客户有一批货从美国进来，并要求清关后，于当天下午 6 点之前准时运到，这是公司一个很大的客户。安妮要怎么做呢？她把家里的丧事放在一边，第二天早上 6 点准时出现在办公室，安妮的经理和同事都发现她的脸色铁青，精神也不好，一问才知道家里出了事。但是，安妮什么话也没说，一直做着进出口报关、清关手续，把货从海关提了出来，并且在下午 5 点之前就把这批货发了出去，及时运到了客户那里。然后，安妮离开了公司，回去处理祖母的丧事，而公司的正常下班时间是下午 6 点。

如果你是安妮的部门经理你会怎么做？是不闻不问？或是批评安妮早退？还是向大家说明事情的经过？也许你还有更好的处理方法？

资料来源：林筠.绩效管理（第2版）.西安：西安交通大学出版社，2011.

2. 关键事件法应用举例

用"STAR"法对"技术方法 6-3"的情景进行具体分析如下：

当时的情景"S"是：安妮的祖母头一天晚上病逝了，但第二天的任务必须完成。

当时的目标"T"是：安妮必须在第二天把一批货完整、准时的运送到客户所在地，保证公司的信誉及利益。

安妮采取的行动"A"是:安妮置家里的事于不顾,准时出现在办公室,提前一个小时把货发了出去了。

事情的结果"R"是:客户及时收到了货,没有损伤公司的信誉。

3. 关键事件法的优缺点

关键事件法通常可作为其他绩效考核方法的一种很好的补充。

(1) 关键事件法的优点

①该方法可以为考核者向被考核者解释绩效考核结果提供确切的事实证据。

②绩效考核所取得的关键事件是在较长时间累积而来的,考核者在对被考核者的绩效进行考察时,所依据的是被考核者在整个考核期的表现,避免近因效应的误区。

③该方法利于形成动态的关键事件记录,还可以使管理者获得关于被考核者是通过何种途径消除不良绩效的具体实例。

(2) 关键事件法的缺点

①考核的过程较长,需要长期观察、了解员工的工作行为,操作成本较高。

②因为考核过程主要针对被考核者的行为进行,从而缺乏比较,对于人力资源决策的参考性较差。

③考核的结果依赖于考核者个人的评价标准,考核结果的主观随意性较大。

(四)行为锚定等级评价法

行为锚定等级评价法是由美国学者史密斯(Smith)和肯德尔(Kendall)在美国全国护士联合会的资助下于1963年研究提出的一种考核方法。这种方法在传统的评级量表法的基础上演变而来,是评级量表法与关键事件法的结合。这种方法可以对源于关键事件的有效和非有效的工作行为进行更客观的描述。在使用过程中,企业会通过一张登记表反映不同员工的业绩水平,并且对员工的特定工作行为进行描述。熟悉某种特定工作的人能够识别这种工作的主要内容,然后对每项内容的特定行为进行排列和证实。由于行为锚定法需要有大量员工参与,所以它可能会被部门主管和下属更快地接受。

表 6-10 团队协作能力行为锚定等级标准

等级	考核要素:团队协作
	指标定义:积极主动承担责任,帮助团队成员。
	行 为 锚 定
1 优秀	主动承担自己适合的工作,积极主动帮助有需要的队员。
2 较好	主动承担自己适合的工作,有时能帮助有需要的队员。
3 一般	承担自己被分配的工作,并能按要求完成工作。
4 较差	抱怨自己被分配的工作,但依然接受。
5 最差	不满自己被分配的工作,且拒绝工作。

资料来源:行为锚定等级评价法. 道客巴巴,2017.

1. 行为锚定等级评价法的实施步骤

(1) 确定关键事件

由一组对工作内容非常了解的人(员工本人或直接上级)找出一些代表各个等级绩效的关键事件。

(2) 初步建立绩效考核要素

将确定的关键事件合并为几个(通常是5~10个)绩效要素,并给出绩效要素的定义。

(3) 重新分配关键事件,确定相应的绩效考核要素

向另外一组同样熟悉工作内容的人展示确定的考核要素和所有的关键事件,要求他们对关键事件进行重新排列,将关键事件分别归入他们认为合适的绩效要素中。如果第二组中一定比例的人(通常是50%~80%)将某一关键事件归入的考核要素与前一组相同,那么就能够确认这一关键事件应归入的考核要素。

(4) 确定各关键事件的考核等级

后一组的人评定各关键事件的等级(一般是7点或9点的尺度,可能是连续尺度,也可能是非常连续尺度),确定每个考核要素的"锚定物"。

(5) 建立最终的行为锚定评价表

2. 行为锚定等级评价法的特点

(1) 主要优点

① 工作绩效的计量更为精确。因为是由那些对工作及要求最为熟悉的人来编制行为锚定等级体系,因此行为锚定法应当能够比其他考核方法更准确地对工作绩效进行考核。

② 工作绩效考核标准更为明确。等级尺度上所附带的关键事件有利于考核者更清楚地理解"非常好""一般"等各种绩效等级上的工作绩效到底有什么差别。

③ 具有良好的反馈功能。关键事件可以使考核者更为有效地向被考核者提供反馈。

④ 各种工作绩效评价要素之间有着较强的相互独立性。众多的关键事件被归纳为5~6种绩效要素(如"知识和判断力"),各绩效要素之间的相对独立性很强。

⑤ 具有较好的连贯性。相对来说,行为锚定法具有较好的连贯性和较高的信度。这是因为在运用不同评价尺度对同一个人进行评价时,其结果基本上是类似的。

(2) 局限性

① 行为锚定等级评价法的方案设计和实施的成本较高,需要专业人员参与设计和实施。

② 该评价方法对于企业的基础管理水平及管理者素质有较高的要求。

③ 实施过程中,需要对指标体系进行反复的测试和修改,这无疑又增加了该方法的应用成本。

(五) 关键绩效指标法

关键绩效指标是基于企业经营管理绩效的系统考核体系。作为绩效考核体系设计的基

础,我们可以从以下三个方面深入理解关键绩效指标的具体内涵特征:第一,关键绩效指标是用于考核和管理被考核者绩效的可量化的或可行为化的标准体系。第二,关键绩效指标体现了对组织战略目标有增值作用的绩效指标。第三,通过在关键绩效指标上达成的承诺,员工与管理人员就可以进行工作期望、工作表现和未来发展等方面的沟通。

应用关键绩效指标法设计绩效考核指标需要经过四个步骤,每一个步骤都有更详细的内容:第一步,确定工作产出;第二步,建立关键绩效考核指标;第三步,设定考核标准;第四步,审核关键绩效指标。

关键绩效考核指标法提出了客户价值理念,目标明确,有利于组织利益与个人利益达成一致以及公司战略目标的实现。但是关键绩效考核指标法也存在一定的局限性,绩效考核经常遇到的实际问题很难保证客观、精准、可衡量。其实,对所有的绩效指标进行量化并不现实,也没有必要。通过定性、可视的行为指标体系,企业同样可以衡量工作绩效。

(六)行为观察量表法

行为观察量表法是指在考核各个具体的项目时给出一系列有关的有效行为,考核者通过指出员工表现各种行为的频率来评价工作绩效。例如,考核者将员工在每一种行为上的得分相加得到各个考核项目上的得分,然后根据各个项目的权重得出员工的总得分。

表6-11　应用行为观察量表法考核中层管理人员的管理技能举例

说明:用5~1和NA代表下列各种行为出现的频率,评定后填在括号内。 5表示95%~100%都能观察到这一行为; 4表示85%~94%都能观察到这一行为; 3表示75%~84%都能观察到这一行为; 2表示65%~74%都能观察到这一行为; 1表示0~64%都能观察到这一行为; NA表示从来没有这一行为。
团队精神: 1.大方地传播别人需要的信息;(　　) 2.推动团体会议与讨论;(　　) 3.确保每一个成员的参与经过深思;(　　) 4.为他人提供展示成果的机会;(　　) 5.了解激励不同员工的方式;(　　) 6.若有冲突,第一时间弄清实质,并及时解决。(　　)

资料来源:林筠.绩效管理(第2版).西安:西安交通大学出版社,2011.

1.行为观察量表法的优点

行为观察量表法有助于员工对考评工具的理解和使用;有助于产生清晰明确的反馈;行

为观察量表法对关键行为和等级标准的反映一目了然;允许员工参与工作职责的确定,从而加强员工的认同感和理解力。

2. 行为观察量表法的缺点

行为观察量表法需要花费更多的时间和成本。因为每一项工作都需要一种单独的工具(不同的工作要求有不同的行为),除非一项工作有许多任职者,否则为一项工作开发一个行为观察量表将不会有成本效率。行为观察量表法过分强调行为表现,这可能忽略了许多工作真正的考评要素,特别是对管理工作来说,应更注重实际的产出结果,而不是所采取的行为。

(七)混合标准尺度法

混合标准尺度法是由美国学者布兰兹(Blanzi)于1965年创立的,在他所设计的"混合标准测评量表"中,包含许多组概念上相容的描述句(通常是3个一组),用来描述同一考核项目的高、中、低三个层次。这些描述句在测评量表中是随机排列的,考核者只需指出被考核者的表现是"好于""相当于"或是"劣于"描述句中所叙述的行为即可。混合标准尺度法的优点在于使考核者的注意力不会过度集中在分值上,同时注重被考核者的行为模式。因为对某一项特定工作来说,并非整体分值越高的员工越能胜任,而是在某一特定方面有专长或有特定行为模式的员工最能胜任。此外,混合标准尺度法还克服了关键事件法的缺点,即收集和分析员工行为表现时的随时性和不确定性,在评估表格设计时体现了高度的系统性。但是,混合标准尺度法在对考核因素各等级进行描述时存在文字局限性,很难全面反映复杂的实际表现行为。

二、结果导向型考核方法

结果导向型评价方法就是根据员工的工作成果对员工进行绩效考评的方法,体现员工凝结形态的劳动。这种方法为员工设定了一个最低的工作成绩标准,然后将员工的工作结果与明确的标准相比较。

结果导向型评价方法主要包括目标管理法、直接指标法、绩效标准法和成绩记录法等方法。

(一)目标管理法

目标管理体现了现代管理的哲学思想,是领导者与下属之间双向互动的过程。目标管理法是指由员工与主管共同协商制定个人目标,个人目标依据企业的战略目标及相应的部门目标而确定,并尽可能一致。该方法用可观察、可测量的工作结果作为衡量员工工作绩效的标准,以制定的目标作为员工考评的依据,从而使员工个人的努力目标与组织目标保持一致,减少管理者将精力放到与组织目标无关的工作上的可能性。图 6-3 给出了一个具体的例子。

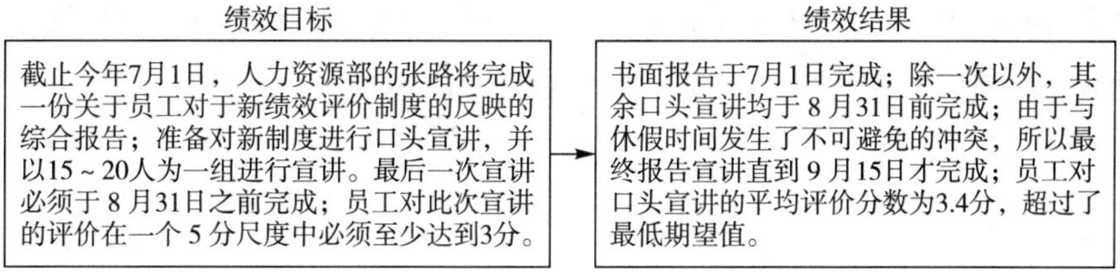

绩效目标

截止今年7月1日,人力资源部的张路将完成一份关于员工对于新绩效评价制度的反映的综合报告;准备对新制度进行口头宣讲,并以15~20人为一组进行宣讲。最后一次宣讲必须于8月31日之前完成;员工对此次宣讲的评价在一个5分尺度中必须至少达到3分。

绩效结果

书面报告于7月1日完成;除一次以外,其余口头宣讲均于8月31日前完成;由于与休假时间发生了不可避免的冲突,所以最终报告宣讲直到9月15日才完成;员工对口头宣讲的平均评价分数为3.4分,超过了最低期望值。

图 6-3 目标管理法举例

资料来源:方正邦.战略性人力资源管理.北京:中国人民大学出版社,2015.

目标管理法的基本步骤:

1. 战略目标设定

考评期内的目标设定首先是由组织的最高层领导开始的。最高层领导制定总体的战略规划,明确总体的发展方向,提出企业发展的中长期战略目标、短期的工作计划。

2. 组织规划目标

在总方向和总目标确定的情况下,分解目标,逐级传递,建立被考评者应该达到的目标,通常成为对被考评者进行评价的依据和标准。

制定目标时,应注意目标的具体性和客观性,目标的数量不宜过多;目标应做到可量化、可测量,且长期目标与短期目标并存;目标应由管理层和员工共同参与制定;在设立目标的同时,还应制定达到目标的详细步骤和时间框架。

3. 实施控制

在目标实施过程中,管理者提供客观反馈,监控员工达到目标的进展程度,比较员工实现目标的程度与计划目标,根据完成程度指导员工,必要时修正目标。在一个考评周期结束后,留出专门的时间对目标进行回顾和分析。

由于目标管理法的评价标准直接反映员工的工作内容,结果易于观测,所以很少出现评价失误,也适合对员工提供建议,进行反馈和辅导。由于目标管理的过程是员工共同参与的过程,因此员工工作积极性大为提高,增强了责任心和事业心。但是,目标管理法没有在不同部门、不同员工之间设立统一目标,因此难以对员工和不同部门间的工作绩效作横向比较,不能为以后的晋升决策提供依据。

(二)绩效标准法

绩效标准法与目标管理法基本接近,它采用更直接的工作绩效衡量指标,通常适用于非管理岗位的员工评价。衡量所采用的指标要具体、合理、明确,要有时间、空间、数量、质量的约束限制,要规定实现目标的先后顺序,保证目标与组织目标的一致性。绩效标准法比目标管理法具有更多的考评标准,并且标准更加具体详细,依照标准逐一评估,然后按照各标准的重要性所确定的权数,进行考评分数汇总。

由于被考评者的多样性以及个人品质的明显差异,有时某一方面的突出业绩和另一方面的较差表现有共生性,因此采用绩效标准法的考核可以克服此类问题。绩效标准法为下属提供了清晰准确的努力方向,对员工具有明确的导向和激励作用,但绩效标准法需要耗费较多的人力、物力和财力,企业由此产生较高的管理成本。

(三)直接指标法

直接指标法在对员工衡量的方式上,以可监测、可核算的指标构成的若干考评要素作为对下属工作表现进行评估的主要依据。如对于非管理人员,可以衡量其生产率、工作数量、工作质量等。工作数量的衡量指标有工时利用率、月度营业额、销售量等;工作质量的衡量指标有顾客满意率、废品率、产品包装缺损率、顾客投诉率、不合格产品返修率等。对管理人员的考评可以通过管理人员所管理的下属的工作情况来反映,如对员工缺勤率、流动率的统计。

直接指标法简单易行,能节省人力、物力和管理成本,运用本方法时,企业需要加强基础管理,建立健全各种原始记录,特别是对一线人员的统计资料。

(四)成绩记录法

成绩记录法是新开发出来的一种方法,比较适用于对从事科研教学工作的人员,如大学教师、律师等的评价,因为他们每天的工作内容是不同的,无法用完全固化的衡量指标进行考量。成绩记录法的实施步骤是:先由被考评者把自己与工作职责有关的成绩写在一张成绩记录表上,然后由上级主管来验证成绩的真实准确性,最后由外部的专家评估这些资料,决定考评者的个人绩效。

由于本方法需要从外部聘请专家参与评估,因此,人力、物力耗费较高,耗费时间也很长。

三、其他考核方法

(一)平衡记分卡

平衡记分卡的核心思想是通过财务、客户、内部经营过程、学习与成长四个指标之间的相互驱动,实现绩效评估——绩效改进以及战略实施——战略修正的目标。一方面企业通过财务指标保持对组织短期绩效的关注;另一方面通过企业员工学习、信息技术的运用与产品服务的创新来提高客户的满意度,驱动组织未来的财务绩效发展,展示组织的战略。

平衡记分卡通过在企业的财务结果和战略目标间建立联系来支持业务目标的实现。它将企业战略置于被关注的中心,通过建立平衡记分卡,上层管理的远景目标被分解成一些评估指标,员工通过对照这些评估指标来规范自身行为,这样就使得首席执行官的远景目标与员工的具体工作结合了起来,实现了个体与集体目标的统一。

知识拓展 6-2

天虹商场运用平衡记分卡构建战略管理体系

成立于1984年的天虹商场自2000年起先后开设了29家分店,实现销售额年均增长48.2%,利润总额年均增长67.7%。将平衡记分卡用于企业战略管理,天虹商场是国内百货零售行业的第一家公司。借助平衡记分卡,天虹商场实现了构建动态战略管理体系的"三级跳"。

2004年,天虹商场开始将平衡记分卡的思想用于绩效管理,即从财务、客户、内部流程、学习与成长四个角度建立了关键绩效指标(KPI)体系,但因关键绩效指标的设置未能与公司战略有效对接,导致公司战略与各业务单位的战略目标联系不够紧密。意识到这一点后,天虹商场于2006年聘请了博意门咨询有限公司把平衡记分卡系统作为战略管理工具引入天虹商场。

2007年,天虹商场坚持循序渐进的"系统化推进"原则,对各层级的负责人和骨干人员进行了战略管理及平衡记分卡的知识培训,建立了战略管理的流程,明确了平衡记分卡的框架和职责分工,建立了公司、各职能部门、各城市公司和各分店的平衡记分卡系统并开始有效运作。

2008年,天虹商场以平衡记分卡为主线,贯穿年度战略更新,年度经营计划等重点工作,并实现平衡记分卡指标、KPI和质量管理目标三者有效统一。

天虹商场凭借成功运用平衡记分卡而取得了卓越成果,成为全国第一家由平衡记分卡创始人罗伯特·卡普兰(Robert Kaplan)博士亲自授予"全球战略执行明星组织"奖项的零售企业。天虹商场的董事总经理赖伟宣先生认为:"平衡记分卡系统是行之有效的战略管理和绩效管理工具,更是一种兼顾内外、过程与结果、股东与员工、眼前与长远、局部与大局的思想体系。它能帮助我们提高工作效率,抓住工作重点,更有针对性地开展工作,使我们从繁杂琐碎的日常事务中跳出来,提纲挈领,对公司战略目标的实现过程了然于胸。"

零售企业要成功实施平衡记分卡,一方面需要借鉴全球成功运用平衡记分卡企业的经验,少走一些弯路,例如案例中天虹商场系统化推进的原则;另一方面更需要与零售企业自身特点和运营结合起来,不能把平衡记分卡简单视为一个孤立的管理工具,而要把它作为流淌在组织内部的"血液",与企业其他管理体系融合起来。只有这样,才能真正实现平衡记分卡在零售企业的成功应用,促进零售企业的长足快速发展。

资料来源:中国人力资源开发网.平衡记分卡在零售企业中的应用实例,2016.

平衡记分卡实施的四个步骤:

第一步,说明远景,帮助经理就组织的使命和战略达成共识。

第二步,沟通与联络,管理人员在公司的上上下下交流他们的战略,并将战略与部门和个人目标连接起来。

第三步,规划与设定目标,公司能够整合他们的经营计划和财务计划。

第四步,策略的回馈与学习,赋予公司一项称之为战略性学习的能力。现有的反馈和考察程序都注重公司及部门、职员是否达到了预算中的财务目标。

(二)360度考核法

360度考核法又称为"全方位考核法",最早被英特尔公司提出并加以实施运用。该方法是指通过员工自己、上司、同事、下属、顾客等不同主体来了解工作绩效,通过评论知晓各方面的意见,清楚员工的长处和短处,从而达到提高的目的。这种方法的优点是能比较全面地进行评估,易于作出比较公正的评价,同时通过反馈促进工作能力的提高,也有利于团队建设和沟通。它的缺点是工作量比较大,也可能存在非正式组织影响评价的公正性,还需要员工有一定的绩效考核知识参与评估。

在实际运用时需注意:企业应努力创建和谐、合作、互助的工作氛围以保证考核顺利进行;根据企业所处的生命周期及业务类型审视其是否适合采用360度考核法,一般来说,公司处于初创期是不宜采用该法的,结果导向型的企业也不宜采用该法;合理界定考核者和被考核者,并非所有岗位都需要进行全方位考核,原则上考核者必须熟悉被考核者的工作,不应让与被考核者无任何业务往来的不相关者成为考核者;不同级别、不同工作性质的被考核者的考核要素是不一样的,应根据实际需要确定考核要素,比如高层管理者的考核要素包括目标意识、决策水平、协调能力等,而一般员工的考核要素包括责任心、纪律性等;财务人员的考核要素是工作缜密度和严格遵守财务制度等。

综上所述,360度考核法针对不同的企业和被考核者,可能是90度考核、180度考核、270度考核等,千万不能搞一刀切。表6-12以管理人员为例(适用于生产、销售、服务等部门的一般性管理人员),考核主体可以包括上级(权重30%)、其他部门同事(权重25%)、本部门同事(权重15%)、本部门下级员工(权重15%)以及自我考评(权重15%)。

表6-12 管理人员360度绩效考核表

考核者身份:上级:　　同事(本部门):　　同事(其他部门):　　下级:　　自评:

被考核者姓名		被考评者职务		被考评者所属部门		
考评日期						
评价制度及分数	1分:有待提高　　2分:可以接受　　3分:一般　　4分:好　　5分:优秀					
考核项目	考核内容				评分	备注
计划控制能力	1.每月能够制定出明确、具体的工作计划。					
	2.按轻重缓急安排工作次序。					
	3.能够将计划分解,按照员工的能力进行合理的分配。					
	4.对下属的工作进行跟进与掌控,以确保目标的达成。					
分析决策能力	5.能防微杜渐,并快速采取行动,将不良事件消灭在萌芽状态。					
	6.决策及时、果断,能抓住要害。					
	7.具有较强的逻辑思维能力和分析问题的能力且考虑问题全面。					
	8.对突发事件的处理较为及时、妥善。					

续表

考核项目	考核内容	评分	备注
授权与激励能力	9.善于用人所长,并给予下属相应的权利和责任。		
	10.能够对下属的表现进行及时反馈,做到赏罚分明。		
	11.善于激发员工的工作激情与潜能。		
	12.能有效地帮助下属设立明确的、有挑战性的工作目标,在工作中适时给予员工鼓励。		
沟通协作能力	13.能经常就工作目标与下属沟通。		
	14.能够与别的部门进行有效的沟通。		
	15.能积极促进团队成员间的合作。		
	16.能协调化解矛盾和冲突。		
工作责任和态度	17.能接受和支持团队决定,并以身作则。		
	18.面对工作中的压力,能化压力为动力。		
	19.热爱自己的工作,对于任务追求卓越结果。		
	20.能主动配合领导、同事及其他相关部门工作		
考评者意见		总计	

❖ 本章小结

1.绩效管理是指制定员工的绩效目标并收集与绩效有关的信息,定期对员工的绩效目标完成情况作出评价和反馈,以改善员工工作绩效并最终提高企业整体绩效的制度化过程。绩效管理的目的在于提高员工的能力和素质,改进与提高公司绩效水平。

2.绩效管理通常被看作一个循环的过程,包括五个环节:前期准备、绩效实施、绩效考核、总结与反馈、应用开发。

3.绩效考核是绩效管理的重要组成部分,是绩效管理的中心环节。绩效考核成功与否不仅取决于绩效考核本身,而且在很大程度上取决于与考核密切关联的整个绩效管理过程。

4.绩效考核方法分为:行为导向型考核方法(比较法、强制分布法、关键事件法、行为锚定法、KPI法、行为观察法、混合标准尺度法),结果导向型考核方法(目标管理法、绩效标准法、直接指标法、成绩记录法)以及其他考核方法(平衡记分卡、360度考核法)。

❖ 本章习题

1.什么是绩效管理？什么是绩效考核？两者有什么区别与联系？

2.绩效管理的基本流程是什么？

3.如何有效地进行面谈？

4.绩效指标及其权重如何确定？

5. 进行评价主体主要有哪几种类型？试对不同的主体进行比较。
6. 简述关键绩效指标法的实施步骤。

◆ 案例研讨

平安保险公司的绩效管理

在平安保险公司，"竞争、激励、淘汰"三大机制尽人皆知，它概括了平安绩效管理的核心。通过多年来对各种绩效管理方法的实践，平安保险公司发现"横向排名、比例分布、激励淘汰"不仅是绩效考核最简洁、最有效的方法，也最容易被员工理解。这种方法被形象地称为"赛跑制"。

1. 横向排名。

公司采用横向排名制，一年两次对员工的绩效考核结果排名。每个员工在每次绩效考核结束后都有名次，团队始终处于高度竞争的状态，有效驱动全体员工不断进取，进而促进了公司整体绩效提升。

2. 比例分布。

绩效考核之后，公司会根据考核结果，按 7:2:1 的比例对员工的名次进行划分。

3. 激励淘汰。

根据排名和比例分布，公司对不同业绩的员工有不同的激励和淘汰措施。排名前70%的员工将加薪，不同排名的人加薪比例不同，当然，公司加薪也会参考物价和行业水平的变动；连续两年排名前40%是员工得到晋升机会的首要条件，当然公司会考虑职位空缺和年资等。排名70～90%的员工不会有薪资和职位变动，由于他们能力方面的欠缺，公司会针对其弱项开展培训，或者调整他们的工作岗位。公司有固定的淘汰比例，每年淘汰3%～5%的员工。排名末位10%或5%的员工会被降级、岗位变换甚至淘汰。连续两年降薪的员工必须降级、转岗甚至辞退。公司认为，这是对其他95%工作业绩好的员工的保护，也避免了公司在壮大过程中可能的老化现象。公司相信，好的绩效管理的最终目的是提升员工的市场价值，虽然过程残酷艰难，但最终获益的是员工自身。

4. 考核指标的软硬结合。

平安保险公司对自身愿景有着清晰、精确的描述。公司不断细化、演绎，分别形成长期（5～10年）目标、中期（3～5年）目标、短期（1～3年）目标。随着目标期间的缩短，集团整体战略计划不断趋于具体，最终形成每个业务线的年度经营目标、关键行动计划、详细行动计划。其中短期目标每年都需要重新制定、检视，通过与主管的沟通，确保目标与公司战略保持一致。

平安保险公司在内部建立了人才素质模型，帮助员工确立自己的绩效目标。一些后台职位的考核带有一定的主观性，考核指标依据公司当前的发展和需要而定，考核结果会结合主管的弹性评价，并和后台其他模块的员工进行比较。而前线职位，例如销售等，则以营业额为主要考核目标。例如，分公司经理的考核指标都和业绩有关，通过健全财务综合分析制度,突出财务对业务发展的引导和约束作用。

此外,为了保证绩效管理过程和结果的公平性,公司的绩效管理有一套严密的日常管理体系。第一,明确评价标准。公司建立了一套清晰、多维度、统一的绩效评价标准,每一维度都有详细的等级描述。第二,加强过程管理。公司的月度"绩效日"制度,通过信息技术系统明确要求下级主管开展月度阶段性总结,上级主管定期审批辅导,并开展阶段性评价,从而有效加强了过程记录管理,有助于提升年度评估的精确性。第三,严格执行"铁律"。无论哪一层员工都必须遵守规定,以保证绩效管理体系的公平性、严肃性和有效性。第四,开放申诉通道。公司在绩效管理体系中设计了申诉机制,员工如果认为绩效结果不公平,可通过集团统一申诉邮箱提起申诉,由专人按一定程序受理。第五,开展专项调研。集团人力资源中心定期发起员工绩效管理调查,收集员工对绩效管理的各种建议,以发现各单位中存在的问题,并针对性地开展优化和完善。

资料来源:平安保险的绩效管理.道客巴巴,2012.

请根据本案例,回答以下问题:
1. 你如何看待平安保险公司采用的强制比例分布?
2. 在绩效管理过程中,平安保险公司对前线职位与后台职位是如何区别对待的?
3. 平安保险公司是如何保证绩效考核的公平公正的?对你有什么启示?

◇ 践行辅导

销售部经理杨军打算对他的几位下属进行绩效总结面谈,下表是几位员工本季度的工作情况和绩效表现。

表 6-13 人力资源管理与人事管理的区别

员工姓名	职位	工作情况	绩效表现
王波	销售员	应届大学毕业生,工作时间不长,业务较为生疏,在工作中频频出现小失误,但勤奋好学,工作态度很积极。	刚刚签了一个52万的销售合同,销售业绩(销售员排名)从第19名跃升为第3名,综合考评结果为良好。
张蕊	销售员	公司的老员工,工作表现一直很优秀,有很强的计划能力和执行能力,市场开拓能力很强,愿意将自己的销售技巧与同事们分享。	销售业绩为该部门销售员的第一名,连续三年的综合考评结果为优秀。
李勇	销售主管	猎头公司推荐的资深销售人员,在面试的过程中获得了一致好评,但进入公司十年以来,经常迟到早退,有离职倾向,也不愿意和其他同事合作。	销售业绩几乎为零,综合考评结果为不合格。

【体验目的】
1. 熟悉绩效总结面谈的步骤与内容。
2. 掌握面谈方法和技巧。

【体验内容】

1. 制定绩效面谈计划。

2. 从班级中选择一些同学分别扮演销售部经理及销售员,模拟一次绩效面谈。

【实施步骤】

1. 将班级分组,每组8~10人。

2. 以小组为单位进行讨论,并编制一份绩效面谈计划。

3. 每组推荐4位同学分别扮演销售部经理杨军,销售员王波、张蕊,销售主管李勇,模拟一次绩效面谈。

4. 教师点评。

第七章

薪 酬 管 理

 学习目标

☆ 掌握薪酬的概念及内涵
☆ 了解影响薪酬及其管理的主要因素
☆ 了解薪酬管理制度设计的原则和方法
☆ 掌握人工成本核算的主要方法

 关键术语

☆ 薪酬管理 Compensation Management
☆ 薪酬体系 Compensation System
☆ 薪酬调查 Compensation Survey
☆ 绩效工资 Performance Related Pay
☆ 人工成本 Labor Costs

 学前思考

2017年5月,复旦大学某教授在微信朋友圈"晒工资"一事一度引起网民热议。近些年来,央企高管及影视明星的天价薪酬引发了社会的广泛质疑。薪酬是人们择业和创业的主要动因,是收入分配公平与否的重要表现,反映了整个社会的价值标准及舆论导向。与此同时,许多企业面临薪酬问题的困扰:公司给了高薪,员工依然不满,公司人力成本上升,但激励效果甚微,等等。如何处理薪酬管理的诸多矛盾?怎样才能发挥薪酬的作用?这需要人力资源经理及社会管理者们不断研究和探索。

◆ 开篇案例

加了工资，反而辞职了

小张和小王是大学同班同学，毕业后到同一家公司技术开发部工作，他们的入职月薪都是 6500 元。试用期结束，公司给小张的转正工资定为 7300 元，当时小张很高兴。

公司本来要求工资保密，不想小张知道了小王转正工资是 7500 元，便十分气愤，次日工作就没有了积极性。他直接要求经理作出解释：为什么我的工资比小王少 200 元？

尽管经理对小张这般质问感到诧异，但还是给小张作了解释：因为小王的表现更好。

小张马上又问：何以证明？你们既没有明确的标准，也没有明确的考核！

经理耐着性子对两人的工作态度、工作效率等方面作了一些比较分析，然而小张并不认同，小张认为自己的工作结果丝毫不比小王差。

经理却认为，作为员工应该尊重领导的评判，何况给小张转正涨薪的幅度也不算少，于是就劝说小张："要摆正心态，这样来闹是没有意义的！再说，只要做得好，你将来也可能比小王工资更高嘛……"

没想到，第二天小张便愤然离职。

资料来源：彭荣模.加了工资，反而辞职了.中国人力资源网，2017.

思考题：为什么加了工资，小张反而辞职了？

第一节 薪酬管理概述

一、薪酬相关概念和功能

（一）薪酬的概念

在人力资源管理中，人们对薪酬概念的界定比较宽泛，对薪酬的理解也存在差异。米尔科维奇（George T. Milkovich）和纽曼（Jerry M. Newman）在《薪酬管理》一书中，把薪酬定义为：雇员作为雇佣关系中的一方，所得到的各种货币收入以及各种具体的服务和福利之和。马尔托奇奥（Joseph J. Martocchio）认为，薪酬是指雇员因完成工作而得到的内在和外在的报酬。加里·德斯勒（Gary Dessler）认为，薪酬实际上是指员工因为被雇佣而获得的各种形式的支付报酬。

在日常生活中，人们通常将薪酬、报酬、工资等概念混用，事实上，这些概念还是有区别的。

报酬（Reward）：在通常情况下，我们将员工为某个组织工作而获得的各种他认为有价值的东西，统称为"报酬"。报酬可以分为经济报酬和非经济报酬，薪酬则属于经济报酬。

工资（Wage）：在国外，工资的主要支付对象是从事体力劳动的蓝领工人。根据我国相关的法规和政策，工资是指用人单位依据劳动合同的规定，以各种形式支付给劳动者的工资报酬,包括计时与计件工资、奖金、津贴和补贴、加班加点费、特殊情况下支付的工资。

个人收入(Personal Income):通常简称为"收入",指个人通过各种合法途径获得的收入总和,包括工资、租金收入、股利股息及社会福利等。

(二)薪酬的本质

薪酬实际上是组织对员工的贡献,包括员工的工作态度、工作行为和工作业绩等所给予的各种回报。

广义上,薪酬不仅包括工资、奖金、休假等外部回报,也包括参与决策、承担责任等内部回报。狭义上的薪酬则主要指从外部获得经济利益的回报。

外部回报是指员工因为雇佣关系从自身以外得到的各种形式的回报,也称为"外部薪酬"。外部薪酬包括直接薪酬和间接薪酬。直接薪酬是员工薪酬的主体部分,包括员工的基本薪酬,即基本工资,如周薪、月薪、年薪等,也包括员工的激励薪酬,如绩效工资、红利和利润分成等。间接薪酬主要指福利,包括组织向员工提供的保险、带薪休假、额外津贴、单身公寓、免费工作餐等。

内部回报是指员工在社会心理等方面感受到的回报。它一般包括参与企业决策,获得更大的工作权限,承担更重要的责任,从事更有趣的工作,获得个人成长的机会等。内部回报不是简单的物质回报,企业如果能运用得当,将对员工产生较强的激励作用。

员工薪酬实质上是一种劳动力的交换或交易,所以要服从市场的交换或交易规律,否则雇佣关系就不可能长久地持续下去,即使是持续,双方也不可能满意。如果员工对交换满意,那么他们会有良好的工作表现和业绩,企业对人力资本的投入也会获得较好的回报。因此,许多企业将薪酬作为吸引、激励、挽留人才的重要筹码之一,但也有许多企业薪资投入巨大,激励效果甚微。

(三)薪酬构成

薪酬的构成内容很多,并通过不同形式体现出来,主要包括基本薪酬、绩效薪酬和间接薪酬等三种形式。基本薪酬对应基本工资,绩效薪酬对应奖金和分红,间接薪酬对应津贴、补贴和福利等。薪酬各部分的构成、功能及特征具体见表 7-1 所示。

表 7-1 薪酬的构成、功能及特征

薪酬构成	主要作用	决定因素	变动性	特点
基本薪酬	保障基本需求,体现岗位价值	岗位价值,员工的能力、资历	较小	稳定性,保障性
绩效薪酬	激励,调节	个人绩效、团队及组织整体绩效	较大	激励性,持续性
间接薪酬	提高员工满意度,凝聚人心	国家法律政策规定,企业自身情况	较小	针对员工工作生活质量,保障性

1. 基本薪酬

基本薪酬,又称"基本工资",是维持员工基本生活的工资。它一般以岗位工资、职务工资、技能工资、工龄工资等形式表现,不与企业经营效益挂钩,是薪酬中相对稳定的部分。

基本薪酬的变动一般取决于三个因素:一是总体生活费用的变化或者通货膨胀的程度;二是劳动力市场上同质劳动力的基本薪酬变化;三是员工在工作中拥有的知识、技能、经验的变化以及相应的绩效变化。

此外,企业所处的行业、地区以及市场占有率等都会影响员工的基本薪酬水平。

越来越多的企业在员工的基本薪酬中加入了绩效薪酬部分,绩效薪酬又称"绩效加薪"或"奖励工资",是企业对员工过去令人满意的工作行为及业绩的认可。绩效加薪往往与企业的绩效管理制度紧密相连。

2. 可变薪酬

可变薪酬是薪酬构成中与员工绩效直接挂钩的经济性报酬,有时又称为"浮动薪酬"或"奖金"。其中的绩效既可以是员工个人的绩效,也可以是团队或组织的绩效。可变薪酬体现的是员工超额劳动的价值,具有很强的激励作用。可变薪酬与绩效加薪不同:一般情况下的绩效加薪具有累积作用;而可变薪酬不存在累积作用,绩效周期结束后,奖金兑现完毕,员工必须重新努力工作才能获得新的绩效奖励。

3. 间接薪酬

间接薪酬主要指员工福利(包括员工服务)。与基本薪酬和绩效薪酬不同,间接薪酬一般不以员工的劳动情况为支付依据,而以员工作为组织成员的身份来支付,是一种强调组织文化和组织凝聚力的补充性报酬。

(四)薪酬体系

薪酬体系是组织人力资源管理系统中的一个子系统,它向员工传达了在组织中什么是有价值的,为组织向员工支付报酬制定了政策和程序。一个设计良好的薪酬体系能直接与组织战略规划相联系,使员工努力将行为集中到帮助组织生存发展并获取竞争优势的方向。当前通用的薪酬体系主要有职位薪酬体系、技能薪酬体系和能力薪酬体系。

1. 职位薪酬体系

职位薪酬体系是在对职位本身价值作出客观评价的基础上,根据职位评价结果赋予该职位上工作的人与该职位价值相当薪酬的薪酬体系。

职位薪酬体系具有以下优点:体现了同工同酬、按劳分配的原则;按职位体系进行薪酬管理,操作比较简单,管理成本较低;职务晋升与薪酬增加密切关联,以激励员工不断提高技术、能力及工作绩效。

职位薪酬体系存在以下问题:薪酬与职位直接挂钩,当员工晋升无望时,工作积极性会受挫,甚至出现消极怠工或离职的现象;职位的相对稳定决定了员工薪酬的相对固定,不利于动态激励员工。

2. 技能薪酬体系

技能薪酬体系是指组织根据员工所掌握的与工作有关的知识、技术、能力以及拥有的经验等来支付基本薪酬的一种薪酬体系。

技能薪酬体系具有以下优点：激发员工的进取精神，增强企业技术创新能力；引导组织结构的合理调整以及组织价值观的变化；有利于专业技术人员的稳定与发展。

技能薪酬体系存在以下问题：员工对培训的要求较高，培训资源投入、培训需求确定等都会成为问题；成本较难控制，如果员工技能模块的界定与组织战略需求不相符合，则员工的技能会被闲置和浪费；实施难度大，技能薪酬体系存在设计难、管理难、人与岗位匹配难等问题。

3. 能力薪酬体系

能力薪酬体系是指企业根据员工所具备的能力或是任职资格来确定基本的薪酬水平，该体系对人不对事。能力薪酬体系一般基于一定的假设：员工的能力直接决定其所创造的价值，因此，支付给员工的报酬应当由员工能力决定。在能力薪酬体系中，基于岗位的能力占据比重较大，员工的能力与职位的晋升及薪酬待遇等有着直接的联系。同时该体系体现了能力较强的员工可能产生更高的工作绩效，因此，员工的能力越高，获得的薪酬越高，待遇越好，管理者更关注于因员工能力的提升而带来的价值增值。

阅读推荐 7-1

雅虎公司首席执行官 2016 年总薪酬为 2740 万美元

据外媒报道，雅虎公司首席执行官玛丽莎·梅耶尔(Marissa Mayer)2016 年总薪酬为 2740 万美元。

由此看来，梅耶尔去年总薪酬并未受到雅虎出售给美国移动运营商 Verizon Communications 以及差点毁掉雅虎出售交易的两次网络安全事故的影响。

据雅虎公司周五提交给美国证券交易委员会(SEC)的文件显示，梅耶尔的基本薪水为 100 万美元，这一数字与前两年一致。梅耶尔 2016 年薪酬的绝大部分是价值 1130 万美元的股票奖励以及价值 1330 万美元的期权奖励。

在雅虎公司的核心业务出售给 Verizon 后，如果梅耶尔选择离开，其所持有的雅虎股票、期权以及限制性股票能快速变现，按照股价计算可获利 1.86 亿美元。这 1.86 亿美元包含了上述两笔收入。梅耶尔薪水的上涨主要得益于雅虎股票的上涨，自梅耶尔 2012 年加入雅虎以来，该公司的股价已上涨 3 倍。

在经历一场大规模调查后，雅虎公司董事会 2017 年 3 月宣布，不会向梅耶尔发放现金奖金。调查发现，2014 年，梅耶尔及其管理团队对公司系统入侵事件的不作为导致 5 亿用户的数据被窃取，这一事件直到去年秋季才被披露。梅耶尔在 2015 年的现金奖金为 1125 美元。梅耶尔表示她将放弃 2017 年的股权奖励。

因雅虎公司认为受到安全威胁具有可信性，梅耶尔及其家庭 2016 年获得了 175 万美元的个人安保费用。

资料来源：雅虎公司首席执行官梅耶尔 2016 年总薪酬为 2740 万美元. 腾讯科技，2017.

二、薪酬管理相关理论

许多企业都认为合理的薪酬制度能激励员工提高工作绩效,这种想法有无依据呢?事实上,组织行为学、心理学的诸多理论都为薪酬管理提供了理论基础。

(一)需要层次理论

美国心理学家马斯洛(Maslow)提出了需要层次理论,内容包括:人的需要取决于已经得到什么和缺少什么,尚未满足的需要会影响人的行为;人的需要是有层次的,一般来说,当低层次的需要得到满足后,高层次的需要就会出现。需要层次由低到高依次分为五级,即生理需要、安全需要、感情需要、尊重需要和自我实现需要。

需要层次理论对薪酬管理的启示有:企业支付的基本薪酬必须确保员工能够满足基本生活需要;奖励性薪酬会对员工产生一定的激励作用;不同类型的员工需要层次不同,企业应该采取不同的薪酬激励措施;货币的激励作用可能存在边际效用递减规律,因此企业需要将货币激励与非货币激励相结合。

(二)双因素理论

赫兹伯格(Herzberg)的双因素理论认为:员工的行为会受到保健因素和激励因素的影响。保健因素包括企业政策与行政管理、监督、与上级及同事的关系、工作安全、个人生活、工作条件等。当保健因素得到改善时,员工的不满情绪会消除,但是保健因素对员工不能起到激励作用。激励因素包括工作上的成就感、受到重视、提升、工作性质与职责、个人发展的可能性等。激励因素可以对员工工作起到明显的激励作用,但当这类因素不具备时,也不会造成员工的极大不满。

双因素理论对薪酬管理的启示有:基本薪酬必须在一定水平上,以确保员工满足生活及保健需要的经济来源;绩效奖励具有激励性,它与员工在认可、愉悦、成就等方面的需要相联系;人际氛围、责任、工作类型、工作条件等因素会影响薪酬管理的成效。

(三)期望理论

弗洛姆(Vroom)的期望理论认为绩效是三大知觉——期望、关联性以及效价。期望是员工对自己完成既定工作任务的能力所作的自我评判。关联性是员工对于达到既定绩效水平之后能够得到组织报酬所具有的信心。效价是员工对于组织为自己所达到的令人满意的工作业绩所提供的报酬作出的价值判断。

期望理论对薪酬管理的启示有:薪酬和绩效之间的联系至关重要,绩效奖励的收益只有足够多,才会使员工认为它是一种报酬,从而选择能够获得最大回报的行为。

(四)公平理论

公平理论认为员工不仅关心自己经过努力所获得的报酬的绝对数量,也关心自己获得的报酬在组织内外的相对水平。当员工与感知对象的投入与产出情况相对比,感到自己的投入与获得与他人的投入与获得不对等时,员工就会产生不公平的心理感受,继而产生相应的负激励效应。

公平理论对薪酬管理的启示有:员工关注绝对薪酬水平,更关注相对薪酬水平。无论是基本薪酬还是奖励性薪酬,企业都必须关注组织内外以及组织内部员工之间的平衡与一致。

(五)强化理论

强化理论认为一个人的行为是受其目标引导的,如果员工的某种行为得到了与预期目标相符合的某种报酬的强化,则员工重复性地执行相同行为的可能性会增加。

强化理论对薪酬管理的启示有:报酬会强化(激励和维持)绩效。报酬必须在行动得到强化之后直接给予,不会得到报酬的行为是不会持续下去的。

此外,目标设置理论、委托代理理论等都对薪酬管理的理论和实践产生了一定的影响。

第二节 薪酬管理与制度设计

薪酬管理是根据企业总体发展战略的要求,通过管理制度的设计与完善,薪酬保障与激励计划的编制与实施,最大限度地发挥薪酬的激励作用。

一、薪酬管理的影响因素

(一)组织外部因素

国家有关的法律法规、经济政策、市场状况是组织薪酬设计必须着重考虑的外部因素。

1. 劳动力市场的供求关系与竞争状况

劳动力价格(薪酬)受供求关系的影响,当劳动力的供求关系失衡时,劳动力的价格会偏离其本身的价值。一般而言,当供大于求时,劳动力价格会下降;当供小于求时,劳动力价格则上升。人才市场竞争越激烈,产品和劳务的价格水平越低,则薪酬水平越低。

2. 地区及行业的特点与惯例

人们对收入分配的价值理念和心理感受也是影响薪酬的重要因素之一。如有些地方受传统的"平均主义"等思想影响,拉开收入分配差距的措施往往不能被人们理解和接受。不同行业及类型的企业在薪酬方面相差较大。垄断行业通常薪酬水平高,而薄利行业薪酬水平很低;国有企业员工的基本工资水平不高,但企业福利却很丰厚;"三资"企业员工的基本工资水平较高,但企业福利可能较少。

3. 地方生活水平

地方生活水平可从两个方面影响组织的薪酬政策：一方面，生活水平高，员工对个人生活期望也相应较高，会给组织带来支付高薪酬的压力；另一方面，所在地区的生活水平高也意味着物价指数涨幅相对较大，为了保证员工的生活质量以及购买力不至于降低，组织也会被迫上调薪酬水平。

4. 国家的有关法令和法规

薪酬及其管理必须符合国家和地方的法律、法规及相关政策。法律、法规和政策是组织薪酬管理的基本依据和起码标准，如最低工资标准、最长工作时间标准、个人所得税制度等。

（二）组织因素

薪酬体系设计必须适应组织的发展战略、组织结构、生产经营特点，同时应考虑组织的发展阶段、行业性质、组织文化与价值观等因素。

1. 组织的行业性质和特点

组织所处的行业性质和特点不同，组织的技术要求、工作性质、员工素质和竞争态势也不同，因而相应的薪酬制度及薪酬水平必然不同。

2. 企业的发展阶段

企业的生命周期包括初创期、成长期、成熟期、稳定期、衰退期和更新期等阶段，在不同的发展阶段，企业具有不同的发展目标、经营战略及阶段性任务，需要不同的薪酬制度和策略来适应和支持企业的运营要求，激励政策目标和重点也会有所不同。

表 7-2 不同发展阶段的企业薪酬策略

企业发展阶段	初创期	成长期	成熟期	稳定期	衰退期	更新期
基本薪酬	低	具有竞争力	具有竞争力	高	高	具有竞争力
绩效薪酬	高	高	具有竞争力	低	无	高
间接薪酬	低	低	具有竞争力	高	高	低

3. 组织文化

组织文化是指在一定的社会历史条件下，企业在生产经营和管理活动中所创造的具有企业特色的精神财富及其物质形态，包括文化观念、价值观念、企业精神、道德规范、行为准则、历史传统、企业制度、文化环境、企业产品等，其中价值观念是组织文化的核心。组织文化界定了组织在市场和社会中独特的地位和优势，是影响薪酬制度设计的重要因素。每个组织的薪酬制度模式必须适合于本企业的组织文化和价值导向。

4. 组织特有的优势和劣势

薪酬制度设计还应考虑组织具有的优势和劣势。组织特有的优势往往能降低吸引优秀人才的薪酬成本，因为员工作出加入组织的决策时要进行综合分析，而不是单一考虑薪酬待遇。组织的知名度也会产生巨大的品牌效应，以至于一些优秀人才宁可放弃更高的薪酬而愿意加入著名的公司。相反,如果组织处于初创期或默默无闻,就要靠有竞争力的薪酬水平来吸引优秀人才。

(三)员工因素

员工是薪酬分配的参与者和接受者,薪酬制度设计必须考虑员工的需求、类型、个体差异等因素。根据激励理论,薪酬分配只有满足了员工的需求,才能发挥有效的激励作用。企业在进行薪酬制度设计时,首先必须了解员工的需求。员工的个体差异性是薪酬设计所必须考虑的因素。例如,从事经营管理和技术工作的知识型员工,往往更愿意从事富有挑战性的工作及获得由工作带来的自身价值实现的满足感,企业应采用具有灵活性的薪酬模式。而对于从事普通生产活动和事务性工作、追求工作和生活稳定的员工,企业则应采用相对稳定的薪酬模式。

二、薪酬的功能

薪酬既是员工从企业那里获得的收入,又是企业的一种成本支出,代表了企业和员工之间的一种利益交换。无论对员工还是对企业而言,薪酬都至关重要。概括地讲,薪酬有以下功能:

(一)保障功能

在市场经济条件下,薪酬是绝大多数劳动者的主要收入来源,它对于劳动者及其家庭的生活所起到的保障作用,是其他任何收入无法替代的。薪酬不仅要保障员工及家庭的基本生存需要,而且要满足员工在娱乐、教育等方面的发展需求。

(二)激励功能

薪酬不仅是企业支付给员工的报酬,而且代表了企业对员工的知识、能力、努力、绩效的肯定。因此,公平合理的薪酬能够调动员工的工作积极性,激发工作潜力,提高工作绩效,并增强员工在企业的归属感。

(三)调节功能

薪酬差异是人力资源流动与配置的重要"调节器"。通常,企业既可以通过调整内部的薪酬水平和结构来引导内部人员的流动,也可以利用薪酬的差异对外吸引组织亟需的人才。国家也是通过调整不同行业的薪酬水平来调整人们的利益分配格局,引导人力资源合理配置的。

(四)凝聚功能

合理的、富有激励性的薪酬制度有助于塑造并发展良好的组织文化。企业通过制定公平合理的薪酬,可调动员工的积极性、激发员工的创造性,使员工体会到被关心、被认可,增加对企业的情感依恋,自觉地与企业同甘共苦,为双方共同的目标而努力工作。

三、薪酬制度设计

(一)基本原则

1. 战略导向原则

战略导向原则是指企业在设计薪酬时必须从企业战略的角度进行分析,制定的薪酬政策和制度必须体现企业发展战略的要求。企业的薪酬制度不仅体现了人力资源的政策导向,而且体现了组织特有的管理体制和运行模式。合理的薪酬制度会驱动企业发展,同时消除不利于企业发展的因素。比如,实行创新战略的企业会特别注重产品创新、生产方法创新及技术创新,基本薪酬通常会以劳动力市场上的平均薪酬水平为基准,甚至会高于市场平均水平;实行成本战略的企业,通常会采取一定的措施来提高浮动薪酬或奖金在薪酬构成中的比重,一方面控制人力总成本,另一方面鼓励员工降低生产成本。因此,企业在设计薪酬时,必须从企业发展战略的角度去分析哪些因素最重要、哪些因素不重要、哪些因素一般重要,并通过一定的价值标准,对不同的因素赋予相应的权重,从而确定各因素相应的薪酬标准。

2. 公平性原则

公平性原则基于公平理论,认为公平是激励的动力,人们能否受到激励,不仅在于是否得到了什么,还在于所得是否公平。企业的薪酬政策应该让人感觉是公平公正的。公平性原则是设计薪酬体系和进行薪酬管理的首要原则。公平性原则包括以下几个方面:

(1)外部公平

同一行业或地区或同等规模的企业、类似职务的薪酬应大致相同。外部公平强调的是本组织的薪酬水平同其他组织的薪酬水平相比较时的竞争力。市场薪酬调查结果能够反映外部公平的程度。

(2)内部公平

同一企业中不同职务的薪酬水平应与各自的贡献成正比,只有当比值一致时,员工才会认为是公平的。工作评价是判断内部公平的主要方法。

(3)员工个人公平

根据员工的知识、技能、业绩等个人因素,对同一组织中完成类似工作的员工支付相同的薪酬。

(4)程序公平

程序公平是指企业用来作出薪酬分配决策的程序具有公平性。

必须说明,公平一般只是员工的主观判断,不同员工的判断结果可能差别很大,并且公平总是相对的。

3. 竞争性原则

在社会主义市场经济中,企业的薪酬标准只有具有吸引力,才能战胜竞争对手,引进所需人才。企业究竟应将薪酬水平定位在市场价格的哪一标准上,要根据企业财力、所需人才的具体条件而定,企业核心人才的薪酬水平通常不能低于市场平均水平。竞争性原则强调企业在设计薪酬时必须考虑到同一地区和行业劳动力市场的薪酬水平以及竞争对手的薪酬水平,保证企业的薪酬水平在一定的市场范围内具有相对的竞争力,能充分地吸引和留住企业发展所需要的人才。

4. 激励性原则

企业要在内部各类、各级职务的薪酬水平上适当拉开差距,真正体现按劳分配、按贡献分配的原则。激励性原则是指通过薪酬来激发员工的工作积极性,提高个人绩效,从而让员工为组织作出更大的贡献。对组织贡献大的人理应获得高水平的薪酬,而对组织贡献小的人只能对应获得较低水平的薪酬,从而适当拉开薪酬分配的差距,不搞平均主义。

5. 经济性原则

提高企业的薪酬水平固然可以增强企业在薪酬方面的竞争力,但必将提高企业人力成本。所以企业在设计薪酬制度时,必须充分考虑自身发展的特点和经济支付能力。经济性原则包括两个方面的含义:从短期来看,企业的销售收入扣除各项非人工(人力资源)费用和成本后,要能够支付起企业所有员工的薪酬;从长期来看,企业在支付所有员工的薪酬及补偿所用非人工费用和成本后,还要有盈余,从而保证企业的可持续发展。

6. 合法性原则

合法性是企业薪酬管理最基本的前提,它要求企业实施的薪酬制度必须符合国家、地区的法律法规、政策条例等要求,如不能违反最低工资标准等规定。由于我国法制体系处于不断充实完善的阶段,目前立法与司法的正规性、完备性、成熟性及严格性与西方发达国家相比还有差距,有待于充实及完善。

◆ 应用案例 7-1

腾飞公司的薪酬管理问题

腾飞公司是国有企业鼎盛集团下属的一个分公司,主要从事高科技电子产品的研发与生产。腾飞公司是由鼎盛集团原来的腾龙子公司与宇飞子公司合并组建而成,组建时员工主要来自腾龙公司和宇飞公司,同时,为了发展需要,公司还从人才市场招聘了一部分员工。

公司运营后,来自腾龙公司的员工小张的工资依然按照腾龙公司原来的薪酬标准发放,来自宇飞公司的员工小周的工资仍然按照宇飞公司原来的薪酬标准发放,而从外部人才市场招聘来的员工小徐则按市场标准发放工资。腾飞公司的薪酬均以月固定工资的形式发放,实行薪酬保密制度。员工小张、小周、小徐担任的工作任务都是电路设计与研发,然而小徐的工资远高于小张,而小张又略高于小周。

由于腾飞公司生产的产品处于国内领先水平,鼎盛集团对其非常重视。在腾飞公司成立之初,腾飞公司总经理(兼任鼎盛集团副总裁)就曾向员工许诺,公司赢利后将逐步提高员工的薪酬待遇。腾飞公司员工的积极性因此非常高涨,短时间内,完成了多个研发项目,并顺利通过评审。产品投放到市场后,腾飞公司逐渐开始盈利,而薪酬制度仍然没有变动,腾飞公司的总经理只是在年末以非公开的形式发放了年终奖。

此后,公司里关于薪酬收入的小道消息满天飞,员工小张、小周、小徐通过一些非正式的渠道也都彼此知道了各自工资和年终奖的数额。在腾飞公司开始盈利后的第一年(公司成立后第三年),公司员工针对薪酬待遇的抱怨声四起,员工工作积极性开始下降,不时有人跳槽,迟到早退现象也不断增加,生产率随之大幅下跌。与此同时,竞争对手向市场推出了同类型的竞争性产品,已极大地威胁到腾飞公司的市场地位。

资料来源:解析薪酬管理的公平性.中国人力资源开发网,2015.

请问:腾飞公司的薪酬设计存在什么问题?这些问题该如何解决?

(二)薪酬制度设计流程

对于任何一家企业来说,薪酬管理制度都非常重要。支付薪酬水平过高可能会给企业造成不必要的浪费,而支付薪酬水平太低又会导致企业不能吸引和留住人才。此外,不具有公平性的薪酬制度会挫伤员工的积极性。那么,如何制定一套相对合理的薪酬制度呢?在实践中,制定薪酬管理制度的工作流程一般如图7-1所示。

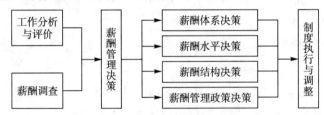

图7-1 薪酬管理制度设计流程

1.工作分析与评价

工作分析是企业人力资源管理的重要基础和必要前提,它是对企业各个岗位的设置目的、性质、任务、职责、权力、隶属关系、工作条件、劳动环境以及员工就任该岗位工作所需要的知识技能、学历背景、工作经验等资格条件的系统分析和研究,并制定出岗位规范和工作说明书的过程。工作评价是在岗位分析的基础上,对岗位的工作难易程度、责任大小等进行的价值评价,使薪酬水平与工作价值相挂钩,从而为员工薪资调整、制定公平合理的薪酬标准提供依据。

2.薪酬调查

薪酬调查就是通过一系列标准、规范和专业的方法,对市场上各职位进行分类、汇总和统计分析,形成能够客观反映市场薪酬现状的调查报告,为企业薪酬制度的设计提供参考依据。薪酬调查是薪酬设计的前提和基础,重点解决的是薪酬的外部公平问题与薪酬竞争力问题。薪酬调查报告能够帮助企业有针对性地规划薪酬内容与标准。

确定员工薪酬水平时要把握好度,既不能因为多支付薪酬而增加组织总成本,也不能因为少支付薪酬而无法保证组织所必需的员工数量与质量。企业通过薪酬调查可以了解市场薪酬水平的25%、50%和75%等点位,薪酬水平高的企业应注意市场75%点处甚至是90%点处的薪酬水平,薪酬水平低的企业应注意25%点处的薪酬水平,一般的企业应注意50%点位(中点处)的薪酬水平。

薪酬调查一般可分为四个步骤,即确定调查目的、确定调查范围、选择调查方式、整理和分析调查数据。

(1)确定调查目的

人力资源部门应该首先弄清楚调查的目的和调查结果的用途,再开始制定调查计划。一般而言,调查的结果可以为以下工作提供参考和依据,如:企业总体薪酬水平的调整,薪酬结构的调整,薪酬改革政策的制定,某些具体岗位薪酬标准的调整等。

(2)确定调查范围

根据调查的目的,可以确定调查的范围。调查范围的确定主要涉及以下问题:

需要对哪些企业进行调查?需要对哪些岗位进行调查?需要调查岗位的哪些内容?调查的起止时间和控制办法?

(3)选择调查方式

确定了调查的目的和调查范围后,就可以选择调查方式。

薪资调查主体主要有政府部门、专业调查公司和企业三种。一般来说,首先可以考虑企业之间的相互调查。企业人力资源部门可以与相关企业人力资源部门联系,或者通过行业协会等机构的联系,使薪酬调查得以开展。若无法获得相关企业的支持,可以考虑委托社会上的专业机构进行调查。

随着薪酬调查不断发展并为企业所接受,薪酬调查的方法也不断发展,现在比较常用的有问卷调查法、面谈调查法、文献收集法和电话调查法等。每一种方法都有优点和不足,企业可以根据自身特点、调查目的、时间和费用等要求采取不同的调查方法。如果采取问卷法要提前准备好调查表。如果采取座谈法,要提前拟好问题提纲。

技术方法 7-1

员工薪酬调查问卷设计

一般来说,调查问卷设计得过长过繁,会引起填写人的反感,反而难以收集到全面的准确信息。一般而言,填写问卷的时间不应超过2小时,以10~30分钟为宜。

薪酬问卷调查设计有以下需要注意的问题:

1.首先明确薪酬调查问卷要调查的内容,再设计表格,保证表格满足它的使用目的。

2.确保表格中的每个调查项目都是必要的,经过必要的审核剔除不必要的调查项目,以提高调查问卷的有效性和实用性。

3. 请一位同事来填写表格样本,倾听反馈意见,了解表格设计是否合理。

4. 问卷语言标准,问题简单明确。

5. 把相关的问题放在一起,如姓名、年龄、岗位名称、所属部门等。

6. 尽量采用选择判断式提问,尽可能减少表中的文字书写量。

7. 保证留有足够的填写空间——记住:一些人手写时字体较大。

8. 使用简单的打印样式以确保易于阅读,当然也可以采用电子问卷,以便于统计分析软件处理。

9. 如果觉得有帮助,可注明填表须知。

10. 充分考虑信息处理的简便性和正确性。如果需要将表格中的调查结果转录到其他文件中,就应按照同样的顺序排列提问答案的选项,以避免抄录时发生错误。

11. 如果在多种场合需要填写信息,可考虑表格带有复写纸,以免多次填写表格。

12. 如果表格收集的数据使用OCR(光学字符阅读)和OMR(光学符号阅读)方法处理,信息可以自动录入计算机,但要保证数据的准确性。

薪酬调查问卷示例:

LED行业员工薪酬调查问卷

尊敬的女士/先生:

薪酬是所有行业管理者和员工共同关心的问题。在LED成为热门行业的今天,越来越多的人关注LED行业,也关注LED行业的薪酬状况。为了能让更多的人和组织了解LED行业的薪酬,特邀请您参加本次薪酬调查。

请如实填写问卷。感谢您的配合!

公司部分

1. 您企业的性质:(　　)

　　A. 国有企业　　B. 民营/私营企业　　C. 外资企业　　D. 合资企业　　E. 其他

2. 您公司的规模:(　　)

　　A. 100人以下　　B. 101～300人　　C. 301～600人　　D. 601～1000人　　E. 1000人以上

3. 您所在的城市:

职位部分

4. 您的职位:

5. 您的年龄:(　　)

　　A. 18～25岁　　B. 26～35岁　　C. 36～45岁　　D. 46～55岁　　E. 56岁以上

6. 工作年限:(　　)

　　A. 1年以下　　B. 1～3年　　C. 4～5年　　D. 6～10年　　E. 10年以上

7. 您的学历:(　　)

　　A. 高中/中专/中技　　B. 大专　　C. 本科　　D. 本科以上

8. 月收入_____元,其中基本工资_____元、绩效工资_____元、加班工资_____元、津贴_____元,奖金_____元,其他_____元。

9. 年终奖或年终分红:_____元。

10. 月度养老保险个人部分:_____元。

11. 住房公积金:_____元。

12. 其他收入:_____元。

13. 公司目前的薪酬制度,哪些令您关注?

14. 如果公司进行薪酬制度改革,您有什么意见和建议?

(4)整理和分析调查数据

在调查完成之后,企业要对收集到的数据进行整理和分析。在整理中要注意将不同岗位和不同调查内容的信息进行分类,同时要注意剔除错误的信息。最后,根据调查的目的,有针对性地对数据进行分析,形成最终的调查结果。

3. 薪酬管理决策

薪酬管理过程中最为重要的决策主要有四类:

(1)薪酬体系决策

薪酬体系决策的主要任务是明确企业确定员工基本薪酬的基础,是采用职位薪酬体系,还是技能薪酬体系或者能力薪酬体系。如前所述,每种薪酬体系都有优势和不足,企业必须根据自己的情况作出选择,也可针对不同的员工类别建立不同的薪酬体系。

(2)薪酬水平决策

薪酬水平是指企业内部各类职位或人员的平均薪酬状况,反映了企业薪酬的外部竞争性。可以看出,在传统的薪酬水平概念中,人们更关注的是企业整体薪酬水平,而现在人们更关注于比较同一企业的不同职位之间或者不同企业的同类人员之间的薪酬水平,而不仅仅是企业的平均薪酬水平。由于市场竞争的加剧,企业更强调在产品和劳动力市场上的开放性和灵活性,更关注薪酬外部竞争性而非企业内部薪酬一致性。

(3)薪酬结构决策

薪酬结构决策是指在同一组织内部,一共有多少个基本薪酬等级以及相邻的两个薪酬等级之间的薪酬水平差距。

在企业总体薪酬水平一定的情况下,员工对企业的薪酬结构是非常关注的,这是因为薪酬结构实际上反映了企业对职位和技能价值的看法。一般来说,企业可以通过正式或非正式的职位评价以及外部市场薪酬调查来确保薪酬结构的公平性和合理性。

◆ **知识拓展 7-1**

宽带薪酬设计

宽带薪酬始于 20 世纪 90 年代,是为了适应组织结构扁平化、企业流程再造等新的管理模式而出现的。

所谓"宽带薪酬设计"(Broad Band Salary Design),就是在组织内用少数跨度较大的工资范围来代替原有的数量较多的工资级别的跨度范围,将原来十几甚至二十几、三十几个薪酬等级压缩成几个级别,取消原来狭窄的工资级别带来的工作之间明显的等级差别。企业同时将每一个薪酬级别所对应的薪酬浮动范围拉大,从而形成一种新的薪酬管理系统及操作流程。宽带中的"带"意指工资级别,宽带则指工资浮动范围比较大。与之对应的则是窄带薪酬管理模式,即工资浮动范围小,级别较多。目前国内很多企业实行的都是窄带薪酬管理模式。

在宽带薪酬体系设计中,员工不是沿着公司中唯一的薪酬等级层次垂直往上走,相反,他们在自己职业生涯的大部分或者所有时间里可能都只处于同一个薪酬宽带之中。员工在企业中的流动是横向的,随着能力的提高,他们将承担新的责任,只要在原有的岗位上不断改善自己的绩效,就能获得更高的薪酬,即使被安排到低层次的岗位上工作,也一样有机会获得较高的报酬。

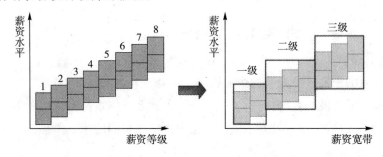

图 7-2 传统薪酬结构向宽带薪酬转变

资料来源:宽带薪酬设计. MBA智库百科,2017.

(4)薪酬管理政策的决策

薪酬管理政策主要涉及企业的薪酬成本与预算控制方式以及企业的薪酬制度、薪酬规定和员工的薪酬水平保密等问题。薪酬管理政策必须确保员工对薪酬体系的公平性看法以及薪酬体系有助于组织和员工个人目标的实现。

4. 薪酬管理制度的实施与调整

薪酬管理制度确定之后,人力资源管理部门需要将其贯彻落实,并且在实践中不断进行调整,使得薪酬管理制度更好地发挥作用。

(三)衡量薪酬制度的标准

检测一个组织的薪酬制度是否科学、合理和有效,可以采用以下三项衡量标准:

一是员工的认同度。体现多数的原则,90%以上员工能够接受薪酬制度。

二是员工的感知度。明确简化的原则,只需1分钟即可讲明白、说清楚。

三是员工的满足度。等价交换的原则,及时支付兑现员工薪酬。

四、绩效薪酬

在传统意义上,所有的奖励计划都是绩效薪酬计划(Pay For Performance),即员工的薪酬与绩效挂钩。可变薪酬(Variable Pay)则更具体,把员工小组或团队的薪酬与能够衡量整个组织的整体盈利能力的某些指标挂钩。绩效薪酬主要有以下三种表现形式。

(一)个人绩效奖励计划

1. 计件工资制

计件工资制是针对员工产出来支付薪酬的方式,它是最古老、也是使用最广泛的形式。

(1)直接计件工资制

首先确定每件产品的计件工资率,然后根据实际产出水平算出实际应得薪酬,将工人的收入和产量直接挂钩。

(2)差额计件工资制

差额计件工资制主要使用两种不同的计件工资率,一种适用于那些产量低于或等于预定标准的员工,另一种则适用于产量高于预定标准的员工。传统的差额计件工资制主要有泰勒制和莫里克制,两种方法都意在激励工作效率高的员工。

表 7-3 泰勒制和莫里克制计件工资示例

产量标准:每小时 10 件　　标准工资:每小时 20 元

产量(件/小时)	泰勒制		莫里克制	
	每件产品工资率	工资	每件产品工资率	工资
7	2元	14元	2元	14元
8	2元	16元	2元	16元
9	2元	18元	2.5元	22.5元
10	2元	20元	2.5元	25元
11	3元	33元	3元	33元
12 及以上	按 11 件/小时的工资率标准计算			

(3)标准工时制

标准工时制是按照在标准时间内完成工作的情况来制定工资的激励计划。如果员工能够在少于预期的标准时间内完成工作,他们的工资仍然按标准时间乘以小时工资率计算。比如,装配一件产品的标准时间是 2 小时,而某工人在 1.5 小时内完成了工作,其工资便是小时工资率乘以 2 小时。

(4)其他工时激励计划

海尔塞(Halsey)计件工资计划。如果员工能以低于限额时间完成任务,则节约时间所带来的收益在企业和员工之间以对半的形式分享。

罗恩(Rowan)计件工资计划。与海尔塞计件类似,不同之处在于随着所节约时间的增加,员工分享的收益所占比例是上升的。

甘特(Gantt)计件工资计划。不能在标准时间内完成任务的员工将只得到事先确定的保障工资,而那些能在标准时间内完成任务的员工,计件工资率则定在标准工资率120%的水平。

2. 绩效加薪

绩效加薪是将员工基本薪酬的增加与在某种绩效评价中所获得的评价等级联系起来的一种激励计划。研究绩效加薪的几个关键点是:加薪的幅度、加薪的时间以及加薪的方式。绩效加薪的幅度主要取决于企业的支付能力。如果加薪幅度过大,企业可能没有承受能力,但若绩效加薪幅度过小,又不能发挥激励作用。从绩效加薪的时间安排来看,常见的绩效加薪是每年一次,也有每半年一次或者每两年一次绩效加薪的情况。从绩效加薪计划的实施方式来看,绩效加薪既可以采取基本薪酬累积增长的方式,也可以采取一次性加薪的方式。

因考虑变量方式不同,现将绩效加薪计划分为三种类型。

(1)以员工绩效为基础

这是最简单且运用最普遍的一种形式。在这种情况下,员工加薪的唯一依据是员工绩效评价结果。它具体有两种做法:一种是对绩效水平相同的员工加薪比例相同,基本薪酬高的员工所得到的绝对加薪额必然会高于基本薪酬低的员工;另一种是采取以员工所在薪酬区间的中值为基准来实施绩效工资,这就减慢了那些位于相同薪酬等级区间但基本薪酬较高人员的加薪速度,使同一薪酬等级区间、绩效相同的员工的加薪数额相同。两种方式举例见表7-4。

表7-4 基于员工个人绩效的两种绩效加薪方式

员工	同层级员工的薪酬(元)	方式一:以每个人薪酬为基准		方式二:以薪酬区间中值为基准	
		百分比(%)	绝对加薪额(元)	百分比(%)	绝对加薪额(元)
甲	3000	2	60	2	70
乙	3500	2	70	2	70
丙	4000	2	80	2	70

注:假定甲、乙、丙三名员工所处的薪酬等级相同且绩效评价结果相同。

(2)以员工绩效及相对薪酬水平为基础

很多传统组织或薪酬结构比较复杂的组织会采用这种加薪计划。首先判断员工的薪酬水平与组织内部其他员工薪酬水平或者外部市场平均薪酬水平之间的关系,如果员工的薪酬已经达到较高的水平,则企业会在同等条件下降低员工的加薪幅度;反之,企业则会在同等条件下适当调高加薪幅度。表7-5给出了示例,如果该企业员工平均薪资水平处于市场低位时,员工绩效等级从优秀至合格时的加薪幅度分别为8%至5%;但如果员工平均薪资水平处于市场高位时,则绩效加薪比例会降低;而如果员工绩效不合格,则无论其薪资水平高低,均不能获得绩效加薪。

表 7-5　以员工绩效和市场薪酬水平对比决定的绩效加薪

市场薪酬水平 绩效及加薪(%)	一分位	二分位	三分位	四分位
优秀	8	6	4	3
满意	7	5	3	2
合格	5	4	2	1
不合格	0	0	0	0

(3)引入时间变量的绩效工资计划

这种加薪计划以绩效和相对薪酬水平为基础,再引入时间变量。在表 7-6 给出的示例中,绩效水平较高的员工所获得的加薪幅度较大且频率更高,而绩效一般和绩效较差的员工则需要等待较长的时间才能获得加薪,且加薪的幅度很小。

表 7-6　以员工绩效、市场薪酬水平及时间变量决定的绩效加薪

市场薪酬水平 绩效及 加薪比例与频率	一分位	二分位	三分位	四分位
优秀	8%～9% 6～9 个月	6%～7% 9～10 个月	4%～5% 10～12 个月	3%～4% 12～15 个月
满意	6%～7% 8～10 个月	4%～5% 10～12 个月	3%～4% 12～15 个月	2%～3% 15～18 个月
合格	4%～5% 9～12 个月	3%～4% 12～15 个月	2%～3% 15～18 个月	0
不合格	0%～2% 12～15 个月	0	0	0

3. 一次性奖金

绩效加薪与奖金的不同之处是,绩效加薪在提供之后通常会成为基本薪酬的一个相对固定的组成部分,而奖金则往往是一次性发放并且浮动的。所以,对于绩效加薪有很多争议。为避免固定薪酬成本的不断增加,越来越多的企业逐渐采用一次性奖金来取代绩效加薪。员工在每年年终根据本人绩效结果及公司盈利状况而得到一次性奖金,不计入员工的基本薪酬部分。

(二)团队和组织绩效奖励计划

团队和组织绩效奖励计划是向团队或组织中的全体员工、基于整体性的绩效结果而提供的奖励。团队奖励计划可以提高团队的计划能力和解决问题的能力,并且有助于成员彼此之间的合作。但团队奖励计划的不利之处是:一位优秀员工的薪酬可能与其个人的努力不成正比,团队中不乏"搭便车"现象。下面介绍几种团队激励方式。

1. 利润分享计划

利润分享计划是根据整个企业业绩指标（如产值、利润等财务指标）的衡量结果来向员工支付报酬，这是一份所有员工或者大多数员工均能分享公司年度利润的计划。一些实践表明，利润分享计划能够提高生产率和员工士气。

利润分享计划有几种形式。比如公司在即时分享计划或者现金分享计划中，员工每个季度或每年均可分享一定比例（一般为15%～20%）的公司利润；在延期利润分享计划中，公司会将现金存入员工的退休信托账户，由于延期支付，因此员工可享受税收优惠。

2. 收益分享计划

收益分享计划是企业提供的一种与大多数或者全体员工共同分享因生产率提高、成本节约和质量提高而带来收益的绩效奖励模式。通常情况下，员工会按照事先设计好的收益分享公式，根据员工所属部门或公司总体绩效改善状况获得奖金。由于成本、质量和效率指标比利润指标更容易被员工看成他们自己所能够控制的，绩效与结果之间的关系更清晰，因此，收益分享计划的激励效果更为显著。

在生产率改善收益分享计划中，奖金的多少取决于一定时间内公司本应使用的劳动工时与实际耗费的劳动工时之间的差别。比如，在美国林肯电气公司奖励体系中，员工享有一种有保证的计件工资制，在此基础上，公司根据员工个人的绩效考评结果，把公司年度总利润（扣除税金、6%的股息以及储备金之后）在员工之间进行分配。

3. 成功分享计划

成功分享计划又称"目标分享计划"，它是运用平衡计分卡的思想为经营单位制定目标，对超越目标的情况进行衡量，根据衡量结果对经营单位（既可以是整个组织、也可以是某个部门或团队）进行奖励。成功分享计划所涉及的目标可能包括财务、客户、业务流程和学习与成长等经营领域中的各个方面。在该计划中，每一项绩效目标都是相互独立的，经营单位每超越一项绩效目标，就会单独获得一份奖励，将每一项绩效目标所获得的奖励相加，总和就是经营单位所获得的总奖励金额。

（三）长期绩效奖励计划

前面所述个人和群体绩效奖励计划均是绩效衡量周期较短的短期绩效奖励计划。与此相应，长期绩效奖励计划是指绩效衡量周期在1年以上（一般3～5年）的对既定绩效目标的实现提供奖励的计划。长期绩效计划把员工的收益与组织的战略联系在一起，鼓励员工与组织长期合作。

长期绩效奖励计划的主要形式是股票所有权计划。股票所有权计划是指在整个公司范围内实施的以股票为媒介的一种长期绩效奖励计划。该计划通常分为三类：现股计划、期股计划、期权计划，其中，期权计划和期股计划主要针对高层管理人员或核心技术人员设置。

1. 现股计划

现股计划是指公司通过奖励的方式直接赠与股份，或者参照股权的当前市场价值向员工出售股票,使员工立即获得实实在在股权的计划。但这种计划同时会规定员工在一定的时期内必须持有股票,不得出售。现股计划包括经理人持股计划和员工持股计划。

2. 期权计划

股票期权是授予某些员工在规定时期内以事先确定的价格购买一定数量的本公司股票的权利。购股价格一般参照股权的当前市场价格确定。如果届时公司股票价格上涨,授权员工可以行使期权,以确定的执行价格购买股票并出售股票获利;如果公司股票下跌,员工可以放弃这项权利。该计划对授权员工购股之后出售股票的期限作了规定,员工有权在一定时期将所购入的股票在市场上出售,但期权本身不可转让。

3. 期股计划

期股计划与期权计划类似,公司和员工约定在将来某一时期以一定的价格购买一定数量的公司股权,但与期权计划不同,员工一旦选择了期股,到期就必须履行购买股票的义务,如果公司经营不善造成股票价格下跌,员工就会遭受很大损失。期股计划同样要对员工购股之后出售股票的期限作出规定。

表7-7对上述三种不同的股票所有权计划的权利与义务进行了对比。

表7-7 不同类型股权计划的权利与义务比较

	增值收益权	持有风险	股票表决权	现期资金投入	贴息优惠权
现股	有	有	有	有	无
期股	有	有	无	无	有
期权	有	无	无	无	有

◇ 阅读推荐 7-2

苹果公司CEO的年收入到底有多少?

彭博社不久前发布的标普500收入最高的25位CEO中,苹果公司CEO蒂姆·库克(Tim Cook)以1.45亿美元的年收入高居榜首。

在库克2016年1.45亿美元的收入中,从苹果公司领取的薪酬为875万美元,这一项在标普500的CEO们中排在倒数第3。

虽然工资收入在标普500的CEO们中垫底,但库克抛售苹果公司股票所获得的收入超过了1亿美元,他在2016年共抛售了126万股的苹果公司股票,这是他在2011年接任苹果CEO时被董事会奖励的股票期权。

在彭博社发布的这份标普500 CEO收入榜中,除了库克,收入超过1亿美元的还有Netflix公司的CEO里德·哈斯汀斯(Reed Hastings),56岁的他2016年收入为1.05亿美元,同库克一样,他的大部分收入也是来自股票期权,最早是在2006年授予的。

资料来源:库克2016年收入1.45亿美元排CEO第一,工资只有875万.凤凰网,2017.

第三节 人工成本核算

一、人工成本构成与影响因素

(一)人工成本的概念

企业人工成本也称"用人费用""人工费用"或"人事费用",是指企业在生产经营活动中用于支付给员工的全部费用。它包括从业人员劳动报酬总额、社会保险费用、福利费用、教育费用、劳动保护费用、住房费用和其他人工成本等。可以看出,人工成本并不仅仅是企业成本费用中用于人工的部分,还包括企业税后利润中用于员工分配的部分。

(二)人工成本的构成

按我国相关文件规定,人工成本由以下七个部分构成:

1. 员工工资总额

员工工资总额指各单位在一定时期内,以货币或实物形式直接支付给本单位所有员工的劳动报酬总额,包括:在岗员工工资总额,聘用、留用的离退休人员的劳动报酬,人事档案关系保留在原单位的人员劳动报酬,外籍及港澳台人员劳动报酬。

在岗员工工资总额是指企业在报告期内直接支付给在岗员工的劳动报酬总额,包括:基础工资、职务工资、级别工资、工龄工资、计件工资、奖金、各种津贴和补贴、加班加点工资、特殊情况下支付的工资等。

2. 社会保险费用

社会保险费用是指企业按有关规定为实际使用的劳动力缴纳的养老保险、医疗保险、失业保险、工伤保险和生育保险费用,包括企业上缴社会保险机构的费用以及另外为员工支付的补充养老保险或储蓄性养老保险,支付给离退休人员的其他养老保险费用。

此项人工成本费用只计算用人单位缴纳的部分,个人的缴费已计算在工资总额内。

3. 员工福利费用

员工福利费用是在工资以外按照国家规定开支的员工福利费用,主要用于员工的医疗卫生费、员工因工负伤赴外地就医路费、员工生活困难补助、集体福利事业补贴(包括员工食堂、托儿所、浴室、卫生室等集体生活福利设施,文化宫、图书室、体育场、游泳池、老年人活动中心等文化福利设施)、物业管理费、员工上下班交通补贴。

4. 员工教育费用

教育费用是指企业为劳动力学习先进技术和提高文化水平而支付的培训费用。员工教育费用包括就业前培训、在职提高培训、转岗培训、外派培训、职业道德培训等培训费用和企业自办职业技术院校等费用以及职业技能鉴定费用。

5.劳动保护费用

劳动保护费用指企业购买、员工实际使用的劳动保护用品的费用支出,如劳动保险用品、工作服、保健用品、取暖或降温用品等。

6.员工住房费用

员工住房费用指企业为改善员工居住条件而支付的费用,包括员工宿舍的折旧费(或为员工租用房屋的租金)、企业缴纳的住房公积金、实际支付给员工的住房补贴、住房困难补助以及企业住房的维修费和管理费等。

7.其他人工成本费用

其他人工成本费用包括工会经费,企业招聘员工的实际花费,外聘人员的劳务费,对员工的特殊奖励(如创造发明奖、科技进步奖等),支付实行租赁、承租经营企业的承租人、承包人的风险补偿费等,解除劳动合同或终止劳动合同的补偿费用。

(三)确定人工成本应考虑的因素

为了企业的稳定发展,人工成本不能无限增长,但如果企业支付的工资不足以维持员工生计,员工的劳动力再生产就得不到保证,不但影响员工的积极性,也将降低其生产能力。再者,如果企业支付员工的工资低于市场工资率,优秀人才可能被吸引到薪资水平更高的企业。所以,合理确定人工费用,应以企业的支付能力、员工的标准生计费用和工资的市场行情等三个因素来衡量。当然,这三个因素中究竟哪种因素更重要,需要企业与工会共同协商决定。

1.企业的支付能力

企业的薪酬水平是由各种生产率决定的。当本企业的薪资水平低于其他企业时,就需要提高影响薪资水平的生产率。但必须把握的原则是:生产率的增长要快于薪资的增长。

影响企业支付能力的因素主要有:

实物劳动生产率,指某一时期内平均每一员工的产品数量。它是衡量企业人工成本支付能力的一般尺度。

销货劳动生产率,指某一时期内平均每一员工的销货价值。它是衡量企业人工成本支付能力的一般尺度。

人工成本比率,指企业人工成本占企业销货额的比重,或企业人均人工成本占企业销售劳动生产率的比重。它是衡量企业人工成本支付能力的重要尺度之一,也是分析企业人工成本支付能力最基本的方法之一。

劳动分配率,指企业人工成本占企业净产值(也称企业增加值或附加值)的比率。它是衡量企业人工成本支付能力的重要尺度之一。

附加价值劳动生产率,也称"净产值劳动生产率",指平均每一员工生产的附加价值或净产值,是衡量企业人工成本支付能力的一般尺度。

单位制品费用,指平均每件或每单位制品的人工成本。它是衡量企业人工成本支付能力的一般尺度。

损益分歧点,指企业利润为零时的销货额。它是企业盈亏的分界点。在损益分歧点中,人工成本是不能超额支出的,如果超额支出,企业就会亏损。

2.员工的生计费用

能够保障员工维持生活水平的薪酬称为"生计费用"。生计费用随物价和生活水平两个因素的变化而变化。如果物价或生活水平提高了,则生计费用也应提高。因此,用于保障员工生活水平的生计费用的工资,是企业"非支付不可的薪资",是合理人工费用的下限。

由生计费用测定人工成本时,先要掌握物价的变动情况(可了解政府公布的居民消费物价指数信息),但要注意地域差别。通过了解居民消费物价指数,企业可以确定货币薪酬的最低增长幅度。另外,企业可以参照地区国民经济计划来确定实际工资的提高幅度。由于生活水准的提高幅度缺乏客观标准,所以企业和员工应充分协商。

3.工资的市场行情

工资的市场行情也称"市场工资率"。为什么企业要考虑市场的工资行情呢?因为企业支付员工的薪酬即使在企业可支付能力的范围内,并且符合生活水准,但如果企业的薪酬水平低于其他同类企业,也可能导致人才外流。

在与市场行情比较时,一般的方法是把本企业某一类型劳动者的个别薪酬与其他企业同类劳动者的个别薪酬相比较,然后在考虑员工构成的基础上推算出平均薪酬,以此作为判断总体薪酬水平的资料。最好的参考资料是政府统计部门公布的工资指导标准等。

二、人工成本的核算

(一)核算人工成本的指标

1.核算人工成本的基础指标

核算人工成本的基础指标包括企业从业人员年平均人数、企业从业人员年人均工作时数、企业销售收入(营业收入)、企业增加值(纯收入)、企业利润总额、企业成本(费用)总额、企业人工成本总额等。

(1)企业从业人员年平均人数

本指标按国家统计局规定的范围和方法进行统计,在岗员工年平均人数单列其中。

(2)企业从业人员年人均工作时数

本指标核算企业从业人员实际发生的年人均实际工时。核算方法是:

$$企业从业人员年人均工作时数 = \frac{企业年制度工时 + 年加班工时 - 损耗工时}{企业从业人员年平均人数}$$

(公式 7-1)

(3)企业销售收入(营业收入)

本指标是核算企业在报告期内生产经营中通过销售产品、提供劳务或从事其他生产经营活动而获得的全部收入。销售收入或营业收入可以反映企业在一定时间内的全部销售或产出价值,其中既包括转移价值,也包括新创造价值。

(4) 企业增加值(纯收入)

本指标是核算企业在报告期内以货币形式表现的企业生产活动的最终成果。有两种核算方法:

① 生产法:

$$增加值 = 总产出 - 中间投入 \qquad (公式7\text{-}2)$$

② 收入法:

$$增加值 = 劳动者报酬 + 固定资产折旧 + 生产税净额 + 营业盈余 \qquad (公式7\text{-}3)$$

(5) 企业利润总额

本指标是企业在报告期内实现的盈亏总额,反映企业最终的财务成果。

(6) 企业成本(费用)总额

本指标核算企业在报告期内为生产产品、提供劳务所发生的所有费用。它在财务损益表上表现为销售成本(直接材料、直接人工、燃料和动力、制造费用)和期间费用(销售费用、管理费用和财务费用)的本年累计数。

(7) 企业人工成本总额

本指标反映企业在一定时间内所支出的全部人工成本。核算方法是:

$$人工成本 = 企业从业人员劳动报酬总额 + 社会保险费用 + 福利费用 + 教育费用 +$$
$$劳动保护费用 + 住房费用 + 其他人工成本 \qquad (公式7\text{-}4)$$

2. 核算人工成本主要指标

(1) 人工成本占增加值(纯收入)比重

人工成本占增加值(纯收入)比重又称"劳动分配率"。附加价值(纯收入)是企业在一定时间内从事生产经营和提供劳务过程中新创造出来的价值。人工成本属于企业新创造价值中的一部分,既是企业为取得新创造价值和利润所必须付出的代价,又是企业将一部分新创造价值以直接或间接方式对员工的支出。

$$劳动分配率 = \frac{人工成本总额}{增加值(纯收入)} \qquad (公式7\text{-}5)$$

这一指标可以说明人工成本的投入产出比例、从业人员报酬在企业新创造价值中的份额、从业人员人均报酬与劳动生产率的对比关系。

(2) 销售收入(营业收入)与人工费用比率

人工成本占销售收入(营业收入)比重又被称为"人事费用率",表示每获得一个单位的销售收入(营业收入)需投入的人工成本。该比率也可以反映企业人工成本的状况。

$$\begin{aligned}人事费用比率 &= 人工费用/销售收入(营业收入) \\ &= \frac{人工费用/员工总数}{销售收入(营业收入)/员工总数} \\ &= \frac{薪酬水平}{单位员工销售收入(营业收入)} \qquad (公式7\text{-}6)\end{aligned}$$

(3) 人均人工成本指标

人均人工成本是企业一定时间内人工成本总支出平均分摊到每一名从业人员的份额。它可以表示：

① 从业人员以直接和间接方式从企业得到的平均报酬水平。

② 企业聘用一名从业人员所必须负担的平均费用水平。

$$人均人工成本 = \frac{人工成本总额}{从业人员平均人数} \quad (公式7-7)$$

人均人工成本可以细化为人均年、月和小时人工成本，人均月、小时人工成本应按年人均人工成本指标进行折算。人均人工成本是国际上进行横向比较的常用指标。

$$年人均人工成本 = 年人工成本总额 / 年从业人员平均人数 \quad (公式7-8)$$

$$月人均人工成本 = 年人均人工成本 / 12 \quad (公式7-9)$$

$$小时人工成本 = 年人均人工成本 / 年人均实际工作时数 \quad (公式7-10)$$

(4) 人工成本相当于总成本（费用）的比重

$$人工成本相当于总成本的比重 = \frac{企业人工成本总额}{企业成本（费用）总额} \quad (公式7-11)$$

人工成本相当于总成本（费用）的比例基本可以表明人工成本在总成本（费用）中的结构状况以及结构的变动状况。

(5) 单位产品成本的人工成本含量

如果企业生产同规格的单一产品，其单位产品成本的人工成本含量等于总成本人工成本含量除以单位产品成本。如果企业生产的是不同类型的产品，要分别核算不同产品的总成本和人工成本，再分别进行计算。总成本人工成本含量是指人工成本占企业总成本的比重。

(二) 合理确定人工成本的方法[①]

由于企业之间人才的竞争、物价的上涨及人民生活水平的提高等因素的影响，工资持续增长的趋势是必然的，对于企业来说控制成本是保证利润增长的重要因素。如何确定人工费用的极限，通常有以下三种方法：

1. 劳动分配率基准法

劳动分配率基准法是以劳动分配率为基准，根据一定的目标人工成本，推算出必须达到的目标销货额；或者根据一定的目标销货额，推算出可能支出的人工成本及人工成本总额增长幅度。

劳动分配率是指企业人工成本占企业附加价值的比率。附加价值是由企业本身创造的价值，是企业可用来进行分配的收入，是资本与劳动之间分配的基础。

---

① 中国就业培训技术指导中心. 企业人力资源管理师（三级）. 北京：中国劳动社会保障出版社，2007.

附加价值的计算方法有两种：

一种是扣除法，由销货净额扣除外购价值求出。其公式为：

$$附加价值 = 销货（生产）净额 - 外购价值 = 销货净额 - 当期进货成本$$
$$（直接原材料 + 购入零配件 + 外包加工费 + 间接材料）\quad （公式7-12）$$

另一种是相加法，即将形成附加价值的各项因素相加而得出。其公式为：

$$附加价值 = 利润 + 人工成本 + 其他形成附加价值的各项费用$$
$$= 利润 + 人工成本 + 财务费用 + 租金 + 折旧 + 税收 \quad （公式7-13）$$

关于本企业的劳动分配率，基期可以从有关报表中求得。本期可以从借贷平衡表中予以推算，也就是，首先计算出附加价值中资本分配额及资本分配率，再计算出劳动分配额及劳动分配率。

在应用劳动分配率基准法时，还涉及附加价值率问题，即附加价值占销货额的比例。附加价值率越高，表明企业的经营能力越好，企业支付人工费用的能力越强。所以，合理的人工费用率可由下式求出：

$$合理的人工费用率 = \frac{人工费用}{销售额} = \frac{净产额}{销货额} \times \frac{人工费用}{净产值}$$
$$= 目标附加价值率 \times 目标劳动分配率 \quad （公式7-14）$$

应用劳动分配率基准法的步骤是：

第一，用目标人工费用（也称"计划人工费用"）和目标净产值率（也称"计划净产值率"）及目标劳动分配率（也称"计划劳动分配率"）三项指标计算出目标销售额（也称"计划销售额"）。

第二，运用劳动分配率求出合理薪资的增长幅度。具体办法是：在计算上年度和确定本年度目标劳动分配率的基础上，根据本年的目标销售额计算出本年目标人工费用，并计算出薪酬总额的增长幅度。

2. 销售净额基准法

销售净额基准法，即根据前几年实际人工费用率，上一年平均人数、平均薪酬和本年目标薪酬增长率，求出本年的目标销售额，并以此作为本年应实现的最低销售净额。其公式为：

$$目标人工成本 = 本年计划平均人数 \times 上年平均薪酬 \times (1 + 计划平均薪酬增长率)$$
$$（公式7-15）$$

$$目标销售额 = \frac{目标人工成本}{人工费用率} \quad （公式7-16）$$

利用人工费用率（人工费用/销货额）还可计算销售人员每人的目标销售额。其步骤是先确定推销员的人工费用率，再根据推销员的月薪或年薪及推销员人工费用率计算推销员的年度销售目标。

其计算公式是：

$$销售人员年度销售目标 = \frac{推销人工费用}{推销员的人工费用率} \qquad (公式7\text{-}17)$$

与上述方法相类似，还可根据毛利率及人工费用率，计算推销员目标销售毛利额及推销人员毛利额与工资的大致比例。其公式是：

$$推销人员人工费用率 = \frac{推销人员人工费用总额}{毛利率} \qquad (公式7\text{-}18)$$

$$目标销售毛利额 = \frac{推销员工资}{推销员人工费用率} \qquad (公式7\text{-}19)$$

3. 损益分歧点基准法

损益分歧点也称"损益平衡点"或"收支平衡点"，该点处是企业利润为0时的销货额或销售量。具体来说，它是指在单位产品价格一定的条件下与产品制造和销售及管理费用相等的销货额，或者说达到这一销货额的产品销售数量。损益分歧点可用公式表示为：

$$销售收入 = 制造成本 + 销售及管理费用 \qquad (公式7\text{-}20)$$

如果将制造成本和销售及管理费用划分为固定费用（也称"固定成本"，指不随生产量多少而增减的费用，如折旧费、房租、间接人工费用等）和变动费用（也称"变动成本"，指随产销数量变动而增减的费用，如材料费、保管费、直接人工费等），那么在把制造成本和销售及管理费用划分为固定费用和变动费用之后，损益分歧点之销售收入的公式即可改写为：

$$销售收入 = 固定成本 + 变动成本 \qquad (公式7\text{-}21)$$

为便于表达，上式中的各因式可用下列符号表示：

P：单位产品售价；V：单位产品变动成本；F：固定成本；X：产量或销售量。

这样，损益分歧点可用代表式表示为：

$$PX = F + VX \qquad (公式7\text{-}22)$$

在损益分歧点所要达到的销售量为：

$$X = \frac{F}{P - V} \qquad (公式7\text{-}23)$$

式中，$P - V$ 为每单位产品边际利益。

每单位产品的边际利益除以每单位的产品价格为边际利益率，公式为：

$$每单位产品边际利益率 = \frac{P - V}{P} \qquad (公式7\text{-}24)$$

这样，以销售额表示的损益分歧点，可用公式表示为：

$$损益分歧点之销售额 = \frac{固定成本}{边际利益率}$$

$$PX = \frac{F}{\frac{P-V}{P}} = P\frac{F}{P-V} \qquad (公式7\text{-}25)$$

损益分歧点处的销售额确定见图7-3：

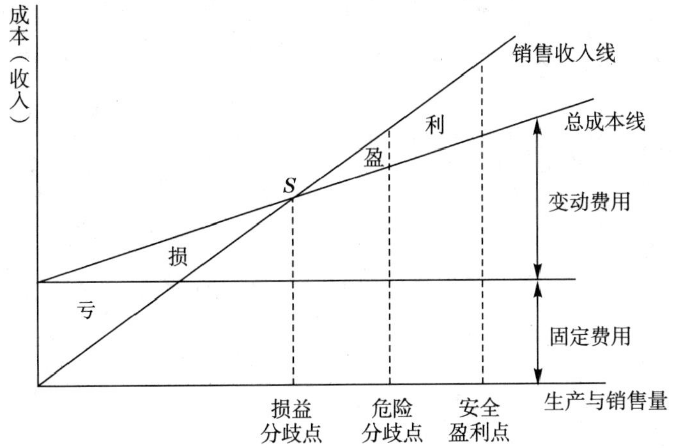

图7-3 损益分歧点基准法原理

企业使用损益分歧点基准法可达到三种目的：

一是以损益分歧点为基准，计算一定人工成本总额下的损益分歧点的销售额及薪酬支付的最高限度。

二是以损益分歧点为基准，计算损益分歧点之上危险盈利点所应达到的销售额，继而推算出薪酬支付的可能限度，即可能人工费用率。

三是以损益分歧点为基准，计算损益分歧点上的剩余额保留点的销售额，进而推算出人工费用支付的适当限度，即合理人工费用率(也称"安全人工费用率")。

安全盈利点的销售额是指在抵补全部成本之后，在保证一定利润用于股东股息的分配之外，还有一定的剩余利润作为企业今后发展的费用及应付可能发生的风险的费用。

技术方法 7-2

三种确定人工成本方法应用举例

1. 劳动分配率基准法。

【例1】 某公司本年度人工成本为2000万元，净产值为8000万元，计划下年度目标销售额为2.5亿，目标净产值率为45%，劳动分配率不变，该公司下年度人工成本总额为多少？人工成本增长率多少？

解：目标净产值＝销售额×目标净产值率＝2.5亿×45%＝1.125亿

本年度劳动分配率＝2000万÷8000万＝25%

劳动分配率不变，则：

则下年度人工成本＝劳动分配率×目标净产值＝25%×1.125亿＝2812.5万

人工成本增长率＝(2812.5万－2000万)÷2000万×100%＝40.6%

即该公司下年度人工成本总额为2812.5万元，增长幅度为40.6%。

2.销售净额基准法。

【例2】 某公司人工费用率为16%,上年平均薪酬为35000元,本年度计划平均人数为125人,平均薪酬增长20%,本年销售额应为多少?

解:

目标人工成本=125×35000×(1+20%)=5250000(元)

目标销售额=5250000÷16%=3281(万元)

【例3】 某公司毛利金额为5700万元,销售人工成本890万元,公司中某销售人员月工资为3500元,每年薪给13个月,该推销员年度目标销售毛利多少?月目标销售毛利多少?

解:

推销人员人工费用率=890÷5700=15.61%

该推销员年目标毛利=(3500×13)÷15.6%=29140(元)

月目标销售毛利=291480÷12=24290(元)

该公司推销员销售毛利与其工资之比是24290÷3500=6.94,也就是必须达到月工资6.94倍的毛利额。

3.损益分歧点基准法。

【例4】 某公司的固定费用为4000万元,其中用人费2600万元,边际利益率为40%,该公司损益分歧点之销售额多少?

解:

损益分歧点之销售额=固定费÷边际利益率=4000÷40%=10000(万元)

用人费支付的最高限额,即最高用人费率为:

用人费÷损益分歧点之销货额=2600÷10000=26%

计算表明,用人费支出最高不得超过销货额的26%,否则将造成亏损。

资料来源:中国就业培训技术指标中心.企业人力资源师(三级).北京:中国劳动社会保障出版社,2007.

◆ 本章小结

1.薪酬是指员工为组织工作而获得的各种形式的经济收入。它主要包括基本薪酬、绩效薪酬、间接薪酬等。薪酬体系通常分为三类,即职位薪酬体系、技能薪酬体系和能力薪酬体系。

2.薪酬制度设计应遵循的基本原则有:战略导向原则、公平性原则、竞争性原则、激励性原则、经济性原则及合法性原则。薪酬管理制度设计的工作程序是:工作分析与评价、市场薪酬调查、薪酬管理决策、薪酬管理制度实施与调整。

3.绩效薪酬是把员工的薪酬与其绩效挂钩的奖励计划。个人绩效奖励计划包括计件工资制、绩效加薪及一次性奖金等;团队绩效奖励计划包括利润分享、收益分享等计划。长期绩效奖励包括现股、期股、期权等计划。

4.人工成本是指企业在生产经营活动中用于支付给员工的全部费用,包括从业人员劳动报酬总额、社会保险费用、福利费用、教育培训费用、劳动保护费用等。在实践中，企业可用劳动分配率基准法、销售净额基准法和损益分歧点基准法等方法确定人工成本。

◆ 本章习题

1. 什么是薪酬？薪酬主要包括哪些内容？
2. 薪酬管理制度设计必须考虑哪些因素？
3. 如何作薪酬调查？
4. 绩效工资有哪些类型？
5. 确定合理人工成本应考虑的因素有哪些？

◆ 案例研讨

"海底捞"为何能让员工如此忠诚敬业？

每次讲到"海底捞"，大部分人对它的第一印象应该是被那细致的服务所折服！

这是一家成立于1994年以经营川味火锅为主的民营餐饮企业，经过不断发展壮大，现已在全国的54个城市拥有177家直营餐厅。

正如董事长张勇所言，每个人来公司都是想打工挣钱的，当一个没怎么读过书的员工发现自己可以成为领班甚至是经理的时候，可能就会迸发格外的激情。留住员工，归根结底还是机制问题。那么，"海底捞"在薪酬管理体系上是如何设计的呢？

1. 薪酬管理制度。

(1) 海底捞的工资结构。

总工资＝基本工资＋级别工资＋奖金＋工龄工资＋分红＋加班工资＋其他－员工基金。

级别工资：一级员工＋60元，二级员工＋40元，普通员工不变。

奖金：先进员工、标兵员工奖励80元/月，劳模员工280元/月，功勋员工500元/月。

工龄工资：每月40元，逐年增递加。

分红：只有一级以上员工才可以分红，分红金额为当月分店利润的3.5%。

其他：包括父母补贴(200、400或600，帮助寄回老家父母处)、话费(10~500元/月)。

员工基金：在每月工资中扣除20元，扣满1年为止。

(2) 普通员工资结构。

新员工：总工资＝月薪＝基本工资＋加班费＋岗位工资＋其他－员工基金。

二级员工：总工资＝月薪＋级别工资＋工龄工资。

一级员工：总工资＝月薪＋级别工资＋工龄工资＋分红。

劳模员工：总工资＝月薪＋级别工资＋荣誉奖金＋工龄工资＋分红。

(3) 管理层员工资结构。

大堂经理：基本工资＋浮动工资＋工龄工资。

店经理：基本工资＋浮动工资＋工龄工资。

在这里我们看到的是员工的工资结构,1名员工的月收入结构居然被切分成至少8块。是"海底捞"喜欢复杂的工资架构吗?当然不是!这些部分都是"海底捞"拉动员工做事的心思。

基本工资:鼓励员工全勤。

级别工资:鼓励员工做更多或更高难度的工作。

奖金:鼓励员工以更高的工作标准工作。

工龄工资:鼓励员工持续留在企业工作。

分红:公司整体业绩和员工个人收入挂钩。

加班工资:鼓励员工多做事。

父母补贴:让员工的父母鼓励自己子女好好工作。

话费:鼓励员工多和客户沟通。

2. 福利制度。

(1) 员工家庭。

"海底捞"给每个店长的父母发工资,每月200~800元不等。优秀员工的一部分奖金会由公司直接寄给父母。此外,在"海底捞"工作满1年的员工,若1年累计3次或连续3次被评为先进个人,该员工的父母就可探亲1次,往返车票由公司报销,子女还有3天的陪同假期,父母可享受在店就餐1次。

(2) 员工住宿。

宿舍与门店距离步行不超过20分钟,宿舍都是小区或公寓中的两居室或三居室。宿舍内配备电视机、洗衣机、空调、电脑、网络,有专门的保洁打扫房间,工作服、被罩的洗涤外包给干洗店。如果夫妻二人共同在海底捞工作,门店会提供单独的房间。

(3) 员工假期。

所有店员享有每年12天的带薪休假,公司提供回家往返车费。工作1年以上的员工可以享受婚假及待遇;工作满3个月的员工可以享受父母丧假及补助;工作3年以上的员工可享受产假及补助。

资料来源:"海底捞"为何能让员工如此忠诚敬业,它的薪酬绩效是怎么设计的. 中国人力资源开发网,2017.

请分析:

1. "海底捞"的薪酬体系有何特点?为何能使员工忠诚敬业?

2. 你认为"海底捞"的现行薪酬福利制度还有哪些不足?该怎样完善?

◆ 践行辅导

【体验目的】

1. 掌握薪酬调查问卷的设计与编制技术。

2. 掌握薪酬满意度问卷调查工作的主要流程。

【体验准备】

联系本地某一大型超市的普通员工为问卷调查对象,向该超市领导说明问卷调查对他们的益处,以得到超市管理者的支持,为组织开展问卷调研提供便利。

【参与要求】

针对该超市员工开展问卷调查,调查内容涉及薪酬构成、薪酬水平、薪酬的调整等,可以根据本章技术方法7—1中的介绍和示例印制简单的调查问卷,随机面向一定数量的员工发放,问卷回收并进行统计、分析、梳理,作出总结。

【实践步骤】

1. 在教师指导下,学生自由组合,约10人为一组,并确定小组负责人。
2. 通过图书馆、互联网查找资料并结合实际设计调查问卷。
3. 调查某超市工作人员。根据所学的薪酬管理的基本知识,结合问卷调查的实际情况进行分析,最终以报告形式得出结论。

【效果评价】

从调查问卷设计、调查实施、数据分析与调查报告撰写等角度对本次践行辅导进行评价。

第八章

员工福利管理

 学习目标

☆ 理解员工福利的概念及特点
☆ 了解员工福利的几种类别及内容
☆ 了解福利规划的基本原则
☆ 掌握福利设计的主要环节

 关键术语

☆ 员工福利 Employee Benefits
☆ 社会保险 Social Insurance
☆ 企业年金 Enterprise Pension
☆ 员工服务 Employee Services
☆ 弹性福利计划 Flexible Benefits Programs

 学前思考

很多公司的福利管理面临着进退两难的境地:不增加福利,员工抱怨;增加了福利,员工却不"买账"。有人说,福利的边际效应递减导致了福利价值打折,使企业投入巨大的福利成本却只换来员工微弱的福利满意度。为什么被寄予厚望的福利管理却不能发挥应有的作用呢? 如果我们能理解员工的心理,了解员工的预期,抓住企业与员工之间的需求平衡点,福利管理或许可以做得更好一些。

开篇案例

企业中秋福利——月饼何以沦为"鸡肋"?

月饼是我国中秋佳节的传统小吃,象征着团圆和睦。据调研显示,大部分企业在中秋节前夕都会为员工发月饼,以表达企业对员工及其家人的美好祝福。但无论是实物月饼,还是近年来流行的月饼礼券往往都被礼尚往来地转送给亲人,而亲人又会继续转送给他人,真正吃掉的月饼非常少。更有甚者,将月饼礼券折价卖给"黄牛党"。

如今无论是自购、亲友赠送,还是公司福利,到手的月饼被吃掉的不足一成。调查中很多人认为,月饼价格虚高,味道也大同小异,对健康更是没有什么益处,所以选择谨慎购买和食用。即使是送来的月饼,或者尝一尝就丢掉,或者干脆转送他人,造成了极大的浪费。

据介绍,员工虽然乐于接受企业发放的福利,但是对于千人一面的单一性福利,满意率不到30%。更多的员工希望在福利预算不变的情况下,可以由自己来选择福利。

资料来源:企业中秋福利何以沦为"鸡肋". 中国人力资源开发网,2014.

第一节 员工福利概述

一、员工福利的概念和特点

(一)员工福利的概念

以加里·德斯勒为代表的美国学者认为,福利是指员工因为保持与企业之间的雇佣关系而获得的各种间接的经济性或非经济性的报酬,是员工薪酬收入中的一项非常重要的组成部分。福利包括健康与人寿保险,养老、医疗等社会保险,非工作时间的薪酬以及儿童与老人看护等方面的服务。

郑功成、李新建等我国学者认为,员工福利是以企业或社会团体为责任主体,并专门面向内部员工的一种福利待遇,本质上属于职工激励范畴,是职工薪酬制度的重要补充。对于雇员而言,福利有广义和狭义之分。广义的福利包括三个层次:首先,员工作为一个合法的国家公民,有权享受文化、教育、卫生、社会保障等公共福利和服务;其次,员工作为企业成员,可以享受企业提供的各种集体福利;最后,除工资之外,企业应为雇员个人及家庭提供实物和服务等福利。

由此看出,员工福利是企业基于雇佣关系,依据国家的强制性法令及相关规定,以企业自身的支付能力为依托,向员工提供的、用以改善员工本人及家庭生活质量的各种以非货币工资和延期支付形式为主的补充性报酬与服务。

(二)员工福利的特点

1. 补偿性

福利是对劳动者提供劳动的一种物质补偿,员工享受福利须以履行劳动义务为前提。

2. 均等性

福利在员工之间的分配和享受,具有一定程度的机会均等和利益均沾特点,每位员工都享有本单位员工福利的权利,都能享受本单位给予的福利补贴。

3. 补充性

员工福利是对按劳分配的补充,可以在一定程度上缓解按劳分配带来的生活富裕程度差别。员工福利不是个人消费品分配的主要形式,仅仅是工资的必要补充。

4 集体性

员工福利的集体性是指员工主要通过集体消费或共同使用公共设施的方式分享职工福利。虽然某些福利项目要分配到个人,但不是员工福利的主要方面。

二、员工福利的功能

员工福利的功能有广义和狭义之分。狭义的员工福利的功能是指福利给企业带来的经济效益。广义的员工福利功能则涉及微观和宏观两个层面:微观层面的功能包括福利给企业及员工带来的效能;宏观层面则体现了社会保障制度的健全以及社会成员生活质量的提高。

员工福利在内容上涵盖了社会保障项目和企业管理激励项目;在作用上,既充当着支持和补充社会保障体系的角色,又起着稳定和激励员工、改进企业人力资源管理、提升企业竞争力、实现企业战略目标的作用。

(一)员工福利对于企业的作用

1. 增强薪酬管理的合法性

员工福利是薪酬管理合法性的必然要求。许多国家对于劳动者在就业过程中以及退出劳动力市场之后应享受的福利都有强制性的规定,各国政府还通过法律对企业应提供的福利的最低水平加以限制。

2. 增强企业在劳动力市场上的竞争力

为了增强企业在劳动力市场上的竞争能力,很多企业在国家法定的福利项目之外,还会自主设立其他的企业福利,通过福利方面的优势吸引优秀的人才。

3. 培养员工的忠诚度

员工福利有助于营造和谐的企业文化,提升员工的忠诚度。组织通过福利形式为员工提供各种照顾,让员工感觉到自己与企业之间的亲情与感情的依赖,提高员工的工作满意度,并带来劳动生产率的上升以及缺勤率和离职率的下降。此外,很多福利与员工工龄相联系,从客观上起到保留员工的作用。

4. 提高企业成本支出的有效性

在许多国家,员工福利计划会受到更多的税收待遇优惠,如免税或税收递延等。企业可以通过发放福利达到合理避税的目的。企业将一定的收入以福利的形式而不是以现金的形式提供给员工更具有成本方面的优势。

(二)员工福利对于员工的作用

1. 税收的优惠

福利对员工来说也存在税收优惠。以福利形式所获得的部分收入是无需缴纳个人所得税的,而有些收入是员工退休之后延期支付的。在企业薪酬成本一定的情况下,员工直接获得福利要比领取工资后再去购买福利的成本要低许多。

2. 集体购买的优惠或规模经济效应

对于许多商品和服务,集体购买要比个人购买更具有价格优势。企业在代表员工与保险服务提供商或者医疗服务供应商进行谈判时,企业的谈判力量显然比单个员工要强;此外,企业还可以以较低的成本为员工提供某些项目的服务。

3. 满足员工的多样化需要

不同的员工甚至同一个员工在不同职业发展阶段的福利项目偏好是不同的。很多企业采取的弹性福利计划就是针对员工多样化的需求而设计的。

三、福利与工资的关系

我们可以将间接薪酬理解为福利,直接薪酬理解为工资。工资和福利共同构成了经济性的报酬体系,二者之间既有联系,又有区别。

(一)福利与工资的联系

福利与工资的联系主要体现在以下四点:

第一,二者同属于员工的劳动所得,属于劳动报酬的范畴,在劳动报酬总量一定的情况下,二者存在一定程度的此消彼长或替代关系。

第二,二者均具有经济保障功能。

第三,二者都要在一定程度上受到政策和法律法规的约束。

第四,二者均有一定的弹性项目,可根据经济条件的变化而调整,以满足不同的需求。

(二)福利与工资的区别

工资具有个别性和稳定性,而员工福利具有集体性和随机性。福利与工资的区别如表8-1所示。

表 8-1 福利与工资的区别

差异项目	对员工生活的效用	支付依据	支付形式	费用来源	列支渠道	影响总量变化的因素
工资	起决定作用	按劳动数量质量付酬,或按能力、业绩等付酬	现金支付	直接的劳动力再生产	从成本中列支	工资总额随劳动时间而改变
福利	起保障和提高作用	按组织和员工的需要支付	实物或经费延期支付	间接的劳动力再生产	从利润中列支	福利总额随雇用人数而变化

第二节 员工福利的内容

由于员工福利包括很多不同类型的福利项目,不同企业之间也存在很大差异,因此很难对员工福利进行合适的种类划分。本节我们主要从法定福利、企业补充福利、弹性福利三方面加以说明。

一、法定福利

(一)法定社会保险

我国的法定社会保险包括社会养老保险、社会医疗保险、失业保险、工伤保险、生育保险,简称"五险"。社会保险主要是为了保障被给付者的基本生活需要,属于基本的社会保障。社会保险的对象是法定范围内的社会劳动者。社会保险的基本特征是补偿劳动者的收入损失。社会保险的资金主要来源于用人单位(雇主)、劳动者(雇员)依法缴费及国家资助和社会募集。

1. 社会养老保险

社会养老保险是指受保者达到法定老年年龄并缴费(税)满一定年限后,国家和社会根据一定的法律和法规为其提供一定的物质帮助,以满足老年阶段基本生活需要的制度。

当前,我国基本社会养老保险制度包括两大部分:一是城镇职工基本养老保险制度,由城镇企业职工基本养老保险和机关事业单位养老保险构成;二是城乡居民基本养老保险制度。本节主要介绍城镇职工基本养老保险制度。

我国现行城镇企业职工基本养老保险的覆盖范围和对象包括城镇各类企业及其职工、个体工商户、灵活就业人员。现行城镇各类企业及其职工的缴费办法规定:企业按照本企业职工上年度工资总额的20%缴费并计入统筹账户;职工个人按照本人上年度月平均工资的8%缴费并计入个人账户,月平均缴费工资超过当地职工平均工资300%的部分,不计入个人缴费工资基数;低于当地职工平均工资60%的,按60%计入。

职工退休时基本养老金由基础养老金和个人账户养老金构成。基础养老金是由统筹账户支付的养老金,月标准以当地上年度在岗职工月平均工资和本人指数化月平均缴费工资的平均值为基数,缴费每满一年发1%;个人账户养老金,即由个人账户支付的养老金,月支付标准为个人账户存储总额除以计发月数。

我国事业单位养老保险制度是社会保障制度的重要组成部分。长期以来,事业单位实行退休金制度,对于保障退休人员生活、维护社会稳定发挥了重要作用。但是,随着社会主义市场经济发展,企事业单位这种养老保险"双轨制"的弊端越来越明显,同样的学历、职称、职务、技能,同等贡献的人,因退休时的单位性质不同,养老金差别较大。为解决这一问题,2008年,国务院通过了《事业单位工作人员养老保险制度改革试点方案》,在一些地区开展试点。2015年,国务院正式印发《关于机关事业单位工作人员养老保险制度改革的决定》,从2014年10月1日起对机关和事业单位工作人员养老保险制度进行改革,从而实现了养老保险制度的"并轨"。

机关事业单位养老保险的参保范围是:按照公务员法管理的单位、参照公务员法管理的机关(单位)、事业单位及其编制内的工作人员。缴费基数与比例以及养老金计发办法等相关规定与企业职工养老保险基本相同,为保障该部分人员的利益不至于降低较多,在实行基本养老保险制度的同时,同步启动职业年金制度。该政策还对施行时的已离退休人员和已参加工作人员的待遇发放和衔接处理作了具体规定。机关和事业单位基本养老保险基金单独建账,与企业职工养老保险基金分别管理使用。

2. 社会医疗保险

社会医疗保险是由国家立法,通过强制性社会保险原则和方法筹集医疗资金,保证人们平等地获得适当的医疗服务的一种制度。

为了实现我国职工医疗保险制度的创新,我国在总结医疗保险制度改革试点经验、借鉴国外医疗保险制度成功做法的基础上,于1993年提出建立社会统筹与个人账户相结合的新型职工医疗保险制度。1998年颁布的《国务院关于建立城镇职工基本医疗保险制度的决定》规定:城镇所有用人单位,包括企业(国有企业、集体企业、外商投资企业、私营企业等)、机关、事业单位、社会团体、民办非企业单位及其职工都要参加基本医疗保险。乡镇企业及其职工、城镇个体经济组织业主及从业人员是否参加基本医疗保险,由省、自治区、直辖市人民政府决定。

基本医疗保险由用人单位和职工共同缴纳,用人单位缴纳费用应控制在职工工资总额的6%,职工的缴费率一般为本人工资收入的2%。城镇职工基本医疗保险基金由统筹基金和个人账户构成。职工个人缴纳的基本医疗保险费全部计入个人账户。用人单位缴纳的基本医疗保险费分为两部分,一部分用于建立统筹基金,另一部分划入个人账户。划入个人账户的比例一般约为用人单位缴费的30%,具体比例由统筹地区根据个人账户的支付范围和职工年龄等因素确定。

个人账户可支付定点零售药店购药费用、门诊、急诊医疗费用;用于本人购买商业保险、意外伤害保险等;基本医疗保险统筹基金起付标准以下的医疗费;超过基本医疗保险统筹基金起付标准,按照比例承担个人应付费用;个人账户不足支付部分时由本人支付。统筹账户支出主要包括符合规定的门诊补偿、住院补偿、大病补偿等。

3. 失业保险

失业保险是指劳动者由于非本人原因暂时失去工作,致使工资收入中断而失去维持生计来源,并在重新寻找新的就业机会时,从国家或社会获得物质帮助以保障其基本生活的一种社会保险制度。

根据我国1999年颁布的《失业保险条例》及2010年颁布的《中华人民共和国保险法》规定,失业保险基金主要由单位、职工缴纳的失业保险费和财政补贴等三部分构成。其中,城镇企业事业单位按照本单位工资总额的2%缴纳失业保险费;职工按照本人工资的1%缴纳失业保险费,政府提供财政补贴、失业保险基金的利息和依法纳入失业保险基金的其他资金。

失业保险的开支范围是:失业保险金、领取医疗保险金期间的医疗补助金、丧葬补助金、抚恤金、领取失业保险金期间接受的职业培训补贴和职业介绍补贴,国务院规定或批准的与失业保险有关的其他费用。享受失业保险待遇的条件是:单位及员工按规定履行缴费义务满1年,非因员工意愿中断就业,已办理失业登记并有求职要求。同时具备三个条件者才有申领资格。失业保险金给付的具体规定是:最长24个月、最短12个月。其中,缴费年限满1年不满5年的,给付期最长为12个月;缴费年限满5年不满10年的,给付期最长为18个月;缴费年限10年以上的,给付期最长为24个月。对连续工作满1年的农民工,根据其工作时间长短支付一次性生活补助。

4. 工伤保险

工伤保险是指劳动者在工作中或在规定的特殊情况下,遭受意外伤害或患职业病导致暂时或永久丧失劳动能力以及死亡时,劳动者或其遗属从国家和社会获得物质帮助的一种社会保险制度。与养老保险、医疗保险、失业保险不同,工伤保险不仅体现了社会调剂、分散风险的社会保险一般原则,还体现了工伤预防、降低事故和职业病的发生率、强化企业责任意识等原则。因此,我国采取了与国际接轨的做法,对于工伤保险费不实行统一费率标准,而是根据各行业的伤亡事故风险和职业危害程度类别,实行不同的费率,主要包括差别费率和浮动费率两种形式。

首先,我国根据各行业的伤亡事故风险和主要危害程度划分职业伤害风险等级,据此征收行业差别费率,不同风险等级所对应的缴费标准一般为单位职工工资总额的0.1%~1.5%。其次,在实行差别费率的情况下,政府还要根据各行业或企业的安全生产状况和费用收支情况,定期调整收费率,调整的幅度为本行业标准费率的5%~40%。这种定期调整保险费率的机制体现了对企业安全工作的奖惩并举原则,有利于促进企业重视安全生产。

工伤保险的特点是工伤保险费只由雇主缴费,雇员不承担任何费用。工伤保险待遇可以分为医疗待遇、伤残待遇、死亡待遇三类。

5. 生育保险

生育保险是国家通过立法,对怀孕、分娩员工给予生活保障和物质帮助的一项社会政策。其目的在于通过向职业妇女提供生育津贴、医疗服务和产假,帮助她们恢复劳动能力,重返工作岗位。

我国生育保险的现状是两种制度并存:第一种生育保险制度是由女性职工所在单位负担生育女性职工的产假工资和生育医疗费。根据国务院颁布的《女职工劳动保护规定》以及劳动部颁布的《关于女职工生育待遇若干问题的通知》,女性职工怀孕期间的检查费、接生费、手术费、住院费和药费由所在单位负担。产假期间工资照发。第二种生育保险制度是生育社会保险。根据1994年原劳动部颁布的《企业职工生育保险试行办法》规定,参加生育保险社会统筹的单位,应向当地社保经办机构缴纳生育保险费;生育保险费的缴费比例由当地人民政府根据计划内生育女职工的生育津贴、生育医疗费支出情况等确定,最高不得超过工资总额的1%,企业缴纳的生育保险费列入企业管理费用,职工个人不缴费。

女职工的生育保险待遇包括生育津贴和生育相关医疗费用等。如:女职工在生育期间的检查费、手术费、住院费等由生育保险基金支付费用,超出规定的医疗服务费和药费由职工个人负担;产假期间按照本企业上年度职工月平均工资由生育保险基金支付生育津贴。

各险种的缴费比例、待遇及主要法规政策依据参见表8-2。

表8-2 法定社会保险内容一览表

保险类型	缴费比例(%)		待遇	主要法律政策依据
	个人	单位		
城镇职工养老保险	本人上年度月平均工资的8%	上年度工资总额的20%	基础养老金和个人账户养老金组成的基本养老金	《关于完善企业职工基本养老保险制度的决定》、《国务院关于机关事业单位养老保险制度改革的决定》等
城镇职工医疗保险	本人工资收入的2%	职工工资总额的8%左右	符合要求规定的医药、诊疗、住院费用补偿	《国务院关于建立城镇职工基本医疗保险制度的决定》等
失业保险	本人工资的1%	不超过职工工资总额的2%	失业保险金	《失业保险条例》等
工伤保险	不缴费	差别费率	医疗待遇、伤残待遇、死亡待遇	《工伤保险条例》等
生育保险	不缴费	不超过职工工资总额的1%	产假、生育津贴和生育相关医疗费用支付	《企业职工生育保险试行办法》等

❖ 应用案例 8-1

员工强烈要求不缴纳社保,可以吗?

员工告诉公司不用给他缴纳社保,直接发现金给他,并愿意签订自愿放弃社保的承诺书,这样做可行么?

宋某于2015年8月4日入职上海市某公司,入职时宋某出具《申请书》自愿放弃购买社会保险。

2016年3月17日至2016年4月1日,宋某由于旧病复发,请假前往医院住院治疗,共花费医疗费96448元,该费用由宋某自行垫付。该医院出具《疾病诊断证明书》及《出院通知书》,医嘱建议全休3个月。

2016年8月1日,宋某返回公司上班,打算向公司申请报销一部分医疗费用,但是与公司发生争议。该公司不同意支付费用,公司认为宋某在职时未能及时参保,宋某亦有责任,不同意支付医疗费56554.2元。宋某认为公司未为其缴纳社保费用的责任在公司,公司应当承担医疗费。仲裁和一审法院认为公司未缴社保导致宋某不能报销医疗费,公司需承担责任。一审法院判公司需支付宋某医疗费56554.2元。

本案中,由于员工的承诺书并不具有法律效应,所以公司不能免除自己法定的缴费义务。如果劳动者发生人身伤害构成工伤,用人单位将会产生更大的损失。企业应向员工解释不缴纳社会保险,表面上员工的工资多了,但员工失去了社会保障,如果遇到风险,个人是难以承担的,所以不缴纳社会保险是不可行的。

资料来源:员工强烈要求不缴纳社保,人力资源经理该怎么办.中国人力资源网,2017.

(二)住房公积金

为了加强对住房公积金的管理,维护住房公积金所有者的合法权益,促进城镇住房建设,提高城镇居民的居住水平,国务院于1994年颁布了《住房公积金管理条例》,并在2002年进行了修订。住房公积金是指国家机关、国有企业、城镇集体企业、外商投资企业、城镇私营企业及其他城镇企业、事业单位及其在职员工缴存的长期住房储金,是住房分配货币化、社会化和法制化的主要形式。住房公积金制度是国家法律规定的重要住房社会保障制度,具有强制性、互助性、保障性。单位和员工个人必须依法履行缴存住房公积金的义务。

住房公积金包括员工个人缴存部分和员工所在单位为员工缴存的部分,均属于员工个人所有。员工住房公积金的月缴存额为员工本人上一年度平均工资乘以员工缴存比例(一般为5%~12%,最高不超过12%);单位为员工缴存的住房公积金的月缴存额为员工本人上一年度月平均工资乘以单位住房公积金缴存比例(一般与职工缴存比例相同)。我国住房公积金设有专门机构进行管理,且实行专款专用。

(三)法定假期

法定假期主要有公休假日、法定节假日、带薪年休假和其他假期(如婚假、产假、病假等)。

1.公休假日

公休假日是指职工工作满一个工作周的休息时间,一般情况下安排在每个星期六和星期日。国家实行劳动者每日工作时间不超过8小时、平均每周工作时间不超过40小时的工时制度。《劳动法》第38条规定:用人单位应当保证劳动者每周至少休息一日。

2. 法定休假日

法定休假日即法定节日休假。根据2014年实行的新《全国年节及纪念日放假办法》，我国全体公民放假的节日包括：新年，放假1天（1月1日）；春节，放假3天（农历正月初一、初二、初三）；清明节，放假1天（农历清明当日）；劳动节，放假1天（5月1日）；端午节，放假1天（农历端午当日）；中秋节，放假1天（农历中秋当日）；国庆节，放假3天（10月1日、2日、3日）。《劳动法》规定，法定休假日安排劳动者工作的，支付不低于工资300%的劳动报酬。除《劳动法》规定的节假日外，企业可以根据实际情况，在与员工协商的基础上，决定放假与否以及加班工资。

近几年国家公布的法定节假日调休日期的具体安排中，除夕也放假，但除夕只能算调休而非法定节假日。

3. 带薪年休假

世界上很多国家都通过法律规定了带薪年休假制度。比如，很多欧洲国家的员工可以享受每年30天的带薪休假时间，而在美国，尽管劳动者可以享受14天的带薪休假时间，但通常只会享受11天。我国《劳动法》第45条规定，我国实行带薪年休假制度。2008年施行的《职工带薪年休假条例》规定：机关、团体、企业、事业单位、民办非企业单位、有雇工的个体工商户等单位的职工连续工作1年以上的，享受带薪年休假（简称"年休假"）。职工累计工作已满1年不满10年的，年休假5天；已满10年不满20年的，年休假10天；已满20年的，年休假15天。国家规定的法定休假日、休息日不计入年休假的假期。带薪休假政策并非强制规定，各单位可根据生产、工作的具体情况，并考虑职工本人意愿，统筹安排；年休假在一个年度内可以集中安排，也可以分段安排，但不能跨年度安排。单位确因工作需要不能安排职工年休假的，应经职工本人同意。对于职工应休未休的年休假天数，单位应当按照该职工日工资收入的300%支付年休假工资报酬。

4. 其他假期

在员工福利中通常还包含病假。病假是指在员工因病无法上班时，组织仍然继续支付薪酬的一种福利政策。在美国等一些国家中并无关于病假的明确法律规定，通常由企业自行决定。

在我国，《劳动法》和有关规定对企业职工患病或非因公负伤医疗期内的病假工资或疾病救济费作出了规定。比如，根据原劳动部《关于贯彻执行〈中华人民共和国劳动法〉若干问题的意见》第59条规定："职工患病期间或非因工负伤治疗期间，在规定的医疗期内由企业按有关规定支付其病假工资或疾病救济费可以低于当地最低工资标准支付，但不能低于最低标准的80%。"

除了病假，员工还可以享受探亲假、婚丧假、产假与配偶生育假等。探亲假的享受对象是组织中那些与直系亲属不在同一个区域的员工。达到法定结婚年龄的员工可以享受婚假，晚婚者可以多享受一定的假期。符合生育政策的女职工可以享受产假，而男职工可以享受配偶生育假以照顾分娩的妻子。

二、企业补充福利

如果说法定福利是用来保障员工基本生存的话,企业补充福利则是企业为满足员工更高层次的需求,提高员工生活水平和生活质量的附加型福利。企业补充福利主要包括企业年金、补充医疗保险、集体人寿保险、住房或购房支持计划、员工服务福利和其他补充福利等。

(一)企业年金与职业年金

社会基本养老保险制度虽然覆盖面广泛,但收入保障水平较低。随着我国人口老龄化加剧、国家基本养老保险负担过重的状况日趋严重,企业年金或机关事业单位职业年金是企事业单位建立的旨在为其员工提供一定程度退休收入保障的养老保险计划。

企业年金是指企业及其员工在依法参加基本养老保险的基础上,自愿建立的补充养老保险制度。企业年金所需费用由企业和职工个人共同缴纳,其中个人缴费完全归个人所有,而企业缴费会按照企业年金方案比例计入个人账户。企业年金成立后,采用信托模式市场化运营,由养老保险公司、商业银行、证券基金等投资机构共同为企业的年金计划服务,以达到年金资产增值保值的作用。作为基本养老的有效补充,企业年金也是一项长效机制,员工只有在退休、死亡或者出国定居的情况下才能领取企业年金,与基本养老金一起为员工退休生活提供有力保障。

根据2015年国务院出台的《关于机关事业单位养老保险制度改革的决定》,机关事业单位在参加基本养老保险的基础上,应当为其工作人员建立职业年金。单位按本单位工资总额的8%缴费,个人按本人工资的4%缴费。工作人员退休后,按月领取职业年金所对应的养老金。

(二)企业补充医疗保险

企业补充医疗保险是企业在参加城镇职工基本医疗保险的基础上,国家给予政策鼓励,由企业自主举办或参加的一种补充性医疗保险。国家鼓励企业建立补充医疗保险制度并给予税收优惠,以减少当员工生病或遭遇事故时本人及家属所遭受的损失,保证企业职工和退休人员的医疗待遇不降低。按《关于补充养老保险费有关企业所得税政策问题的通知》规定,自2008年起,企业根据国家政策规定,为在本企业任职或者受雇的全体员工支付的补充养老保险和补充医疗保险费,分别在不超过职工工资总额5%标准以内的部分,在计算应纳税所得额时准予扣除。

企业一般通过集体投保或自保形式提供福利。集体投保是指企业向商业医疗保险机构或社会医疗保险机构支付相应的保险费,当员工或其家庭发生某些事故时,这些机构可以部分或全部承担员工的损失。也有一些企业采取自保形式,划出一部分资金作为员工的保险金,而不再向保险公司或社保机构投保,这种方式虽然能控制保险成本,但会给企业带来风险,并加大管理成本。

(三)集体人寿保险

集体人寿保险是由保险公司签发一张总的保险单,为该集体的全体成员提供保障的保险。即以企业为投保人,由保险公司和企业签订一张总的保险单,保障对象是企业的全体成员。

人寿保险是市场经济国家的一些企业所提供的一种最常见的福利。在我国,已有不少企业开始为员工办理集体人寿保险,这对于企业和员工都有好处。员工可以以较低的费率购买到相同的保险,并且团体方案通常适用于所有员工,而不论他们的健康或身体状况如何。在多数情况下,企业会支付全部的基本保险费,承保额相当于员工两年的工资,而附加的人寿保险则要员工自己承担;也有一些企业,其基本保险费缴费是按一定的比率在企业和员工之间分摊。

(四)住房或购房支持

除了住房公积金,企业为更有效地激励和留住员工,还会提供多项住房福利支持员工购房。尤其在房价日益高涨的情况下,住房支持计划迎合了广大职工,尤其是青年职工的迫切需要。根据一项对 685 家中外企业的调查结果显示,76%的员工认为最重要的补充福利内容是住房补贴,其次是派驻国外工作机会、晋升机会和休假等福利。住房或购房支持计划主要有以下几种形式:

1. 住房贷款利息给付

根据企业薪酬级别及员工职务级别确定每位职工的购房贷款额度,在向银行贷款的规定额度和规定年限内,贷款部分的利息由企业逐月支付。员工的服务时间越长,所获得的利息给付越多。

2. 住房津贴

住房津贴是指企业为了使员工有良好的居住环境而提供给员工的一项福利。企业按照员工的资历、工龄等给予员工一定的住房津贴,以缓解员工在购房、租房时的经济压力,协助员工在尽可能短的时间内拥有住房。

3. 其他形式

如住房货币化,将福利包含在工资中;企业购买或建造住房后免费或低价租给、卖给员工居住;为员工的住所提供免费或低价装修;为员工购买住房提供免息或低息贷款;全额或部分报销员工租房费用;为员工提供购买住房贷款担保等政策。

(五)员工服务福利

很多企业根据需要扩大了福利的范畴,通过为员工提供各种服务来达到激励员工的目的。员工服务福利主要包括以下几项:

1. 员工援助计划

员工援助计划是指企业向员工提供咨询或治疗服务，帮助员工分析、处理所面临的各种问题的一项福利计划。它包括财务咨询（例如，怎样克服现存的债务问题）、家庭咨询（包括婚姻家庭问题等）、职业生涯咨询（分析个人能力倾向并选择相应职业）、重新谋职咨询（帮助被解雇者寻找新工作）以及个人法律服务等。

2. 教育培训计划

教育援助计划是针对那些想接受继续教育或完成教育的员工实施的一项福利计划，分为内部援助计划和外部援助计划两种。内部援助计划主要是指企业内部的培训，例如，一些企业尝试在企业内开设大学课程并聘请大学教师来企业讲课等；外部援助计划主要指的是员工外出教育培训的学费报销计划。

3. 家庭援助计划

由于人口老龄化、双职工家庭、单亲家庭的增加，员工照顾年迈父母和年幼子女的负担加重了。为了使员工安心工作，企业向员工提供家庭援助福利，主要是老人照顾服务和儿童看护服务。很多企业开始实行弹性工作制，方便员工合理安排时间，避免工作与生活的矛盾。有些企业向员工提供老人照顾方面的信息，如推荐老人护理中心等，有些企业对有老人入住养老机构的员工进行经济补贴，或者直接资助养老机构。再如，一些企业为员工年幼子女提供看护场所和服务，如办托儿所、幼儿园等，有的企业提供子女入托津贴和子女教育补助。

4. 健康文体类服务

健康文体类服务是员工福利中使用最多的福利项目，受重视程度较高。健康服务主要包括健康讲座、免费体检等。娱乐文体类服务包括举办集体娱乐文体活动（晚会、郊游、野餐、讲座、报告会、体育竞赛等）、企业自建文体设施（运动场、游泳池、健身房、阅览室、棋牌室等）、企业提供免费电影和戏曲表演、旅游津贴等。

（六）其他补充福利

1. 交通费

企业为了缓解员工上下班交通及成本压力，为员工提供相应补助或服务，主要形式有：企业提供接送员工上下班的班车服务；按规定为员工报销上下班交通费；为员工购买个人交通工具（自行车、摩托车或汽车）提供贷款利息或经费补贴；支付员工交通工具的保养费用及燃料补助费用等；提供免费停车位等。

2. 节日津贴

很多企业在各种节假日发给员工节日津贴，如提供月饼、粽子、米油等实物或购物券，为员工提供生日礼品（金）、节日贺礼、结婚礼金等。

此外，不同企业还有不同的福利项目，如服装津贴、健康检查等，企业开设内部餐饮供应点，提供免费或低价的工作餐等。

阅读推荐 8-1

揭秘阿里巴巴集团的员工福利

"企业最大的资产是人",这句话出自日本松下电器创始人松下幸之助。作为拥有5万名员工的阿里巴巴集团,如何向众多员工提供更好的福利保障?员工能享受到哪些福利?

1. 3年无息最高30万贷款。为了帮助员工买房,阿里巴巴集团出台了"iHome计划",为每位员工提供3年免息的30万贷款。在阿里巴巴集团服务期限满两年且符合相应条件的正式员工,如需购置工作地首套住房,可向公司申请该项无息置业贷款。

2016年阿里巴巴集团曾经与绿城集团达成合作协议,绿城集团将在杭州阿里巴巴集团总部附近新建380套阿里巴巴集团员工公寓。公寓内部售价只有市面价格的六成。

2. 集体婚礼。每年5月10日,阿里巴巴集团都会在"阿里日"这天为员工举办集体婚礼,马云担任证婚人。2017年5月10日,在第13届"阿里日"上,公司为102对新人举办集体婚礼,此次证婚人换成了首席执行官张勇,马云虽身在美国,仍通过远程视频为新人送上了祝福。

3. 员工生育可享超长带薪休假,设私立学校。为了关爱员工,阿里巴巴集团出台了"iBaby子女教育关怀计划",为员工宝宝们提供成长好环境。此外,阿里巴巴集团还为怀孕员工采购防辐射服,且一人两件。

据了解,目前阿里巴巴集团正在自办一所从幼儿园到高中的15年制私立国际化学校,用来解决员工子女就学问题。此外,阿里巴巴集团还设有5亿元的教育基金,帮助员工子女就学,并且提供一次性子女教育补贴。

4. 员工或家属患有重大疾病,提供最高10万元援助金。阿里巴巴集团出台有"iHelp蒲公英计划",若员工或家属得了重大疾病,在保险的基础上还将另外提供5~10万元的援助金。

5. 员工父母免费体检。2017年7月份,阿里巴巴集团出台了一项名为"康乃馨"的关爱父母计划,除了员工自身享有每年一次免费体检外,父母、配偶父母也能够享受这项福利。

每名员工可提交4个名额,其中2位免费,另外2位享受优惠价格。另外,父母不需要自己预约,只要通过阿里巴巴集团自建体检系统,就可以预约体检的医院、项目、时间。

6. 家庭特困员工享有最高5万元援助金。阿里巴巴集团有"iHope彩虹计划",为家庭特别贫困的员工会提供3~5万元的特困援助金。此外还有年度团队旅游、15天带薪年假、餐贴、夜宵、幸福班车、春节开门红包、年底大红包、股票期权等福利。

资料来源:陈新生.阿里、京东、苏宁等电商公司福利大PK.联商网,2017.

三、弹性福利

对于企业来说,福利是一笔庞大的开支,有些企业的员工福利甚至接近工资总额的50%,但在实践中,员工福利往往难以产生理想的激励效果。随着时代发展,传统的福利形式已不能满足所有员工的需求。一项研究显示,70%以上的员工甚至愿意自己花钱来换取在制定福利方案中更大的选择权。从人本管理思想出发,在企业总体分配框架内,向员工提供多种福利组合,即弹性化的福利选择能较好解决这一问题。

(一)弹性福利计划

弹性福利计划(Flexible Benefits Programs)又称"自助餐式福利计划",是指员工可以从企业所提供的各种福利项目中选择所需要的一套福利方案的福利管理模式。它有别于传统的固定福利,具有一定的灵活性,员工拥有更大的自主权。

弹性福利计划从本质上改变了传统员工福利:从福利保险模式转变为薪酬模式,从固定的福利方案转化为固定的资金投入方案。对员工而言,弹性福利计划非常强调员工参与的过程,从而最大限度满足员工多样化的需要,增加了员工对工作及薪酬的满意度。对企业而言,弹性福利计划有利于企业在控制薪酬成本的前提下引导员工作出更有效率的选择,有助于企业利用激励性的弹性福利计划吸引人才、激励员工。

(二)弹性福利计划的类型

弹性福利计划于20世纪70年代初起源于美国,经过几十年的发展,现在中国日益流行。根据2010年某项研究结果显示,在中国12%的企业已经实行弹性福利计划,另有33%的企业打算不久后实行。弹性福利计划在发展中已演变出多种不同的类型。

1. 附加型

附加型弹性福利计划是最普遍的弹性福利计划,即在现有的福利计划之外,提供其他不同的福利措施或扩大原有福利项目的水准,让员工自己去选择。比如,某公司原先的福利计划包括房租补贴、交通补贴、意外险、带薪休假等,如果实行附加型的弹性福利计划,则现有的福利项目及给付水平全部保留下来作为核心福利,然后根据员工的需求,额外提供不同的福利措施,如国外休假、人寿保险等。

2. 核心加选择型

核心加选择型福利计划由核心福利和弹性选择福利组成。核心福利是指企业为员工提供包括健康保险、人寿保险以及其他一系列企业认为所有员工都必须拥有的福利,员工不能自由选择。弹性选择福利员工可以随意选择,每个福利项目都有价格,员工可自由选购。员工所获得的福利限额通常是未实施弹性福利计划前所享有的福利额度。

3. 弹性支用账户

弹性支用账户是一种较特殊的弹性福利类型。员工每年可从税前总收入中拨出一定数额的款项作为支用账户,并从中选择购买雇主所提供的各种福利项目。拨入支用账户的金额不需要扣缴所得税,但账户中的金额必须当年用完,且不能以现金方式提取。

4. 套餐

套餐是指由企业同时推出不同的福利组合,每一个组合所包含的福利项目或优惠水准不同,员工只能选择其中一套,而不能更换套餐里的内容。在规划此弹性福利时,企业可根据员工的背景,如婚姻、年龄、子女、住房需求等来设计。

(三)实行弹性福利计划应注意的问题

在弹性福利计划实施过程中,需要注意的是,企业往往不能给予员工在法律允许范围内所能拥有的最大限度的自由选择权。因为一方面,这种做法会因为个别员工的特殊要求而加大公司的福利成本;另一方面,如果某一员工在职业生涯的早期作出了一个不明智的福利选择,后来反而会招致员工对企业的不满。因此在实施弹性福利计划时,除了国家规定的必选福利项目之外,企业还应限定某些员工必须选择的一些福利项目,在此基础上,员工可作进一步的选择。另外,为了控制福利计划的总成本,在提供弹性福利计划之前,企业需要进行组织内部的福利调查,提供给员工一系列的福利项目,让员工确定自己的福利组合,企业在"少数服从多数"的基础上确定福利项目。

◇ 阅读推荐 8-2

"远程办公"是减轻负担还是干扰生活?

2017年初,日本富士通公司宣布,准备在4月份批准3.5万名职工在家办公。而早在2016年,丰田公司就已经批准了1.3万名职工在家办公。不少公司认为,"远程办公"能解决交通拥堵问题、节约上下班时间等。然而,最近国际劳工组织的报告提出了种种担忧,由于远离工作场所,远程办公人员容易产生孤独感,面临更大的工作强度和工作压力,工作与家庭之间相互干扰。人们对于"远程办公"的争论不断。

1. 企业:办公场所灵活化节约成本。

近期,由国际劳工组织与欧洲改善生活与工作条件基金会共同起草的一份报告,通过对欧洲、亚洲、美洲15个国家的统计和研究,分析了信息通信技术给人们工作和生活方式带来的变化,并就如何保护远程办公从业者的权益提出建议。

报告指出,现代信息通信技术的广泛应用,总体上有利于更好地平衡工作与生活的关系。欧洲改善生活与工作条件基金会负责人说:"从积极影响来说,它有助减少通勤时间,在工作时间安排上具有更大自主性和灵活性,更好地平衡工作与生活的关系,提高工作效率。"不少外国公司也认为,灵活的办公模式,企业能从中受益,例如,减少办公场所等方面的开支,帮助员工提高工作积极性和工作效率等。

2. 员工:"在家办公"可能引发新问题。

"导致更长的工作时间,模糊了工作和个人生活之间的界限,使工作侵蚀原本属于个人的空间和时间,造成失眠,员工受到压力和抑郁的困扰……"国际劳工组织的报告同时列出了远程工作方式带来的负面影响。

报告显示,"远程办公"人员的工作时间普遍高于本国的平均水平。例如,在比利时,全国平均工作时间是每周39小时,"远程办公"人员的工作时间则为44.5小时;在日本,每周平均工作时间是39.1小时,"远程办公"人员的工作时间达46.5小时。此外,由于远离工作场所,"远程办公"人员容易产生孤独感,面临更大的工作强度和工作压力。同时,研究者还通过从15个国家(其中包括10个欧盟成员国)选取的数据资料进行分析发现,与在一个固定处所上班的传统员工相比,在家办公、频繁变化工作地点或在两个以上地点办公的员工承受了更多的压力,他们失眠的比例高达42%,而传统员工失眠的比例仅为29%。

国际劳工组织建议决策者采取措施,确保"远程办公"人员的健康和待遇。报告认为,如果能够合理规划,远程工作方式将同时使个人和公司受益。因此决策者应该设法加强这种工作方式的积极效果,尽量减少不利影响。同时,由于"远程办公"将越来越普遍,因此需要考虑"断开连接权",以便区分开工作和个人生活。也有专家认为,虽然在家办公看似"错峰",缓解了交通拥堵,但是打击了汽车产业。上下班时间段的出行量会大大减少,乘坐公共交通不会像以前那样困难。但出行需求下降后,人们可能不再想购买汽车,或让汽车在车库长期放置。这对汽车产业与石化企业有很大影响。公共交通工具可能面临空转或半空转状态,增加公共财政成本。

资料来源:棕禾,李程程."远程办公"流行引争议,是减轻负担还是干扰生活.《劳动报》网站,2017.

第三节 员工福利设计与管理

在企业薪酬体系中,工资、奖金和福利是三个不可或缺的组成部分,各自发挥着不同的作用。随着人们薪酬水平的不断提升和劳动力主体的改变,员工的需求也在发生变化。工资的激励作用开始下降,员工越来越重视企业提供的福利,员工对福利的要求不仅越来越高,还趋于多元化和个性化。因此,如何设计适应企业与员工需要的福利计划,显得尤为重要。

一、员工福利设计的原则

(一)激励性

企业在设计员工福利项目时,一定要遵守激励性原则,防止福利过度均等化,减弱激励效果。

(二)以员工为中心

福利要满足员工的需求,为员工提供便利,激励员工努力工作。为此,福利设计要打破

"企业为主导、员工不参与"的倾向,企业要多与员工沟通,把员工的需求与企业的目标结合起来。

(三)独特性

福利设计不仅要考虑员工需求的满足,还要有一定的创意,让员工感受到企业的关心与尊重,获得心理上的满足,提升员工对企业的忠诚度和归属感。

(四)弹性化

一成不变的福利无法及时满足员工的差异化需求,为此,企业要以员工的实际需求为出发点,在维持福利体系平衡的基础上,保持一定的弹性,并进行动态调整。

(五)成本控制

近年来,福利在薪酬分配中占较大的比重,且呈上升趋势,企业既要满足员工的多元化需求,更要合理控制福利成本,最好是以较小的成本实现较大的效用。

二、员工福利设计的内容

(一)明确福利目标

企业首先要做好定位,明确本次福利设计的目标是注重均等化还是差异化,是适用于全体员工还是向核心人员倾斜。为此,设计者需要确定以下问题:

1.福利保障的对象

哪些员工享受福利?目前大多数企业不会向兼职员工提供福利,为了降低成本,企业也不会向所有员工提供同样的福利。因此,对不同员工进行福利区别对待的主要标准有:工龄、在职情况、工作时间、对企业的贡献度等。

2.福利资金的来源

企业必须考虑如何为福利融资。目前大部分福利计划(包括法定福利)大多是半自费的,即企业与员工同时承担福利费用。一方面福利成本巨大,另一方面企业有必要让员工了解相关福利的价值。

3.福利在薪酬中的比重

在薪酬总额确定的同时,要全面考虑并注意保持员工福利的合理比重。这个比重在不同地区、不同经济性质的企业中有所不同,企业需要根据实际情况来确定,并且随着企业规模、发展阶段、经济实力、竞争对手等变化而调整。

(二)开展福利调查

公司制定的福利水平影响企业的人才流动及成本控制。因此福利调查非常重要,主要从三个方面开展。

1. 企业现有福利调查

首先，调查人员要分析现有福利的种类和覆盖群体；其次，调查人员要对企业的现行福利政策及福利执行情况进行全面了解；最后，调查人员通过对福利政策的了解和历史数据的分析，在总体上掌握目前的福利实施情况，并发现现行福利政策的问题或不足之处。

2. 市场福利调查

福利管理的一项重要工作是了解竞争对手的境况。市场福利调查为企业的福利设计提供了基准，企业可以根据自己的福利目标设计高于、等于或低于市场基准的福利，不至于严重脱离市场水平。企业在进行市场调查之前，必须先对自己进行定位，确定好参照对象；企业可以自己安排特定的人员开展市场调查，负责调查的计划、实施到数据分析的全过程，也可以委托外部咨询公司开展市场调查；此外，企业还可以借助政府部门的专门调查来获得有关信息。

3. 员工需求调查

福利就是通过满足员工的需求，实现激励员工的目的。开展员工需求调查，了解员工对福利的需求至关重要。员工福利需求调查的形式主要有：问卷调查，专门访谈，利用微博、微信、贴吧等网络平台与员工互动。

（三）福利项目的选择和搭配

通过市场福利调查和员工需求调查，企业可以根据福利目标和成本预算大致确定企业福利设计中应该包括的福利项目。福利项目应以实用性为导向，选择员工最需要、成本收益最大的项目。福利项目的数量应以满足员工需求为标准，不可过于单一，也不能因为项目过多而加大管理难度和成本。

根据福利项目的可变性，企业的福利计划可分为固定型、自助型、固定加自助型三类。企业选择最多的一般是固定加自助型，这种类型既给予了员工一定的自主性，又可防止员工乱选、错选，企业还可进行福利的管理与控制，防止员工进行逆向选择。

（四）成本控制

近几十年，福利的绝对金额和占成本的相对比重都在大幅上升，政府的法律制度也日趋完善，对企业的强制性要求越来越多。随着经济的发展，员工产生了越来越多的福利需求。此外，由于福利的相对刚性，企业不得不在福利方面投入更高的成本。

成本控制贯穿于福利管理全过程。在进行福利成本控制时，企业必须考虑以下几方面因素：一是某种福利的成本越高，则节约此种福利成本的机会越大；二是福利类型的增长轨迹非常重要，即使某些福利的成本当前不高，但其增长率可能导致企业在未来承受巨大的成本；三是只有当企业选择将多少钱投入某类福利方面具有更大的自由度时，遏制成本的努力才会起作用。

(五)福利计划的实施

福利计划的成功实施是福利设计的目标,也是检验福利设计成功的标准。企业在福利计划实施前,应与员工充分沟通,使员工了解福利项目的内容和操作细节。

福利计划的实施还需要其他工作的配合,如绩效考评和薪酬工作。为增强福利的激励性,越来越多的企业将员工福利与工作业绩挂钩。福利作为薪酬体系的一个组成部分,福利和薪酬的比重需要维持在合理的水平,两者要搭配发挥激励作用。

◇ 应用案例 8-2
如何通过员工福利做到小成本、大关怀

刘雯莉先后在大型国企、外资企业担任办公室主任、行政经理等职务,对行政工作已是轻车熟路。现在,她跳槽到一家民营企业担任行政部经理,半年来,工作也很顺利,从未感到任何压力。但在中秋节来临之际,关于如何派发员工节日礼品却让她犯难。

她入职没多久,遇到了端午节,当时收到的礼品是一支刻有自己名字、星座和单位LOGO(徽标)的签字笔。收到这份特殊的礼物时,她很高兴,因为这是她工作以来收到的第一份专属礼品。但她不知道,这份礼物是行政专员做了7份方案,选了19份礼物后,唯一被公司认同的一件。

眼下中秋节即将来临,礼品方案需要她来确定。让她懊丧的是,她提的10多个方案,在行政部内部就都被自己的下属否定了。

经过一番波折,她发现这家企业发放员工福利的宗旨如下:

其一,公司非常注重对员工的关怀,在中国的传统节日及西方流行节日都会组织活动或者派发礼品;

其二,公司对成本的控制非常严格,一般活动人均费用控制在50元以内,如果是礼品则控制在人均100元以内;

其三,公司不希望对员工的关怀成为"鸡肋",因此不会采纳大众化的礼品与活动建议。活动不能只是吃饭、唱歌;礼品不能是油、米、月饼、粽子之类的传统物品。

刘雯莉一直想不明白,对于国庆福利,现在外企流行发放大型商场的购物卡,既实在又方便,员工想购买什么就自行购买,她所在的企业为什么要搞这种华而不实的东西呢?

资料来源:员工福利如何做到小成本大关怀.中国劳动保障报,2014.

请问:该公司的员工福利体现了怎样的企业文化?刘雯莉应怎样确定本次员工福利?

三、员工福利的管理

(一)处理福利申请

一般情况下,员工会根据企业的福利政策和制度向企业提出享受福利的申请,企业需要

对这些申请进行审查,看申请是否合法、合理,还要审查企业是否实施了相关的福利计划,该员工是否在该福利计划的覆盖范围之内以及该员工应该享受什么样水平的福利待遇等。

(二)进行福利沟通

企业在福利计划之前及实施过程中应与员工充分沟通,向员工介绍福利计划的具体内容和实施流程。企业有必要设计一种完善的福利沟通模式,一方面告诉员工他们都享受了哪些福利待遇,另一方面告诉员工他们所享受的福利待遇的市场价值。

与员工开展福利交流的方式很多,如企业编制福利手册、定期公布福利相关信息、为员工提供个人福利清单、作福利报告或用视听材料介绍公司的福利细节、提供员工福利咨询等。

(三)加强福利监控

员工福利管理是一个必须受到重视的问题。许多国家的法律规定企业必须作出具体的福利计划,并对员工作出承诺,而企业为了加强对员工的激励,也应把提高福利水平、加强福利管理作为调动员工积极性的重要措施。

企业在福利管理过程中,应随时对福利系统进行监控并及时作出调整,主要的依据有:国家关于福利方面的法律、法规及政策的调整;外部市场其他企业的福利实践的改变;本企业员工的需要和偏好的变化。此外,企业的外部市场环境、竞争对手的变化,企业发展阶段的不同,企业经济实力的改变,内外劳动力的变化等因素,都要求企业及时监控并调整自身的薪酬福利系统,及时调整企业的福利项目或力度,保证以较低的成本提供令员工满意的福利项目,使员工福利更好地为企业战略目标服务。

◇ 阅读推荐 8-3

如何规划企业的员工福利?

人力资源经理在日常工作中天天都会遇到员工福利问题,那么,在作福利方案时,应该考虑哪些因素?

据统计,市场上福利项目根据普及程度可分为三类。普遍福利的普及程度在80%及以上,如年假、带薪休假、补充医疗保险、寿险/意外保险、补贴/特殊福利等;常见福利的普及率在50%以上,如加班交通补贴、加班餐费补贴、教育资助补贴等;差异化福利的普及率在40%以下,如补充住房补贴、补充养老补贴等。

1. 福利的普及程度和该项福利的成本投入总额成反比。

普及程度越高的福利,其成本投入越不高;反之,需要高成本投入的福利项目的普及程度必然不高。

2. 福利的普及程度和该项福利所能带来的显性当期效益成正比。

比如加班交通补贴、加班餐费补贴以及带薪病假等福利项目在市场上较为常见,即普及程度较高。显然,这些福利项目的提供能够很好地解决当前的员工需求,即适当的成本投入即可产生效益。相比而言,补充住房补贴、补充养老补贴等福利项目,虽然员工的需求非常强烈,但这些福利项目需要少则10年、多则20年后才能体现出效能,所以市场普及程度并不高。

3. 差异化福利的差异真的很大。

差异化福利在不同公司的差异非常大。如果没有考虑清楚,请谨慎对待。因为差异化福利所针对的往往不是公司绝大多数员工,而是那些公司需要重点保留的员工、职级比较高的员工或者是核心岗位员工。

4. 职级越高、岗位越重要、工作年限越长、工作表现越好,保障越好。

85%的公司要求只有正式员工才能享受福利,45%的公司对员工工作表现有一定要求,63%的公司对于享受福利的员工有在本公司工作年限的基本要求,49%的公司为一定职级以上的员工提供了相应的福利,32%的公司对工作岗位有相关要求。总体而言,职位高低、岗位是否关键、工作年限长短、工作表现好坏,决定了员工是否能享受某项福利项目。

5. 企业增加福利保障的投入取决于公司财务支付能力和员工的需求。

差不多有50%的公司会继续在福利保障方面有更多投入,但是也有近50%的公司还不确定。

在这个充满不确定性的时代,企业是否应提供福利?如何来提供呢?

资料来源:王振宇.如何做好史上最幸福的员工福利规划.中国人力资源网,2017.

◆ 本章小结

1. 员工福利是企业基于雇佣关系,依据国家法律法规及企业自身的支付能力,向员工提供的、以改善员工本人及家庭生活质量的各种实物或延期支付的补充性报酬与服务。

2. 员工福利主要包括法定福利和企业补充福利。其中法定福利主要是养老、医疗、失业等社会保险计划,住房公积金以及法定假期;企业补充福利主要包括企业年金、补充医疗保险、集体人寿保险、住房或购房支持计划、员工服务福利和其他补充福利。

3. 弹性福利计划是一种赋予员工灵活选择权的福利计划,其能够有效满足员工个人的独特需要,但也增加了福利管理的成本。

4. 员工福利设计主要遵循激励性、以员工为中心、独特性、弹性及成本控制原则。福利设计的流程主要是明确福利目标、开展福利调查、选择和搭配福利项目、进行成本控制、实施与调整福利计划。员工福利管理的重点是处理福利申请、进行福利沟通和加强福利监控。

◆ 本章习题

1. 法定的社会保险包括哪些内容?

2. 什么是企业年金和职业年金?

3. 员工服务包括哪些内容?

4. 弹性福利计划有哪些类型？请比较它们的特点。
5. 员工福利计划实施中有哪些主要环节？

◈ 案例研讨

星巴克把福利延伸至员工家庭

2015年11月，星巴克宣布，除了承担员工大学费用外，还将为员工的配偶和孩子承担上大学的费用，为数千名退役军人员工提供额外福利。

该计划扩充了自2014年6月以来的员工免费在亚利桑那州上大学的计划内容，目前有4000多名星巴克员工已经签署了该计划协议，该计划与美国亚利桑那州州立大学合作，给星巴克符合条件的全职、兼职员工提供全额免费四年制本科在线课程。星巴克表示，将投资2.5亿美元或更多资金，到2025年帮助至少2.5万名员工毕业，每名员工四年平均学费为6万美元。

美国亚利桑那州公立学校平均学费为2.2958万美元，私立学校平均学费为3.1231万美元。星巴克员工通过此项计划可获得大学本科学位，星巴克另为员工提供两年深造课程，星巴克直营店员工均有机会获得。星巴克员工网络课程每年学费大约1.5万美元。

星巴克表示，免费学费计划旨在帮助员工，尤其是没有高学历的青年员工获得高学历。亚利桑那州州立大学提供49门本科课程，从企业管理到艺术史均有。除此之外，星巴克还给员工提供医疗保健等福利。

星巴克已与亚利桑那州州立大学合作，不仅为员工提供免费上大学的机会，若退伍军人在星巴克工作，其配偶和孩子同样可以享受资格。星巴克在2018年将招聘1万多名退役军人或军人配偶，而在过去两年星巴克已经招聘了5000多名退伍军人或军人配偶。

星巴克董事长舒尔茨表示，我们感谢退伍军人和家属为国家所作的贡献，根据劳工部统计局数据，2014年美国退伍军人失业率为6%左右，今年下降到5%。这是星巴克首次把福利延伸至家庭成员，星巴克员工可以选择上学，星巴克也没有规定员工在取得学位后一定要留在公司。

资料来源：龚蕾：星巴克为何把福利延伸至员工家庭. 中国人力资源开发网, 2017.

请分析：
1. 星巴克的员工福利有何特点？
2. 星巴克为何把福利延伸至员工家庭？

◈ 践行辅导

员工福利管理

【体验目的】
1. 通过实践调研，了解某类企业的员工福利内容及管理。
2. 分析企业员工对不同类别福利的感知与满意程度。

【体验要求】

与本地区同类型的中小型企业充分沟通,在了解企业员工薪酬福利的基础上,面向部分员工开展福利方面的问卷调查。调查主要围绕员工福利的内容、结构、幅度等方面,以员工的认同度、感知度、满意度等为衡量标准。

【实施步骤】

1. 自由组队。每8~10名同学组成一组,内部分工并选出本组负责人。

2. 前期准备。同学们选择好调研企业,与企业负责人充分沟通以获得本次调研的支持,初步了解该企业员工福利的基本内容以及员工的职务岗位、学历、技能等分类情况。

3. 问卷设计。在教师指导下,结合该企业员工福利方面的基本情况,围绕员工福利种类及水平、员工福利管理、员工对现有福利的评判与期望等方面,设计问卷调查表(纸质表或电子表皆可)。

4. 实施调研。要选择既不影响企业生产,也不影响员工休息的恰当时段(如员工下班前的10分钟),随机选择50~60名受访员工,简要说明问卷调查目的,并请求他们的支持。

5. 问卷整理。对本次问卷进行统计分析、问题梳理,最终得出调研结论。

6. 交流汇报。本次活动的几个小组分别对各自企业员工福利实践调研活动进行总结,根据所学的相关知识理论,对调查结论进行分析思考,并给出建议。最好以实践调研报告方式形成物化成果。

【效果评价】

通过活动准备、问卷设计、调查实施、数据分析与报告撰写等几个工作环节,同学们可以根据相关章节的内容,提升理实结合、分析问题的能力。教师可以通过各组活动开展情况的比较,评判班级同学在人际沟通、活动执行、分析思考、解决问题等方面的能力。

第九章

劳 动 关 系

 学习目标

☆ 掌握劳动关系的概念及实质
☆ 掌握劳动合同与集体合同的订立、履行、变更及解除条件
☆ 了解工伤的认定条件,工伤分类及其赔偿
☆ 了解劳动争议处理机制

 关键术语

☆ 劳动关系 Industrial Relations
☆ 劳动合同 Labour Contract
☆ 劳动保护 Labour Protection
☆ 劳动争议 Labour Disputes

 学前思考

　　如何构建合法而有效的劳动关系?有些用人单位想当然地制定劳动规则,甚至制定一些违法违规的规定。无效的制度可能会让用人单位被劳动行政部门警告,对员工造成损失的,必须承担经济赔偿,如果制度违法,用人单位还需要承担法律后果。所以,在遵守国家劳动法律法规的基础上,构建和谐、稳定而不失弹性的劳动关系,关注劳动者的切身利益,是新时期我国劳动关系管理面临的一项重要任务。

✧开篇案例

张某与 B 公司是否存在劳动关系？

张某从 2012 年 5 月起，应聘到 A 公司从事报刊信件收发工作，工作时间为 8 点到 17 点，月工资为 3500 元，与 A 公司签有书面劳动合同，也缴纳了社会保险。张某下班后到 B 公司兼职任保安，工作时间为 18 点到 24 点，月工资为 1500 元，与 B 公司未签订劳动合同，也没有缴纳社保。B 公司正好位于张某家与 A 公司的中间点，从 A 公司乘车到 B 公司约半小时，从 B 公司乘车到张某家也是半小时。这样从事两份工作的日子持续了一年多，虽然有点辛苦，但有两份收入，张某还是很满意。2014 年 8 月 11 日张某下班后，在从 A 公司前往 B 公司的途中 17 点 15 分遭遇车祸，被送往医院急救。张某及其家人要求 A 公司向人力资源和社会保障局申请工伤认定。住院期间，除工伤保险基金报销的部分外，其他费用由 A 公司和 B 公司各承担 50%。A 公司认为：自己没有义务为张某申请工伤认定，也没有责任承担其相关费用，因为张某是去 B 公司上班途中受的伤，只能由 B 公司承担责任。B 公司则认为：B 公司与张某是劳务关系，并且张某是在 A 公司下班途中受伤，B 公司没有责任，张某的工伤认定应当由有劳动关系的 A 公司承担。

资料来源：陈建华.劳动关系经典案例 100 篇.北京：中国财富出版社，2014.

请问：张某与 B 公司是否存在劳动关系？

第一节 劳动关系概述

一、劳动关系的概念

(一)劳动关系的概念

在不同的国家，"劳动关系"一词有不同的称谓，如劳资关系、雇佣关系、劳工关系、产业关系等。各类称谓的外延与侧重点虽然不尽相同，但其内涵基本相似，均是指劳动者与劳动力的使用者之间因劳动给付与工资支付而产生的关系。

对"劳动关系"的定义有广义和狭义之分。从广义上讲，劳动关系是指生活在城市和农村的任何劳动者与任何性质的用人单位之间因为从事劳动而构成的社会经济关系。从狭义上讲，劳动关系是指依照国家劳动法律法规建立的劳动法律关系，是国家法律法规规定的合格主体之间建立的社会经济关系，即双方当事人是受一定劳动法律法规所规范的主体。本章所论述的劳动关系主要是狭义上的劳动关系。

在"开篇案例"中，因为我国在法律上没有支持全日制劳动者与其他单位建立多重劳动关系，所以张某与 B 公司没有签订劳动合同，建立的只是劳务关系，因此张某与 B 公司不存在劳动关系,只与 A 公司存在劳动关系。劳动关系必须是国家劳动法律承认的劳动法律关系。

(二)劳动关系的主体

劳动关系的主体即劳动关系的参与者,狭义的劳动关系的主体包括用人单位、劳动者和用人单位的组织、劳动者的组织。

1. 用人单位

用人单位必须具备用工权利和用人行为能力。

用工权利是法律赋予用人单位的。合法的用人单位具有用工权利,非法的用人单位不具有用工权利。用人单位的行为能力受到以下几个方面因素的制约。

财产因素:只有成为生产资料的占有者才有资格成为用人单位。

技术因素:用人单位必须具备完成生产任务和劳动安全卫生的技术基础。

组织因素:用人单位必须形成一定的组织结构才能使劳动力与生产资料相结合。

2. 劳动者

劳动者必须同时具备劳动权利能力和劳动行为能力。

劳动权利能力是指公民依法能够享有劳动权利能力和承担劳动义务的资格。在我国,劳动者是指16～60周岁的男性、16～50周岁的女工人和16～55周岁的女干部。其他年龄段的公民不属于狭义劳动关系里的劳动者。

劳动行为能力是指劳动者必须具备完成一定劳动的技术和技能,不具有劳动行为能力的公民不属于劳动者,如精神病患者不属于狭义范围的劳动者。

3. 用人单位的组织——雇主协会

雇主协会是由雇主组成,旨在维护用人单位权利的组织。雇主协会主要有以下作用:集体谈判、提供法律支持、间接影响劳动关系和解决劳动纠纷。

雇主组织发源于19世纪下半叶的德国。德国雇主协会总会的先驱是1913～1934年间存在的德国雇主协会联合会。德国雇主协会总会成立的目的是均衡工会日益增长的力量,促进就业及保护会员发展的经济环境。从1950年起,德国雇主协会总会的成员开始迅速增加。今天,德国雇主协会总会已经被认为是德国私人雇主在德国和国际上的代言人。

4. 劳动者的组织

我国劳动者的组织主要是指工会和员工代表大会。

(三)劳动关系的实质

劳动关系的实质是冲突与合作。在劳动关系中,双方之间的矛盾是普遍存在的,但是双方要达成自己的目的又必须要互相合作。为了加深对劳动关系的理解,我们需要了解冲突与合作的根源是什么。

1. 冲突的根源

劳资双方的利益、目标和期望不可能总是保持一致,经常会出现分歧,甚至背道而驰。冲突的根源可分为"根本根源"和"背景根源"。

(1)根本根源

①异化的合法化。因为生产资料、过程、结果、收益在法律上都不归工人自己所有,工人缺乏努力工作的客观理由。

②客观的利益差异。在其他条件不变的情况下,雇主的利益在于支付雇员报酬的最小化以及从雇员那里获得收益的最大化;而雇员的利益在于工资福利的最大化以及在保住工作的前提下尽量少工作。

③雇佣关系的性质。管理权力的分布是资本所有者的利益所在,而不是雇员的利益所在,雇员难以真正行使参与管理的权力,表面的雇佣关系隐藏着种种不信任;同时,在崇尚自由和民主的社会,劳动者不愿意处于从属地位。

(2)背景根源

①社会不平等。雇主越来越富,雇员越来越看不到生活条件的改善,愤恨也就随之产生。

②劳动力市场状况。失业率的不断上升使劳动者越来越难以找到工作,雇主因为有了更多的选择机会而表现得更加挑剔。

③工作机会和条件的不平等。这种不平等广泛存在于不同行业之间、不同地区之间、不同部门之间和不同性别之间。

2. 合作的根源

合作的根源主要有两方面,即"被迫"和"获得满足"。

(1)被迫

被迫是指雇员迫于压力而不得不合作。雇员要谋生,就必须与雇主建立雇佣关系。如果雇员的行为与雇主的利益不符就会遭受惩罚,甚至失去工作。虽然雇员能够联合起来采取集体行动,但长期的罢工也会诱使雇主撤资不再经营、关闭工厂或异地开厂,最终使雇员失去工作。

(2)获得满足

获得满足主要建立在雇员对雇主信任的基础上。大多数工作有积极的一面,劳动者认识到工作的价值,因而产生自我价值的满足。同时雇主也努力使雇员获得满足,加强了二者的合作。

3. 冲突与合作

劳资双方都想使企业长期生存并保持竞争力,在这一点上对方是一致的。因此双方都需巧妙地化解冲突,并引入中立的第三方——政府来调解。雇主通过创建企业文化、让雇员参与管理等方式来预防冲突,而雇员则通过组建工会、集体谈判来增强自身与企业对抗的实力。

二、劳动关系调整机制

劳动关系的调整方式依据调节手段的不同,主要分为七种,即通过劳动法律、法规对劳动关系的调整,劳动合同规范的调整,集体合同规范的调整,民主管理制度(职工代表大会、职工大会)的调整,企业内部劳动规则(规章制度)的调整,劳动争议处理制度的调整,劳动监督检查制度的调整。

(一)劳动法律法规

劳动法律法规由国家制定、体现国家意志,覆盖所有的劳动关系,通常是调整劳动关系应当遵循的原则性规范和最低标准。表9-1列出了我国现行的调整劳动关系方面的相关法律名称及发布和实施时间。

表9-1 我国调整劳动关系的法律

法律名称	发布时间	实施时间
中华人民共和国劳动法	1994-07-05	1995-01-01
中华人民共和国职业病防治法	2001-10-27	2002-05-01
中华人民共和国工会法	2001-10-27	2001-10-27
中华人民共和国安全生产法	2002-06-29	2002-11-01
中华人民共和国个人所得税法	2011-06-30	2011-09-01
中华人民共和国公司法	2005-10-27	2006-01-01
中华人民共和国企业破产法	2006-08-27	2007-06-01
中华人民共和国劳动合同法	2007-06-29	2008-01-01
中华人民共和国就业促进法	2007-08-30	2008-01-01
中华人民共和国劳动争议调解仲裁法	2007-12-29	2008-05-01
中华人民共和国社会保险法	2010-10-28	2011-07-01

(二)劳动合同

劳动合同是劳动者与用人单位确立劳动关系、明确双方权利义务的协议,是劳动关系当事人依据国家法律的规定,经平等自愿、协商一致缔结的,体现了当事人双方的意志,是劳动关系当事人双方合意的结果。

(三)集体合同

集体合同是集体协商双方代表根据劳动法律法规的规定,就劳动报酬、工作时间、休息休假、劳动安全卫生、保险福利等事项,在平等协商一致的基础上签订的书面协议。根据劳动法的规定,集体合同由工会代表职工与企业签订,没有成立工会组织的,由职工代表与企业签订。

(四)民主管理(职工代表大会、职工大会)制度

《劳动法》第八条规定:"劳动者依照法律规定,通过职工大会、职工代表大会或者其他形式,参与民主管理或者就保护劳动者合法权益与用人单位进行平等协商。"目前我国职工参与管理的形式主要是职工代表大会制度和平等协商制度。

(五)企业内部劳动规则

《劳动法》第四条规定:"用人单位应当依法建立和完善规章制度,保障劳动者享有劳动权利和履行劳动义务。"企业内部劳动规则以企业为制定的主体,以企业公开、正式的行政文件为表现形式,只在本企业范围内适用。企业内部劳动规则的基本特点是企业或者雇主意志的体现。

(六)劳动争议处理制度

劳动争议处理制度是在劳动关系处于非正常状态时,经劳动关系当事人的请求,由依法建立的处理机构、调解机构、仲裁机构对劳动争议的事实和当事人的责任依法进行调查、协调和处理的一种程序性规范,是为保证劳动实体法的实现而制定的有关处理劳动争议的调解程序、仲裁程序和诉讼程序的规范。

(七)劳动监督检查制度

《劳动法》第八十五条规定:"县级以上各级人民政府劳动行政部门依法对用人单位遵守劳动法律、法规的情况进行监督检查,对违反劳动法律、法规的行为有权制止,并责令改正。"第八十七条规定:"县级以上各级人民政府有关部门在各自职责范围内,对用人单位遵守劳动法律、法规的情况进行监督。"第八十八条规定:"各级工会依法维护劳动者的合法权益,对用人单位遵守劳动法律、法规的情况进行监督。"从上述有关规定可以看出,劳动监督检查制度是为了保证劳动法的贯彻执行,对关于法定监督检查主体的职权,监督检查的范围、程序以及纠偏和处罚行为的规范,具有保证劳动法体系全面实施的功能。

三、劳动争议处理

劳动争议亦称"劳动纠纷",指劳动关系双方当事人之间因劳动权利和劳动义务的认定与实现所发生的纠纷。劳动争议实质上是劳动关系当事人之间利益矛盾、利益冲突的表现。劳动争议处理是调整劳动关系的重要机制。

(一)劳动争议处理的原则

1. 着重调解原则

劳动争议的调解贯穿于劳动争议处理的各个程序,企业劳动争议处理工作程序的全过

程都属于调解,其他处理程序也必须先行调解,只有调解不成时才能进行裁决或判决。

2. 及时处理原则

及时处理强调各道处理程序的时间限制:受理、调解、仲裁、判决、结案都应在法律法规规定的时限内完成,及时保护当事人的合法权益,防止矛盾激化。

3. 在查清事实的基础上依法处理的原则

劳动争议处理机构处理劳动争议的所有活动和决定都要以事实为根据,以法律为准绳。

4. 当事人在适用法律上一律平等的原则

劳动争议处理机构在处理劳动争议时必须保证争议双方当事人处于平等的法律地位,具有平等的权利义务,不得偏袒任何一方。

(二)劳动争议处理的程序

我国劳动争议处理实行"一调一裁两审制"与"一调一裁分流"的制度。发生劳动争议时,当事人可以向本单位劳动争议调解委员会申请调解,调解不成,可向劳动争议仲裁委员会申请仲裁;对仲裁裁决不服的,可以申请诉讼。当事人也可以直接向劳动争议仲裁委员会申请仲裁,对仲裁不服,申请诉讼。在我国,发生劳动争议时,调解是可选程序,而仲裁是必经程序,未经过劳动争议仲裁,不得申请诉讼。

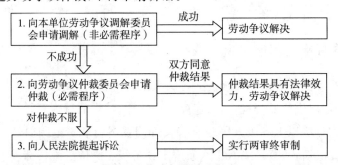

图 8-1 劳动争议处理程序

(三)劳动争议的调解

1. 劳动争议调解委员会的构成

职工代表由职工代表大会或职工大会推举产生;用人单位代表由用人单位法定代表人指定;工会代表由用人单位工会委员会指定。

委员人数由职工代表大会提出,并与法人协商确定,用人单位代表人数不得超过委员总数的1/3。组织没有工会的,由职工代表和用人单位代表协商确定。委员会主任由工会代表担任。

2. 调解委员会调解劳动争议的原则

(1)自愿原则

①申请调解自愿。只有劳动争议双方当事人都同意调解,调解委员会才能受理,有一方不同意则不能受理。

②调解过程自愿。调解协议的所有内容必须是当事人真实、一致的意思表示，不得勉强。

③履行协议自愿。调解协议达成后，当事人自愿履行，一方或双方都不履行或反悔的，则为调解不成。调解委员会不得强迫当事人履行。

(2)尊重当事人申请仲裁和诉讼权利的原则

在调解委员会调解劳动争议的任何阶段，劳动争议双方当事人都有依法提请仲裁和诉讼的权利。

3.劳动争议调解的一般程序

(1)申请调解

当事人以口头或书面形式向劳动争议调解委员会提出请求；提交证据；申请时效为当事人自知道或者应当知道其权利被侵害之日起30日内，超过时效的，不予受理。

(2)受理

劳动争议仲裁委员会需要审核申请调解的事由是否属于劳动争议；调解申请人是否合格；申请调解的内容是否明确；调解的请求是否正确。

(3)查清劳动争议事实

劳动争议仲裁委员会应及时向当事人和其他有关人员了解情况，查清事实。

(4)实施调解

调解委员会在查清事实的基础上，公正地提出调解意见，双方当事人对此发表看法，并进行协商。

(5)制作调解协议书

调解达成协议后应制作调解协议书，明确双方当事人的调解内容。

(6)制作劳动争议调解意见书

如果无法达成调解协议或是期限届满调解不成的，也要制作意见书，这是对劳动争议的结论性意见。

(7)调解协议执行

如果一方当事人不履行，另一方当事人不可以向法院申请强制执行，只能向劳动争议仲裁委员会申请仲裁。

(8)结案

自双方当事人申请调解之日起15日内结案，到期未结案的，视为调解不成功。当事人可以依法申请劳动争议仲裁。

(四)劳动争议的仲裁

劳动争议仲裁是劳动争议机构根据劳动争议当事人一方或双方的申请，依法就劳动争议的事实和当事人应承担的责任做出判断和裁决的活动。我国劳动争议仲裁时效为1年，从申请仲裁的一方在知道或者应当知道其权利被侵害之日起开始计算。

1. 劳动争议仲裁机构

(1) 劳动争议仲裁委员会

劳动争议仲裁委员会由劳动行政部门代表、同级工会代表、用人单位方面的代表三方组成。组成人数必须是单数,每方代表的具体人数由三方协商决定。劳动争议仲裁实行少数服从多数原则。

(2) 劳动争议仲裁庭

劳动争议仲裁庭是劳动争议仲裁委员会处理劳动争议的基本组织形式。按照"一案一庭"的原则组成仲裁庭。

(3) 劳动争议仲裁员

劳动争议仲裁员是由劳动争议仲裁委员会聘任的,可以成为仲裁庭成员的职员。仲裁员须公道并符合以下条件之一:曾任审判员;从事法律研究、教学工作并具有中级以上职称;具有法律知识、从事人力资源管理或者工会等专业工作满5年;律师职业满3年。

2. 劳动争议仲裁原则

(1) 一次裁决原则

一次裁决即终局裁决,当事人不服仲裁裁决,只能向法院提起诉讼,不能向上一级仲裁委员会申请复议或要求重新处理。

(2) 合议原则

仲裁庭裁决劳动争议,实行少数服从多数原则,以保证仲裁裁决的公正性。

(3) 强制原则

劳动争议当事人申请仲裁不需要双方当事人达成一致,只要一方当事人申请,仲裁委员会即可受理;仲裁庭对劳动争议调解不成时,可直接行使裁决权,无须当事人同意;对发生法律效力的仲裁裁定,一方当事人不履行,另一方当事人可申请人民法院强制执行。

(4) 回避原则

仲裁委员会委员、仲裁人员及其相关工作人员与劳动争议有利害关系的、与当事人有亲属关系的以及其他可能影响公正裁决的人员应当回避。

(5) 区分举证责任原则

由劳动关系的特点所决定,反映平等主体关系间的争议事项,遵循"谁主张谁举证"的原则;反映隶属关系的争议事项,实行"谁决定谁举证"的原则。

3. 劳动争议仲裁程序

(1) 申诉

当事人在仲裁时效内向具有管辖权的劳动争议仲裁委员会提出书面申请。

(2) 受理

劳动争议仲裁委员会收到仲裁申请之日起5日内,认为符合受理条件的,应当受理。

(3) 答辩

答辩是被诉方的权利,被诉方可在答辩书中表明自己的意见和主张。

(4)仲裁前的准备

组成仲裁庭;拟定处理方案;通知当事人开庭时间。

(5)开庭

申诉人宣读申诉书;被诉人答辩;质证、询问证人、询问鉴定结果;辩论;最后陈述;宣布裁决结果。

(6)制作仲裁文书

(7)仲裁文书送达

当事人对仲裁结果不服的,自收到仲裁文书之日起15日内可向人民法院提起诉讼。

(8)裁决生效

应用案例 9-1

申请仲裁能否超过仲裁时效

2010年8月15日,李某某与北京市某学校签订了一份书面劳动合同。合同约定:李某某担任司炉工和维修工,每月工资2700元,期限为2010年8月15日至2011年2月10日。合同到期后,学校与其续订了一份书面劳动合同,合同续订至2013年2月10日。2013年2月11日,学校与李某某签订了无固定期限劳动合同。

但是,2014年2月25日,李某某向单位提出申请,申请内容为:本人李某某,因学校改革重组,本人自愿离开某学校,转入某公司工作,并在申请的右下角签名并签署了日期。李某某到某公司后,发现各方面的待遇远未达到合同约定的内容。

2015年6月9日,李某某向北京市某某区仲裁委员会申请仲裁,要求原所在学校支付其解除劳动关系的赔偿金27000元、延时加班工资7000元和双休日加班工资3000元。北京市某某区仲裁委员会经审理查明:根据李某某的个人申请,2014年2月25日,李某某已离开当时所在学校,而2015年6月9日又提出追诉申请,依据《劳动争议调解仲裁法》第二十七条的规定,李某某的仲裁申请已经超过一年仲裁时效,仲裁委员会驳回其申请。

因此,无论是申请仲裁还是提起诉讼,都要遵守法律规定的期限,否则真是有理无处讲。

资料来源:申请仲裁能否超过仲裁时效.头条新闻,2017.

(五)劳动争议的诉讼

劳动争议诉讼是指人民法院依据劳动法律法规审理劳动争议案件的活动,是人民法院通过司法程序解决劳动争议案件的手段。

1. 人民法院介入劳动争议案件的情形

人民法院介入劳动争议的情形有以下几条:

一是经劳动争议调解委员会裁决,而当事人一方或双方对裁决不服的,自收到仲裁裁决书之日起15日内,可向人民法院提起诉讼。

二是女职工的劳动保护权益受到侵害,可以直接向人民法院提起诉讼。

三是一方当事人不执行已经生效的仲裁裁决,另一方当事人要求人民法院强制执行。

四是劳动争议仲裁机构以超过仲裁时效为理由,作出不予受理结论的,当事人有权在收到不予受理通知书或规定之日起 15 日内起诉。

2. 劳动争议诉讼的程序

我国劳动争议诉讼实行二审终审制。

(1)第一审程序

双方当事人一方申请诉讼,即进入第一审程序,第一审程序主要包括以下四个步骤:

①起诉。申请人向法院提出起诉请求。

②受理。劳动争议仲裁作出不予受理的案件,人民法院依据不同情况作出处理。劳动争议仲裁委员会因申请仲裁事项不属于劳动争议或仲裁超过时效不予受理的,人民法院应当受理;劳动争议仲裁委员会因仲裁主体不合格为由不予受理的,人民法院经审查确实不合格的,不予受理。

③开庭审理。法院对劳动争议案件进行审理。

④制作判决书。双方当事人必须严格按照判决书执行,对判决不服的,可以申请上诉。

(2)第二审程序

第二审程序是指上级人民法院根据当事人的上诉,对下一级人民法院未发生法律效力的判决进行审理判决的过程。审理时限为 3 个月,二审作出的裁决为最终裁决,当事人必须履行,不得再行上诉。二审判决发生效力 2 年后,当事人只能依审判监督程序向人民法院申请再审,但是否再审由人民法院决定。

①原判决认定事实清楚,适用法律正确的,判决驳回上诉,维持原判。

②原判决适用法律错误的,依法改判。

③原判决认定事实错误的,或者原判决认定事实不清、证据不足的,裁定撤销原判决,发回原审人民法院重审或者查清事实后改判。

④原判决违反法定的程序,可能影响案件正常判决的,裁定撤销原判决,发回原审人民法院重审。

第二节 劳动合同管理

一、劳动合同

(一)劳动合同的内容与分类

1. 劳动合同的内容

劳动合同条款分为法定条款和约定条款两类。

(1) 法定条款

劳动合同的法定条款是指劳动法律法规规定的双方当事人签订劳动合同时必须具备的条款。它主要包括以下内容：

①用人单位的名称、住所、法定代表人或者主要负责人。

②劳动者的姓名、住址、居民身份证或其他有效身份证件号码。

③劳动合同的期限。

④工作内容和工作地点。工作内容是指劳动者所从事的工种、工作岗位及必须达到的工作要求。工作地点是指劳动者工作的城市、地点。

⑤工作时间、休息和休假。

⑥劳动报酬。

⑦社会保险。凡是法律法规规定范围内的劳动者和用人单位都应当依法参加国家强制性保险。

⑧劳动保护、劳动条件和职业危害防护。

⑨法律、法规规定应当纳入劳动合同的其他事项。

(2) 约定条款

劳动合同的约定条款是指在法律条款之外，根据具体情况，劳动者和用人单位经过协商而约定的条款。它具体包括以下几类：

①试用期条款。《劳动合同法》对试用期作出以下几个方面的规定：试用期时间为1~6个月；试用期包含在劳动合同期限内，且与劳动合同期限同时开始；劳动合同仅约定试用期的，试用期不成立，该期限为劳动合同的期限；劳动者在试用期内的工资不得低于本单位相同岗位最低工资或劳动合同约定工资的80%，并不得低于用人单位所在地最低工资标准。

表9-2 试用期期限的规定

劳动合同期限	试用期期限
3个月以上，不满1年	不得超过1个月
1年以上，不满3年	不得超过2个月
3年以上	不得超过6个月

②培训条款。《劳动合同法》第二十二条对培训条款作了规定，主要内容包括：签订培训协议的条件是用人单位为劳动者提供培训费用；约定劳动者的违约责任；对违约金作了封顶限制，不得超过用人单位提供的培训费用；对违约金的支付作了封顶限制，劳动者违约时，只需支付其尚未履行部分所应分摊的培训费用；规定用人单位应建立正常的工资调整机制，正常调整劳动者在服务期的劳动报酬。

③保守商业秘密和竞业限制条款。《劳动合同法》第二十三条对竞业限制作了规定，主要内容包括：竞业限制的人员范围必须是高级管理人员、高级技术人员和其他负有保密义务

的人员;竞业限制期限最多不得超过2年;可以约定违约金,违约金的数额和支付方式由双方自行约定;规定竞业限制的范围,限制劳动者到与本单位生产或者经营同类产品、从事同类业务的有竞争关系的其他用人单位去工作,或者自己开业生产,或者经营同类产品、从事同类业务;规定用人单位需支付经济补偿,支付数额由双方协商,支付方式是劳动合同解除后按月支付。

④补充保险和福利待遇。在我国,补充保险主要包括企业年金、职业年金、补充医疗保险等。福利待遇主要包括住房、通勤班车、带薪年休假、免费午餐、子女入学等。

⑤其他事项。用人单位可以针对其他事项在劳动合同中作出约定,如果劳动合同条款作出的具体约定不违反国家法律法规的规定,就应当受到保护。

应用案例 9-2

劳动合同的约定条款

李某为某公司新招收的销售主管。2017年3月,公司在同李某签订劳动合同时约定:试用期为30天;公司为李某提供为期15天的培训,培训费用公司支付,但李某必须在公司服务3年;李某必须保守公司秘密,离职后2年内不得到与我公司有竞争业务的公司工作,否则赔偿违约金20万元。李某当场签订了劳动合同。

当在试用期第25天时,公司领导觉得李某还不能胜任工作,要延长试用期30天,李某不同意,认为公司违反了合同约定,决定辞职。公司认为李某辞职可以,但必须赔偿培训费用,且2年内不得在与公司有竞争业务的其他公司从事相似工作,双方就此发生纠纷,李某认为自己还在试用期,可以随时提出辞职。

资料来源:劳动争议典型案例,百度文库.2017.

请问:公司可以延长新招收员工的试用期吗?李某可以在试用期随时提出辞职吗?李某辞职需向公司赔偿培训费用吗?双方约定的竞业限制条款有效吗?

2.劳动合同的分类

(1)按照合同的期限划分

①固定期限劳动合同是指用人单位与劳动者约定合同终止时间的劳动合同。约定时间可以是长期的,也可以是短期的。

②无固定期限劳动合同是指用人单位与劳动者约定无确定终止时间的劳动合同。用人单位与劳动者协商一致,可以订立无固定期限劳动合同。除劳动者提出订立固定期限劳动合同外,有以下情形之一,劳动者提出或者同意续订、订立劳动合同的,应订立无固定期限劳动合同:劳动者在该用人单位连续工作满10年的;用人单位初次实行劳动合同制度或者国有企业改制重新订立劳动合同时,劳动者在该用人单位连续工作满10年且距法定退休年龄不足10年的;连续订立二次固定期限劳动合同,且劳动者没有《劳动合同法》第三十九条和第四十条第一项、第二项规定的情形,续订劳动合同的;用人单位自用工之日起满1年不与

劳动者订立书面劳动合同的,视为用人单位与劳动者已订立无固定期限劳动合同。

③以完成一定工作为期限的劳动合同是指双方以完成某项工作或工程为合同的终止日期,工作、工程完成后,合同自行终止。

(2)按照工作时间划分

①全日制劳动合同。双方必须订立书面劳动合同,工作时间为每日不得超过8个小时,每周不得超过40个小时,按月发放劳动报酬,以日计酬。

②非全日制劳动合同。双方可以订立口头协议,工作时间每日不得超过4个小时,每周工作时间累计不得超过24个小时,劳动报酬支付周期最长不得超过15日,以小时计酬为主。

阅读推荐 9-1

从事非全日制用工的劳动者有哪些权利

一些劳动者会从事非全日制相关工作,由于非全日制与全日制的工作有很大不同,在此情况下劳动者享受到的权利会很有限。非全日制用工的劳动者有哪些权利?

1. 劳动者可以和一个及以上用人单位签订劳动合同,但是,后签订的劳动合同不得影响先签订的劳动合同的履行。

2. 不得约定试用期。

3. 劳动者可以随时通知用人单位终止用工,但是不能要求用人单位支付经济补偿。

4. 小时计酬标准不得低于用人单位所在地人民政府规定的最低小时工资标准。

5. 非全日制用工劳动报酬结算支付周期最长不得超过15日。

非全日制用工要交社保吗?

1. 劳动者要参加基本养老保险,原则上参照个体工商户的参保办法执行(如:员工自己办理养老和医疗保险)。

2. 劳动者可以个人身份参加基本医疗保险,并按照待遇水平与缴费水平相挂钩的原则,享受相应的基本医疗保险待遇。

3. 用人单位应为建立劳动关系的非全日制劳动者缴纳工伤保险费。如员工发生工伤,应依法享受工伤保险待遇。

4. 允许建立双重或多重劳动关系。

根据《劳动合同法》的规定,从事非全日制用工的劳动者可以与一个或者一个以上的用人单位订立劳动合同。

非全日制用工一般作为短期过渡而存在的,所以员工流动率也会比较大。从事非全日制用工的劳动者遇到侵犯劳动权利的事情,需要详细咨询律师。

资料来源:从事非全日制用工的劳动者有哪些权利.华律网,2017.

(二)劳动合同的订立

1. 劳动合同订立的原则

按照《劳动合同法》第十七条规定,劳动合同订立的原则有:

(1)平等自愿原则

劳动关系的双方在法律地位上是平等的,劳动合同的订立完全出于双方的意愿,任何一方不得以欺诈、威胁和乘人之危等手段将自己的意愿强加于对方。

(2)协商一致原则

双方必须在平等的基础上协商一致。

(3)合法原则

劳动合同的订立必须符合法律法规的规定,否则劳动合同无效或者部分无效。

2. 劳动合同订立的程序

劳动合同的订立一般遵循如下程序:

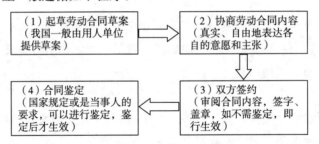

图 9-2　劳动合同的订立程序

(三)劳动合同的履行和变更

1. 劳动合同的履行

劳动合同的履行是指双方当事人按照劳动合同的约定,履行各自所承担义务的行为。劳动合同的履行必须遵循实际履行、亲自履行和全面履行的原则。

(1)实际履行

劳动者必须按照合同的约定给用人单位提供一定数量或质量的劳动,用人单位也必须为劳动者支付劳动报酬并提供必要的劳动条件。

(2)亲自履行

双方当事人必须亲自履行劳动合同的义务,未经对方同意,不得由他人替代。

(3)全面履行

双方当事人应按照约定的时间和方式、亲自、全部履行各自的义务。

2. 劳动合同的变更

劳动合同的变更是指双方当事人对依法订立而尚未履行或未完全履行的劳动合同,因主客观情况发生变化而依法协商一致,进行修订、补充合同内容的行为。

劳动合同变更的步骤:

第一步,一方及时提出变更合同的要求,将变更要求及理由以书面形式递交另外一方。

第二步,对方应在15日内答复,逾期不答复的,视为不同意变更。

第三步,在变更协议上签字盖章即生效,变更后的合同文本一式两份,双方当事人各执一份。

(四)劳动合同的解除和终止

1.劳动合同的解除

劳动合同的解除是指劳动合同在期限届满之前,双方或者单方提前终止劳动合同效力的法律行为。劳动合同的解除分为协商解除和法定解除。

(1)双方协商解除劳动合同

用人单位与劳动者协商一致,可以解除劳动合同。如果劳动者提出解除劳动合同,经用人单位同意,则用人单位可以不支付经济补偿金;如果用人单位提出解除劳动合同,经劳动者同意,则用人单位需向劳动者支付经济补偿金。

(2)劳动者单方解除劳动合同(见《劳动合同法》第38条)

①一般情形下应提前30日通知解除劳动合同。这一规定符合国际惯例,有利于促进劳动力的合理流动。

②试用期内应提前3天通知解除劳动合同。

③如果用人单位存在违法行为,劳动者可以随时解除劳动合同,并要求用人单位支付经济补偿金。

❖ 阅读推荐9-2

签订劳动合同,当心七大陷阱

北京第一中级法院通过对近1年来审结的4151件劳动争议案件进行统计分析,发现劳动争议案件有新特点。

1.陷阱一:签署空白合同。

法官提示:由于劳动合同的格式化填写特点,书面劳动合同在签订过程中填写内容不完整,甚至是空白合同签字盖章的现象十分普遍,出现劳动争议纠纷后在空白合同上填写时间等行为不断发生。劳动者在签订书面劳动合同应注意不在有空白处的劳动合同上签字,自己坚持保留一份劳动合同原件。

2.陷阱二:合同内容约定不明。

法官提示:格式化劳动合同中的填充内容是劳资双方需要特别重视的重要劳动权利义务的约定,书面劳动合同需要劳资双方就内容进行详细约定,只有这样才能起到规范用工、定纷止争的作用。

3. 陷阱三：条款约定不公。

法官提示：《劳动合同法》明确规定，约定劳动者承担违约金有前提。培训必须是用人单位支付了培训费用，竞业限制必须约定用人单位对劳动者的劳动补偿。

4. 陷阱四：竞业限制过于泛滥。

法官提示：《劳动合同法》规定的竞业限制条款通常涉及企业的高级管理人员、高级技术人员和其他负有保密义务的人员。

5. 陷阱五：利用关联公司规避经济补偿责任。

法官提示：由于关联公司不能在劳动法律关系中被视为同一用人单位，一些用人单位往往利用具有关联关系的不同公司与劳动者签订劳动合同，导致劳动者工作年限中断，最终影响经济补偿金的数额。面对用人单位这样的规避行为，法官在证据方面能够确认公司之间具有关联关系，会连续计算劳动者的工作年限，为劳动者争取更多的补偿利益。

6. 陷阱六：滥用劳务派遣，逃避用工主体义务。

法官提示：根据《劳动合同法》的规定，劳务派遣岗位一般设置在具有临时性、辅助性、替代性特征的岗位上，而目前实践中的劳务派遣岗位、派遣公司资质有严格的审批程序，加之劳务派遣恰恰又能满足委派单位降低用工成本的需要，致使劳务派遣制度发展过于迅速，在一定程度上产生了负面效应，加剧了劳资关系的矛盾。

7. 陷阱七：违反法律强行性约定，排除劳动者法定权利。

法官提示：相关部门应进一步从社会保险和社会保障方面完善女职工权益保护的相关制度，加大对用人单位执行保护女职工权益相关法律规定的检查和对违法行为的惩处力度。

资料来源：签订劳动合同，当心七大陷阱. 360个人图书馆，2016.

(3) 用人单位单方解除劳动合同

①若劳动者有过失，用人单位可以立即解除劳动合同，不需支付经济补偿金。（见《劳动合同法》第39条）

②若劳动者无过失，用人单位应提前30日书面通知可解除劳动合同，需要支付经济补偿金。（见《劳动合同法》第40条）

③裁员。用人单位需要裁减人员20人以上或者裁减人员虽不足20人但裁减人员数量占企业职工总数10%以上的，应提前30日向工会或者全体职工说明情况，听取工会或者职工的意见后，裁减人员方案经向劳动行政部门报告，可以裁减人员。

④用人单位不得解除劳动合同的情形。（见《劳动合同法》第42条）

表9-3 《中华人民共和国劳动合同法》相关法条

第38条	用人单位有下列情形的,劳动者可以解除劳动合同: 1.未按照劳动合同约定提供劳动保护或者劳动条件的; 2.未及时足额支付劳动报酬的; 3.未依法为劳动者缴纳社会保险费的; 4.用人单位的规章制度违反法律、法规的规定,损害劳动者权益的; 5.因本法第二十六条第一款规定的情形致使劳动合同无效的(注:劳动者患病或者非因工负伤,医疗期满后,不能从事原工作也不能从事由用人单位另行安排的工作的); 6.法律、行政法规规定劳动者可以解除劳动合同的其他情形; 7.用人单位以暴力、威胁或者非法限制人身自由的手段强迫劳动者劳动的,或者用人单位违章指挥、强令冒险作业危及劳动者人身安全的,劳动者可以立即解除劳动合同,不需事先告知用人单位。
第39条	劳动者有下列情形之一的,用人单位可以解除劳动合同: 1.在试用期间被证明不符合录用条件的; 2.严重违反用人单位的规章制度的; 3.严重失职,营私舞弊,给用人单位造成重大损害的; 4.劳动者同时与其他用人单位建立劳动关系,对完成本单位的工作任务造成严重影响,或者经用人单位提出,拒不改正的; 5.因本法第二十六条第一款第一项规定的情形致使劳动合同无效的; 6.被依法追究刑事责任的。
第40条	有下列情形之一的,用人单位提前30日以书面形式通知劳动者本人或者额外支付劳动者1个月工资后,可以解除劳动合同: 1.劳动者患病或者非因工负伤,在规定的医疗期满后不能从事原工作,也不能从事由用人单位另行安排的工作的; 2.劳动者不能胜任工作,经过培训或者调整工作岗位,仍不能胜任工作的; 3.劳动合同订立时所依据的客观情况发生重大变化,致使劳动合同无法履行,经用人单位与劳动者协商,未能就变更劳动合同内容达成协议的。
第42条	用人单位不得解除劳动合同的情形: 1.从事接触职业病危害作业的劳动者未进行离岗前职业健康检查,或者疑似职业病病人在诊断或者医学观察期间的; 2.在本单位患职业病或者因工负伤并被确认丧失或者部分丧失劳动能力的; 3.患病或者非因工负伤,在规定的医疗期内的; 4.女职工在孕期、产期、哺乳期的; 5.在本单位连续工作满15年且距法定退休年龄不足5年的; 6.法律、行政法规规定的其他情形。 在以上6种情形中,如果劳动者有过失,用人单位仍然可以解除劳动合同。

(4)解除劳动合同的经济补偿

经济补偿是用人单位解除和终止劳动合同而给劳动者的一次性经济补偿金。

用人单位需提供经济补偿的情况:

①用人单位违法,劳动者解除劳动合同的。

②用人单位提出解除劳动合同,经劳动者同意的。

③用人单位因劳动者身体状况、不胜任工作以及客观情况变化而解除劳动合同的。

④用人单位依照破产法规定重整而解除劳动合同的。

⑤除用人单位维持或者提高劳动合同约定条件续订劳动合同,劳动者不同意续订的情形外,因劳动合同期满而终止固定期限劳动合同的。

⑥用人单位被依法宣告破产或吊销营业执照、责令关闭、撤销或提前解散的。

⑦法律、行政法规规定的其他情形。

经济补偿金支付标准:

①经济补偿按劳动者在本单位工作的年限,每满1年支付1个月工资的标准向劳动者支付。6个月以上不满1年的,按1年计算;不满6个月的,向劳动者支付半个月工资的经济补偿。

②劳动者月工资高于用人单位所在直辖市、设区的市级人民政府公布的本地区上年度职工月平均工资3倍的,向其支付经济补偿的标准按职工月平均工资3倍的数额支付,向其支付经济补偿的年限最高不超过12年。

③本条所称月工资是指劳动者在劳动合同解除或者终止前12个月的平均工资。

技术方法 9-1

应支付多少经济补偿金?

林先生在A公司工作已经6年4个月了,月工资为4500元。因为公司改变了经营范围,现在的岗位均不适合林先生,林先生在公司没有具体事情干,哪里需要人手就去帮忙。公司出钱对林先生进行业务培训,可是林先生仍然不能适应工作的需要。公司在认真协商之后,要求与林先生协商解除劳动合同,林先生认为公司的提议有道理,故而同意与公司协议解除劳动合同。赵经理认为林先生是个好人,对公司有过贡献,觉得解除合同有些过意不去,决定给林先生5000元作为慰问金,林先生表示感谢公司的厚爱,非常满意地离开了公司。后来,林先生听朋友说根据国家的有关规定,可以得到公司补助3个月的工资,林先生就去找赵经理协商,协商不成,便一纸诉状将公司告上了劳动仲裁委员会。

资料来源:华东政法大学.《劳动与社会保障法》课程资源,2017.

请问:公司是否该向林先生支付经济补偿金?如果必须支付,该支付多少?

2. 劳动合同的终止

有下列情形之一的,劳动合同终止:

①劳动合同期满的。

②劳动者开始依法享受基本养老保险待遇的。

③劳动者死亡,或者被人民法院宣告死亡或者宣告失踪的。

④用人单位被依法宣告破产的。

⑤用人单位被吊销营业执照、责令关闭、撤销或者用人单位决定提前解散的。
⑥法律、行政法规规定的其他情形。

终止合同后,用人单位应当支付经济补偿金,除了用人单位维持或提高原有劳动合同的条件而劳动者不同意续订的情况以外。

二、集体合同

(一)集体合同概述

1. 集体合同的作用

集体合同又称为"集体协议",一般是集体谈判的结果。集体合同的作用主要有以下几个方面:

(1)订立集体合同有利于协调劳动关系

通过集体合同的协商、签订,经营者与劳动者在劳动关系中的不同利益追求以集体合同的形式统一起来,劳动主体与用工主体之间建立相互依存、相互合作的关系,为建立利益协调型的劳动关系提供法律保障。

(2)加强企业的民主管理

集体合同约定的各项条款是经过民主协商制定的,签订和履行集体合同体现了劳动者参加民主管理的原则,因此签订和履行集体合同是企业管理民主化的重要形式。

(3)维护职工合法权益

由工会代表劳动者与企业订立集体合同,可以改善单个劳动者在劳动关系中的地位,有效地防止企业侵犯劳动者的合法劳动权益。此外,劳动关系各方面的内容都由劳动合同具体规定,必然增加协商、确定劳动合同的成本。集体合同对劳动关系的主要方面和一般条件作出规定后,劳动合同只需就单个劳动者的特殊情况作出约定即可,从而提高建立劳动关系的效率。

(4)作为雇主谋求工业和平和工业利润的手段之一

企业从自身的实际出发,合理确定集体协议的内容,通过与劳动者进行协商并签订集体合同,从而保证生产秩序,避免怠工、罢工等争议行为给企业带来的损失,降低员工流动率,保持工业和平和工业利润,促进技术进步和生产效率提高。

(5)弥补劳动法律法规的不足

劳动法律规范对劳动关系调整的规定与实际运行的劳动关系总是存在一定的差距,无论劳动立法规定的劳动标准多么具体,都难以覆盖现实生活中的劳动关系的各个方面。集体合同可以具体规范劳动关系,对劳动立法起补充作用,并且可以强化劳动法的操作性。同时,劳动立法关于劳动条件标准的规定属于最低标准,对劳动者权益的保障只是法律所要求的最低水平,而不是经济社会发展和劳动立法所要达到的根本目的。集体合同的制定要结合企业经营的实际状况,从而提高劳动者利益的保障水平。

2. 集体合同与个人劳动合同的区别

在很多情况下，集体合同与个人劳动合同往往同时存在，集体合同是对个人劳动合同的有效补充，集体合同关于劳动标准的规定是最低标准，个人劳动合同关于劳动标准的规定不得低于集体合同的规定。集体合同与个人劳动合同的区别主要体现在以下四点：合同的当事人不同、合同的内容不同、合同的法律效力不同、合同的目的不同。

表9-4　集体合同与个人劳动合同的区别

不同点	个人劳动合同	集体合同
当事人不同	劳动者本人；用人单位代表	工会或职工代表所代表的劳动者集体；用人单位或用人单位的团体性组织
合同内容不同	劳动者个人与用人单位的权利和义务	涉及劳动关系的各个方面，内容具有广泛性和整体性的特点
法律效力不同	对劳动者个人和用人单位具有法律约束力	对工会所代表的劳动者集体和用人单位所代表或用人单位团体所代表的企业都具有法律约束力；集体合同法律效力高于个人劳动合同。
合同的目的不同	调整劳动者个人和用人单位之间的权利和义务关系	从整体上规范和调整劳动者与用人单位之间的关系

◇ 应用案例 9-3

个人劳动合同内容与集体合同相抵触

2016年3月10日，A公司与公司工会推选出的协商代表经过集体协商，签订了一份集体合同草案。双方首席代表签字后，该草案经4/5的职工代表通过。其中，关于工资和劳动时间的条款规定：公司所有员工每月工资不得低于2500元，每天工作8小时。同年3月17日，A公司将集体合同文本及说明材料报送当地劳动和社会保障局登记、审查、备案，劳动和社会保障局在15日内未提出异议。2016年4月2日，该集体合同自行生效。同时，A公司和公司工会以适当的方式向各自代表的成员公布。

2016年5月，刘某应聘于A公司，因符合公司条件，故被录用。公司于当年5月18日与刘某签订了为期2年的劳动合同，合同规定其每月工资2200元，每天只需工作6小时。1个多月后，刘某在与同事聊天时偶然得知公司与工会签订了集体合同，约定员工每月工资不得低于2500元。刘某认为自己的工资标准低于集体合同的约定，于是与公司交涉，要求提高工资，但公司始终不同意。刘某不服，于2016年7月中旬向当地劳动争议仲裁委员会提起申诉，要求A公司按照集体合同规定的月工资标准2500元履行劳动合同，并补足2016年5月至2016年7月低于集体合同约定的月工资标准部分的劳动报酬。

劳动争议仲裁委员会受理了此案，A公司在答辩时声称，集体合同是公司与公司工会2016年3月签订，4月2日正式生效的，只适用于当时公司在职的正式员工，而刘某是5月与公司签订的劳动合同，故不属于此集体合同适用的员工范围内，并且，集体合同规定劳动时间每天只有满8小时,才能得到不低于2500元的月工资,而刘某每天工作不满8小时,仅为6小时,所以不能给予同样待遇。刘某称集体合同为工会与公司签订,自己与公司有劳动合同,属于集体合同适用的范围。劳动争议仲裁委员会经审理,裁决如下:被申诉人一次性补发申诉人工资600元[(2500-2200)×2];申诉人剩余合同期限内的工资按每月2500元履行。

资料来源:企业人力资源管理师(三级)考试真题,2016.

(二)集体合同的内容和期限

集体合同为要式合同,必须采取书面的形式订立,口头承诺的合同不具有法律效力。集体合同有主件和附件之分。

1. 集体合同的内容

通常情况下,集体合同一般包括以下内容:

(1)劳动条件标准部分

标准部分包括劳动报酬、工作时间和休息休假、保险福利、劳动安全卫生、女职工和未成年工特殊保护、职业技能培训、劳动合同管理、奖惩、裁员等项条款。上述条款应当作为劳动合同内容的基础,指导劳动合同的协商与订立,也可以直接作为劳动合同的内容。劳动条件标准条款在集体合同内容的构成中处于核心地位,在集体合同的有效期内具有法律效力。上述标准不得低于法律法规规定的最低标准。

(2)一般性规定

一般性规定规定了劳动合同和集体合同履行的有关规则,包括集体合同的有效期限,集体合同条款的解释、变更、解除和终止等。

(3)过渡性规定

过渡性规定包括集体合同的监督、检查、争议处理、违约责任等。

(4)其他规定

此项条款通常作为劳动条件标准部分的补充条款,规定在集体合同的有效期间应当达到的具体目标和实现目标的主要措施。此类规定一般不能作为劳动合同的内容,只是作为签约方的义务而存在。在集体合同的有效期内,随着设定目标的实现而终止。例如,规定建成某项劳动安全卫生保护工程或设施,建设、改善或完成某些福利设施等。

2. 集体合同的期限

集体合同均为定期合同,我国劳动立法规定集体合同的期限为1~3年。若期限过短,不仅不利于劳动关系的稳定,而且加大了集体协商的成本;期限过长,不利于适应实际情况的变化和劳动权益的保障。在集体合同的期限内,双方可以根据集体合同的履行情况,对集体合同进行修订。以完成一定工作任务为期限的集体合同会随着工作期限的延长而延长。

(三)集体合同订立的程序

1. 集体合同订立的当事人

(1)工会

职工一方的协商代表由本单位工会选派。未建立工会的,由本单位职工民主推荐,并经本单位半数以上职工同意。

(2)用人单位或者雇主团体

用人单位或者雇主团体是集体合同谈判的另一方当事人。集体合同谈判双方的代表人数应当对等,每方至少3人,并各确定1名首席代表。

2. 集体合同订立的原则

我国《集体合同规定》第五条规定,进行集体协商,签订集体合同或专项集体合同,应当遵循下列原则:遵守法律、法规、规章及国家有关规定;相互尊重,平等协商;诚实守信,公平合作;兼顾双方合法权益;不得采取过激行为。

3. 集体合同订立的程序

集体合同的订立应该遵循以下程序:

第一步,确定集体合同的主体,即确定集体协商的双方当事人。

第二步,协商集体合同。首先,进行协商准备:确定协商代表,拟订协商方案,预约协商内容、日期、地点。其次,召开协商会议:宣布议程和会议纪律;一方首席代表提出协商的具体要求,另一方首席代表就要求作出回应;协商双方就商谈事项发表各自意见,开展充分讨论;双方首席代表归纳意见。最后,双方首席代表签字。

第三步,政府劳动行政部门审核。由企业一方将签字的集体合同文本及说明材料一式三份,在集体合同签订后的10天内报送县级以上政府劳动行政部门审查。

第四步,审核期限和生效。劳动行政部门在收到集体合同后的15天内将审核意见书送达,集体合同的生效日期以《审查意见书》确认的日期为生效日期。若劳动行政部门在收到集体合同的15日内未提出异议的,集体合同即行生效。

第五步,集体合同的公布。经审核确认生效的集体合同或自行生效的集体合同,签约双方应及时以适当的方式向各自代表的成员公布。

(四)集体合同的履行、变更、解除和终止

1. 集体合同的履行

集体合同的履行是指集体合同的双方当事人遵守合同的约定,实现劳动目标,维护各自合法权益的行为。

(1)集体合同履行的原则

①实际履行的原则。除了法律和集体合同另有规定或因客观原因不能履行外,当事人双方要按照集体合同的规定履行义务,不能用另外的义务来代替约定的义务。

②全面履行原则。当事人除了要按照集体合同规定的义务履行外,还要按照集体合同规定的时间、地点、履行方式以及设备和设施的数量、质量的要求来承担义务。全面履行是对实际履行的补充和发展。

③协作履行原则。双方当事人应相互理解、相互协作,共同解决劳动关系运行中的一系列问题,维持劳动关系的和谐稳定。

(2)集体合同履行的违约责任

若用人单位违约,工会可以依法要求用人单位承担违约责任,赔偿劳动者经济损失;在双方当事人均有过错的情况下,应该按照各自过错的大小承担违约责任;因履行集体合同发生争议,双方协商解决不了的,工会可以申请劳动争议仲裁,对劳动争议仲裁不服的,可以提起诉讼。

(3)集体合同履行的监督

劳动保障行政部门、工会、用人单位代表有权对集体合同的履行情况进行监督、检查。

2. 集体合同的变更和解除

经双方协商代表协商一致,可以变更或解除集体合同。有下列情形之一的,可以变更或解除集体合同:第一,用人单位因被兼并、解散、破产等原因,致使集体合同或专项集体合同无法履行的;第二,因不可抗力等原因致使集体合同或专项集体合同无法履行或部分无法履行的;第三,集体合同或专项集体合同约定的变更或解除条件出现的;第四,法律、法规、规章规定的其他情形。

集体合同变更或者解除后,自双方首席代表签字之日起 10 日内,应当由用人单位将变更、解除集体合同的文本报送劳动保障部门审查。

3. 集体合同的终止

集体合同因有效期届满而终止。当集体合同有效期届满时,除依法延期外,应当终止;依法延期的集体合同,在期限届满时也应当终止。

集体合同因目的实现而终止。合同所规定的义务完全履行,合同的目的已经实现,应当终止集体合同。这主要针对以完成一定工作为目的的集体合同。

第三节　劳动安全卫生管理

一、劳动安全卫生保护

(一)劳动安全保护卫生的内容

用人单位必须建立、健全劳动安全卫生制度,严格执行国家劳动安全卫生规程和标准,对劳动者进行劳动安全卫生教育,防止劳动过程中事故的发生,减少职业危害。

第一,用人单位的劳动安全卫生设施必须符合国家规定的标准。

第二,用人单位必须为劳动者提供符合国家规定的劳动安全卫生条件和必要的劳动防护用品,对从事有职业危害作业的劳动者应当定期进行健康检查。

第三,从事特种作业的劳动者必须经过专门培训并取得特种作业资格。

第四,用人单位须对劳动者进行劳动安全卫生教育,劳动者在劳动过程中必须严格遵守安全操作规程。

第五,国家建立伤亡事故和职业病统计报告和处理制度。县级以上各级人民政府劳动行政部门、有关部门和用人单位应当依法对劳动者在劳动过程中发生的伤亡事故和劳动者的职业病状况,进行统计、报告和处理。

(二)未成年工的特殊保护

未成年工是指年满16周岁、未满18周岁的劳动者。童工是指未满16周岁未成年人的劳动者。我国劳动法规定,禁止使用童工,对未成年工要进行特殊保护。

首先,用人单位不得安排未成年工从事以下范围的劳动:

《生产性粉尘作业危害程度分级》国家标准中第一级以上的接尘作业;《有毒作业分级》国家标准中第一级以上的有毒作业;《高处作业分级》国家标准中第二级以上的高处作业;《冷水作业分级》国家标准中第二级以上的冷水作业;《高温作业分级》国家标准中第三级以上的高温作业;《低温作业分级》国家标准中第三级以上的低温作业;《体力劳动强度分级》国家标准中第四级体力劳动强度的作业;矿山井下及矿山地面采石作业;森林业中的伐木、流放及守林作业;工作场所接触放射性物质的作业;有易燃易爆、化学性烧伤和热烧伤等危险性大的作业;地质勘探和资源勘探的野外作业;潜水、涵洞、涵道作业和海拔3000米以上的高原作业;连续负重每小时在6次以上并每次超过20公斤,间断负重每次超过25公斤的作业;使用凿岩机、捣固机、气镐、气铲、铆钉机、电锤的作业;工作中需要长时间保持低头、弯腰、上举、下蹲等强迫体位和动作频率每分钟大于50次的流水线作业;锅炉司炉。

其次,用人单位应按下列要求对未成年工定期进行健康检查:安排工作岗位之前;工作满1年;年满18周岁,距前一次的体检时间已超过半年。

最后,我国对未成年工的使用和特殊保护实行登记制度。用人单位招收未成年工须向当地县级以上劳动行政部门办理登记,由劳动行政部门核发《未成年工登记证》。

(三)女职工的特殊保护

我国《女职工禁忌劳动范围的规定》规定,女职工禁忌从事的劳动范围主要包括以下方面:矿山井下作业;森林业伐木、归楞及流放作业;《体力劳动强度分级》标准中第Ⅳ级体力劳动强度的作业;建筑业脚手架的组装和拆除作业,以及电力、电信行业的高处架线作业;连续负重(指每小时负重次数在6次以上)每次负重超过20公斤,间断负重每次负重超过25公

斤的作业。除此之外,女职工还享受劳动法律法规规定的"四期"保护[①]:

1. 经期保护

女职工在月经期间禁忌从事的劳动范围:食品冷冻库内及冷水等低温作业;《体力劳动强度分级》标准中第Ⅲ级体力劳动强度的作业;《高处作业分级》标准中第Ⅱ级(含Ⅱ级)以上的作业。

2. 孕期保护

已婚待孕女职工禁忌从事的劳动范围:铅、汞、苯、镉等作业场所属于《有毒作业分级》标准中第Ⅲ、Ⅵ级的作业。

怀孕女职工禁忌从事的劳动范围:作业场所空气中有毒物质浓度超过国家卫生标准的作业;制药行业中从事抗癌药物及已烯雌酚生产的作业;作业场所放射性物质超过《放射防护规定》中规定剂量的作业;人力进行的土方和石方作业;《体力劳动强度分级》标准中第Ⅲ级体力劳动强度的作业;伴有全身强烈振动的作业,如使用风钻、捣固机以及驾驶拖拉机等;工作中需要频繁弯腰、攀高、下蹲的作业,如焊接作业;《高处作业分级》标准规定的高处作业。同时,《劳动法》规定,对怀孕7个月以上女职工,不得安排其延长工作时间和夜班劳动。

3. 产期保护

《女职工劳动保护规定》规定,女职工产假为90天,包括产期15天和产后75天,难产的增加15天。多胞胎生育的,每多生育一个婴儿,增加产假15天。女职工怀孕流产的,其所在单位应给予一定时间的产假。女职工产假期间工资照发。

4. 哺乳期保护

《女职工劳动保护规定》规定,有不满1周岁婴儿的女职工,其所在单位应当在每班劳动时间内给予其两次哺乳(含人工喂养)时间,每次30分钟。多胞胎生育的,每多哺乳一个婴儿,每次哺乳时间增加30分钟。女职工每班劳动时间内的两次哺乳时间,可以合并使用。哺乳时间和在本单位内哺乳往返途中的时间,算作劳动时间。女职工在哺乳期内,所在单位不得安排其从事国家规定的第三级体力劳动强度的劳动和哺乳期禁忌从事的劳动,不得延长其劳动时间,一般不得安排其从事夜班劳动。

◇ 应 用 案 例 9-4

孕妇严重违纪,公司能解除劳动合同吗?

近而立之年的苗某应聘进入公司从事日语翻译工作,2016年6月16日签订劳动合同时,苗某在《就业规定》签了字,该规定载明:员工提交资料如果与真实情况不符,按公司规定惩处。苗某担心不被录用,隐瞒"已婚"情况,还特别伪造了"2016年3月至2016年6月在某日资物流中心工作"经历。同年10月,苗某因怀孕妊娠反应严重,只得懈怠

[①] 刘钧. 劳动关系理论与实务. 北京:清华大学出版社,2011.

工作要求,在连续收到六份警告处分决定书后,其表现并无什么起色,公司调查发现她已婚并怀孕,尤其是伪造了日语工作经历,多处严重违反规章制度。现在公司举棋不定,孕妇确属特殊保护群体,对于严重违纪的孕妇,公司到底能不能与之解除劳动合同?

资料来源:孕妇严重违纪,公司能解除劳动合同吗.新浪博客,2016.

二、工伤管理

(一)工伤事故分类

1. 按照伤害所导致的休息时间长度划分

轻伤指休息1~104日的失能伤害;重伤,休息105日以上的失能伤害;死亡。

2. 按照事故类别划分

工伤事故共划分为20个类别,如物体打击、车辆伤害、机械伤害、电击、坠落等。

3. 按照工伤因素划分

工伤因素包括受伤部位、起因物、致残物、伤害方式、不安全状态、不安全行为等。

4. 职业病

职业病包括职业中毒、尘肺、物理因素职业病、职业性传染病、职业性皮肤病、职业性肿瘤和其他职业病。

(二)工伤伤残评定

1. 工伤认定

我国《工伤保险条例》规定,下列情形认定为工伤:

在工作时间和工作场所内,因工作原因受到事故伤害的;工作时间前后在工作场所内,从事与工作有关的预备性或者收尾性工作受到事故伤害的;在工作时间和工作场所内,因履行工作职责受到暴力等意外伤害的;患职业病的;因工外出期间,由于工作原因受到伤害或者发生事故下落不明的;在上下班途中,受到非本人主要责任的交通事故或者城市轨道交通、客运轮渡、火车事故伤害的;法律、行政法规规定应当认定为工伤的其他情形。

《工伤保险条例》适用范围是中华人民共和国境内各类企业的职工和个体工商户的职工。如无营业执照或者未经依法登记、备案的单位以及被依法吊销营业执照或者撤销登记、备案的单位的职工,由该单位给予一次性赔偿,赔偿标准不得低于工伤保险待遇。

2. 视同工伤

我国《工伤保险条例》规定,职工有下列情形之一的,视同工伤:

在工作时间和工作岗位,突发疾病死亡或者在48小时之内经抢救无效死亡的;

在抢险救灾等维护国家利益、公共利益活动中受到伤害的;

职工原在军队服役,因战、因公负伤致残,已取得革命伤残军人证,到用人单位后旧伤复发的。

职工有第一、二项情形的,享受工伤保险待遇;职工有前款第三项情形的,享受除一次性伤残补助金以外的工伤保险待遇。

(三)工伤保险待遇

根据《工伤保险条例》的规定,我国工伤保险待遇分为工伤医疗期待遇和工伤致残待遇。

1. 工伤医疗期待遇

职工因工作遭受事故伤害或者患职业病需要暂停工作接受工伤医疗的期间为停工留薪期,停工留薪期一般不超过 12 个月。伤情严重或者情况特殊,经设区的市级劳动能力鉴定委员会确认,可以适当延长,但延长不得超过 12 个月。工伤职工评定伤残等级后,停发原待遇,按照有关规定享受伤残待遇。工伤职工在停工留薪期满后仍需治疗的,继续享受工伤医疗待遇。生活不能自理的工伤职工在停工留薪期需要护理的,由所在单位负责。

(1)医疗待遇

治疗工伤所需费用符合工伤保险诊疗项目目录、工伤保险药品目录、工伤保险住院服务标准的,从工伤保险基金支付。工伤职工治疗非工伤引发的疾病,不享受工伤医疗待遇。工伤职工到签订服务协议的医疗机构进行康复性治疗的费用,从工伤保险基金支付。工伤职工因日常生活或者就业需要,经劳动能力鉴定委员会确认,可以安装假肢、矫形器、假眼、义齿和配置轮椅等辅助器具,所需费用按照国家规定的标准从工伤保险基金支付。

(2)工伤津贴

在停工留薪期内,原工资福利待遇不变,由所在单位按月支付。职工住院治疗工伤的,由所在单位按照本单位因公出差伙食补助标准的 70% 发给住院伙食补助费。经医疗机构出具证明,报经办机构同意,工伤职工到统筹地区以外就医的,所需交通、食宿费用由所在单位按照本单位职工因公出差标准报销。生活不能自理的工伤职工在停工留薪期需要护理的,由所在单位负责。工伤职工已经评定伤残等级并经劳动能力鉴定委员会确认需要生活护理的,从工伤保险基金按月支付生活护理费。生活护理费按照生活完全不能自理、生活大部分不能自理或者生活部分不能自理 3 个不同等级支付,支付标准分别为统筹地区上年度职工月平均工资的 50%、40% 或者 30%。

2. 工伤致残待遇

(1)职工因工致残被鉴定为一级至四级伤残

职工因工致残被鉴定为一级至四级伤残的,保留劳动关系,退出工作岗位,享受以下待遇:

①从工伤保险基金按伤残等级支付一次性伤残补助金。

②从工伤保险基金按月支付伤残津贴。

③工伤职工达到退休年龄并办理退休手续后,停发伤残津贴,享受基本养老保险待遇。基本养老保险待遇低于伤残津贴的,由工伤保险基金补足差额。

④职工因工致残被鉴定为一级至四级伤残的,由用人单位和职工个人以伤残津贴为基数,缴纳基本医疗保险费。

(2) 职工因工致残被鉴定为五级、六级伤残

职工因工致残被鉴定为五级、六级伤残的,享受以下待遇:

①从工伤保险基金按伤残等级支付一次性伤残补助金。

②保留与用人单位的劳动关系,由用人单位安排适当工作。难以安排工作的,由用人单位按月发给伤残津贴,并由用人单位按照规定为其缴纳相关社会保险费。伤残津贴实际金额低于当地最低工资标准的,由用人单位补足差额。经工伤职工本人提出,该职工可以与用人单位解除或者终止劳动关系,由用人单位支付一次性工伤医疗补助金和伤残就业补助金。

(3) 职工因工致残被鉴定为七级至十级伤残

职工因工致残被鉴定为七级至十级伤残的,享受以下待遇:

①从工伤保险基金按伤残等级支付一次性伤残补助金。

②劳动合同期满终止,或者职工本人提出解除劳动合同的,由用人单位支付一次性工伤医疗补助金和伤残就业补助金。

(4) 职工因工死亡

职工因工死亡,其直系亲属按照下列规定从工伤保险基金领取丧葬补助金、供养亲属抚恤金和一次性工亡补助金。

①丧葬补助金为6个月的统筹地区上年度职工月平均工资。

②供养亲属抚恤金按照职工本人工资的一定比例发给由因工死亡职工生前提供主要生活来源、无劳动能力的亲属。标准为:配偶每月40%,其他亲属每人每月30%,孤寡老人或者孤儿每人每月在上述标准的基础上增加10%。核定的各供养亲属的抚恤金之和不应高于因工死亡职工生前的工资。供养亲属的具体范围由国务院劳动保障行政部门规定。

③一次性工亡补助金标准为上一年度全国城镇居民人均可支配收入的20倍。

伤残职工在停工留薪期内因工伤导致死亡的,其近亲属享受本条第一款规定的待遇。

一级至四级伤残职工在停工留薪期满后死亡的,其近亲属可以享受本条第一款第(一)项、第(二)项规定的待遇。

表8-5 工伤致残的待遇标准

工伤致残待遇等级	伤残补助金 (工伤保险基金一次性支付)	伤残津贴 (工伤保险基金按月支付)
一至四级伤残	一级:27个月的本人工资; 二级:25个月的本人工资; 三级:23个月的本人工资; 四级:21个月的本人工资。	一级:本人工资的90%; 二级:本人工资的85%; 三级:本人工资的80%; 四级:本人工资的75%。 伤残津贴实际金额低于当地最低工资标准的,由工伤保险基金补足差额。
五级、六级伤残	五级:18个月的本人工资; 六级:16个月的本人工资。	五级:本人工资的70%; 六级:本人工资的60%,
七至十级伤残	七级:13个月的本人工资; 八级:11个月的本人工资; 九级:9个月的本人工资; 十级:7个月的本人工资。	

技术方法 9-2
如何计算工伤致残待遇

某公司员工向律师咨询:我是一家公司的业务员,因业绩突出,我曾多次被评为优秀职工。4个月前,公司为表示表彰和鼓励,出资安排我随一家旅行社外出旅游。旅游期间,我在登山时不慎滑倒,导致左腿摔断,虽花去4万余元医疗费,但仍落下九级伤残。事后,我要求享受工伤待遇,但被工伤保险部门告知,公司并没有为我办理工伤保险。而公司认为我受伤发生在出游途中,故不构成工伤。更何况我已从旅行社获得相应赔偿,不应再要求公司承担责任。

在本案例中,双方争论的焦点是:在公司的外出旅游安排中发生事故是否算工伤;在旅行社已经支付医疗赔偿的情况下,公司是否应该承担工伤保险的责任。

资料来源:阎东岳.河南工人日报网,2017.

请问:该员工能否算工伤?他应该享受哪些工伤待遇?(注:该员工每月工资为3000元)

本章小结

1.劳动关系的实质是冲突与合作,其主体包括用人单位、劳动者和用人单位的组织、劳动者的组织。

2.劳动关系的调整方式依据调节手段的不同,主要分为七种:劳动法律、法规;劳动合同;集体合同;民主管理制度;企业内部劳动规则;劳动争议处理制度;劳动监督检查制度的调整。

3.劳动合同的条款分为法定条款和约定条款两类。劳动合同按照合同期限划分可分为固定期限的劳动合同、无固定期限的劳动合同和以完成一定任务为期限的劳动合同。

4.工伤评定有工伤认定和视同工伤两种情形,我国工伤保险待遇分为工伤医疗待遇和工伤致残待遇,不同的伤残级别享受不同的待遇。

5.我国的劳动争议处理机制有劳动争议调解、劳动争议仲裁和劳动争议诉讼。

本章习题

1.什么是劳动关系?为什么说劳动关系的实质是冲突与合作?
2.劳动合同的内容有哪些?集体合同与个体劳动合同的区别是什么?
3.我国劳动法律法规对未成年工和女职工的特殊保护主要体现在哪些方面?
4.我国《工伤保险条例》对工伤和视同工伤是怎么认定的?
5.劳动争议仲裁的原则和程序是什么?

❖ 案例研讨

三级伤残职工要求解除劳动关系怎么办？

张某，男，2014年进入重庆某混凝土公司工作，负责搅拌设备罐体内壁的混凝土结块清理工作。2015年5月20日，张某无视安全操作规程，在未切断设备总电源并上锁的情况下，直接进入搅拌设备罐体内清理混凝土结块，结果发生意外，因搅拌设备旋转导致张某右臂齐肩断离。事故发生后，经劳动能力鉴定为三级伤残。鉴定结果出来后，张某主动提出解除劳动关系，要求公司一次性支付工伤保险待遇98万。公司根据相关法律规定，明确告知张某，工伤一至四级员工不能解除劳动关系。张某认为可以解除劳动关系，而且以后会有很多不确定因素，先把赔付款拿到手，心里才踏实，坚持要求和公司解除劳动关系，并一次性结清赔付款。

那么，张某是否可以和公司解除劳动关系呢？理论界和业界有很大争议。

观点一：可以解除劳动关系。理由：根据《劳动合同法》第36条规定，用人单位与劳动者协商一致，可以解除劳动合同。尽管《工伤保险条例》规定，职工因公致残被鉴定为一至四级伤残的，保留劳动关系，退出工作岗位。但这是指在正常情况下，用人单位不得主动解除劳动关系；而本案是劳动者主动提出解除劳动关系，所以用人单位可以解除劳动关系。

观点二：不可以解除劳动关系。理由：一是工伤保险条例第35条规定，职工因公致残被鉴定为一至四级的，保留劳动关系，退出工作岗位。二是重庆市关于《一次性支付工伤保险待遇标准的通知》明确规定一次性工伤保险待遇的人员范围：已参加工伤保险的职工受到事故伤害或诊断为职业病并认定为工伤，受到事故伤害或诊断为职业病的工伤职工和其供养亲属户籍不在本市的。三是《劳动合同法》第45条规定，劳动合同期满，有本法第42条规定情形之一的，劳动合同应当延续至相应的情形消失时终止。但是，本法第42条第二项规定丧失或者部分丧失劳动能力劳动者的劳动合同的终止，按照国家有关工伤保险的规定执行。从以上可以看出，相关法规对一至四级工伤员工处理方式的意见是相互印证的，是统一的、明确的，根本不存在歧义。一次性支付工伤保险待遇的范围仅仅是针对没有参加工伤保险和供养关系的家属户籍不在本市的，而张某并不满足任何一个条件。

资料来源：陈建华.劳动关系经典案例100篇.北京：中国财富出版社，2016.

请讨论：你同意哪个观点，并说明理由。

❖ 践行辅导

【体验目的】

1. 熟悉处理劳动争议的流程。
2. 掌握劳动争议调解、仲裁及诉讼的处理主体及处理程序。

【参与人员】

　　李某到某服装企业上班,2017年3月3日与公司签订劳动合同,合同期限为3年,规定试用期为6个月。2017年5月20日,李某因工作需要和公司领导去与客户洽谈,李某喝酒醉了,回家途中被一汽车撞倒。后经鉴定为6级伤残,李某要求给予工伤补助。但公司因李某尚在试用期,还未对其缴纳工伤保险,李某没办法享受工伤保险待遇。李某应该怎么办?

　　班级里1人扮演李某,5人组成用人单位代表;5人组成劳动行政部门工作人员,1人扮演工会主席,其余人员扮演企业职工。模拟劳动争议发生时,应该如何处理劳动争议的调解、仲裁和诉讼程序。

【效果评价】

　　1.对学生组建劳动争议调解委员会和劳动仲裁委员会进行评价。

　　2.对劳动争议调解、仲裁和诉讼的整个过程进行评价。

第十章

职业生涯管理

学习目标

☆ 掌握职业生涯规划及管理等概念
☆ 理解组织职业生涯管理的内容及方法
☆ 了解职业生涯规划与管理的影响因素、职业生涯管理理论
☆ 了解个人职业生涯规划与管理内容、职业生涯周期管理和职业测量

关键术语

☆ 职业生涯 Career
☆ 职业生涯规划 Career Planning
☆ 职业生涯管理 Career Management
☆ 职业生涯周期 Career Cycle

学前思考

2014年9月,李克强在夏季达沃斯论坛上公开发出"大众创业,万众创新"的号召,全国上下由此掀起了创新创业热潮。马云说过:"做企业不是谁都可以做的,100个创业者,95个会死掉。"王健林一句"最好先定一个小目标,比方说,我先挣它一个亿"刷爆了朋友圈。到底谁的说法"靠谱"?这或许隐含着职业生涯管理的真谛,即一个人未来职业的规划和管理是严谨而科学的行为,只有走适合自己的职业生涯之道才是王道。

◈ 开篇案例

人生需要自己来规划

杨澜,毕业于北京外国语学院英语专业,1990年进入中央电视台主持《正大综艺》节目,开启了职业生涯历程,在此期间,她拓展了眼界,也确立了未来成为媒体人的职业目标;1994年,在事业蒸蒸日上之际,杨澜辞去央视工作,赴美留学,获得哥伦比亚大学国际传媒专业硕士学位,业余时间,她与上海东方电视台联合制作了《杨澜视线》,同时担当策划、制片、撰稿和主持角色,实现了从一个娱乐节目主持人到复合型传媒人才的转型;1997年,杨澜回国加入了刚成立的凤凰卫视中文台,做名人访谈节目《杨澜工作室》,拥有了世界级的知名度、多年的传媒工作经验、重量级的名人关系资源,进一步拓展了未来发展空间;1999年,杨澜辞去了在凤凰卫视的工作;2000年,创办阳光文化网络电视有限公司,并出任董事会主席,同年10月,阳光卫视入选《福布斯》全球最佳300个小型企业之一,杨澜也跃居《福布斯》2001年度中国富豪榜第56名,成为成功的商界人士;2006年年底,杨澜选择"弃商从文",相继主持《杨澜视线》《杨澜访谈录》《天下女人》等节目,转型成为独立电视制片人、高端访谈主持人。

很多人说她太幸运了,从著名节目主持人到制片人,再到高端媒体人,她一次次成功实现了人生的转型。杨澜是幸运的,但是这种幸运并非人人都有,也并非人人都能把握命运,需要独到的眼光,是职场经历积累到一定程度的结果。正如杨澜自己所说:"一次幸运不可能带给一个人一辈子好运,人生还需要你自己来规划。"

资料来源:人生需要自己来规划. 360个人图书馆,2016.

第一节 职业生涯管理概述

一、职业生涯管理相关概念

(一)职业与职业生涯

1. 职业(Occupation)

目前对职业的解释大致可以归纳为两大类:

从宏观上看,职业是在社会经济生产过程中基于社会分工而形成的各行各业,如工、农、商,具体如教师、公务员、技术人员、军人,等等。

从微观上看,职业是对由组织设计设立、由个人从事的各类职务和工作岗位的总称,如财务会计、生产管理人员、机床操作工、仓库管理员、秘书等。

本章研究的职业主要指微观层面,强调从个人和组织的角度进行的职业生涯规划和管理。

2. 职业生涯(Career)

英语词典对"career"一词的解释为职业或者生涯等，人力资源管理中一般翻译为职业生涯，强调与职业相关的属性，即个人的职业发展过程。

对职业生涯的概念界定先后经历了传统和现代两个阶段不同的理解：传统的职业生涯被理解为个人所从事的一系列职业或者职位，主要关注个人是否有职业或职位、经历了多少职业或职位、这些职业或职位的主要内容是什么等。现代的职业生涯概念不再局限于纯粹的职业或职位属性，而是与个人的职业发展、主观体验、社会、家庭等因素相关联。

(二)职业生涯规划与职业生涯管理

1. 职业生涯规划(Career Planning)

职业生涯规划是个人对自己的职业生涯发展或者组织对员工的职业生涯发展进行计划的活动过程，包括搜集相关信息，分析影响因素，识别个人的优势与缺陷，鉴别外部环境的机会与威胁，确定职业发展的目标和内容，选择恰当的职业技能开发方式，规划职业发展的时间和路径。

职业生涯规划包括个人职业生涯规划与组织职业生涯规划。一方面，职业生涯规划是以个人的职业生涯设计为内容，围绕个人价值实现和价值增值的活动过程；另一方面，职业生涯规划也是组织的管理职责。组织是个人实现职业生涯规划的载体，组织要留人、用人、育人，就必须参与并帮助员工规划其职业生涯，促进员工的职业发展。

2. 职业生涯管理(Career Management)

格林豪斯(Greenhaus)认为，职业生涯管理是个人职业生涯目标与战略的开发、实施以及监督的过程。周文霞认为职业生涯管理是"对个人开发、实现和监控职业生涯目标与策略的过程"。

我们认为，职业生涯管理是个人和组织对职业生涯发展进行规划、技能开发、行动实施和反馈控制的过程。职业生涯管理包含职业生涯规划活动，是个人的自我管理活动，也是组织的人力资源管理活动。

二、职业生涯管理的影响因素

(一)个人

1. 个人主观因素

个人主观因素包括需要、兴趣、动机、价值观等，内隐在个体内部，难以认知和识别，但其决定了个体的好恶与取舍，影响个体的行为方向。个人主观因素是职业选择和发展的动因，决定了职业发展的方向和个体努力程度。如一个会计专业的学生对文学有浓厚的兴趣，可能选择在大学辅修文学，有意识地培养文学修养和写作能力，毕业后选择编辑工作。

2. 个人客观条件

个人客观条件是外在于个人、与个人密切联系的客观因素,与个人主观因素相比,它以某种具体形式出现,容易被识别和感知。如受教育程度可以通过学历和学位来识别,知识技能可以通过个体参与的教育培训或资质证书来识别,经济条件可以通过工资报酬来识别,其他因素如身体素质、家庭情况、社会地位、工作经验等也比较容易识别。因为个人客观条件是客观存在的,所以是职业规划与管理的约束条件。

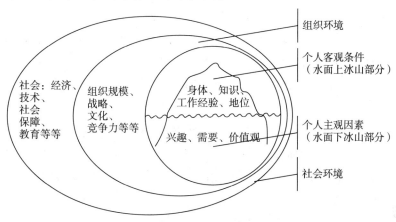

图 10-1　职业生涯管理的影响因素

(二)环境

1. 组织环境

组织环境是构成组织各要素的集合体,既包括人力资源的政策和制度、竞争能力、发展战略、组织战略等直接影响职业生涯规划与管理的因素,也包括组织文化、价值理念、群体关系等间接影响因素。组织环境影响个人和组织职业生涯的规划与管理。当组织富有竞争力时,会成为个体争先选择的对象;当组织具备开展员工职业生涯发展的管理基础时,就会不断地发现、培养和留住对组织有用的人才。

2. 社会环境

社会环境是指对个人职业生涯有影响的除组织以外的环境,包括社会价值观、经济发展态势、就业环境、职业管理法规政策、技术进步、教育状况、社会保障等。如我国的社会保障体制日趋完善,个人在选择职业时逐渐减少对职业安全性和稳定性的考虑,无须局限在固定职业(公务员、教师等)范围内,可以有更多的选择和尝试。又如,随着互联网经济的发展,职业种类变更,职业观念更新,催生出一批"新农人""网络主播""微商"等新职业人,他们有全新的职业发展理念,职业生涯丰富多彩。

三、职业生涯管理理论

19 世纪末,资本主义工业发展和技术进步加速了职业分化,既增加了工作岗位和就业机会,也带来了如何选择职业及工作岗位等问题。美国出现了最早的职业咨询机构,为个人提供职业咨询,帮助人们寻找合适的工作,由此开始了职业生涯管理的实践和理论研究。

(一)帕森斯的人职匹配理论

美国波士顿大学教授帕森斯(Frank Parsons)是从事职业指导实践和理论研究的第一人,被称为"职业指导之父"。他在1909年出版的《选择职业》一书中总结了职业选择的人职匹配理论,奠定了职业生涯管理理论的基础。

1. 主要内容

人职匹配理论也称为"特质—因素匹配理论",其中心思想是最佳的职业选择要做到人与职业相匹配,即人的特质和职业因素相匹配。主要包括以下内容:

第一,每个人都有自己独特的、与众不同的特质组合,这些特质组合包括能力、兴趣、态度、特长、局限等。

第二,个人特质可以通过心理测量、面谈、调查等方法加以测量和分析。

第三,职业由一些要素构成,如知识、技能、素质、薪酬、地位、发展前景、成功条件等。

第四,个人特质与职业具有关联性,具有独特特质的个人适合从事相应的职业,职业也要求符合特质的人来从事。

第五,个人特质与职业要求只有相匹配,个人才能获得职业成功。

2. 职业选择"三步范式"

帕森斯的人职匹配理论通俗易懂,简单易行,在职业指导实践中逐渐形成了职业选择的"三步范式",如图10-2所示:

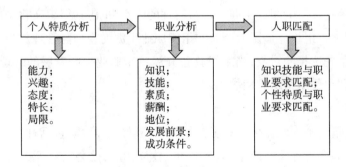

图10-2 帕森斯职业选择"三步范式"

人职匹配理论也存在缺陷,首先该理论在职业选择时只关注了人的特质与职业要求的匹配,而忽略了家庭、社会等因素对职业选择的影响;其次,人的特质和职业要求都在变化和发展中,需要经常评价人职关系,甚至进行多次职业选择,而帕森斯未能注意到人职匹配的动态性。

(二)霍兰德的职业性向理论

约翰·霍兰德(John Holland)是美国约翰·霍普金斯大学心理学教授和职业指导专

家,他吸纳了传统的人职匹配理论精髓,总结了大量的职业指导实践经验,融合了心理学中的人格类型理论,在1959年提出了职业性向理论。主要内容如下:

1. 六种人格类型

基于职业性向(价值观、动机和需要),人格被划分为六种类型:现实性(Realistic)、研究型(Investigative)、艺术型(Artistic)、社会型(Social)、企业型(Enterprise)、传统型(Conventional)。每个人的人格可以归为六种类型中的一种,每种类型的人格特征鲜明,影响个体的职业倾向性和职业适应性。

2. 六种职业类型

与人格类型相对应,职业也可以分成六种类型:现实型、研究型、艺术型、社会型、企业型和传统型。每种职业类型反映特定的职业环境、生活方式,影响个人的职业行为。

3. 人格类型与职业环境的匹配

根据人格类型选择匹配的职业,个人的价值观、动机和兴趣可以在合适的职业环境中得以延伸,技能和潜力能够得以施展。人格类型与职业环境的匹配须遵循以下原则:

(1)人格类型与职业环境重合,匹配效果最佳

重合是指具有某种人格类型的人在相应的职业范围内选择职业(见表10-1)。如具有现实型人格类型的人从事机械工、司机、计算机硬件工程师、水电工等职业。

表10-1 霍兰德人格类型与相应的职业

类型	人格特点	职业倾向	对应的职业
现实型	手脚灵敏、身体协调、言辞拙劣、不善交际	技能型、操作型工作	机械工、司机、计算机硬件工程师、水电工等
研究型	思维严谨、逻辑清晰、理性分析、勇于挑战、善于思考、不愿动手	学识型工作、理论型工作	工程师、科学研究人员、学者等
艺术型	富于想象、冲动、直觉、自我、情绪化、追求完美	艺术性工作	演员、设计师、作曲家、画家、诗人、雕刻家等
社会型	友善、善于沟通、合作、关心他人和社会	与人有关的工作	教师、公关人员、咨询人员、社区工作者等
企业型	精力充沛、喜欢冒险和控制、自信乐观、富有魅力	领导和管理型工作	企业管理人员、政府官员、法官、销售人员等
传统型	顺从、谨慎、保守、务实、稳重、自控、追求稳定	常规型工作	秘书、文员、会计、图书管理员、数据统计员等

(2)人格类型与职业环境临近,匹配效果较好

人格类型之间存在关联性和相似性。如图10-3所示,六边形的每一个角代表一种人格类型,六种人格类型按照相关性顺序排列,显示出六种人格类型的不同关系,每一种人格类型的左右两边各排列着另两种人格类型,它们之间是邻近的关系,如I和R,I和A。邻近的两种人格类型之间具有较高的相容性,一个人的人格类型经过发展可以适应邻近的人格类

型相对应的职业环境。

(3)人格类型与职业环境相隔,匹配效果中等

六边形中的每一种人格类型的左右都有隔离着的其他人格类型,它们之间是相隔的关系,如I和C,I和S。相隔的两种人格类型之间有相关性,也有较多的不一致。如果一个人选择了与相隔的人格类型相对应的职业,工作中会有一定的冲突和矛盾。

(4)人格类型与职业环境相对,匹配效果最差

六边形中的每一种人格类型都有与其相对的另一种人格类型,如I和E。相对的两种人格类型完全不相关,完全排斥。如果一个人选择了相对的人格类型的职业,就会陷入失调和冲突,失去工作动力,无法完成任务。

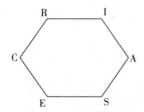

图10-3　霍兰德人格类型六边形结构图

霍兰德的职业性向理论具有完整的框架、严谨的逻辑和坚实的经验基础,被证实具有代表性、普遍性和可操作性,是具有广泛影响力的职业生涯管理理论之一。

(三)施恩的职业锚理论

职业锚(Career Anchor)概念是由美国著名的社会心理学家和职业咨询专家埃德加·施恩(Edgar Schein)提出的。1961—1973年,施恩教授对美国麻省理工学院斯隆管理研究院的44名研究生开展了一项从学校步入社会的职业发展历程的跟踪调查。调查发现,虽然研究对象的职业发展过程不尽相同,但是表现出了一致性,研究对象始终坚持不放弃某种自己认可的东西,即"职业锚"。

1. 职业锚的概念

职业锚是一个人在能力、动机、价值观和工作经历的相互作用下,经过长期职业发展探索,逐渐形成的清晰、稳定、准确的职业定位。个人以职业锚为中心选择和发展职业,职业锚对个人的职业生涯起着规划、导向、稳定、发展的作用。

施恩认为,职业锚的作用主要表现为以下三个方面:

第一,以各种作业环境中的实际成功为基础,自我反省的才干和能力;

第二,以实际情景中的自我测试和诊断及他人反馈为基础,自我反省的需要和动机;

第三,以自己与组织和工作环境的价值观之间的实际状况为基础,自我反省的态度和价值观。

2. 职业锚的类型

施恩将职业锚分成五种基本类型:技术职能型、管理能力型、自主独立型、安全稳定型和

创造型,不同类型职业锚可能对应不同的职业定位及职业领域,具体见表10-2。

表 10-2　施恩的职业锚类型

类型	职业定位	对应的职业领域
技术职能型	发挥技术或职能专长	科学技术、工程技术、财务分析等技术工作或人力资源管理、生产管理等职能管理工作
管理能力型	追求责任、全面管理	高层主管、区域经理、执行董事等
自主独立型	不受约束、自由发展	教师、咨询师、自由职业者、研发工作等
安全稳定型	工作稳定、发展可预期	银行职员、公务员等
创造型	挑战现状、不断创新	企业家等

职业锚理论指出了影响个人职业选择和发展的重要因素——职业锚,既承认个人因素对职业选择的影响,更强调职业经历和工作经验对个人能力、动机和价值观的反作用,促使个人反省和自知,形成准确的职业自我概念。所以职业锚理论适用于指导和管理有职业经历和工作经验的个人职业规划和发展。

(四)舒伯的职业生涯周期理论

20世纪50年代,美国职业学家舒伯(Super)在差异心理学基础上,吸收了罗杰斯(Roger)自我概念理论和比勒(Buehler)生命阶段理论的研究成果,提出了职业生涯周期理论。

舒伯将职业生涯当作生命周期看,人生发展遵循着一定的阶段性规律,职业生涯同样呈现出阶段性的特点,主要分为五个阶段:成长阶段、探索阶段、确立阶段、维持阶段和衰退阶段,如表10-3所示。

表 10-3　舒伯的职业生涯五阶段

阶段	成长期	探索期	确立期	维持期	衰退期
年龄跨度	0~14岁	15~24岁	25~44岁	45~64岁	65岁后
职业任务	在身心成长的同时,发展出自我概念,从好奇、幻想和感兴趣逐渐发展为有意识地培养职业能力。	主要通过学校学习进行自我考察、角色鉴定和职业尝试,完成择业及初步就业。	职业发展核心阶段,确定职业发展的领域,并寻求成功。	工作有所建树,希望维持职业地位及工作、家庭的和谐,必要时开发新的职业技能。	意志衰退,能力减弱,逐渐退出工作领域,适应退休后的新生活。

第二节　个人职业生涯管理

一、个人职业生涯规划

个人职业生涯规划立足于个人职业发展,实现个人价值。它主要包括以下七个阶段:

(一)分析自我

分析自我是指个体通过各种渠道和方法获得关于自我的信息,全方位剖析自己,形成完整和准确的自我认识。

认识自己是一个特殊的过程,个体无法直接观察得出自我评价的结论,通常借助于他人评价、行为结果反馈等信息来分析自己。这种间接分析方式经常会产生自我认识的误区,并导致职业发展决策的失误。个人职业生涯规划与管理首先是从自我分析开始,只有经过有效的自我分析并形成准确的职业定位后,才能确定合适的目标和计划。自我分析应从个人主客观条件展开,发现自己的需要、职业兴趣、技能特长、追求的生活方式,明确职业倾向,同时认清自己是否具备与职业性向一致的经济条件、职业地位、人际关系等。

自我分析主要有两种方法,一是是个人测评,通常在职业指导专家的帮助下完成,使用职业生涯管理测评工具,如斯特朗兴趣清单(SII)、霍兰德的职业偏好清单(VPI)和自我倾向搜寻法(SDS)、美国劳工部的"一般才能综合测试法"(GATB)、卡特尔的"16种个性调查问卷"(16PF)等。二是个人自省,定期或不定期回顾个人行为,自我反省、自我认知。自我分析还可以通过人力资源管理过程中的绩效评估、专家咨询、主管和同事反馈等方法搜集信息进行。

(二)分析环境

由职业选择理论的研究成果可知,个人与环境要匹配,自我分析明确了职业期望和职业性向,环境分析则为个人职业生涯发展提供了可以激发个人工作动机、满足个人需要、实现个人价值的外部条件。

职业环境分析一般在职业目标指引下,在符合个人职业倾向的范围内进行。环境分析的重点是职业环境和组织环境。职业环境分析需要了解某种类型的职业从业资格、员工能力要求、工作内容、工作报酬、工作时间安排、职业安全性,还有此类职业人才供求状况、职业发展前景、所需的知识及知识更新速度等。组织环境分析需要了解组织内部的文化、管理理念、组织战略、人力资源政策、职位体系、职业发展通道、人员流动情况等,需要了解组织外部的市场地位、竞争实力、所处行业的发展前景。环境分析还需要分析经济周期、产业政策等宏观社会环境。

环境分析的关键在于通过分析环境发现职业生涯发展的机会,评估职业机会与个人职业倾向和期望的符合程度。

(三)确立目标

对自我和环境有了充分认知后,就可以明确职业发展目标。个人职业目标是与个人职业有关的各种因素综合的结果,是一个多方面、多层次的目标体系。

职业目标可分为内职业生涯目标和外职业生涯目标。内职业生涯目标是在职业发展过程中实现的个人综合素质发展,如经验丰富、知识增加、能力提高、心理成熟、价值观完善等,是个人自我获得、自我成长、自我发展。外职业生涯目标是指外在于个人的职业获得,如经济报酬、社会地位、晋升机会等,一般是外界基于职业行为或工作绩效给予的肯定。

职业目标还可分为终身目标和阶段性目标等。每个人一般有自我价值实现的目标,即理想或志向。为实现最终的目标,职业目标可分解成阶段性的长期目标、中期目标和短期目标。只有脚踏实地、坚持努力,才能"积小步、成千里"。

职业目标的难度和具体程度会影响其实现程度。难度大的目标会让人觉得没有实现的可能性,容易的目标又不具有挑战性,模糊的目标缺乏具体的要求和标准,这些目标都会降低个人努力的程度,因此职业目标要具体清晰、难度适宜。

职业目标设置要做到两个协调:第一是个人、生活和家庭之间的协调。职业和家庭都是生活的一部分,选择了什么样的职业,组建了什么样的家庭,就是选择什么样的生活方式,三者之间相互影响、密不可分。第二是个人目标与组织目标的协调。个人目标与组织目标可能存在矛盾冲突,只有协调一致,才能实现个人的职业发展。

(四)路径规划

虽说"条条大路通罗马",但现实生活中并不是每一条道路都能通向成功,我们需要选择合适的职业发展道路。路径规划是指按时间顺序将工作或职业连接起来,形成一幅个人职业发展的路线图,有的沿着专业技术路线发展,有的沿着职能管理路线发展,有的则是先走专业技术路线再走管理路线,有的甚至是跨专业、跨职业、跨行业的发展。

做好未来职业发展的路径规划,有助于我们达成职业目标,少走弯路、少付出代价,事半功倍,也有助于把握未来职业路径上的各种机会和减少可能面临的障碍。

(五)个人职业生涯开发

个人职业生涯开发是指个人根据职业发展总目标和阶段性任务,通过接受教育、参加培训、开展工作实践等方式,进行针对性的职业能力开发。个人职业生涯开发是多方面的,既有耐力、灵活性、协调性等身体方面的开发,也有价值观、职业态度、知识、技能等心理方面的开发。

自我分析、环境分析和路径规划都属于个人职业计划。有了详细计划,接着就是付诸行动,个人职业生涯开发是职业发展行动的第一步,在从事职业之前就开始了,并在开始职业生涯后仍需要根据不同阶段的职业任务和岗位要求继续开发。

个人职业生涯开发既可以提高现任岗位胜任力,提高工作绩效,也可以帮助自己认识和挖掘潜能,获得更多的职业发展机会。

(六)开展职业活动

从选择和从事第一份工作开始,个人便正式开始了职业生涯。第一份工作可能是完成学业后的正式工作,也可能是学生时期尝试性的临时性工作,但不管第一份工作是什么,都标志着个体职业行为的开始。随后,个人会不断进行职业尝试、探索,发展属于自己的、与众不同的职业生涯。

(七) 反馈与调整

个人在规划和管理职业生涯时,需要随时搜集和分析信息,掌握职业生涯发展现状,根据职业发展目标,判断现状和目标是否一致。如果现状与目标一致,则职业生涯取得了阶段性成功,需要总结经验,为以后的职业发展提供有益的参考。如果现状与目标存在差异,则需要及时找出问题。如果是行为执行有失误的,就要针对行为再设计和再开发;如果是目标本身不合理或者环境巨变导致目标不合时宜的,则要修订目标,必要时需重新制定目标。

◆ 应用案例 10-1

马云的职业生涯

马云从小到大的学习成绩都不好,上的是三四流的小学、中学,中考考了两次,几经努力才考上杭州师范学院英语专业。受益于从小在西湖边与"老外"打交道的经历,马云在大学学习成绩一直名列前茅,剩余时间里他参加各种学校组织和活动,比如担任学生会主席等。

1988年,马云大学毕业后任教于杭州电子工业学院,被评为学校"十大杰出青年教师",后来任校外办主任(相当于处级),是重点培养对象。期间,马云和朋友成立了海博翻译社。

在执教和翻译社经营都一帆风顺之时,马云开始思索:我是本科生,10年以后凭什么与更年轻的人竞争?我要走出学校,我要创业,等我有创业的任何经历,再回学校,那时会具备超过任何一个老师的经验。

抱着这样的想法,马云一直在寻找机会。在1995年出访美国之时,马云首次接触因特网,回国后他辞职创办了中国第一家互联网商业信息发布网站"中国黄页"。因为在"中国黄页"与中国电信旗下的某"三产"企业合资运营的过程中,马云受制于董事会决议的限制,无法实现自己的主张,为"不丢掉自己最宝贵的东西",他选择了离开。

之后,马云创办了"国富通",在这里,马云做了一些后来被他称为"值得骄傲的事情,做了很多中国第一"。他在14个月内,领导企业创造利润287万,改变了"1999年之前,没有一家互联网公司是赚钱的"的宿命。随着"国富通"的发展,马云的经营理念与领导层发生了冲突,他又一次选择了辞职。

1999年,马云35岁,距离他离开杭州电子工学院已历时5年,他再次从零开始创业。就在马云的家里,阿里巴巴公司诞生。

2003年,马云创办独立的第三方电子支付平台——支付宝。

2005年,马云和当时全球最大门户网站雅虎合作,兼并其在中国的所有资产,从而成为中国最大互联网公司的"掌门人"。

马云坚守信念,始终坚持"不丢掉最宝贵的东西",勇敢地走在职业生涯发展的道路上。

资料来源:马云的职业规划之路.百度文库,2017.

二、个人职业生涯周期管理

结合我国人口生命周期、教育和就业现状、退休政策、职业观念等因素,参照工作行为、人际关系、心理与年龄维度,特别是年龄维度,我们将个人职业生涯周期划分为以下阶段:职业生涯准备期、职业生涯早期、职业生涯中期和职业生涯晚期,如图10-4所示。需要说明的是,各个职业生涯阶段所涉及的年龄范围是不精确的,与每个人接受的教育程度、所从事的职业要求等因素相关。

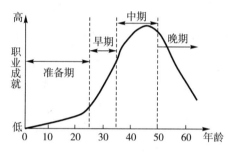

图10-4 个人职业生涯发展周期图

(一)职业生涯准备期管理

职业生涯准备期大概在25岁之前,是职业生涯的前期准备阶段。

准备期的职业目标包括发展职业自我意识、搜集和分析职业信息、明晰职业倾向。在职业自我意识逐渐形成、职业信息不断搜集分析过程中,就业倾向逐渐清晰,直至作出人生第一个职业选择。首先,学习知识提高素质,奠定良好知识基础;尝试培养多种兴趣,发展特长形成优势;逐渐养成职业意识和职业价值观,并据此谨慎对待影响未来职业的重大选择。其次,培养职业敏感性,多种渠道搜集职业信息,包括职业类别、职业技能要求、职业发展前景、职业竞争程度、薪资福利等,学会鉴别和分析信息。最后,选择适合自己的职业,确定未来的职业方向,甚至有了初步的职业规划,这些通常是在大学期间完成的。

(二)职业生涯早期管理

职业生涯早期大概是25~35岁的发展阶段,这是职业生涯正式开始和迅速发展的阶段。

职业生涯早期从选择第一份职业开始,最初的目标是锻炼职业技能、提高组织适应性。职业管理的重点是加快社会化进程,在岗位锻炼中学习进步,提高职业技能,适应岗位要求,学会观察工作人际关系特点,善于应对人际问题,调整心理预期,成熟看待工作中的不公平、不公正现象,努力适应组织,为同事和组织认可和接受,直至确立个人和组织的长期契约关系。之后,职业发展进入迅速成长阶段,职业目标更关注绩效、薪资、晋升等务实的回报。职业管理的主要任务是根据个人和组织现状,制定明确务实的职业生涯规划,确定职业发展目标,选择组织内发展通道,明确实现目标的手段和方法,不断提高职业素质,以胜任岗位和实现自我价值。

(三)职业生涯中期管理

职业生涯中期大概是35~50岁的发展阶段,是职业生涯发展的巅峰阶段。

刚步入中期时,个人职业技能娴熟,处理工作游刃有余,职业生涯路径已然清晰具体,职业发展目标是如何在组织中获得更大的发展空间,取得高绩效并实现自我价值。在45岁左右,个人一般会达到职业生涯的峰值状态,在组织中担当大任,具有权威性和影响力,有极强的优越感和成就感。随着年龄进一步增长,个人可能会遭遇中年职业"高原"现象。在职场压力和家庭牵制的双重压力下,个人开始重新审视组织发展机会和自我职业价值,有的会在原组织中继续挣扎奋斗,有的可能重新选择新的组织或者职业。

该阶段职业管理重点是调整职业心态、积极学习挖掘潜力。个人应该正确认识职业生涯发展规律,认清和承认职业中期状态,既要客观认识危机,也要发现自身优势,积极学习新知识和新技能,更新知识结构,提升职业技能,挖掘职业潜力,谋求职业发展,提高职业成就感。

(四)职业生涯晚期管理

职业生涯晚期是50岁以后的发展阶段,这是职业生涯发展的衰退阶段。

在职业生涯晚期,个人生理机能迅速下降,记忆衰退、反应迟缓、知识老化、学习能力下滑、思维模式固化,在心理上则是阅历丰富、谙熟人际、豁达通透。职业目标重点不再是追求绩效,事业心趋淡甚至消失,一般退居到不重要的岗位上,等待离职退休。

从个人职业管理的角度看,晚期的职业方向有两个选择:一是接受和安于现状,维持工作的同时,发展个人兴趣爱好,规划退休事宜,为退休做好准备;二是识别自身优势,利用经验等特长力争重返岗位,发挥余热,继续实现人生价值,延长职业生涯。

应用案例 10-2

"节节败退的中产阶级"

2016年7月9日,伦敦著名的精英杂志《经济学人》在封面文章《2.25亿人踏入中产阶级,让中国执政者担心》中,用"节节败退的中产阶级"来形容当下面临诸多困境的中国中产阶级,其中提到了他们面临的职业生涯发展困境。文中列举了两个真实的案例:

A君,从小县城考上了北京某名牌大学,毕业后努力奋斗,成为了一家公司的营销总监,及时买房买车,事业有成。但是2012年公司人事变动,他被迫离职。之后投资了几个项目,但最后因为没通过政府审批而血本无归。目前年近40,就业难度剧增。

B君,在上海某名牌大学毕业,2004年毕业后进入报社,是一名业务熟练的编辑。因工作原因,先后浪迹上海、广州、武汉,最后定居深圳。从2014年起,报业没落,收入打折,而房租大幅攀升,因为传播方式的改变,他的技术已经跟不上移动互联时代,他又一次到了失业的边缘。

上述两个案例,反映了人到中年的职业发展困境,也反映了其所在组织的发展变化。组织和个人命运休戚相关,一荣俱荣,一损俱损。是否可以从员工职业生涯发展管理着手,使组织和个人同时实现转折突破呢?

资料来源:"节节退败的中产阶级".天涯论坛,2016.

三、个人职业生涯管理的测量

(一)能力测量

1. 能力内涵

心理学对能力的定义是指个体顺利完成某种活动所必须具备的个性心理特征,最基本的分类是将其分为一般能力和特殊能力。一般能力是大多数个体完成不同种类活动都要具备的基本能力和共同能力,如记忆能力、观察能力、注意能力、语言能力、操作能力、逻辑推理能力等,它是职业测评的主要内容。特殊能力是指个体完成某项特殊活动所需要具备的能力,只有参与某项特殊活动才能得以表现的能力,如绘画能力、音乐能力、速算能力等。很多职业对从业人员有特定的能力要求,如教师需要有语言表达能力、建筑设计师需要有空间判断能力等。

◇ 知识拓展 10-1

《加拿大职业分类词典》相应职业对特殊能力要求举例

能力类型	概念与特点	相应职业
语言表达能力	对词的理解和使用能力,对句子、段落、篇章的理解能力以及善于清楚而正确地表达自己的观点和向别人介绍信息的能力,包括语言文字的理解能力和口头表达能力	教师、营业员、服务员、护士等
算术能力	迅速而准确地运算能力	会计、统计、建筑师、工业药剂师等
空间判断能力	能看懂集合图形、识别物体在空间运动中的联系,解决几何问题的能力	与图纸、工程、建筑等相关的工作,内外科医生,裁缝、机床工等
形态知觉能力	对物体或图像的有关细节的知觉能力,如对于图形的阴暗、线的宽度和长度能作出视觉的区别和比较,能看出其中细微的差异	生物学家、测量员、制图员、农业技术员、画家、无线电修理工、动植物技术员等
事务能力	对文字或表格式材料细节的知觉能力,具有发现错别字或正确地校对数字的能力	设计师、财务工作者、办公室工作者等

资料来源:徐笑君.职业生涯规划与管理.成都:四川人民出版社,2011.

2. 能力测量

职业能力是个体完成某种职业活动需要具备的综合能力,包括一般能力、符合特定职业要求的特殊能力。职业能力测量工作的重点是测量个体的一般能力和特殊能力。

(1) 一般能力测量

一般能力测量也称"智力测量",智力测量结果用智商表示,个体的智商越高,智力水平越高。许多学者研究开发了一些专门的一般能力测量表,如斯坦福—比奈量表,用以测量言语推理、数量推理、抽象/视觉推理、短时记忆能力;韦克斯勒(D. Wechsler)编制的成人智力量表(WAIS),用以测量言语和操作能力等。

(2) 特殊能力测量

特殊能力测量一般需要根据特定的职业要求进行具体的细分、设计和实施,大多测量个体既有的特殊能力,用于个体的职业选择或组织岗位配置,也可以测量个体目前尚不具备但经过开发和训练可能具备的潜能,用于发现和开发个体潜质。目前广泛使用的有美国劳工部的"一般能力倾向成套测验"(General Aptitude Test Battery, GATB)、差别能力倾向测验(Differential Aptitude Test, DAT)等。

知识拓展 10-2

常用职业特殊能力测评

测评大类	测验小类	测验举例或目的说明
机械能力测评	工具使用测验	贝内特手工具灵巧测试、克劳福小零件灵巧测验
	形板置放测验	明尼苏达操作速度测验和空间关系测验
	机件配合测验	明尼苏达集合测验、施旦贵斯机械性能测验
	机械理解测验	贝内特机械理解测验 AA 式
文书能力测试	一般文书能力测试	测试文书的知觉速度和准确性、言语流畅性和数字能力等
	明尼苏达办事员能力测试	数目校对和人名校对两部分
操作能力测试	珀杜插板	测量手指灵活性
	克劳福德灵活性测验	测量眼手配合准确性
	奥康纳测验	测量手指灵活性

资料来源:林枚,李隽.职业生涯开发与管理.北京:北京交通大学出版社,2010.

(二) 人格测量

1. 人格概念

人格(Personality)也称为"个性",缘于拉丁文"person",原意指"面具",即舞台表演时演员所带的面具,用于表现人物的特征。现在,人格是心理学术语,指个体在先天素质与后天环境共同作用下形成和发展起来的、有着稳定性与倾向性的心理特征的综合,反应人在一定情境下区别于他人的特定行为模式。

2. 人格测量

不同的职业所要求的理想的人格特质是不同的,人格测量的目的就是鉴别个体具有的人格特征,帮助个体选择职业。通常使用的人格测量的主要方法有两种,一种是人格自陈量表,另一种是投射技术。

(1)自陈量表测量

自陈量表是对拟测量对象的个性特征编制若干测试题(陈述句),被测试者逐项给出书面答案,依据答案衡量评价被测试者某项个性特征的测量方法,该测量是心理测试中最常用的一种自我评定问卷方法。自陈量表不仅可以测量外显行为(如态度倾向、职业兴趣、同情心等),也可以测量自我对环境的感受(如欲望的压抑、内心冲突、工作动机等)。具有代表性的自陈量表有美国伊利诺伊州大学卡特尔(R. B. Cattell)编制的卡特尔16种人格因素问卷、英国伦敦大学艾森克(H. J. Eysenck)编制的艾森克人格问卷(EPQ)、明尼苏达多项人格问卷(MMP)、迈尔斯—布里格斯类型指标(MBTI)、爱德华个人偏好量表(EPPS)、荣格(C. G. Jung)的内向—外向测验等。

知识拓展 1-2
艾森克情绪稳定性测评问卷(节选)

艾森克情绪稳定性测试问卷共210道题目,包含着7个分量表,分别从自卑感、抑郁性、焦虑、强迫状态、自主性、疑心病症和负罪感7个方面评价一个人的心理健康状态。以下是艾森克情绪稳定性测试问卷的部分测试题:

你时常感到时钟的滴答声十分刺耳、难以忍受吗?
对于那种看上去你很在行的游戏,你想学会并享受其乐趣吗?
你是否缺乏食欲?
在你实际上没有错的时候,你是否常常寻找自己的不是?
你常常觉得自己是一个失败者吗?
总的来说,你是否满足于你的生活?
你通常是平静的、不容易被烦扰吗?
在阅读的时候,如果发现标点错误,你是否觉得很难弄清句子的意思?
你是否通过锻炼或限制饮食来有计划地控制体型?
你的皮肤非常敏感吗?
你是否有觉得你所过的生活令你父母失望?
你为你的自卑感苦恼吗?

资料来源:徐笑君.职业生涯规划与管理.成都:四川人民出版社,2011.

(2)投射技术测量

人在对外界环境信息感知、组织和解释的过程中,会自觉或不自觉地投射出自己的动机、态度、价值观、性格等,因此人们可以通过在某些特定情境下的反应来分析人格。投射技术测量就是创造一定的情境,使被试者自由反应,从其反应分析个体人格的方法。人格测试常用的投射技术测量有罗夏墨迹测验和主题统觉测验。

知识拓展 10-4

罗夏墨迹测验举例

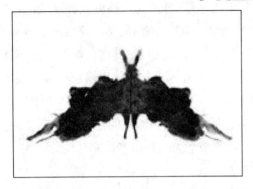

指导语:

我要给你看10张卡片,每次1张,卡片上印有墨迹图形,看完卡片后,请告诉我,你认为卡片上的图形是什么东西,或者你看到卡片上的图形后联想到什么东西。回答没有对错之分,所以,你看到什么或是想到什么,都可以原封不动地说出来。

主题统觉测验举例

指导语:

我要让你看一组图片,每次一张。请你根据每张图片编制一个完整的故事。曾经发生了什么事情?现在正在发生什么事情?画中的人物在想什么?将来又会发生什么?请你把看到的或想到的内容完全讲出来。你可以随意发挥。

(三)职业适应性测量

1. 职业适应性

职业适应性指个体从事某项职业的合适程度,如果个体具备了胜任某项职业的综合素质,与职业匹配,则个体适应此职业。职业适应性考查的内容是个体的综合职业素质,包括具备的知识水平、生理条件和个性心理等。

2. 职业适应性测量

职业适应性测量并非全面测量个体的综合职业素质,而主要测量心理动力因素,即需要、动机、兴趣和价值观等。目前比较系统和科学的职业适应性测量多为职业兴趣测量。主要的职业适应性测验有斯特朗—坎贝尔兴趣问卷、库德兴趣问卷、霍兰德职业性向测验量表、职业锚测试等。

知识拓展 10-5

职业锚访谈(节选)

说明：职业锚访谈的目的是通过关键的职业实践，明确事件或事件背后的潜在原因，帮助你和你的搭档识别指导和制约职业选择的因素。放松自己，当偏离到其他主题时也不需要紧张。你的任务只是帮助你的搭档谈他的职业发展过程，以方便你找出职业选择背后真正发挥作用的东西。

1. 第一份工作。

在毕业后，你的第一份真正意义上的工作是什么？如果你没有开始工作，在你毕业后的生活中，对你而言第一件重要的事情是什么？

2. 目标。

在开始自己的职业生涯时，你的抱负或长期目标是什么？

第一份工作对你实现职业目标的意义是什么？

3. 下一份工作或重要事件。

在工作中或雇用你的组织中，你第一次较大的变动是什么？

这次变动是如何出现的？谁发起了这次变动？改变的原因是什么？

你如何看待这次变动？它与你的目标有什么关系？

在工作中，你第二次较大的变动是什么？

这次变动是如何出现的？谁发起了这次变动？改变的原因是什么？

如何看待这次变动？它与你的目标有什么关系？

资料来源：徐笑君.职业生涯规划与管理.成都：四川人民出版社，2011.

第三节　组织职业生涯管理

组织职业生涯管理是一项专门的管理活动，是组织对员工的职业和职业发展过程有目的地进行计划、组织、领导和控制的活动。虽然职业生涯发展是个人活动，但是由于在组织中完成，且对组织实现目标特别是人力资源管理活动有直接和显著的影响，所以，为更好地实现组织目标，组织有必要对员工个人职业生涯发展给予指导和帮助。

一、组织职业生涯管理原则

(一)目标协调原则

个人的职业是组织根据目标实现要求按照分工原则设立并提供的，个人根据需要和特长选择组织和岗位，个人职业生涯发展只有以组织为依托才能进行，而组织则需要个人提供劳动力来充实岗位、完成分工任务、实现产出目标。个人与组织是共生共荣、相互协调发展的关系。组织在管理个人职业生涯时，必须在职业规划和开发时考虑个人的利益和诉求，将个人职业发展融入人力资源管理，实现个人目标和组织发展相协调。

(二)战略发展原则

组织要有长期和全局的战略意识。从长期性看，组织职业生涯管理不仅需要融合当前个人职业发展和组织发展要求，还要从长远考虑，融合个人职业规划目标和组织未来的战略目标。从全局性看，组织职业生涯管理是人力资源管理体系中的一部分，在组织指导和帮助个人发展职业生涯时，需综合考虑人力资源的招聘甄选、培训开发、绩效考核等子系统，让各子系统相互协调融合。

(三)学习开发原则

组织职业生涯管理的学习开发原则是指组织在管理员工职业生涯时，不仅要考察识别员工当前掌握的知识和技能，将员工安排到合适岗位并让其发挥才能，还要帮助员工不断反省，认识深层次的自我价值，协助员工规划职业生涯，为员工提供学习的机会和平台，开发员工潜能，督促员工更新知识、提高技能，不断挑战自我，实现更高价值。当个人价值充分实现、职业顺利发展时，个人会对组织产生更强烈的认同感和提高忠诚度，个人对组织的贡献将实现最大化。

(四)时间梯度原则

职业生涯是一个分阶段的发展周期，每个阶段都有较显著的时间划分和任务要求，每个阶段都是上一阶段发展结果的继续和未来职业发展的基础。组织在管理职业生涯时，应当注意搜集员工发展信息，分析员工当前职业生涯发展所处的阶段和过往阶段的结果，总结员工职业心理和行为规律，根据阶段性的要求分别设计管理方法，做到长期规划、梯度管理。

二、组织职业生涯通道管理

职业发展通道是组织为内部员工设计的在组织内部的职业发展方案，指出员工在组织内可能的发展方向以及在发展过程中需要经历的具体岗位组合。

(一)职业发展通道的方向设计

1.垂直方向

传统的组织内的职业发展方向一般被设计为垂直方向，即向上晋升或向下降级，如图10-5所示。员工在组织内的发展大多是循着组织的结构层次向上晋升的，极少有向下的，并且通常只有向上才被理解为是职业发展。这里的结构层次可以是行政层次或管理层次，如员工可以先从事基层生产工作，之后晋升为小组长，再晋升为车间主任、生产部门经理等。

结构层次也可以是专业技术层次,如从技术员到助理工程师,再到工程师或高级工程师。

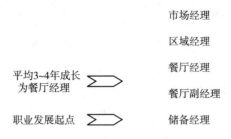

图 10-5　职业发展的垂直通道——必胜客员工成长之路

2.水平方向

现代的组织内的职业发展方向还有被设计成了水平的,即水平方向的跨职能的发展,如质量监控人员在工作中发现自己更擅长人际交往、沟通交流、宣传推广等,可以转岗成为市场营销人员。当然,在水平方向上的职业发展通道的岗位组合,不仅是简单的岗位调换,而且是人职不断匹配的结果,更是职务扩大、职权增加等职业发展。水平方向的职业发展一方面适应了现代职业发展的新观念,即职业发展不是必定是晋升向上的,另一方面也是组织扁平化和工作再设计的结果。

(二)职业发展通道的类型设计

按照垂直通道的种类、数量以及是否进行垂直和水平方向组合,组织内的职业发展通道可以被设计成单一通道、多通道或螺旋通道。

1.单一通道

单一通道是组织只设计了一种垂直通道,或者只有行政职能管理性质的垂直发展通道,或者只有专业技术性质的垂直发展通道。单一通道简单明了,发展方向单一清晰,缺点是随着晋升的层次越高,未来的职业发展宽度越窄,可选择的岗位越少,竞争越大,可能触碰到组织内部职业发展的"天花板",使发展受阻。

2.多通道

多通道是组织设计了两种或两种以上的垂直通道,如同时设计了行政职能管理和专业技术两条垂直通道,必要时可以对管理和专业技术类别进行更详细的分解,设置成更多的垂直通道,如图 10-6 所示。这些平行的垂直通道之间的等级层次一般是相对应的,即报酬、地位等相当,员工一般只能选择其中的一种通道发展。与单一通道相比,员工在进入组织时,虽然职业规划的方向有多种,增加了选择性,但是仍旧不能在职业发展中途变更,即使自身或组织等因素发生了变化。

3.螺旋通道

螺旋通道是在多通道设计的基础上,组织允许员工在某些层次上跨通道横向发展,如先选择行政职能管理垂直通道向上发展,在某一层级上,转岗到专业技术垂直通道上继续向上发展。螺旋通道是垂直发展和横向发展的融合,员工在职业发展通道的任何一个位置上都有向上和平行发展的选择,有了更多职业选择空间和锻炼机会,有利于个人的职业发展;对于组织而言,组织能够了解员工,增加人岗调置的灵活性,提高员工对工作的满意度和对组织的认同感。

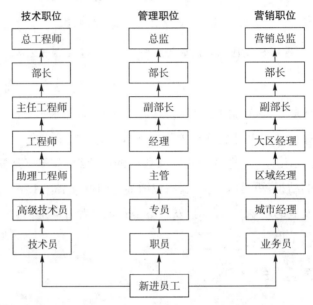

图 10-6　某公司员工职业发展三通道

三、组织职业生涯管理方式

组织职业生涯管理的具体方法多种多样,如开发和设计培训方案、设立职业生涯咨询中心、配备专业职业生涯顾问、建立员工职业发展档案、发行职业生涯发展手册、开展职业生涯评估、进行职业生涯发展研讨活动、开展导师制和继任计划等。现就主要的方法作介绍。

(一)职业生涯评估制度

职业生涯评估制度是由人力资源管理部门组织的,周期性地评估职业生涯管理效果的制度。评估主体包括员工本人、同事、直接主管,评估内容包括个人能力、工作绩效、职业适应程度、未来发展可能、岗位内容等。评估的具体方式可以是问卷、访谈等。

根据员工职业生涯发展的阶段性变化、职业环境的变动,组织既要对工作岗位进行调整,又要帮助员工设计和调整职业生涯规划与开发方案。通过定期、多方面开展职业生涯评估活动,组织可获取关于员工职业发展现状和未来职业发展期望的信息,为组织开展下一步职业生涯管理工作打好基础。同时,这些信息反馈给员工,员工可以了解其主管、同事对自己的评价和要求,有助于客观地认识自我,更好地规划和发展职业生涯。实施职业生涯评估制度的关键是保证评估的客观性和准确性,为此,组织需要设计科学的评估内容,采用合适的评估方法,避免评估流于形式,要能用于职业生涯规划和调整,评估结果要能迅速有效地反馈给个人等。

(二)导师制

导师制是指组织中的优秀员工被安排指导、培养经验不足或生产效率较低的员工的制度。优秀员工一般是入职多年、专业技能娴熟或者工作经验丰富的高效率员工,被指导的员工通常是新入职员工或者是轮岗到新岗位的员工,也可能是组织重点培养的骨干。指导与被指导的关系虽由组织安排,但指导关系必须建立在双方自愿的基础上,取决于双方的价值观、个性、兴趣、工作相似性等因素。导师的指导作用不仅体现在帮助被指导者熟悉工作要求、提高工作技能、丰富工作经验上,还体现在为被指导者提供人脉资源等支持,甚至为被指导者提供心理安全感、依赖感等心理辅导,以巩固被指导者与组织之间的心理契约。因此,导师对于被指导者的影响是全面、深远的。组织在选择导师时,不仅要考虑导师本身应具备高效率的技能和经验,还应考虑其应具有良好的品德和符合组织要求的价值观。为保证导师制的顺利实施,组织应当在物质和精神层面予以导师补偿,激励更多的优秀员工主动担任导师传道授业。

(三)继任计划

继任计划是指组织为保证能及时有效地为空缺职位提供合适的继任者而采取的人力资源开发活动。由于组织随时可能出现空缺职位,为及时有效地补充人员,组织应未雨绸缪,实施继任计划,提前做好准备。这种准备不是应急方案,而是一项长期、有计划的人力资源开发工作。继任计划的实施首先需要明确组织的发展战略,因为继任计划是组织为适应未来而作的人事方案,空缺职位最有可能出现在组织未来需要发展的领域;其次,组织需要分析重点发展领域和关键职位,因为继任计划不可能也没有必要针对组织的所有岗位展开;最后,选拔并确定继任者的合适人选,对其进行重点培养锻炼,并结合继任计划帮助他们规划组织内的职业发展方向、通道,量身定制培训方案等。

(四)退休计划

退休计划是组织帮助处于职业生涯晚期的员工顺利退出职业,适应退休生活的活动。员工职业生涯的前阶段为组织创造了价值,组织有责任帮助员工顺利度过职业生涯晚期。退休计划的重点在于满足职业生涯晚期员工的身体和心理需求。退休计划包括提供退休心理咨询、落实退休补偿、逐渐减少工作量、安排衔接工作等,帮助处于职业晚期的员工安全并坦然面对职业现状,循序渐进地退出职场,退休计划也包括重新安排确有余力的员工继续工作。好的退休计划可以稳定职业晚期员工的工作状态,让其继续为组织作贡献,也可使退出岗位的计划符合组织人员新陈代谢的要求,还能增强其他员工对组织的认同感,提高组织对人才的吸引力。

◆ 本章小结

1. 职业生涯管理是以个人和组织为主体,围绕个人职业生涯发展展开的活动过程,是个人实现职业价值和组织实施人力资源管理的有效方法。

2. 职业生涯管理的主要研究成果有帕森斯的人职匹配理论、霍兰德的职业性向理论、施恩的职业锚理论、舒伯的职业生涯周期理论等。

3. 个人职业生涯管理是由职业考查、自身和环境认知、目标设立、战略制定执行、反馈、评价等一系列选择与决策组成的行为模型。

4. 个人职业生涯是一个由准备期、早期、中期和晚期组成的生命发展周期。个人应当按照职业生涯周期每个阶段的规律和要求开展管理活动,摒弃需要借助一定的测量技术对个人素质进行的测定和分析,测量的主要内容包括个人的能力、人格和职业适应性等。

5. 组织职业生涯管理应遵循目标协调、战略发展、学期开发、时间梯度原则,重点在于设计和运行组织内职业生涯通道,根据实际情况综合使用职业生涯评估制度、导师制、继任计划、退休计划等方法。

◆ 本章习题

1. 什么是职业?什么是职业生涯管理?
2. 职业生涯管理的理论成果有哪些?具体内容是什么?对职业生涯管理实际有何指导意义?
3. 个人职业生涯管理模型由哪些步骤组成?
4. 个人职业生涯管理周期分成哪些阶段?每个阶段的特点和管理重点是什么?
5. 为保证人职匹配,一般会从哪些方面对个人进行职业测评?
6. 组织内的职业生涯通道可以设计成哪些主要类型?
7. 组织职业生涯管理的主要方法是什么?分别适用于什么样的情况?

◆ 案例研讨

留住人才,有150年历史的雀巢公司是这么做的!

在雀巢公司工作了22年之久的大中华区学习与发展总监朱美玲表示,她最感慨的是公司高层对于人才发展极度重视。朱美玲说:"在共同的工作和培训经历中,员工对彼此和对公司的感情越来越深。事实上,除了我,雀巢还有很多'老人',有20年、30年工龄的员工不在少数。"只有重视人,才可留住人,这番领悟支持雀巢公司屹立了150年,长期站在行业之巅。

完整的人才发展路径是很多大型企业的"标配",对雀巢而言也不例外。"我们总部设计了 Nestlé Leadership Framework(雀巢领导力框架),覆盖全球的雀巢公司",朱美玲介绍,"这个框架由一朵六瓣花的形象呈现,每片花瓣都代表一个重要的核心技能"。大中华区在匹配"雀巢领导力框架"的基础上,自主开发了新员工入职培养方案和中高层管理者培训项目。为了培养全体员工的六个核心技能,雀巢大中华区安排了"Starting at Nestlé(从雀巢开始)"的入职大礼包。朱美玲展示了一个房屋形状的彩色小纸盒,每一面都印着新员工入职后的学习发展关键计划,包括学习的时间段,学习主题和形式(课堂、公司内网、e-Learning 等)。比如,入职的第一天,公司为新员工开通 e-Learning 学习通道;其后的第一个月,"Starting at Nestlé"会告诉员工需要了解什么,引导他们获取相关素材;第一个月结束后,员工应当进入课堂培训的阶段,学习公司历史、企业文化……正式学习的过程中,基本方式是课堂教学和 e-Learning 相结合。同时,集团学习与发展部为管理培训生计划的两年培养期提供若干门培训课程,帮助每年数十名管理培训生在学习与职业发展中取得快速进步。

资料来源:留住人才,有150年历史的雀巢公司是这么做的.中国人力资源网,2017.

分析并讨论以下问题:

1. 雀巢做了哪些工作促进员工在组织中的职业发展?
2. 如果你是雀巢的员工,会因为公司的职业发展制度而提高忠诚度吗?

践行辅导

大学生职业生涯初步规划

【体验目的】

1. 同学提前作职业生涯规划,分析并定位个人的未来发展。
2. 练习撰写职业生涯规划书,为参加职业生涯规划比赛做准备。

【参与人员】

每位同学以个体形式参与。

【实施步骤】

1. 以下是2017年"昆山花桥杯"第十二届安徽省大学生职业规划设计大赛暨大学生创业大赛《职业生涯规划设计书》相关要求,每位同学认真阅读理解规划书的写作要求。

评分要素	评分要点	具体描述
职业规划设计书内容	自我认知	1. 从个人兴趣爱好、成长经历、社会实践中全面客观的分析自我,能清楚地认识到自己的优势和劣势。
		2. 将人才测评量化分析与自我深入分析综合客观地评价自我,职业兴趣、职业能力、行为风格、职业价值观分析全面、到位。
	职业认知	1. 了解社会的整体就业趋势,并且了解大学生就业状况。
		2. 对目标行业发展前景及现状了解清晰,并且了解行业的就业需求。
		3. 对行业内标杆组织的人力资源管理战略、企业文化等进行分析,做到"人企匹配"。
		4. 对目标职位的工作职责、任职者所需技能等的分析,做到"人岗匹配"。
		5. 通过对外部环境的分析,能清楚认识到自己面临的机会、挑战以及对职业发展产生的影响。
		6. 职业道德阐释。
	职业目标路径设计	1. 职业目标确定和发展路径设计要符合外部环境和个人特质(兴趣、技能、特质、价值观),要符合实际,可执行、可实现。
		2. 职业发展路径符合逻辑和现实,对实习目标而言具有可操作性和竞争力。
		3. 要用长远的眼光设定职业目标,并将总目标划分成几个阶段性目标来实现。
	规划与实施计划	1. 行动计划清晰、可操作性强。
		2. 行动计划对保持个人优势、改善个人不足、全面提升个人竞争力有针对性、可操作性。
		3. 近期计划详尽、中期计划清晰并具有灵活性、长期计划具有方向性。
	评估与备选方案	1. 对行动计划和职业目标设定评估方案,如要达到什么标准,评估的要素是什么。
		2. 对职业路径进行可行、适时调整,备选方案也要充分根据个人与环境的评估进行分析确定,备选路径设计与主路径要有相关联系性。
参赛作品设计思路	作品完整性	内容完整,对自我和外部环境进行全面分析,提出自己的职业目标、发展路径和行动计划。
	作品思路和逻辑	职业规划设计报告思路清晰、逻辑合理,能准确把握职业规划设计的核心与关键。
	作品美观性	格式清晰、版面大方美观,创意新颖

资料来源:大学生职业生涯初步规划. 安徽高教网,2017.

2. 结合本章学习的理论知识和个人实际情况,分析职业自我和职业环境,确定未来的职业方向,选择合适的发展途径和方法,完成个人职业生涯规划书。

3. 任课老师批阅学生的职业生涯规划书,并重点点评具有代表性的作品。

【效果评价】

1. 本次践行活动提高了学生理论应用实践的能力。

2. 本次践行活动让学生学会管理职业生涯,初步规划了未来职业发展方案。

第十一章

创业企业的人力资源管理

学习目标

☆ 了解创业及创业型企业相关概念及特点
☆ 了解创业企业人力资源管理的机遇和挑战
☆ 把握创业企业人力资源管理的核心职能
☆ 理解创业企业人力资源管理的基本策略

关键术语

☆ 创业 Entrepreneurship
☆ 创业型企业 Entrepreneurial Enterprise
☆ 人力资源信息系统 Human Resource Information System
☆ 人力资源外包 Human Resource Outsourcing

学前思考

创业是一个世界性的话题,创业企业逐渐成为我国经济增长和充分就业的重要推力。当前,仅靠一些市场机会就能成功创业企业越来越少,许多创业企业虽然获得投资,最后却因"人"而死。人力资源是创业过程中最容易被忽略的环节,不会选择人才、使用人才、激励人才、留住人才,成为创业企业发展的瓶颈。有人说,人力资源管理者的进阶高度决定了企业发展的上限。那么,创业企业在不同阶段需要什么样的人力资源管理者?如何建立合适的人力资源管理体系?

❖ 开篇案例

创业者的人力资源管理角色

经营一家餐厅并不是一件容易的事：顾客众口难调，食品卫生问题也总是令人担忧。但最让许多餐厅老板头疼的事情，恐怕还是越来越难雇用和留下优秀员工。在餐饮行业的所有员工中，有一半人的平均年龄不到 30 岁，且员工的年流动率超过 100% 的情况也屡见不鲜。乔·斯凯普彻（Joe Scripture）经营的餐厅在亚特兰大市及附近共有 11 家连锁店。看到餐饮行业的员工流动率数据，他知道自己应当与合伙人一起采取行动了。但是，他们到底应该做些什么呢？

资料来源：加里·德斯勒. 人力资源管理（第 12 版）. 北京：中国人民大学出版社，2012.

第一节 创业企业概述

当前，人力资源管理理论基本上用于管理比较规范、运营相对常态的中等及以上规模的企业，而对于创业阶段的中、小、微企业，则缺乏适用性和可操作性。因此，我们有必要对创业企业的人力资源管理理论和实践开展应用性研究，探索适合创业企业人力资源管理的创新思路和可行方法。本章将重点讨论在规模较小的创业企业中如何实施人力资源管理。

一、创业企业的相关概念

（一）创业和创业者

1. 创业

"创业"概念源于 18 世纪。许多国家依靠创业带动了经济增长和企业转型，人们通过创业也实现了个人理想、个人价值和财富积累。对于创业的研究，目前国内外理论界有不同见解。

早期关于创业的定义主要局限于创业企业家的职能、行为特征等方面。如，杰夫里·提蒙斯（Jeffry Timmons）在《创业创造》一书中定义：创业是一种思考、推理并结合运气的行为方式，它为运气带来的机会所驱动，需要在方法上全盘考虑并拥有领导能力。科尔（Cole）提出，创业是发起、维持和发展以利润为导向的企业的有目的性的行为。

目前较权威的定义是哈佛商学院创业课程先锋人物霍华德·史蒂文森（Howard Stevenson）提出的：创业是不拘泥于当前资源条件的限制而寻找机会，将不同的资源组合起来加以利用，开发机会并创造价值的过程。

我们可以认为，创业是创业者对所拥有的资源或者通过努力对能够拥有的资源进行优化整合,从而创造更高经济价值或社会价值的过程。创业行为是一项经济活动,是通过要素投入、组合、风险承担而获取利润最大化的过程。

2. 创业者

19世纪初,经济学家萨伊首次给出了创业者的定义:创业者是那些将经济资源从生产率较低的区域转移到生产率较高区域的人。萨伊认为创业者是经济活动过程中的代理人。熊彼特认为,创业者应为创新者,即创业者应具有发现和引入新的更好的能赚钱的产品、服务和过程的能力。在欧美的学术界和企业界,创业者被定义为:组织生产或管理企业并承担风险的人。创业者的基本内涵有两点:一是指企业家,即在现有企业中负责经营和决策的领导人;二是指创始人,通常指即将创办新企业或者刚刚创办新企业的领导人。

我们可以认为,创业者是创业活动的主要发起人和领导者,他们在企业创立、运营过程中扮演主要角色,依托掌握的知识和资源,发现市场,将各要素重新组合,从而以相对较高的生产效率或产出新产品来获取创业回报。

(二)创业型企业

1. 创业型企业的概念

创业型企业是创业者发现市场机会、搜集各项优势资源、组织特定团队实施创业活动的企业,是创业活动的载体。创业型企业是指处于创业阶段,高成长性与高风险性并存的创新开拓型企业。按照艾迪斯(I. Adizes)的企业生命周期理论关于企业成长阶段的划分,创业型企业是指处于孕育期、婴儿期、学步期、青春期的企业。

2. 创业型企业的分类

从广义上讲,创业型企业包括新创企业和内创企业。新创企业是指从无到有创建全新的企业组织,尤其初级阶段的中、小、微企业。内创企业是指成熟企业的再创设过程,内创企业可以复制母公司成熟的管理模式。

牛国良将创业型企业可分为三类:一类是个人创业型企业,指企业所有者为个人或家庭,所有者集企业出资者与经营者于一身,在企业经营活动中始终处于经营决策者和指导者的地位。根据所有者及家庭成员参与程度的不同,这类企业又可细分为完全个人创业型和家庭参与创业型两种。第二类是家庭创业型企业,指企业所有权归属于个人及家庭成员,在经营决策和日常管理方面依赖于所有者个人及家庭成员的共同努力。这类企业基本上以家庭成员为主,企业在经营决策中不仅依靠创业者的个人能力,而且体现家庭成员的经验和智慧。第三类是合伙型企业,指由家庭成员之外的两个以上人员分别出资、共同经营、共担责任的企业,企业所有者依据各自的条件或优势,以有形或无形资产形式出资,所有者之间是合伙人的关系。

本章主要研究处于初创阶段的中、小、微型企业,这些企业既可以是个人创业型或家庭创业型企业,也可以是合伙型创业企业。由于这些企业在创建初期,企业人力资源管理既无章法可循、更无经验可鉴,因此,为这类创业企业提供人力资源管理思路和策略更为重要。

二、创业企业的特点

1. 经济实力弱

规模不大的创业企业处在新创时期或起步阶段,大部分资金往往投在技术研发、生产运营、市场开拓等环节,短时间内的盈利能力不强,整体经济实力较弱,创业企业很难为所有员工提供较高水平的薪酬待遇以及其他激励政策。

2. 发展潜力大

创业企业短时间内虽然很难在同行中取得较强的竞争地位,但它具有一定的市场发展潜力,能够在未来一段时期内实现企业战略目标。创业企业的发展潜力是激励员工的一个重要因素,但前提是员工认为自己能够从企业未来发展中获得收益。

3. 组织管理不健全

创业企业在初创期没有形成正式稳定的组织结构和完善的管理制度,企业创办者的主要精力集中在生产、研发或开拓市场等方面,而疏于职能管理及其他工作,企业内部管理多采用非正式的监管,缺乏专业化的管理队伍和制度化的管理体系。

4. 抗风险能力较弱

由于受外部环境、内部条件和资源配置等方面的影响,创业企业抵御风险的能力偏弱,主要表现在以下三点:一是创业企业常常要面对一些成熟企业的威胁,对外部环境往往无能为力或心有余而力不足;二是企业各项基础性工作薄弱、内部资源条件不佳;三是资源配置能力和水平较低,企业竞争力不强。

应用案例 11-1

马化腾与"腾讯"

1. 互联网兴起与创业。

马化腾毕业于深圳大学的计算机专业,大学三年级时,他赚了第一笔钱——5万元(1993年"上班族"月工资约300元)。马化腾毕业后到了中国南方最大的"BB机"公司工作,成为一名普通的软件工程师,他是中国最早的一批互联网应用者。

由于世界互联网的兴起,中国已涌现出一批创业者:马云做了"中国黄页"和创办了"阿里巴巴"公司,张树新创办了瀛海威,张朝阳创办了中国商务网,美籍华人杨致远创办了雅虎,王志东创办了"8848"电子商务,雷军开发了软件,丁磊创办了163邮箱,张小龙创办了Foxmail。

马化腾的创业是在1998年11月,他创办的公司叫腾讯(Tencent)。

2. "腾讯"创业初期的人力资源配置。

"腾讯"初创时公司只有五个人,其中四个人是马化腾的同学。张志东是马化腾的大学同学,考试永远是第一名,他当"腾讯"的首席技术官,"腾讯"的人说,张志东未必是全中国开发程序最好的人,但他绝对是最有"产品感"的人。陈一丹是马化腾的高中同学,大学本科在深圳大学是化工专业,硕士是法律专业,所以他掌管"腾讯"的法务、行政。许晨晔和马化腾最亲密,他们是高中和大学的同学,所以他管理"腾讯"的公共事务。

当年创业时是没什么猎头的,就是几个志同道合的人说干就干。这些人在一起说我们四个人没有一个人是会做生意、做销售的,我们要找一个会做生意、做销售的人,于是就找了曾李青。这五个人一起创办了"腾讯"。

3. 创业初期"腾讯"的办公地点及初始资金。

创业的地方是深圳的赛格科技园。科技园的二楼有100多平方米,里面有一个房间是马化腾的经理室。实际上这是他们的第二个办公地点,第一个办公地点在一个20多平方米的房子里,那个时候他们凑了50万元启动资金。

4."腾讯"早期的发展。

五个人聚在一起,马化腾说我们有一项非常伟大的事业要干:我们原来是搞"BB机"的,现在有互联网,我们要做一个互联网的寻呼系统,结果这个生意做了几天就亏了。在1998年,手机即将普及,"BB机"开始没落。要拯救一个没落的行业,肯定会成为一个殉葬者,"腾讯"的第一次创业以失败告终。

然后,他们跑遍全国各地做网络寻呼系统,有一次,曾李青在广州看到一份ICQ(即时通讯软件)的招标书,通过ICQ可以邀朋友在网上对话。曾李青就问张小龙能不能做,他们说我们可以做,但这次并没有中标,他们把自己开发的ICQ起名字为OICQ。

他们开了一个会来讨论"腾讯"未来要怎么样,五个人讨论出来的结果是,公司要活下来,他们的首要目标是三年后公司要有18个人,第二目标是要把OICQ"养"起来。OICQ的用户最大规模他们认为是99999人,因此编码就是5位数。现在QQ号已有10位数了。

"腾讯"经历了连滚带爬的过程,全国模仿ICQ的企业很多,但活下来的只有OICQ。为什么是"腾讯"活下来了,因为"腾讯"团队一直在研究即时通讯系统如何适应中国国情,而这个问题背后涉及很庞大的技术迭代问题。

资料来源:吴晓波. 腾讯传1998—2016:中国互联网公司进化论. 杭州:浙江大学出版社,2016.

案例思考:

1. 马化腾的创业案例对你有什么启发?
2. 当创业初期遇到资金、人才、市场等问题时,你会怎么办?

三、创业企业的发展机遇

1. 政府对创新创业的支持

2015年,李克强总理在政府工作报告中正式提出"大众创业、万众创新",指出政府支持创新型企业特别是创新型小微企业发展,让各种创新资源向企业集聚,让更多金融产品和服务对接创新需求。创新创业是推动中国经济发展的新"引擎",能够促进经济结构转型和社会就业。国家和地方政府对创新创业企业提供有力支持,除了营造公平的市场环境外,还着力强化创业扶持,如优化财税政策、丰富创业融资模式,等等。

2. 具有创新创业精神的人才涌现

《全球创业观察中国报告》显示,我国的创业活力逐年增强,创业人数增多,创业者大多是25~44岁的青年人。创业群体表现出低龄化、高学历等特征。特别是很多"海归"创业者和大学生创业者,他们极具创业能力和创业精神,具有强烈的成功渴望和自信且不畏风险。高素质的创业者为我国创业企业的发展注入了活力和动力。

3. 我国高校重视对大学生创新创业意识的培养

我国政府越来越重视在高等学校开展创新创业教育,鼓励高校学生自主创业。教育部提出要大力推进高等学校创新创业教育工作,构建高校创新创业课程体系;全面建设创业基地,建设一批"大学生科技创业实习基地";为大学生提供多种形式的创业扶持。这些政策极大地促进了大学生的创业激情,为我国创业型企业的发展提供了机遇。

阅读推荐 11-1

上海市政府对创业企业的政策支持(摘要)

1. 鼓励创业专项补贴。

组织开展上海创业计划大赛、创业新秀评选等活动,对获得市级优胜的创业团队给予5万元的创业启动金,对获得国家级优胜的创业团队给予10万元的创业启动金。对获得市级优胜的创业组织给予10万元的助力发展金,对获得国家级优胜的创业组织给予20万元的助力发展金。

组织开展市级创业孵化示范基地的认定和评估工作,对达到A级、B级、C级的创业孵化示范基地,分别给予50万元、30万元、10万元的运作经费补贴,用于补贴房租、管理费等经费支出。

2. 创业担保贷款及贴息。

创业贷款担保的对象为在沪创办小微企业、个体工商户、农民合作社、民办非企业单位等创业组织的本市户籍劳动者、本市高校在读及毕业35岁(含)以下持有上海市居住证的非本市户籍青年。符合条件的个人申请20万元及以下创业贷款的,可免于提供个人担保。符合申请创业担保贷款利息补贴条件的,按规定给予贴息政策的扶持。

在本市注册开业的小微企业、个体工商户、农民合作社、民办非企业单位,其法人或法定代表人(负责人)获得本市商业银行或小额贷款公司发放的200万元及以下小额贷款,并按期还本付息的,可根据吸纳本市失业人员、协保人员和农村富余劳动力且稳定就业的情况,按以中国人民银行公布的贷款基准利率计算的贷款利息给予贴息,但每人每年贴息最高不超过2000元。贴息期限最长不超过1年。

对于未进行工商登记注册,但在网络平台实名注册、稳定经营且信誉良好的网络商户创业者,可按规定申请最高15万元的创业前贷款担保。在贷款期限内还清贷款本息,按规定给予银行贴息扶持。

资料来源:上海市政府对创业企业的政策支持,2017.

第二节　创业企业人力资源管理

与进入正常发展轨道的相对成熟的规模型企业相比,创业企业人力资源管理的特殊性可能主要源于企业规模不大,工作重心集中在财务、生产、技术及市场,管理非正式性以及创业者特质等方面。

一、创业企业人力资源管理现状

(一)组织结构简单

一般创业企业的组织结构层次都很简单,没有复杂的部门设置、岗位设置及工作流程,即使有部门设置或操作流程,也未必能严格按程序规范来运营,更多是靠彼此之间的默契来开展工作。因此,创业企业内部的决策和执行环节简单,对于市场变化能够作出快速反应。

(二)决策权高度集中

创业企业的决策权一般掌握在核心创业者手中,"个别人说了算"是该阶段的主要特征之一。这使得创业企业决策高效、执行力强,但是过分依赖于个人能力,风险较大,难以适应企业规模扩大、人员与部门增多之后的规范化管理要求。

(三)制度不健全

各项管理制度缺失是企业创业初期的显著特征,在人力资源管理方面,主要是与企业相适应的招聘甄选制度、绩效考核制度、薪酬福利制度、奖惩激励制度、员工关系管理等制度体系不够健全。在创业初期,企业由于业务发展的不确定性,没有必要制定完整的制度体系,但是建立所必需的人力资源管理制度非常有必要。

(四)因人设岗

在初创企业中,员工承担的责任和需要完成的任务可能重叠交叉,组织结构也可能会毫无规律,企业业务发展主要围绕个别团队,甚至个别人,而非围绕职能与岗位工作。这种"因人设岗"的现象在大多数企业的初创时期普遍存在,在某种程度上体现了"所有的人做所有的事",其前提是团队成员必须觉悟高、自主能力强,但从长远来看,"因人设岗"不利于企业的长久发展。

(五)招人难、留人难

虽然在选人和用人机制上,创业企业有充分的用人自主权和管理的灵活性。但实际上由于创业企业在资金吸纳、品牌塑造、工作环境、综合实力、组织文化等方面与同行业的成熟企业相差较大,创业企业对所需要的优秀人才难以产生强烈的吸引,加上企业管理机制不完善、可用资源不足等,不能及时为优秀员工提供可靠的物质与精神回报,吸引和挽留人才的措施单一且常常建立在企业愿景与个人信念的基础上,因此员工难进又难留。

表 11-1 创业企业人力资源管理与成熟企业人力资源管理的比较

对比期间	制度与流程	组织结构	选人	用人	育人	留人	关注点
创业初期	不完善,随意性强,相对灵活,主要靠自觉	组织结构层次简单	招人要求侧重于解决实际问题,在乎个人对事业或者文化的认同感	因人设岗,保证事情有人做,绩效管理灵活	侧重于实际工作能力的培养	薪酬激励与企业发展前景	创业团队建设与管理是关键,着眼于眼前问题
成熟期	规范、完善,按部就班	组织结构完善	招人要求完全基于岗位需求,方向更专业、更细分	因岗设人,确保事情由最合适的人来做,绩效管理规范	结合素质模型,考虑综合能力培养	完善的激励制度以及对员工的全面服务与支持	考虑人才队伍的全面建设以及人才储备,着眼于长期发展需要

二、创业企业人力资源管理的机遇与挑战

(一)创业企业人力资源管理的机遇

1. 教育水平提高为创业企业提供了高素质的人才储备

随着我国劳动者教育水平的大幅提高,新生代的劳动者受过国内高等教育或者具有海(境)外留学经历的比例大幅度增长,这为创业企业人才选用提供了资源储备。从统计数据来看,越来越多的大学毕业生在工作的前几年,或选择为初创企业工作,或创建自己的公司。

2. 重视科技和人才有助于创业企业的人力资源管理

我国年轻的创业者普遍具有高学历、高情商的特征,他们的学习和奋斗经历使他们具有重视科技和人才的观念,因此,创业企业必然会重视人力资源及管理工作。基于决策者的重视,创业企业的人力资源管理工作可获得理解和支持。

3. 组织结构灵活化促进了创业企业人力资源管理的革新

科技创新带来了商业模式和管理与思维模式的变化,促进了人力资源管理的发展,创业企业的组织结构会围绕企业目标任务而动态调整,更趋向扁平化和不规则性,促进了创业企业在人力资源管理上的灵活性和创新性。

(二)创业企业人力资源管理的挑战

创业企业或企业在创业阶段,创业者将处于一种既相对缺乏外界关注,又缺少人才和技术的境况中,在企业人力资源管理方面可能面临以下挑战:

1. 相对初级的人力资源管理无法助力创业企业的市场竞争

一般来说,大型企业通常会采用网络招聘、计算机化的甄选测试或通过公司内网的员工

基本信息注册登记等手段来提高企业在人力资源管理方面的资源利用效率,人力资源管理不仅能从职能角度,更可以从业务角度,以企业需求为导向,满足和支撑企业的阶段性任务与业务部门的需要。而不使用人力资源管理工具的创业企业,与市场竞争对手相比,可能会产生较差的经营结果。

2.缺乏职业化的人力资源管理专家

大多数创业企业既没有人力资源职能部门,也没有专业性、职业化的人力资源管理人员,一般由公司高管兼任人力资源管理,或个别员工专职于所有人力资源事务,如员工招聘、处理劳动关系等。这就使得创业企业从事人力资源管理工作不专业,甚至忽略某些特定领域的管理,以致公司利益受损。

3.难以应对经营管理中潜在的诉讼

正是由于企业规模较小且缺乏人力资源管理专家,创业企业往往会忽视潜在的法律问题。一方面,企业可能会不遵守薪酬和福利方面的法律法规。任何国家和地区都会制定有关薪酬和福利方面的法律政策对雇佣行为进行约束,比如支付加班费、购买保险、保障劳动安全等。另一方面,由于企业不能提供充足的关于雇佣歧视、解雇或性骚扰、劳资关系等方面的法律政策培训,因而可能导致违法或其他方面的问题。

4.重复性工作和文档工作导致低效率

创业企业可能无法顾及建立自己的人力资源管理信息系统,如登记员工信息(姓名、地址、婚姻状况、社会保险、补充待遇等),或者根本没有规范的记录,或者记录在不同的管理表格中,这些信息的变化可能需要以手工方式修改,不仅费时费力,而且容易出现错误。

三、创业企业人力资源管理实践

聪明的创业者会谨记创业企业可能存在的各种风险并充分利用所能获取的各种优势。有效的人力资源管理实践是企业获得竞争力的一个必备条件。美国的研究者对168家快速增长的中小企业进行了研究,发现与绩效较差的企业相比,成功实现高增长的中小企业更加注重员工培训与开发、员工绩效评价等方面,研究结果表明有效的人力资源管理能对企业绩效产生积极的影响。

创业企业在人力资源管理制度设计和组织结构方面可以不追求完美,但对一些重要的人力资源管理实践应给予高度关注,比如:人力资源规划、人才选拔、人才激励、人才培育以及人才保留。

(一)人力资源规划

1.明确企业长远目标及近期存续问题

创业企业在初期会有远期目标,也会有短期目标。因此,人力资源规划的编制既要考虑创业企业的发展愿景,也要兼顾企业当前运营的主要任务。比如,根据企业的战略目标、市场定位及业务规模,初步确定企业所需要的人才数量、人才结构及人才类型等。创业企业的人力资源规划不必面面俱到,但至少要能解决企业当前面临的关键人才的需求,即解决当前阶段的存续和竞争问题。

2. 分类分步建立人力资源管理制度

创业企业在初期的人力资源管理制度不必大而全,制度制定的原则是简单、实用,如日常考勤、薪酬福利、劳动关系等一般性的制度可以借鉴市场上同类企业的相关制度;人才选拔、团队建设、关键人员激励等制度可以在实践中逐渐摸索建立,以符合企业实际。

3. 抓住人力资源规划的重点

人力资源规划在工作中的关键问题有:一是依据企业目标和任务,确定人力资源阶段性工作的重点和方向。二是依据企业业务情况,设置少量可灵活调整的内设机构以及工作部门(或核心团队),确定所需要的人才数量与能力结构(既要避免人才浪费,又要能缓解人才紧缺)。三是逐步建立员工培训、绩效考核、薪酬激励等制度,并制定合理的人才预算。

(二)人才选拔

1. 首先要明确选什么样的人

企业应根据人力资源规划、业务需要来确定所需要的人才技术、能力、素质等要求以及人员数量。即使在初创期有些部门划分并不是特别清晰,但企业仍要明确选人的标准、主要岗位及职责要求。企业在选人时还必须关注那些认同企业愿景及志趣相投的求职者。

2. 对照标准进行人才选拔

很多创业者喜欢凭个人的主观意识来选人,由于选人标准模糊,常常导致所选人才不适用、人岗不匹配等。公司应根据初步设立的招聘制度、选人标准(面试评价)、选人流程等来进行人才选拔。当然,设定的标准与流程不宜复杂。

3. 开辟多元化的招聘渠道

由于企业在创业初期竞争力不强,难以吸引优秀人才,创业者应明确各类人员的可能来源、招聘渠道以及招聘方法,除了发布招聘信息之外,对于特殊人才,必须通过猎头指引、业内搜索、朋友介绍等各种方式主动追寻。

◆ 阅读推荐 11-2

如何在一个月内为"滴滴"找到 500 位"大牛"

1. 主持人:"滴滴"创始人如何吸引"大牛"人才?

辛琳琳:首先,我到"滴滴"的时候,"滴滴"还是一个不被认可的小品牌,很多"大牛"并不认可"滴滴",觉得"滴滴"只是一个小的 APP。

我当时把整个"百度"大数据中心的员工"挖"了一遍,很多人是不愿意过来的。我们当时"挖"了一个"牛人",承诺给他较高薪酬,结果被竞争对手以双倍工资挖走了,所以在吸引人才方面,雇主品牌的建设是一个长期的过程。

其次我要强调,业务部门需要出面。人力资源管理者的首要任务是找到人,把公司未来的发展展示给他看,然后用一些激励的手段和诚意打动他,在这个过程中我们付出了很多,包括和"大牛"原来的公司进行沟通和做安抚工作。总之,在雇主品牌还不够强大的情况下,人力资源管理者要先打开局面,找到相应的人,然后业务部门的经理一定要冲在前头,跟人力资源管理者打配合,"挖"这个人。

2. 主持人:招聘人员如何打开局面?

辛琳琳:我用一个例子来说明,我们当时用了一个很笨但非常有效的方法,就是不断对想要招聘的人才进行画像,并分析目标企业,了解各个部门负责人的情况。你在找这个人的时候,心里一定要给他做一个画像,这个人需要具备什么样的能力,要跟团队怎样配合,最后能达到什么样的目标,而不是盲目地去找一个候选人。

3. 主持人:在招聘"大牛"的过程中,怎样的沟通方式会比较有效?

辛琳琳:找到"牛人"后,他当时的状况,可能分两种:一种是根本不想动,那么你要跟他成为朋友,然后反复沟通和交流,把公司的情况反复植入;一种是他本身有一点点意向,对你的项目也没有排斥,那么你要看看他具体想要什么。刚才我说了,梦想、老板、公司、收入,他到底想要什么?了解了他的需求之后,抛出"橄榄枝"还是很容易打动他的。

资料来源:我如何在一个月内为"滴滴"找到 500 位"大牛".中国人力资源网,2017.

(三)人才激励

1.将合适的人放到合适的岗位

创业企业既要想方设法快速找到自己需要的人才,更要将内部现有的人才用好,即选择合适的人并放到合适的岗位上。也许某些员工的知识和技术不是很全面,但是在某些方面有所特长,企业应将其安排到能够发挥其特长的岗位或者从事有利于其特长发挥的工作中;对于那些很优秀的员工,则一定要为他找到现有合适的位置并且提供未来发展的职业通道。

2.适当的绩效管理

在人才合理配置的基础上,企业必须通过目标愿景的引导以及阶段性的绩效考核监督来引导员工不断努力前行。创业期的企业绩效管理制度不宜复杂,应结合企业目标任务需要,给员工设置一些基本的规则,运用绩效指标、目标管理等方法开展绩效考核。

3.灵活的薪酬福利计划

有竞争力的薪酬、个性化的福利均有助于激励员工。创业企业虽然没有成熟公司那样财大气粗,但可以为关键性人物提供优厚的薪资报酬,为普通员工提供发展空间及生活福利,如:清楚员工的优缺点,让员工通过学习和培训来提升自我,确保员工拥有完成工作所需要的资源,给予员工额外的假期,压缩工作周期,给予额外补贴等。

阅读推荐 11-3
创业公司的长期激励

目前,创业公司的长期激励呈现几点变化:

第一,过去很多激励仅限于高管,现在更多的公司的激励已经覆盖高管、中层员工和核心员工。企业一般会预留一部分股权给核心员工,A轮或B轮融资时扩展到中层员工,如核心研发人才。

第二,确定多元化的组合激励方式,如期权、限制性股票、股票增值权等不同方式。股票期权是授予激励对象在未来一定期限内,以预先确定的价格和条件购买股票的一种权利。限制性股票是指员工获得股份,但是股份匹配了相应的限制条件,在条件不满足的情况下(比如违约),股票会被收回。股票增值权是一种现金激励方式,公司给予员工现金奖励,与股票增值关联,比如,公司发放100万股股票增值权,意味着2年后,该股票增值部分对应的钱将以现金的形式返给员工,但员工不是股东,不享受股票的其他利益。突破性激励是指企业拓展新业务时需要启用一项合伙人计划,共同分享利润,或者获得跟投机会,享受分红。

第三,激励阶段化。企业通过设立时间节点以及对应的任务,进行多次分成。

第四,个性化和差异化。企业以结果数据为导向(比如用户增长、留存、转化等),根据绩效不同,让优秀的人获利更多。绩效可以个人形式发放,也可以小组、团队等形式发放,并可实现对应的奖励额度逐级增加。

资料来源:Lisa.创业,请从会用人开始.桂林:广西科学技术出版社,2017.

(四)人才培育

1. 一般员工的技能培训

创业企业培训员工的基础是解决实际问题,所以对一般员工的业务培训主要侧重于工作技能的锻炼和提升。比如,销售人员的销售技巧、财务人员的税务筹划能力、公关人员的沟通协调能力等;在培训方式上侧重于实践指导、行动学习等。

2. 创新团队或业务骨干的能力开发

创业企业的竞争力体现在核心团队与业务骨干的创新能力与实干精神方面,不论是核心团队成员,还是业务骨干,这些人才都可能是未来的管理者或合伙人。他们需要的培训开发是对企业战略的理解和支持、概念与沟通技能的再提升、对核心技术领域的跟进与赶超等。

3. 培训方法的灵活运用

培训专家史蒂芬·柯维(Stephen Covey)认为,小企业并不需要昂贵的正式培训计划,可以通过做事情来实现与工作有关的改善。比如:寻找各种在线培训的机会;为员工提供电子阅览工具,以便上下班或出差途中进行系统性和条理性的学习;鼓励员工之间分享工作中的实践经验;选派员工参加专门的研讨会和行业协会会议,以建立信息交流通道和人际网络等。

阅读推荐 11-4

某创业公司的人才培训计划

1. 针对新员工的培训。

首先,实习生进入团队,一定要配备导师和培训师,针对不同类型的实习生制定培养计划。该公司针对实习生提供了"Gap Year Intern"培养计划,要求实习生修学6~12个月。经过培训后,实习生更能够认可公司文化,能够迅速融入公司。

其次是"轮岗"。轮岗在很多早期创业团队可能没法做到,因为这些企业多是扁平化管理,员工会在第一时间平行接触到很多不同的项目。但由于项目比较分散,人力资源管理者要给实习生指定在某个阶段的固定导师,这个导师不仅是实习生生活上的引领者,导师身上具备的经验同时能加深实习生对企业、行业的了解。甚至导师的很多工作方法、经验都可以慢慢地渗透传授给实习生。

第三,制定类似于SOP(标准作业程序)的标准工作流程。企业要让新员工或者年轻员工熟知工作流程以及每一个流程需要达到的标准。

2. 针对骨干员工的培训。

骨干员工首先要有强烈的自我提升愿望,对未来有明晰的愿景。然后根据他对自身的优点、缺点、个性特点的客观评估(可以利用测评系统),找出"真实自我"与"理想自我"的差距。如果骨干员工是个性是温和型的人,人力资源管理者很难让他在工作过程中对个性做大的颠覆,但是不同性格的人可能适合的团队是不一样的,在给他分配上级领导时,要选择擅长激励人的领导。另外,人力资源管理者还要为骨干员工制定学习日程和行动计划,突出重点,不要期待一次培训就能改变,应该循环渐进地去培训。

资料来源:Lisa.创业,请从会用人开始.桂林:广西科学技术出版社,2017.

(五)人才保留

1. 设计多元组合式的激励机制

激励机制主要涉及绩效考核制度,企业要从薪酬、福利、职位晋升等方面予以激励设计;要为员工创造一个良好的工作环境;要让员工得到相应的回报,看到个人短期内可实现的发展前景;针对优秀员工,企业甚至可以考虑"合伙人计划"或股权激励等。由于创业企业的员工人数不多,关注员工的身心健康更易于实现。

2. 内部管理的公平公正

相当一部分创业企业源于家族式企业,不公正地对待家族成员与非家族成员的做法必然会让员工有不公平感及降低员工士气,为此,企业应采取措施减少"非公正性"问题的产生。比如:确定基本原则,使员工对其权利及义务有清晰的了解;正视家族事务,不将家族中的紧张与不和带到工作中;消除家族成员在福利、晋升等方面的特权等。

3. 注意企业文化氛围的营造

创业企业可能暂时无法形成系统全面的企业文化,但创业团队要有共同认可的核心价值观与管理理念,并以此作为企业文化的基本原则与行动纲领。需要注意的是,企业文化要务实,且需要创业者亲自推动。

◆ 阅读推荐 11-5
创业企业的薪酬如何规划?

在大企业,薪酬已经形成固定体系,每年都会有咨询机构发布上一年的薪酬市场调查报告以及相关行业的数据,以供参考。但是,对创业企业来说,很难参考以上这些数据。如何在创业企业现有的比较有限的资金池里,做好薪酬规划呢?首先要树立这样一个理念:优秀的候选人值得支付更高的薪酬,即关注核心优秀员工,给予丰厚报酬。

首先,搜集每一项工作的市场数据,设定一个界限,确定每个员工的个人薪酬可偏离市场薪酬和其他员工薪酬的范围。在一般情况下,普通员工薪酬可在市场水平基础上浮动20%,特别优秀的员工可以拿到超出市场平均水平30%的薪酬。

其次,以结果为导向。薪酬必须与绩效挂钩,绩效优秀的员工可以是普通员工薪酬的数倍。

第三,股权激励重在保留核心管理层和核心员工。

资料来源:Lisa.创业,请从会用人开始.桂林:广西科学技术出版社,2017.

第三节 创业企业人力资源管理策略

创业企业需要充分利用自身的优势,比如,企业因为规模小的特点,对每一位员工的优势、需求、个人特质、家庭状况等都很熟悉,在人力资源管理政策与实践上更灵活。

下面从构建灵敏便捷、手自一体的人力资源信息系统,实施人力资源外包两个方面来讨论企业如何适应创业企业的实际需求,提升人力资源管理的效率与效益。

一、构建人力资源信息系统

即使在只有几个员工的创业公司,人力资源管理过程也需要大量的文档处理工作。比如:招聘员工需要撰写招聘广告、设计应聘申请表、审查面试名单和面试评价表、签订雇佣合同、签订保密或竞业协议。当新员工到岗后,企业需要制作背景调查表、新员工登记表、任职注意事项清单等。然而,这只是开始,人力资源管理工作需要制作人事信息数据表、工作日志表、绩效评价表、员工离职记录表、缺勤记录表等。

以上列举的清单只是企业人力资源管理事务涉及政策、程序和文档工作中的一小部分。当企业只有少数几个员工时,管理者或许可以用脑子记住一切,或者为每一项人力资源活动写一份单独的备忘录,然后放入每位员工的档案里。但是,如果公司的员工不再是几个人,那就需要创建包括各种标准化表格的人力资源管理系统了。随着公司规模的扩张,电子化的人力资源管理系统显然比手工人力资源管理系统更为便捷。下面将介绍手工人力资源管理系统、基于信息技术的 e-HRM 及人力资源信息系统。

(一)手工人力资源管理系统

规模很小(员工 10 人以下)的创业企业人力资源工作往往先从手工人力资源管理系统开始。企业通常要创建一套标准化的人事表格,这套表格要涵盖人力资源管理的各方面内容,如招聘、甄选、培训、绩效评价、薪酬管理、劳动安全等。

人力资源管理所需要的表格数量非常多,如果创业企业想要获得手工人力资源管理系统中所包括的基本表格,一种便捷的方法就是从同类企业的表格汇编书籍入手,根据实际情况,对已有的表格进行适应性修改。

表 11-2 一些重要的人力资源管理表格

新员工适用表格	现任员工适用表格	员工离职表格
求职申请表	员工身份变更申请表	退休人员手续清单
新员工入职清单	员工信息记录表	解雇手续清单
雇用面试表	绩效评价表	《综合平衡预算法》
推荐材料核查表	警告通知	承诺书
推荐材料电话反馈报告	休假申请表	失业申明
员工手工签署确认书	试用通知表	
雇用合同	职位描述	
员工免责声明表	直接存款确认书	
	缺勤报告表	
	惩戒通知书	
	员工保密协议	
	员工申诉表	
	费用报告表	
	工伤报告	

资料来源:加里·德斯勒. 人力资源管理(第 12 版). 北京:中国人民大学出版社,2012.

创业企业可以利用表格为每一位员工建立一整套文档资料,并在文档的封面标出员工的基本信息,如姓名、部门、岗位、入职时间等。

(二)基于信息技术的 e-HRM

随着小微企业的发展,仅仅依靠手工人力资源管理系统将会使企业人力资源工作变得越来越低效、缺乏竞争力。对于一家拥有 40 名以上员工的企业来说,在管理出勤记录表和绩效评价表等方面所需要花费的时间可能会倍增。因此,许多创业企业将人力资源管理工作实施计算机化处理。

很多公司开发了针对各种单项业务的人事管理软件,业务范围包括招聘、培训、绩效、薪酬、劳动关系、工伤管理等。下面介绍几个常用的人力资源管理模块软件:

1. 企业人事系统

企业人事系统帮助创业公司的人力资源管理者进行员工基本信息的采集、录入，根据员工个人能力和需求制定培训方案、规范员工的离职管理等。这套系统（如表11-3所示）能够简化人力资源管理部门的常规数据录入工作，提升人力资源管理工作效率。

表 11-3　企业人事管理系统模块

系统设置	对员工编号、部门编号和职位代码等的设计
员工基本信息	姓名、性别、年龄、民族、籍贯、学历、专业、职位、工作经验、工作能力、个性品质及家庭和社会关系等
培训管理	培训前调查、确定培训项目、制定培训计划、实施培训方案和评估培训效果的评价
离职管理	提交辞职报告、有关部门审批、办理交接、办理辞职手续和结算工资，离职员工个人档案信息转入企业人才库

2. 工资核算系统

工资核算系统帮助创业公司的人力资源管理者编制员工的工资发放单。通过考勤记录、绩效考核结果等数据生成员工的工资发放清单，并生成转账凭证，如表11-4所示。该系统帮助企业减少了人力资源部门大量手工的统计、核算、发放工资等工作，并有助于形成公开、公正的薪酬系统。

表 11-4　工资核算系统模块

系统设置	对工资核算系统中工资款项、使用单位名称、开始使用年月、人员和部门等的设置
数据输入修改处理	工资款项定义、修改款项输入、考勤记录输入、工作单计算
费用汇总	部门汇总费用、按费用科目汇总费用和工资数据分析比较
工资账单	工资结算单、工资结算汇总表和工资分析汇总表
转账功能	根据工资分配汇总表生成的转账凭证，并转入财务处理系统和成本核算子系统

3. 绩效评估系统

绩效评估系统可以帮助创业公司开展部门、团队及员工个人绩效计划的制定、绩效信息的收集整理、绩效考评结果的统计以及绩效反馈的记载等绩效考核管理工作，如表11-5所示。该系统不仅涉及员工个人，也可为团队和部门的绩效信息管理提供帮助，从而有助于在创业企业内部形成程序规范、公平公正的绩效文化。

表 11-5　绩效评估系统模块

系统设置	初始化设置，员工代码、部门代码和职务代码的设置，并提供评估实施的查询功能
变动数据处理	考核方案定义、考勤数据录入和工作数据录入
评估实施	日常考核方案的定义、阶段考核、项目工作考核和特殊情况考核
评估分析	等级评价汇总表、部门绩效汇总表、综合评价汇总表和评价活动的评价
评价结果的输出	单独部门、个人的情况输出，打印图表输出，资料共享设置

随着企业的进一步发展，创业企业可能会需要一种综合性的人力资源管理系统。

(三)人力资源信息系统

随着企业对人力资源系统化管理的需求及信息技术的发展,整体化的人力资源信息系统(HRIS)应运而生。加里·德斯勒将人力资源管理信息系统定义为通过收集、处理、储存和传播信息,支持组织各种人力资源管理活动的决策、协调、控制、分析及可视化的彼此相互关联的构成要素。

通过建立人力资源信息系统,企业可以提高人力资源管理各种事务的处理效率。员工可以通过人力资源管理内网访问员工页面,人力资源管理者进行后台处理,许多复杂的管理工作变得简单化。

1. 在线自助信息处理

利用人力资源信息系统,员工可以选择自己感兴趣的福利项目、培训课程,系统也会自动回答福利项目会对薪酬产生的影响,培训课程会对员工的职业生涯规划产生的影响等。系统还会帮助员工了解各种保险、福利等政策及覆盖范围,如何选择自主福利项目,如何作退休规划等。在线自助信息处理既方便了人力资源管理者的工作,又保证了员工的知情权和选择权。

2. 提高报告能力

由于人力资源管理信息系统整合了大量的单项人力资源管理任务(如培训记录、绩效评价及反馈、员工个人资料记录等),因此,使用人力资源信息系统可以扩大人力资源信息集成与报告的范围,提高相关工作的效率。

3. 人力资源系统的整合

人力资源信息系统是将单个的人力资源管理软件进行整合,将各项人力资源管理工作相互关联,企业可以对人力资源管理工作进行业务整合与流程再造。据悉,甲骨文公司的人力资源管理信息系统会将员工的晋升、加薪、岗位调动等文件自动传送给相关管理人员审批,当前面的管理者签署之后,文件自动传送给下一个审签者,如果某一个人忘记签署文件,智能系统会发出提醒,直到整个流程完成为止。

二、实施人力资源外包政策

创业企业由于规模不大,大多没有人力资源部门甚至职能管理人员,缺乏高效而专业的管理和服务能力,不能满足企业与员工的需求。因而,企业将部分人力资源任务外包给外部供应商或人力资源外包服务商的行为不失为明智之举。

(一)人力资源外包的内涵与作用

1. 人力资源外包的内涵

人力资源外包是指在企业内部资源有限的情况下,为获取更大的竞争优势,仅保留核心业务,而将其他业务委托给更具成本优势和专业知识的企业。也就是说,企业将原来由人事行政部门处理的基础性、重复性、非核心的人力资源管理业务交由外部专业的人力资源外包公司去处理，企业则专心处理战略性的人力资源工作，从而达到降低成本、提升核心竞争力的目的。

2. 人力资源外包的作用

一是为那些没有人力资源部门的企业提供专业化的人力资源管理支持，或者帮助人力资源部门从繁重的事务性工作中解脱出来，专注于企业的核心业务，从而提升人力资源管理的竞争力。

二是通过专业化和标准化的工作，企业内部的人力资源管理工作将更加规范和科学，并提高管理效率。

三是利用人力资源外包公司的专业经验和优势资源，企业能创建一套既符合市场规律、又服务于创业企业内部管理实际的选人用人制度及管理措施，准确把握企业和员工的相关需求，从而提高员工的满意度。

四是企业将后勤服务、文档管理、社保缴纳等行政人事管理业务外包出去，可以减少管理者在处理文档、社保等人事管理相关工作中所耗费的管理成本，提高企业的管理效益。

五是人力资源外包公司在人员招聘、甄选、培训、支付薪酬、办理社保、维护劳动关系等方面具有一定的专业性和合法性，为人才派遣或租赁服务提供了相应支撑。

(二) 人力资源外包的内容

人力资源活动所涉及的工作包含人力资源及其载体——人，也包含围绕人力资源载体所产生的各种事务——人事，还包含针对人力资源开展的各种管理活动——人力资源管理职能。人力资源外包通常分为两大部分：人力资源的外包、人力资源管理职能的外包。

1. 人力资源的外包

人力资源外包又称"人才派遣"或"人才租赁"。通过将公司的员工转移到外包公司名下，派遣人员的劳动关系与工作关系分别在两家公司，外包公司负责办理名下员工的有关管理，如招募、雇佣、薪酬支付、社保、纳税等事务，而客户公司则负责派遣员工的工作安排、岗位培训、晋职晋级等管理。此类外包重点服务于规模较小的公司，收费标准大约为派遣至公司人员薪酬总额的 $2\%\sim4\%$。

2. 人力资源管理职能的外包

人力资源管理职能的外包属于人力资源服务产品，企业根据需要将某一项或几项人力资源管理工作任务或管理职能外包给专业的人力资源服务机构。人力资源外包公司通常提供的是"模块化行政管理服务"，如：薪酬管理、福利设计、培训方案、社保代缴、个税代缴、满意度调查等。这类外包服务相当于履行客户公司"人力资源部门"的部分职责。

事实上，不是人力资源管理的所有职能都适合外包。不同规模企业的选择会不一样，有些工作对于公司非常重要或涉及商业机密，不能选择外包。

阅读推荐 1-1

人力资源外包服务的选择

美国印第安纳大学的管理系教授于 1998 年 1—7 月对位于美国北部的 500 家企业外包人力资源管理模式进行调查。调查对象是把一项以上人力资源管理职能外包的企业，企业规模从员工不足 100 人的小企业到 12000 人的大型企业不等。调查发现：工资发放、福利、培训是三种常见的外包职能，而人力资源信息系统与薪酬则较少外包。同时调查还发现，小企业将工资发放和福利外包的比例较高。

某大型外企的人力资源部经理 Michael He 表示，虽然人力资源管理的一些业务越来越外包化，但不是全无选择性的，还是有许多因素需要考虑的。企业比较感兴趣的外包项目有：一是人员招聘。公司对低层员工的需求最多、也最繁杂，而企业需求的高层人员，如部门经理等招聘工作则外包给猎头公司。把职能有层次地外包出去，在一定程度上可减轻人力资源部门的运作费用，保证在短时间内以更广的渠道找到合适的人才。二是国家法定的福利，如养老保险、失业保险、医疗保险、住房公积金等事务性工作。三是员工培训。但如果将企业的一些职能，如薪酬管理、人力资源信息系统等外包出去则是不可想象的，因为这些属于商业机密，一旦泄露给竞争对手，必将对企业产生极其不利的影响。再比如：企业为了增强自身的核心竞争力、提高员工的士气、解决员工的冲突和抱怨等开展的特殊人力资源管理活动，最好交由本企业的人力资源管理部门实施。

根据大型企业人力资源外包业务选择的经验，你认为创业企业适合将那些业务外包？

资料来源：目前企业人力资源面临的挑战与人力资源外包具体优势分析. 中国人力资源网，2017.

（三）人力资源外包的实施

企业人力资源外包的实施流程如图 11-1 所示：

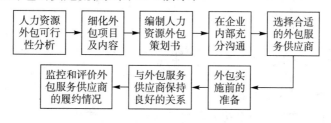

图 11-1 创业企业人力资源业务外包实施流程

1. 对创业企业人力资源外包进行可行性分析

首先要预测和判断创业企业的核心竞争能力是什么、人力资源管理领域是否需要实施外包、需要哪种类型的外包、外包的利弊有哪些、是否有合适的外部供应商等。

2. 细化人力资源外包项目及内容

企业要将外包的形式和内容进行仔细筛选、比对，确定适合采取什么类别、哪些内容的外包。如果是人才派遣，则哪些员工可以采取派遣方式；如果是人力资源管理职能外包，则哪些管理模块适合外包,采取怎样程度的外包。

3. 编制人力资源外包业务策划书

人力资源外包策划书主要包括:人力资源外包的目标和任务,外包的主要形式、时间及范围,外包服务供应商的选择标准,外包的具体项目及经费预算,外包任务的责任人及沟通机制等。

4. 企业内部进行充分沟通

首先,企业必须与人力资源外包业务直接相关的部门及员工进行沟通,传递管理意图及相关信息,争取相关人员的理解和支持;其次,企业要将外包决策和实施要点传递到企业的各个层面,通过解释和指导,推动外包工作的顺利进行。

5. 选择合适的外包服务供应商

人力资源外包服务供应商的服务能力差异很大,有的供应商只能做档案管理、社保代办等工作,而有的则可以做企业的大部分人力资源管理工作。这就要求企业针对外包内容,选择符合企业需求、专业可靠、成本适中的外包服务合作伙伴。之后,双方建立契约关系。

6. 外包实施前的准备工作

外包前的准备工作包括:创业企业针对外包形式和具体内容,向外包服务供应商提供企业人力资源外包的目标、任务、工作需求以及相关材料,配合外包供应商进行资料收集和企业内部相关调研,建立资料系统。

7. 与外包服务供应商保持良好的关系

创业企业应致力于和外包服务商建立长期的合作共赢关系,以让外包服务供应商了解企业的目标任务和实际需求,从而为企业提供更精准和优质的服务。

8. 监控和评价外包供应商的履约情况

虽然外包可以减轻企业人力资源管理任务,但并不意味着企业可以忽视对外包服务供应商的考核监管。企业要建立对外包服务商的定期考评机制,对外包服务质量进行评审定级并沟通反馈,对于评价结果不好的供应商要限期整改或变更合约。

(四)创业企业人力资源外包的关注点

近些年,各类企业对人力资源外包业务更加关注,愿意开展外包业务的企业也越来越多。那么,创业企业在开展人力资源外包的过程中应该注意什么呢?

1. 功能选择性外包

人力资源工作包括人力资源规划、人才招聘、人才培训、绩效考核、薪酬福利、员工关系等方面,其中许多工作是基础性事务工作,完全可以外包。目前,很多企业已将人才招聘外包,而档案管理、考勤记录、工资发放、薪酬福利等外包也呈现增长趋势。但是,企业文化、员工关系、绩效管理等关系到企业的核心竞争力,一般不轻易外包。

2. 选择合适的外包服务机构

人力资源外包服务机构的服务水平直接决定了企业的管理质量,对于创业企业而言尤为重要。因此,企业必须重视外包服务机构的服务质量、信誉、资质等,当然,还要考虑服务价格和管理成本。以前大中型企业多选择国外的服务机构,但出于文化沟通和管理本土化等原因,现在中小企业更乐于选择国内的外包服务公司。

3. 重视外包过程的沟通

在人力资源外包过程中,沟通极为重要。如:选择哪些功能进行外包,了解并选择外包服务机构进行沟通;高层要与企业相关部门、团队及员工进行充分沟通,以获得内部人员的支持;企业在对外包公司服务进行适时监测和定期评估的过程中也离不开沟通。

4. 外包后的人力资源管理

创业企业实施人力资源外包后,企业各业务单元中所有与人力资源管理有关的基础性工作和行政事务性工作基本上都外包出去。企业管理者此时可以将更多的精力投入企业技术研发、市场拓展、运营维护以及战略性人力资源管理,从而使人力资源管理能够直接围绕企业的战略目标和关键任务开展,并渗透到业务部门和创业团队之中。从某种角度上说,各业务经理和团队负责人已承接了所属员工的培训、考评、员工关系等人力资源管理职责。由此看来,创业企业在短期内大可不必设置人力资源部门并配备专职人力资源管理人员。

❖ 本章小结

1. 创业是创业者对拥有的资源或者通过努力对能够拥有的资源进行优化整合,从而创造出更大经济或社会价值的过程。创业既是一种劳动方式,又是一项经济活动。

2. 创业型企业包括新创企业和内创企业。新创企业是指从无到有创建出全新的企业组织,尤其是中、小、微企业在其初创阶段;内创企业是指成熟企业的再创设组织。

3. 创业企业人力资源管理的主要特征是:组织结构简单、决策权高度集中、管理制度不规范、因人设岗、招人和留人困难。创业企业人力资源管理面临人力资源管理实践无法助力企业竞争、缺乏人力资源管理专家、难以应对经营管理中潜在的诉讼、重复性的工作导致管理效率低下等挑战。

4. 创业企业人力资源管理必须关注人力规划、人才选拔、人才激励、人才培育以及人才保留。在人力规划方面,要明确企业长远和现期目标、分步建章立制;在人才选拔方面,要明确选什么人、按什么标准选、开拓选人渠道;在人才激励方面,要做到人岗匹配、绩效考核恰当、薪酬福利灵活;在人才培育方面,要区分一般员工的技能培训与创新团队及骨干的能力开发;在人才保留方面,要有多元化的激励机制、公平的内部管理、良好的文化氛围。

5. 为适应创业企业的实际需求,提升人力资源管理的效率与效益,企业可以从构建灵敏便捷的人力资源管理系统、实施人力资源及管理职能外包等方面进行策划。

❖ 本章习题

1. 什么是创业企业?创业企业与一般企业有何区别?

2. 创业企业人力资源管理面临怎样的机遇和挑战?
3. 与发展成熟的企业相比,创业企业在人力资源管理有何特点?
4. 请简述创业企业人力资源管理实践的主要内容。
5. 创业企业的人力资源外包策略有何利弊?

◆ 案例研讨

创业企业人力资源架构如何搭建与完善

人力资源管理有助于创业企业实现人才的选、育、用、留,帮助创业企业实现企业战略。以下我们给出创业企业的人力资源管理体系构建与人力资源完善建议。

1. 创业企业人力资源管理体系的构建流程。

(1)明确组织目标,建立公司组织架构。首先要充分了解公司3~5年的中短期规划,只有明确公司的发展目标及战略手段,才能设计出相配套的组织架构。

(2)创建职等表、编写职务说明书并完成定岗定编。为了各岗位任务顺利完成,企业要对岗位的级别、责任、权利等作出明确规定。职等表是制订薪资制度的基础,根据职等表可编写职务说明书,明确各岗位的职责、任务及任职资格等。

(3)制订人力资源规划计划。根据职务说明书中的要求和公司定岗定编的要求,编制公司的人力资源规划。

(4)制订考核管理办法。根据职务说明书及权限表对各岗位职、责、权的规定,制订各岗位的考核管理办法,考核评价员工的绩效。

(5)制订薪资福利制度。调查本地区同行业的员工基本工资水平、公司创利能力及分配原则,遵循公平合理性原则,上下浮动弹性划定各岗位的工资水平及增长比例,建立公司的薪资福利制度。

(6)做好培训及人才储备。按不同职等、部门、时间等因素制订员工培训计划,有针对性地对员工进行现岗位和更高岗位的知识和技能培训,将培训结果与薪资、晋升等挂钩。

2. 完善创业企业人力资源管理的建议。

(1)树立全员人力资源的意识。做好人力资源管理工作除了依靠一线的管理人员之外,还要充分调动企业员工参与人力资源管理的积极性,促进企业人力资源管理长久发展。

(2)明确岗位职责,进行职责管理。首先,要科学合理设计组织设计和工作分析。其次,要避免形式主义,在组织设计和工作分析时,不能采取凑合的态度。再次,要尽量克服归罪于外的心理,员工要在各自的岗位履行好自己的职责,而非各个部门互相扯皮推诿。

(3)进行目标管理,明确公司、部门、班组和个人的工作目标。首先是制定目标。其次是目标分解,建立企业的目标网络,形成目标体系,通过目标体系把各个部门的目标信息显示出来,任何人一看目标网络图就知道工作目标是什么,遇到问题时需要哪个部门来支持。再次是目标实施、检查实施结果及奖惩和信息反馈及处理。

资料来源:创业企业人才资源管理架构如何搭建与完善.三茅人力资源网,2017.

请讨论:

1. 除了案例所述,你认为创业企业人力资源管理体系构建还包括哪些内容?
2. 如何完善创业企业的人力资源管理?谈谈你的想法。

第十二章

全球化人力资源管理

 学习目标

☆ 理解全球人力资源管理的内涵、特点及影响因素
☆ 掌握跨国公司外派员工的招聘与配置
☆ 熟悉跨国公司跨文化的绩效管理与薪酬设计
☆ 了解全球人力资源管理系统的主要内容及建构思路

 关键术语

☆ 经济全球化 Economic Globalization
☆ 跨国公司 Transnational Corporations
☆ 文化差异 Cross-cultural Differences
☆ 全球人力资源系统 Global Staffing System

 学前思考

在经济全球化的大形势下,国内企业纷纷漂洋出海拓展市场、寻找商机。企业的跨国跨界经营以及跨文化管理,对传统的人力资源管理提出了挑战。实践表明,跨国公司人力资源管理的关键在于公司对本土化环境的应变、对全球化人力资源的整合。那么,跨国公司在全球人力资源管理中会遇到哪些难题?如何实现母公司文化与"东道国"文化的有机融合?如何在全球范围内配置人力资源,并施行有效的绩效与薪酬政策呢?

开篇案例

华为海外出征誓师大会

2015年,华为以3898件PCT(专利合作协定)专利成为拥有PCT专利数量最多的企业。海外市场已成为华为营收的重要来源。华为在美洲、欧洲、中东等地的总收入已大幅超过国内收入。"华为正在本行业逐步攻入无人区,处在无人领航,无既定规则,无人跟随的困境",任正非此前在全国科技创新大会上发言时表示。

目前,华为在全球建有16处研究中心,分布在俄罗斯、日本、法国等发达国家。公司每年都会派遣员工到海外工作。2016年10月28日,华为在深圳召开海外出征誓师大会,任正非发表了讲话,并在讲话中提到,此次派遣的研发人员为具有15~20年研发经验的2000名高级专家及高级干部,而类似的派遣每年都将举行。华为以前会派遣一部分研发人员到海外研究所工作,这些人员一般是在华为工作3年以上的员工,但像这样大规模地派遣研发人员到一线市场还是第一次。"这次派遣主要有两方面作用:一是让下面的研发人员有上升通道;二是研发人员接近一线需求,华为要怎么带领整个行业往前走,(有必要)让研发人员了解需求,将研发跟市场结合。"16年前,华为举行过一次誓师大会,当时派遣了大批一线销售人员到海外,他们的使命是在国内市场饱和的情况下,开拓全球市场。16年后,华为派遣的是企业的"军师"和"大脑",现在华为需要的是更加了解市场需求的创新。

资料来源:华为海外出征誓师大会.凤凰科技,2016.

请思考:随着经济全球化的发展,我国企业越来越频繁地走向国外,你认为华为的外派计划是否合理?

第一节　人力资源管理与经济全球化

随着世界经济贸易的全球化,跨国公司崛起,我国也有大量的公司迈开了海外扩张的步伐。全球化带来了跨国公司人力资源管理的难题,如何实现全球化的人力资源管理,进行不同国家人力资源的配置和不同文化的协调,是跨国公司遇到的现实问题。本章所讨论的全球人力资源管理,主要是针对跨国公司的人力资源管理实践活动。

一、全球化人力资源管理的概念及特点

经济全球化意味着在全球化基础上整合所有的经济活动,它是资本的伴生物。经济全球化使国际间投资加速,带来了贸易自由化、生产活动全球化、金融全球化和科技全球化,并促进了大型跨国公司的兴起。

(一)跨国公司的概念及特点

经济全球化的发展带来了跨国公司的大量崛起。联合国1986年制定的《跨国公司行为

守则》对跨国公司的定义是:由两个或更多国家的实体所组成的公营、私营或混合所有制企业,不论此实体的法律形式和活动领域如何。该企业在一个决策体系下运营,通过一个或一个以上的决策中心实施共同的战略;该企业中的各个实体通过所有权或其他方式结合在一起,其中一个或更多的实体得以对其他实体的活动施行有效的影响,特别是与别的实体分享知识、资源和责任。

中国人民大学林新奇教授认为,跨国公司具有以下特点:

第一,跨国公司必须在一国以上拥有或控制资产,并且跨国公司的海外资产和海外收益已达到相当的规模。

第二,跨国公司是从事价值增值活动的企业,具有企业经营活动超越母国的行为特征。

第三,跨国公司是在母公司控制下的多国经营实体,但是具有统一的、全球性的经营战略,在人员和资金方面拥有统一的核算体制。

第四,组成跨国公司的各个相关实体通过所有权或其他方式结合在一起,其中一个或更多的实体得以对其他实体的活动施行有效的影响,特别是与别的实体分享知识、资源和责任。

第五,企业跨国经营必然面临跨文化管理的问题,跨文化管理的问题成为影响跨国公司经营成功的关键因素之一。

(二)全球化人力资源管理的特征

当人力资源管理的功能应用于国际环境时,传统意义上的人力资源管理就演变成全球化人力资源管理。全球人力资源管理是指随着企业经营的国际化而产生的企业人力资源管理的国际化。虽然全球人力资源管理与传统人力资源管理在基本功能、常规程序上相同,但是跨国运作的复杂性和雇佣不同国籍员工的必要性,使全球人力资源管理具有不同特点。

1. 更多的管理职能

全球化人力资源管理除了具有传统人力资源管理的人员规划、招聘、培训、绩效管理、薪酬管理等职能外,还需要考虑驻外人员的课税和再配置问题。驻外人员的课税问题是指如何实现同一国家的人员在不同驻地所负担的租税公平以及减少驻外人员的租税负担等。驻外人员的再配置问题包括人员驻外前的培训、配偶子女安排、薪资报酬及回任等问题。

2. 更多的异质功能

传统人力资源管理处理的是人员在同一地区、统一报酬政策及政治经济环境的管理问题。但全球化人力资源管理涉及母国人员、"东道国"人员和第三国人员,他们在同样的地区工作,却可能遵循不同的报酬制度、税赋制度、福利津贴制度等。因此,在单一组织内如何公平给予来自不同地区员工的薪酬、福利,是全球化人力资源管理的一大议题。

3. 涉及员工的私人生活

驻外人员从选派、训练,到派任、省亲、离任等过程都会涉及员工的个人生活,全球人力资源管理部门必须和员工具有较深入的互动,了解员工的家庭,同时让员工及其家人了解所有与驻外相关的信息(包括当地情形、公司支援、薪酬计算、回任期限等)。

4. 目标对象不同

传统人力资源管理的对象均为国内员工,而全球人力资源管理涉及母国人员、"东道国"人员和第三国人员,不同对象差别很大。

5. 更大的外界环境压力

由于全球人力资源管理牵涉多国环境,所以需要承受更多来自外界的压力,应对不同"东道国"的政治环境、经济环境、管理差异,如:发达国家较重视劳动关系与员工福利,而发展中国家较强调就业率、劳动管理等方面。

二、影响全球化人力资源管理的因素

全球化人力资源管理是对传统人力资源管理理念和实践的创新,需要考虑更多的因素,如劳动力的多元化、跨文化因素、经济制度、法律法规、政治制度、伦理道德及劳工关系等。

(一)劳动力的多元化

经济全球化使跨国公司员工招聘的范围大大扩展,从而使跨国公司的劳动力构成具有多元化的特点。劳动力多元化是指组织构成在性别、种族、国籍等方面变得多元化。劳动力多元化可以提高跨国公司的创造力和灵活性,但也给跨国公司的人力资源管理带来了巨大挑战。来自不同国家、不同区域的员工有不同的信仰、价值观,差异决定了跨国公司的人才流动性较强,跨国公司劳动力呈现多元性和动态性,跨国公司的人力资源管理工作更为复杂。

阅读推荐 12-1

跨国公司管理层的多元化

2013年,在成都召开的财富全球论坛举办了一场关于市场进入策略的分组讨论会,这次会议给人印象最深的一点是与会公司最高管理层的国际性和多元化。美国商务部前部长卡洛斯·古铁雷斯(Carlos Gutierrez)指出,在食品公司家乐氏(Kellogg's)担任首席执行官时,他的前任是一名澳大利亚人,他的继任者则是一名加拿大人。巴西人薄睿拓(Carlos Brito)执掌着全球最大啤酒酿造企业百威英博(ABInbev),它的规模遥遥领先于其他啤酒公司,但巴西市场销量只占该公司啤酒市场销量的四分之一。吉利(Geely)是中国汽车制造业全球化的一面旗帜,它并购了瑞典的汽车品牌沃尔沃(Volvo)——后者的营收是近吉利的5倍。吉利创始人兼董事长李书福计划把沃尔沃的制造业务引进中国,并首先在成都建立一家工厂,此举使一些外国人在吉利的中国业务中扮演关键角色。在此之前,我们在财富全球论坛上还听到了联想(Lenovo)首席执行官杨元庆的发言。联想的最高管理团队有14人,来自7个不同的国家。看到这些企业的最高管理层有着如此强烈的多元文化色彩自然令人振奋。

资料来源:跨国公司管理层的多元化.财富中文网,2013.

(二)跨文化因素

不同国家在文化方面存在很大的差异,不同国家公民的价值观及其在社会活动、行为方式中表现出来的形式也是不同的。

1. 管理者关注的重点不同

一项以中国香港、中国内地以及美国的 330 位管理人员为研究对象的研究发现:美国的管理人员最关注员工能否完成工作;中国内地的管理人员关注的是如何维持一种和谐的工作氛围;而中国香港的管理人员则处于这两者之间。

2. 对权力不平等的接受程度不同

吉尔特·霍夫斯泰德(Geert Hofstede)教授所作的一项经典研究发现,不同的社会在权力不平等上的接受程度是不同的。霍夫斯泰德教授的结论是:对权力不平等的接受程度在一些国家(如墨西哥)比在另外一些国家(如瑞典)要高一些。

3. 员工期望与管理者的关系

员工期望与管理者的关系是保持距离还是亲密呢? 西方国家员工较多希望与管理者保持距离,维持正式的关系;而东方国家的员工较多希望与管理者保持亲密关系,建立一种非正式的联系。

4. 其他差异

不同国家的文化差异是较大的,如对管理者的称呼、对工作准时的态度、对同性恋的认可程度,等等。

(三)经济制度

不同的经济制度会导致不同国家在人力资源管理实践方面存在差异。

1. 有些国家强调政府对经济的干预,而有些国家则崇尚自由经济

欧元区国家倾向于对员工的每星期法定工作小时数作出严格的规定:例如,葡萄牙工人年平均工作时间为 1980 小时,而德国只有 1648 小时。

2. 各国劳动力成本差异较大

不同国家和地区生产工人的小时薪酬差别非常大:德国生产工人每小时薪酬是 34.21 美元、英国和美国生产工人的每小时薪酬分别是 23.82 美元和 27.10 美元、中国台湾地区生产工人的每小时薪酬是 6.43 美元、墨西哥生产工人每小时薪酬是 2.75 美元。

3. 不同国家对企业用工的要求不同

首先,解雇工人是否需要支付经济补偿金的要求不同。大部分国家规定雇主解雇工人需要支付遣散费:在德国,这笔遣散费相当于员工工作 1 年的报酬;而中国主要根据员工的工作时间来确定。其次,带薪休假时间不同。法国员工服务时间每满 1 个月,即可享受 2 天的带薪休假;德国劳动者每年可以享受 18 个工作日的带薪休假;我国劳动者工作满一年可以享受 5 个工作日的带薪休假。

(四)法律、政治和劳工关系因素

首先是法律、政治因素。不同国家的法律差异较大,即使是那些管理经验很丰富的跨国公司,也可能会遭受法律、政治差异所带来的打击。

其次是劳工关系因素。在许多欧洲国家,工会是典型的劳资关系协调机制,工会每个月都要与企业的管理人员会面,对影响员工的薪酬、福利、工作时间等问题进行"劳资共决"。

(五)伦理道德和行为准则

既然企业在不同的国家开展经营活动,企业要确保海外员工也能遵守本公司制定的伦理道德和行为准则。但是,要做到这样并不容易,一家企业要想确定自己的伦理道德和行为准则,需要做的不仅仅是让海外员工同样使用本国的"员工手册",而是要创建和发布全球性的员工行为准则。

> **知识拓展 12-1**
>
> #### L-1 签证——跨国公司驻美工作签证的深度解析
>
> L-1 签证是美国移民法上为方便外国公司派往在美国的分支机构常驻的工作人员,而提供的一种特殊的"非移民类别的工作签证"。L-1 签证是美国移民法上专门设立的一种特殊的"非移民性质的工作签证"类别,适用对象仅限于外国公司派往其在美国境内设立的分支机构的某些"特定"的工作人员,是一种"外派"或"派驻美国"的工作签证。
>
> 那么,申请 L-1 签证到底有哪些要求呢?简单地说,有三个方面的前提:企业要求、个人要求、职务要求。下面我们分别讨论一下具体的解释:
>
> 企业要求:申请的主体必须是一个跨国企业的美国分支机构。
>
> 个人要求:个人(受益人)必须能够证明其在过去三年当中,在国内企业必须至少连续工作了一年以上。
>
> 职务要求:这一点最关键。它要求外派人员在美国分支机构所担任的职务必须是"高管"性质的。
>
> 资料来源:喻青. L-1 签证——跨国公司驻美工作签证深度解析. 新华网,2015.

三、全球化人力资源管理面临的机遇与挑战

全球化给人力资源管理既带来了新的机遇,也带来了许多挑战。

(一)全球化人力资源管理的机遇

1. 人力资源管理理念的国际化

跨国公司的全球化经营使企业更关注全球化的人力资源管理理念,并将一些新的管理

理念运用在人力资源实践活动中,从而带来管理理念的国际化。

2. 人才来源和知识、能力的国际化

随着国际市场的竞争,企业将越来越多地使用国际人才。由于在全球范围内甄选人才,人才与岗位的匹配度更高,国际人才的知识、技术等更能胜任岗位的需求。

3. 人力资源管理方法的国际化

由于跨国公司在全球范围内开展经营活动,所以其人力资源管理的方式、方法必须更新,以适应不同国家的文化、法律、习俗等要求,同时,国际上先进的管理方法和工具也能顺利引入"东道国"并本土化发展。

(二)全球化人力资源管理的挑战

1. 管理文化的多元化

随着跨国公司的日趋普遍,员工的多元化管理和跨国团队建设问题凸显。以多元化团队建设为例,团队凝聚力是团队建设的重要问题,但由于员工的来源及文化不同,工作群体建设面临严重的多元化问题。随着企业跨国兼并和收购的增多,如何实现不同文化的融合是管理者面临的突出问题之一。

2. 优化组织结构以引导最佳绩效

组织结构和工作绩效紧密相连,跨国公司组织结构的优化体现为组织结构由科层纵向转向扁平化、网络化结构;组织状态由刚性、集权转向柔性、分权;组织边界趋向淡化、模糊,以打破部门间的壁垒,便于资源整合与协同创新。组织结构的优化给跨国公司的管理带来较大挑战。

3. 了解并处理好跨文化的人际冲突

随着公司人员构成的多元化,企业内部容易形成因国籍、民族、宗教信仰差异而结成的文化团体,产生复杂的人际关系,造成组织凝聚力下降。人力资源管理者必须积极研究群体冲突形成的原因及可能造成的后果,寻找解决办法。

4. 让"空降兵""落地生根"并融入组织

"空降兵"是对企业外部职业经理人或高端技术人才的一个形象的称呼,如何让"空降兵""落地生根"并融入组织是企业面临的难题,特别是来自于"东道国"以外国家和地区的"空降兵",他们不仅面临着团队和员工的接纳问题,还面临着不同文化与工作习惯的融合问题。

5. 应对不同来源员工的薪酬与绩效公平问题

由于涉及外派人员的薪酬内容、薪酬水平与不同国家的工作和生活成本差异以及外派人员的绩效目标、衡量标准及评价方式方法等问题,跨国公司员工的薪酬管理和绩效管理尤为复杂。

第二节　跨国公司的人力资源管理策略

如何实现全球化的人力资源管理,协调不同国家人力资源的配置和不同文化,是跨国公司需要解决的首要问题。

一、跨国公司员工的配置与甄选

跨国公司的员工可能来自于全球各个国家,如何甄选合适的人员和将甄选后的人员进行合理配置是跨国公司首先要考虑的问题。对于跨国公司而言,人员甄选的方法与传统公司差别不大,而全球化范围内的人员配置是传统公司所没有遇到的问题,因此我们先从人员配置说起。

(一)跨国公司人员配置

跨国公司人员配置就是跨国公司基于自身发展中合作与控制的需要,在实施全球战略过程中对管理和技术人员在全球范围内的配置。

1. 跨国公司人员构成

跨国公司人员构成可以分为三大类。假设中国一家公司想在美国的一家子公司任命一名新的人力资源总监,有三种选择:一是从美国当地甄选人员,即"东道国"员工(Host Country Nations,HCN);二是从中国委派一名员工去担任,即母国员工(Parent Country Nations,PCN);三是从其他国家(第三国)的子公司中选聘一名员工担任,即第三国员工(The Third Country Nations,TCN)。这三种跨国公司人员构成的优缺点,如表12-1所示:

表12-1　跨国公司人员构成的特点

	"东道国"员工(HCN)	母国员工(PCN)	第三国员工(TCN)
优势	无语言文化障碍;用人成本较低;"东道国"政府支持;对HCN可以实现有效监管;晋升通道顺畅,员工士气较高	容易实现组织控制与协调;管理者可以得到跨国管理经验;具备语言文化及特定技能等优势;可确保子公司与母公司的战略目标和管理风格一致	薪酬和福利成本较低;可能比PCN更熟悉工作及环境
不足	母公司难以控制与协调子公司;HCN在子公司之外难以晋升;减少了PCN获取跨国管理经验的机会;可能导致子公司各自为政	HCN的晋升空间受到限制;需要较长时间以适应驻地国工作环境;管理风格可能难以被接受;PCN与HCN报酬的内容和结构会有差别	需要考虑种族、文化等因素的影响;驻地国政府可能会反对雇佣TCN;期满后TCN可能不愿返回原工作地

资料来源:罗帆.跨国公司人力资源管理.北京:清华大学出版社,2016.

阅读推荐 12-2
跨国公司首席执行官的来源调查

财富全球 500 强企业中,在总部所在国以外聘请首席执行官的企业仅有 14%。

企业最高层全球化的普及速度似乎不是非常快。就全球 500 强的非本国首席执行官比例而言,瑞士居于世界最高水平。美国公司的非本国首席执行官比例为 14%,与全球平均值相当。在金砖国家的全球 500 强企业中,仅有 1 家公司的最高管理者是非本国人士。外籍高管偏少的部分原因是近年来跨境任命高管的现象显著减少。

在中国、印度、巴西和俄罗斯的跨国公司中,高级管理层中外派人员的比例已经从 20 世纪 90 年代后期的 56% 降至 21 世纪前 10 年的 12%。少量大型样板公司的数据显示,在大型跨国公司中,外派人员的比例一般不到总雇员人数的 1%,通常只有 0.1% 左右。

在欧美跨国公司中,相对于留在本国的管理者,外派人员在升职方面通常要花更长的时间。不仅是研究者,管理者也已经注意到了这个现象。因此,在经济学家情报社(EIU)近期召开的人才管理峰会上进行的一项调查中,尽管有超过 60% 的受访者认为在主要新兴市场或发达市场任职将应有助于职业发展,但仅有 27% 的人认为自己所在公司的人才发展战略体现出了这一点。

资料来源:跨国公司首席执行官的来源调查. 财富中文网,2013.

2. 跨国公司人员配置模式

对于公司的关键岗位,跨国公司人员配置大致有 4 种模式:母国中心(Ethnocentric)、多国中心(Polycentric)、全球中心(Geocentric)和区域中心(Regioncentric),其中区域中心是介于多国中心和全球中心的一种衍生模式。

(1)母国中心

母国中心也称为"母国化"或"民族中心"。此模式下,海外子公司没有自治权,一切重大决策都是由母公司管理层完成,母公司通过委派母公司人员出任海外分支机构中的主要职务来管理子公司。

(2)多国中心

多国中心又称"驻地中心"或"本土化"。一些跨国公司的海外分支机构由"东道国"人员管理,在一定程度上自主进行重大决策,而母公司人员仅在母国总部任职。

(3)全球中心

全球中心是指子公司与母公司各自承担不同的核心功能,具有不同的核心竞争力;跨国公司人员(尤其是海外分支机构的高管)配置很少考虑或不考虑国籍因素,在全球范围内选拔和使用人才。

(4)区域中心

在国际化过程中,有些跨国公司(如联想、海尔、IBM、宝洁等)为了平衡发展与控制、效率与成本的关系,采取一种更为灵活的人力资源配置模式,即区域中心策略。这些公司的管理人员可以在一定区域内流动(如欧洲区、亚太区、美洲区);区域管理者一般不能进入母公司管理层,但是在所辖区域具有极大的自主决策权。

这四种配置模式的优缺点如表12-2所示:

表 12-2 跨国公司人员配置模式优缺点

	优点	缺点	适用情况
母国中心	可有效应对子公司人才缺乏的问题;能够确保母子公司之间良好的沟通、控制与协调;保证母子公司在战略目标与管理文化上的一致性。	子公司驻地国人员少有甚至没有晋升的可能,导致人员积极性低、流动频繁;母国外派人员需要较长的适应期,甚至有本国员工不适应。	跨国公司初期多采用此策略。
多国中心	能有效避免语言与文化方面的障碍;缓解政治敏锐性带来的一系列潜在问题;人员积极性提升,公司人力资源成本下降。	当地员工与母公司管理层之间存在时间、空间、语言、文化等隔阂,价值观等不同将带来潜在的决策冲突;全球范围内战略决策能力不足。	多为"联邦"形式的跨国公司,即包含多种不同业务或因供应链整合而进行纵向一体化的公司。
全球中心	能够有效避免多国中心的各自为政,为组织内部合作及资源共享提供有效支持;为有潜质的管理者提供成长机会,在整个组织中建立继续学习的环境。	母国中心模式的不足同样会出现;人员培训、配置等成本较高;需要在全球范围内建立统一的薪酬管理体系;需要一个有力的中央控制。	多被欧美全球公司采用。
区域中心	施行更为灵活的人力资源配置方式。	区域管理者一般不能进入母公司管理层。	主要代表有联想、IBM、宝洁等。

一般来说,跨国公司会根据发展的不同阶段或不同地域采用不同的人员配置方式,在前期一般采用母国中心模式;在成熟期采用全球中心模式;在中间阶段一般采用多国中心模式。影响跨国公司人力资源配置的因素包括该跨国公司的特性、海外子公司的特性、所处的外部环境和公司内部人力资源实践情况等(如图12-1所示)。跨国公司要通过公司高层的集中控制与统筹协调,实现各子公司在所在地区的敏捷反应。

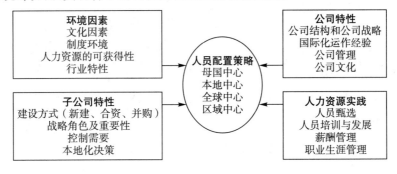

图 12-1 影响跨国公司人力资源配置策略的因素

3.跨国公司人员配置方法

一般来说,跨国公司人员配置的基本方法可参照本书第四章的人力资源配置理论与实践,仅在跨国指派方面不同于非跨国公司。

跨国指派(International Assignment),又称"海外指派",是指跨国组织通过向海外分支机构派驻母国人员或第三国人员,以实现人力资源的跨国配置。

既然向海外派驻 PCN 或 TCN 的成本很高,那么跨国公司为什么还要向海外派驻员工呢？原因有三个:填补职位空缺、管理提升、组织发展与控制。英国人力资源协会的一项调查指出:跨国指派填补职位空缺和管理提升是同等重要的。实现组织发展与控制也是非常重要的。

根据跨国指派的目的与时长,跨国指派类型可分为短期派驻、长期派驻和扩展指派。短期派驻时间一般不超过 3 个月,主要是解决问题、项目监督、对暂缺人员的补充。长期派驻时间一般超过 1 年,被派驻者在派驻地具有明确的职务或身份。扩展指派时间不超过 1 年,目的与短期指派相似。

从跨国指派的投资与收益来看,跨国公司的外派成本十分高昂,企业是否采用海外指派策略需谨慎分析。表 12-3 比较了外派策略的投资与收益情况。

表 12-3　跨国指派投资与收益的对比分析

投资	收益
直接成本: 　人员薪酬、税费、福利补贴与津贴; 　住宿费用、安家费; 　配偶安置或保障、子女的教育资助; 　跨文化培训; 　期满归国费用、重安置费用。	可以量化的目标: 　新开一个市场或业务(选址、设立办公基地/办事处、招聘并培训其员工等); 　在一定时期内/后提升公司的业务量。
管理费用: 　总部人力资源支持费用(配置计划、人员甄选、薪酬管理等成本); 　驻地人力资源支持; 　接任者管理; 　外派人员职业生涯跟踪管理。	不可量化的目标——组织发展方面: 　加快公司文化在驻地国子公司的发展; 　促进与驻地国合作者的关系; 　实现知识与技术在公司总部与子公司间的传递。
调节成本: 　跨语言文化适应; 　熟悉工作环境、寻找宜居住所。	不可量化的目标——人员发展方面: 　熟悉与了解本行业的国际市场情况; 　具备国际化管理经验,提高业务能力; 　在驻地国建立新的人际网络与工作联系; 　融入当地工作环境; 　为下属提供符合当地文化的反馈。

阅读推荐 12-3

我在外派中

石油工程师石畅被外派到了非洲刚果,在那里的钻井平台上负责勘探石油。石畅所在公司派驻刚果的团队一共有 11 个人,分别来自 11 个国家。在这个团队里,每个人都有着不同的信仰、文化、教育背景以及职业经验。要和这些人一同工作,一同度过一年中的大部分时间,就必须建立起个人信用,获得话语权,还要努力与不同工作风格的队友完成团队合作,这比在熟悉的环境中工作要困难许多,也是每一个外派员工需要面对的最大挑战。

第一次走在一个语言没法沟通、一无所知、看上去似乎危机四伏的国家,石畅的唯一感觉是没有存在感,这应该能代表大多数外派员工第一次来到驻地的想法。

让他感到舒服的是工作状态的改善,尽管他的法语很糟糕,但开会的时候有同事帮他把关键的会议内容翻译成英语,甚至场监有时还会在旁边征求性地问上一句:"Chang, how do you think?"熬过了最初那段艰难的日子,石畅总算在工作上找回了状态。

每次回国,身边的朋友都会问石畅,过得好吗,那里这么苦怎么过呀?"就这么过着,过着过着也就活下来了。"石畅总是那么回答。细节是聊不完的,也没什么可值得拿出来说,石畅有时候回想起刚开始那段时间还是觉得辛酸憋屈。也有那么一两次,实在是觉得撑不住了,他就到海边一个人坐着发呆一天。最难熬的那段时间,石畅只好用好多年前搜狐首席执行官张朝阳那句话来作为精神支柱——男人,要扛住。

这也让石畅越发觉得:"人还是不要太早把自己的能力范围框定了,你永远会比你想象中的要好。"

资料来源:唐文之,叶啸.我在外派中.和讯网,2017.

(二)跨国公司人员甄选

关于跨国公司人员的甄选,这一章仅介绍外派人员的甄选,主要涉及母国和第三国人员。为了实现外派人员与任职岗位的匹配,保证海外公司的顺利运营,企业需要甄选外派人员。

1. 跨国公司人员甄选标准

跨国公司的人员甄选标准因母国外派人员、"东道国"人员及第三国人员选聘渠道的不同而不同。

(1)对母国外派人员的选聘标准

跨国公司在选聘海外高管时,越来越重视海外工作经验和跨国经营管理才能。现在,许多跨国公司往往把有前途的年轻经理人派遣到国外工作,让他们及时获得跨文化的管理经验。影响母国外派人员选聘的主要因素有:

①专业能力,包括完成外派任务应具有的技能与知识。外派人员不仅要具有相应岗位的技术能力、特定管理技能、行政管理能力,还应熟悉"东道国"和母国工作特点的跨国经营常识。

②交际能力,主要包括对差异和模糊的容忍性、文化移情能力、对"东道国"的兴趣、有关文化符号的知识和文化的韧性等。

③工作成就感。在国际化动机方面,外派人员的成就感、使命感和职业路径相一致,对

海外工作有兴趣、对"东道国"文化有兴趣，愿意理解和学习新伙伴的行为和态度，对当地社会符号具有深刻的理解，都是体现工作成就感的重要方面。由于国际环境更复杂、不确定性因素更多，富有工作成就感的人会对国际环境工作更有激情，对未来的困难更有面对的勇气和心理准备。

④家庭状况。外派人员的配偶能够积极配合，尤其是长期外派人员可能需要家人移居海外，并对海外工作给予理解和支持。外派人员的家人应具有环境适应能力，在跨文化环境中保持稳定的家庭和婚姻状态，具有融入当地社会文化环境的能力。

⑤语言技能。在跨文化的环境中工作，外派人员需要有强大、有效的沟通能力，其中语言沟通是重要方面，外派人员要能够较好地掌握"东道国"语言以及非语言交流的技巧。

在所有的外派任职中，外派成功因素并非同等重要，成功因素的重要性取决于任职时间、文化相似度、沟通能力、工作复杂性及责任重要性等方面。表12-2总结了选派不同任职条件的外派人员应考虑的问题。

表12-2　不同任职条件下外派成功与否的因素及优先程度

外派成功因素	任命时间长	文化差异大	与当地公民交往需求大	工作复杂、责任大
专业技术能力	高	不确定	中	高
交际能力	中	高	高	中
工作成就感	高	高	高	高
家庭状况	高	高	不确定	中
语言技能	中	高	高	不确定

资料来源：刘福成. 人力资源管理. 北京：中国财经经济出版社，2009.

(2)"东道国"人员的选聘标准

对于"东道国"员工的选聘，首先要区分不同的招聘目的，不同的招聘目的决定了不同的甄选标准。跨国公司招聘"东道国"人员目的有两个：一是为当地的分公司选人，二是为母公司选人。

如果为地当分公司选人，则甄选标准的重点应该在候选人的受教育程度、专业技能、相关工作经验等方面。与国内人力资源招聘不同的是，跨国公司招聘"东道国"员工时，必须仔细研究"东道国"有关人员选配方面的法律法规和社会习俗，以避免招聘中产生不必要的麻烦。如果缺乏"东道国"的雇用经验，跨国公司可以雇用一家当地的招聘机构，为分公司配备一名"东道国"人力资源经理，继而将分公司选配员工的职能本土化。

如果为母公司选人，其动机是培养和发展"东道国"员工，员工被调到公司总部学习专业技能，接受专门培训；有的企业为了让"东道国"员工获得归属感，从而建立全球化企业文化。跨国公司挑选"东道国"员工到母公司总部任职的原因是多样的，具体的甄选标准会因不同动机而有所不同，但是，能运用母公司的语言与他人沟通仍然是选人的重要标准。

(3)第三国人员的选聘标准

跨国公司招聘第三国员工的目的，通常是将其作为派往海外公司的驻外管理或技术人员。因此,上文讨论的挑选母公司外派人员的标准,大部分也适用于对第三国员工的甄选。专业能力、跨文化适应能力和外语能力(熟练运用母公司及"东道国"语言)是跨国公司挑选第三国员工的重要标准。

除此之外,情境因素在对第三国员工的甄选过程中起到了重要作用。工作许可证是决定跨国公司在海外子公司能否使用第三国员工的重要因素。

2. 跨国公司人员甄选的技术

由于跨国公司不仅要求外派人员具有良好的业务技能,而且强调其应具有跨文化适应能力,因此跨国公司在人员甄选时应关注员工的专业技能、个性特征、交际能力、语言能力、家庭状况等,采用不同的甄选方法和工具进行相关信息的采集、分析及评价。常用的甄选技术可以分为测验方法、非测验方法以及评价中心法三类,如图 12-2 所示。

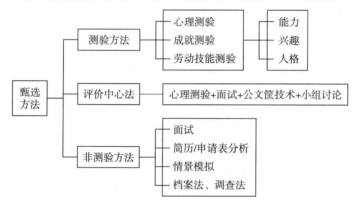

图 12-2　跨国公司人员甄选技术

测验方法可以有效描述个体在知识、技能、心理及生理方面的素质情况,一般运用于从事常规工作的大量人员的初选,与其他甄选工具配套使用。评价中心方法是一种综合性的人才测评技术,通过一系列的科学测评手段对被测试人的心理、行为和能力进行评价。而非测验方法以定性描述与分析为主,如果前面两种方法与传统公司的人员甄选方法并无不同,那么在非测验方法中,可通过申请表分析、档案资料调查、情景模拟等方式重点考查面试者的跨文化融入能力和多元团队的管理能力,甚至还涉及调查配偶和家庭。

知识拓展 12-2

外派工作测试题(节选)

在对外派人员进行甄选时,不仅要考虑外派人员的技术、管理水平,还需考虑外派人员的文化适应性以及家人的文化适应性。以下的外派人员甄选表格已说明了这个问题。

1. 人口结构特征。

请完成要求填写的人口结构特征。注意:这里的回答并不影响您参与测试的结果,在填写完这些内容之后,您将可以直接进入测试的内容。

2.背景性信息。

员工或配偶(或伙伴)	员工	配偶(或伙伴)
性别:		
国籍:		
年龄:		
孩子数量:		
是否在本国之外的海外其他国家旅行过:	是	否
是否在本国之外的海外其他国家居住过:	是	否
就业情况		
拟前往国家:		
当前就业国家:		

3.测试问题。

请仔细阅读,然后在相应的方框中作出选择。答案没有对错之分,请选择最能反映您的想法或最经常的答案。有些问题可能看起来相似,但没有两个问题是完全一样的。请独立回答每一个问题,而不必考虑其他问题的答案。

1=非常同意 2=同意 3=不确定 4=不同意 5=很不同意

1.我不希望降低我现在的生活标准。	1	2	3	4	5
2.我觉得舒适的环境与我准备前往的国家是相似的。	1	2	3	4	5
3.总的来说,我和我的配偶或伙伴之间能够相互理解。	1	2	3	4	5
4.总的来说,我是一个会先开口讲话并且愿意带领一个群体的人。	1	2	3	4	5
5.我很清楚在完成这次任务时自己的工作将会受到怎样的评价。	1	2	3	4	5
6.我能熟练地口头运用准备前往国家的语言。	1	2	3	4	5

资料来源:加里·德斯勒.人力资源管理(第12版).北京:中国人民大学出版社,2016.

3.外派失败

传统的外派失败是指驻外人员在任期未满时提前回国。很多学者认为,外派失败能反映外派人员的低绩效和高离职率等问题。

外派失败会给跨国公司带来巨大的直接损失和间接损失。直接损失指外派一名管理者及其家属每年花费的成本(为外派人员基本薪酬的150%~400%)。间接损失包括对企业发展和外派人员个人职业发展的损害。

导致外派失败的因素较多,其中最主要的是文化适应问题。但很少有跨国公司认真面对并处理这个问题。有学者调查发现,美国公司外派人员常把"配偶不能适应"排在外派失败原因的第1位。适应国外文化是一个艰难的过程,不同个体的反应期和处理行为方式不同,图 12-3 展示了文化适应阶段。

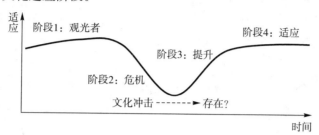

图 12-3　文化适应阶段

资料来源:加里·德斯勒.人力资源管理(第 12 版).北京:中国人民大学出版社,2016.

二、跨国公司员工的培训与开发

为了在全球化竞争中取胜,训练和发展一支高绩效且具有国际经验的员工队伍是许多跨国公司面临的难题。跨国公司的员工培训更关注于跨文化培训及外派人员培训。跨文化培训涉及公司的所有员工,而外派人员培训则针对外派员工。

(一)跨国公司员工培训

1. 跨国公司员工培训特点

跨国公司不同于传统企业员工培训的特点主要有:

(1)"东道国"与母国人员的培训存在差异性

对母国外派人员的培训重点是文化敏感性培训,员工了解即将前往工作的国家的文化氛围、价值观和行为准则,增强对"东道国"工作和生活环境的适应力。另外,培训还包含对外派人员家属的培训,让家属尽快适应环境。最后是对母国员工未来回国后的工作预期和承诺。

跨国公司通常会重视外派人员的培训,而忽视对"东道国"员工的培训。"东道国"人员熟悉当地市场和环境,可以帮助公司发现潜在市场、增强产品与服务的竞争力,同时,"东道国"员工整体素质的提高也是跨国公司综合实力的体现。所以,对"东道国"员工的培训不容小觑。

(2)管理人员的培训趋向全球化

跨国公司的发展已经证明,海外经营扩张的瓶颈不只是资金和技术,更是优秀的管理人才。对那些有潜质的管理人员进行全球化培训,是企业帮助那些快速成长为全球化管理人员做好理念、技能、沟通等方面的准备。

(3)全体人员的跨文化培训是难点

跨文化培训是跨国公司员工培训的重点和难点。如果缺少对全体员工的跨文化培训,既会减慢公司海外扩张的步伐,也会给公司全球化的生产、经营、管理等活动造成损失。

(4)外派人员的培训是重点

外派人员肩负着完成企业海外经营的使命,影响跨国公司拓展海外市场。

2. 跨国公司员工培训方法

跨国公司的员工培训方法是以传统的人力资源一般性培训为基础,以适应跨国公司员工培训开发的特殊需要为重要补充。

(1)跨国公司员工的一般性培训

跨国公司会在传统的员工培训方法中加入适应公司全球化发展的新内容。

①讲授法。讲授法能在较短时间内向员工传递大量信息,包括:针对文化差异进行适应性调整;如何与不同宗教、种族背景的人一同工作;如何理解全球市场及竞争者;如何管理多元化团队。

②案例研究法。企业培训采用真实或虚拟的案例,如跨文化冲突、文化融合、多元化团队管理等,对员工进行专项培训。

③工作轮换法。跨国公司不再局限于岗位轮换式培训,为适应跨国公司全球化经营的需要,管理和技术人员往往会在母国、"东道国",甚至第三国范围内进行跨区域、跨文化的工作轮换。

(2)跨国公司员工的特殊培训

跨国公司还要运用更多的培训方法来适应企业业务拓展、员工适应与提升的需求。

①所在国的现实培训。由于跨国公司有很多外派员工,前期的跨文化培训也许收效不大,那么可以采用所在国的现实培训,即当外派人员到达"东道国"后进行跨文化培训,或针对海外员工所遇到的突发事件进行针对性培训。

②改善心智模式的培训。为适应全球化的工作及思维模式,企业要超越以往单一地区及工作领域的眼界和思路,形成可以包容全世界的心理图式。全球化心智培训模式可以通过组织回国人员传授经验、海外实习等方式实现,主要是针对培训管理者。

③基于胜任力的国际人力资源开发。基于胜任力的人力资源开发是跨国公司实现全球化经营的保证。企业首先是根据公司战略发展的要求制定管理人员的胜任力标准及具体要求;其次是形成管理人员胜任力评价的指标及实施方案,在此基础上对员工开展培训和开发。

(二)跨国公司外派人员的培训

外派人员的培训往往出现效果不佳的情况,导致培训项目不能满足外派需求,这种情况称之为"培训缺位"。培训缺位会产生外派失败的后果,如:外派人员提前回国、回国后离职、外派期间绩效不佳、外派成本超支。因此,跨国公司应重视外派人员的培训管理。

1. 外派人员培训的阶段

对外派人员的培训包括以下四个阶段:外派人员储备培养阶段、外派人员外派阶段、外派人员回遣前阶段、外派人员回遣后阶段。

大多数跨国公司都很重视外派人员储备培养阶段的培训,在这一阶段形成了完整的培训体系,为外派人员适应"东道国"环境及融入团队和岗位起了很好的效果。但是,外派人员的培训不仅仅局限于这一阶段,还应包括到达"东道国"后的适应性培训(外派人员外派阶段培训),以帮助外派人员更好地适应"东道国"文化习俗、政策法规及管理环境;外派人员回遣前和回遣后的培训是帮助外派人员适应回国后即将担任的职务,并重新适应母公司的组织文化和管理环境。

2. 外派人员培训的内容

由于外派人员每个阶段的培训目的不一样,因此培训内容也不相同,图12-4详细描述了外派人员在不同阶段应接受的培训内容。

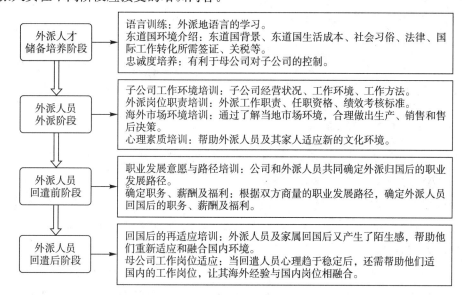

图12-4 外派人员不同阶段的培训

三、跨国公司员工的绩效管理

(一)跨国公司员工绩效评价的特点

由于发展背景不同以及地域、文化、意识形态、行业等方面的差异,跨国公司的绩效管理各有特点,但不同的跨国公司在绩效管理中存在一定的共性,尤其是高绩效的跨国公司。

1. 以人为本的绩效理念

不论是绩效管理目标的制定还是绩效考核体系的建构,都应该充分考虑员工,高绩效的跨国公司都能将"以人为本"的思想贯穿于绩效管理各阶段。比如:工作分析与素质测评时充分考虑岗位工作的特殊性和员工素质的个体差异;绩效目标与计划的制定均建立在公司与部门、上级与员工充分沟通的基础上。

2. 良好的绩效管理环境

优秀的跨国企业都会营造良好的绩效运行环境,重视企业绩效管理及文化建设,把绩效管理的刚性化建立在企业文化的柔性氛围上。通过良好的绩效文化氛围,绩效管理双方进行充分的沟通与交流，促进绩效管理系统良好运行。

3. 制度化与灵活化相结合

优秀的跨国公司总能在绩效管理中将制度化的刚性管理与艺术化的柔性管理相结合。许多跨国公司在进入国外市场时，会用成熟的绩效管理制度来规范子公司，避免因文化交融而产生绩效混乱。有调查发现，91%的公司在所有子公司中使用统一的绩效管理系统。当然，绩效管理还应根据所在国的具体环境灵活变化。通常，总公司仅给出绩效体系的构建原则，具体细则由子公司自行建立。

4. 绩效评价与人员激励密不可分

在全球化经营管理实践中，跨国公司越来越重视内部激励与绩效管理的交互作用。在很多跨国公司中，员工绩效管理也视同为人员激励的过程，从绩效计划制定到绩效沟通、辅导及反馈，始终强调全员参与，注重企业绩效文化与人力资源理念的传承。

(二) 外派人员的绩效管理

跨国公司绩效管理的难点主要是对外派人员的绩效考核评估。

1. 跨国公司外派员工绩效评估系统

如同国内企业对员工的绩效评估，跨国公司对外派人员的绩效评估也包含设定评估标准、实施评估、结果反馈等过程。绩效评估的结果决定了外派人员的薪酬、奖励及培训计划。

(1) 绩效评估标准

跨国公司为外派人员制定的绩效评估标准一般分为硬指标、软指标和情境指标三类。所谓硬指标是指客观的、定量的、可以直接测量的标准，比如投资回报率、市场份额等。软指标是指以关系或品质为基础的指标，比如领导风格或处理人际关系技巧等。情境指标是指那些与周围环境密切相关的绩效指标。一般来说，仅仅依靠财务数据等硬指标来评价外派管理人员的绩效是不够的，因为这些指标不足以反映外派人员是如何取得这些工作成果以及获得这些成果的行为特点。这时就需要用软指标来弥补硬指标的不足。但由于软指标很难量化以及不同文化环境的变换和冲突，因此需要用情境指标来辅助考查环境对外派人员绩效的影响。各种绩效指标组合运用可使绩效考评更科学合理、公平公正。

(2) 实施绩效评估者

跨国公司绩效评估者较多，包括上级、下属、同事，涉及其他外派人员和"东道国"本地人员以及自我评估，文化差异的影响十分明显。

总体而言，由"东道国"管理人员对外派人员进行的绩效评估，优点是企业对外派人员的绩效状况比较了解，能够考虑形成绩效的环境因素。但由于与外派人员之间存在文化上的隔阂，很难从整个跨国公司的角度来考察员工绩效。

由于未来职业生涯发展将依据每一次绩效评估的结果，因此有些外派员工宁愿接受母公司管理人员的绩效评估。但母公司管理人员在远离分公司的总部工作，对外派人员的日常工作情况和特点并不了解，绩效评估的精确性会受到影响。表 12-5 显示了各种评估者的局限性,因此在选择评估者时要考虑这些问题。

表 12-5　来自各方面的绩效评价比较

评价来源	评价标准	局限因素
"东道国"上级评估	工作内容、沟通领导技能	文化背景差异,很难从整个跨国公司的角度考虑
"东道国"下属评估	工作报告、管理技能、项目管理过程	容易产生自我表现中心和歪曲事实
"东道国"同事评估	领导技能、沟通技巧、分公司的未来发展计划	文化背景的差异性
"东道国"客户评估	服务质量、工作时间、沟通谈判能力、跨文化互动技巧	容易受到已有消费习惯的影响而歪曲事实
母国上级评估	管理技能、领导技能、工作内容、总公司战略的执行	由于距离、时间和环境差异容易造成信息不对称

(3)绩效评估的反馈

绩效管理系统中的一个重要环节就是绩效评估结果的反馈。对于跨国公司的外派人员来说,如果绩效评估是由母国总公司管理人员进行的,适宜的定期反馈则更有必要。

2.影响外派人员工作绩效的因素

跨国公司在对外派人员绩效评估时,除了采用恰当的指标体系、选择合适的评估人员、将评估结果及时反馈之外,还必须指明影响外派人员绩效的主要因素,形成正确的评价导向。

(1)工作任务

对外派人员来说,他们的工作任务要求是在母国制定的,却在另外一个国家来执行,两国在文化习俗上的差异可能会导致外派人员在执行任务时,遇到很多在母公司制定工作任务要求时没有预料的情况。另外,外派人员在外派地的主要工作职能是管理职能,需要与"东道国"的同事密切合作、协同完成,为此,外派人员的绩效考评必须以"东道国"环境为前提。最后,绩效考评还必须考虑外派人员所从事的工作与在国内所从事工作的相似性。

(2)总部支持

不同于国内的工作调动,外派人员的工作任命涉及员工本人及家庭成员,来自公司总部的支持至关重要。与此同时,如果外派人员认为母公司没有提供原先的许诺和支持,如不能兑现协助家人寻找工作、帮助子女接受适当教育等承诺,则员工的忠诚度和责任感将会下降,从而影响工作绩效。

(3)"东道国"环境

"东道国"的社会环境和工作环境会对外派人员的工作绩效产生影响,另外,分公司的经营管理方式也会影响外派人员的工作绩效。通常,在全资子公司的工作开展要比合资企业容易,因为合资企业的跨文化冲突更为频繁。

(4)文化调整

文化调整的过程对于外派人员的工作绩效也有很大影响。如果外派人员及其家人在文化适应上存在麻烦的话,必然会影响绩效。

(三)对"东道国"员工的绩效评估

跨国公司在对聘用的"东道国"员工进行绩效评估时,通常采用一个方法是在分公司为"东道国"员工建立一套绩效评估系统,并尽量使这套系统符合当地有关工作行为和风俗规范。关键是分公司建立的绩效评估体系必须符合总公司绩效管理总体要求。

对于"东道国"员工,总公司对其评估是基于对他们的角色期望进行的。尽管总公司的管理人员与"东道国"员工的距离很近,但由于文化差异,双方的心理距离仍然很大。"东道国"员工必须在陌生的环境中为实现总部的期望而努力工作,而不论其工作绩效如何,最终一般是调回"东道国"。

◇ 阅读推荐 12-3

收购 IBM 后的联想

2004年12月28日,联想和IBM公司正式签署合同,联想收购IBM公司PC部分。

员工流失是并购后联想可能面临的重大挑战之一,对此IBM公司首席执行官沃德(S. Wand)早有准备,在签约仪式宣布的那天,沃德在美国,杨元庆在中国,分别在各自的现场播放了一个视频短片,针对美国员工最担忧的问题:合并之后,他们是不是必须要去中国工作?一切照旧,这是沃德给出的答案。因此员工并没有发生大规模的离职。

首先,董事长杨元庆搬到了纽约。其次,杨元庆和王晓岩商量,让她出任联想国际CIO(首席信息官),但沃德并不信任没有任何国际经验的王晓岩,他要找自己人来做CIO。

乔健被外派到纽约,在联想国际,她被一个美国小姑娘前台拦下了,小姑娘说要有工作牌才能进入,乔健用蹩脚的英语说要找Peter,小姑娘说公司有100多个人叫作Peter。乔健在美国的上司是负责人力资源的比尔,在IBM工作期间,乔健经常和他产生冲突,其中最大的冲突是关于员工业绩评价机制。IBM公司PC部实行统一的业绩考核机制,业绩好了大家都好,业绩不好大家都不好,大家都习惯了拿60%~70%的业绩奖金。乔健认为这是"大锅饭",应该根据不同的部门,采用不同的考核方式,不同的人拿不同的奖金数目,这才合理。可是,比尔也有自己的理念,他不接受乔健如此细琐的分类考核,他觉得投入这么多精力来进行考核不值得也没有必要,且不能体现合作精神,反而会导致每一个人都为自己的小目标工作,忽视了整体目标。明明觉得自己有道理,但美国上司很坚持,乔健产生了挫败感。勇敢的乔健,"只有100个单词量就敢打仗"的中国姑娘,很快就在IBM公司里出了名。

陈绍鹏首次见到自己的未来顶头上司,当时的IBM全球销售高级副总裁——拉维·马尔瓦哈(Ravi Marwaha)时,那一年马尔瓦哈已经在IBM工作了36年,而陈绍鹏刚刚36岁。"单独交流不成问题,但参加会议,语言完全不行,听不懂",陈绍鹏回忆,"这时,我对未来的职业生涯不禁有点担心。"

经历了太多的冲突和融合后,联想国际重新出发,开启了更辉煌的新旅程。

资料来源:李鸿谷. 联想涅槃——中国企业全球化教科书. 北京:中信出版集团,2015.

问题:从上述案例里,思考跨国公司人力资源管理面临的困境。

四、跨国公司员工的薪酬管理

制定合理而又富有激励性的薪酬方案是跨国公司人力资源部门对外派人员管理的工作难点。比如，如何以合理的成本聘请一位合格的外派人员，使薪酬方案和劳动报酬顺利对接；再如，相关国家的汇率和通货膨胀、不同国家的个人所得税及津贴发放政策等问题，使跨国公司外派人员薪酬管理变得更加复杂。

(一)跨国公司外派人员薪酬管理的目标

1. 有利于公司的全球化战略

外派人员的薪酬政策方案涉及公司外派人员的数量和质量，影响公司全球化的进程。跨国公司在制定外派人员的薪酬方案时，需要在控制人力成本的同时提升海外公司经营管理的有效性。

2. 满足外派人员的合理化需求

通过薪酬设计，企业可实现外派人员薪酬管理的激励性。外派人员大多希望通过出国工作获得更高的收入，在"东道国"工作期间，薪酬方案要能够使外派人员在"东道国"的社会保险、福利和生活费用得到保障以及住房、子女教育、休闲娱乐等合理需求得到满足；回国后，外派人员的收入待遇与国内薪酬政策要顺利对接。

3. 确定合理的人力成本

跨国公司通常认为，外派人员既不应该因为外派而损害个人经济利益，也不应该因为外派而获得超额的劳动报酬。为维护薪酬制度的内部公平，雇主应该承担与外派有关的全部人力成本及额外的生活成本；当然，外派人员不应该比在本国做同样工作时获得更多的收入。

4. 报酬薪酬方案的公平性

薪酬方案应该是持续公平的，成本问题不应该是跨国公司考虑的唯一问题。在管理实践中，外派人员的薪资报酬更多涉及外派所在国公司内部的公平性问题。例如，如果同一职务上外派人员的工资待遇和母公司员工相同，就可能会比"东道国"员工的平均收入高出2~3倍甚至更多，使"东道国"员工产生不公平感并引发冲突；如果降低外派人员的薪酬水平，与"东道国"员工薪酬水平持平，则可能会降低外派人员在母国已经享有的生活质量，对外派人员不公平。

5. 归国后薪酬方案的顺利对接

外派工作结束后，外派人员会回国或者继续留任，或者到第三国去。一项新的工资协议将要在归国以后作出，而困难的是，为鼓励外派而给予的高薪报酬可能会引发矛盾。

(二)跨国公司外派人员的薪酬设计

1. 基本工资

外派人员的基本工资是劳动的直接收入部分，表现为现金薪酬。基本工资也是确定奖金、福利等其他薪酬水平的基础。

制定外派人员的基本工资时,首先需要考虑"东道国"的劳动法律法规,外派人员及家属的海外生活成本,如当地通货膨胀率、住房成本、生活费用、子女教育费用等,还要考虑保险和个人所得税的缴纳,了解母国或"东道国"政府关于外派人员税收方面的优惠政策。在制定基本工资方案时,企业要清楚母国政府与"东道国"政府之间是否签订了避免双重课税的协议,尽量避免双重税赋。

其次要考虑基本工资的差异问题。为鼓励员工积极到海外工作,公司给予外派人员的基本工资待遇一般会高于本国的工资水平。外派人员的基本工资一般高于原工资水平的5%～40%。此外,基本工资水平还取决于任务难度、当地生活艰苦程度以及工作任期。

最后是外派人员的奖金确定。外派人员是继续保留在本国已经享有的奖金项目还是参加"东道国"的奖金项目?母公司和子公司的奖金额度是否具有差异?基本工资方案是否有补足两者之间奖金差额的考虑?

2. 津贴

跨国公司为外派人员提供一系列工作与生活津贴,以鼓励他们接受任命,并尽量使他们在外派期间保持与国内相同的生活水平。外派人员的津贴形式多样,而生活费用补贴尤其值得关注。生活补贴主要是为弥补母国与"东道国"在生活水平方面的差异,其补贴数额的确定比较困难,许多跨国公司通常会求助某些专业公司提供不同国家最新的生活费用信息。

外派人员的主要津贴项目如表12-6所示。

表12-6 外派人员的津贴项目

津贴项目	设置目的	具体方式
住房津贴	确保外派人员能够维持在母国的居住水准。	可选择以下某种方式:固定的住房补贴、按外派人员收入的某一比例发放的津贴、根据实际住房费用支付的津贴、公司提供外派人员的住房等。
探亲旅差津贴	帮助外派人员缓解工作或生活压力,每年提供一次或多次回国费用。	回国差旅费。有些跨国公司不提倡外派人员将返程津贴用于回国探亲,却鼓励外派人员用此津贴去其他国家旅行,以增加其跨文化交流能力。
教育津贴	为外派人员子女提供教育补助。	支付子女转学、学习等费用、往返交通费用等。
安家补贴	弥补因为到海外工作而发生的迁移、重新安顿家庭等费用。	搬家费、交通运输费、购买或租赁交通工具等费用,甚至包括加入当地俱乐部等费用。
配偶津贴	因陪同外派而失去在本国的工作机会或者蒙受其他损失,跨国公司应支付外派人员配偶经济补偿。	直接向外派人员配偶支付津贴,或者为其在"东道国"寻找各种适宜的工作机会,或是由海外子公司直接提供其工作岗位。
国外服务津贴	为鼓励员工接受外派任务,到条件艰苦的国家或地区任职而提高的薪资待遇,不纳入基本工资,仅作为国外服务津贴。	比提高基本工资更为灵活,也更有激励性。外派结束后,国外服务津贴即可取消,既能控制成本,又便于回国人员管理。国外服务津贴包括国际任命奖金、艰苦地区生活补贴等。

3. 福利

外派人员的福利计划管理主要是为外派人员购买保险等。由于国家之间差异较大,外派人员的福利管理比较复杂。医疗保险、养老金计划以及社会保险等很难有统一的标准。在福利计划实施的方法上,人力资源部门可以根据公司战略而采取不同的给予方式。有些公司的福利计划规定每年增加部分员工的福利,其目的是使每位外派人员福利的收益程度有所不同;也有些公司施行全球化统一福利标准,无论外派人员在哪里,都享受同等的福利待遇。前者有利于对不同外派人员实施差别化激励,后者则降低了福利计划管理的复杂程度。还有一些公司对外派人员的福利实施弹性管理,视外派国家或地区的特点而定,如外派英国以优惠价提供汽车,外派中国香港则提供住房补贴等。

(三)外派人员薪酬制度的建立

外派人员薪酬制度的建立一般采取入乡随俗法和本国标准法两种方法。

1. 入乡随俗法

入乡随俗法表示外派人员与"东道国"员工的工资内容与结构直接相关。根据对"东道国"的市场薪酬调查,跨国公司确定外派人员的薪酬标准,参照对象一般有三类:"东道国"员工薪酬、来自同一国家竞争对手的外派人员薪酬、来自其他国家的外派人员薪酬。如果"东道国"是一个低收入国家,则跨国公司通常要用额外的福利来弥补外派人员因工资较低而造成的损失。

入乡随俗法体现了"东道国"公司薪资的平等性;方法使用简单,外派人员容易理解;当地员工易于认可和接受外派人员。缺点是"东道国"的经济发达程度以及薪资水平将直接影响外派人员的薪资待遇及其工作积极性;如在发达国家的外派人员,一旦任期结束回到母国,他们将难以接受母国较低的薪资水平,影响后续工作的积极性。

2. 本国标准法

采用本国标准法的目的是通过各种经济补偿手段使外派人员维持在国内的生活水平,外派人员的基本工资根据母国的工资体系决定。大多数跨国公司采用这种方法是因为他们认为外派人员去海外工作不能遭受物质上的损失。为了弥补外派人员因接受外派任命所导致的购买力的损失,跨国企业通常会承担一部分外派人员因接受任命所增加的各种费用开支,包括食品和服务等开支(指因移居国外生活必须购买的家用设备、交通运输、医疗费用以及食品、衣物、娱乐等)、住房、个人收入税(外派人员通常要向母国和"东道国"两国缴纳个人所得税)以及其他费用(包括子女的教育费、社会保险费等)。

本国标准法的优点是能消除外派人员之间因薪资不同而产生的不公平感,同时能消除外派回国后因薪资差异而造成的不平衡感。该方法的缺点是:管理过程非常复杂且难度很大,外派人员在"东道国"的生活费用以及依法课税等情况均由母国管理;这种制定工资制度的方法容易导致外派人员与"东道国"员工在薪酬管理上的不一致,产生内部薪酬的不公平,影响外派人员与"东道国"员工之间的关系以及工作积极性。

本国标准法的计算公式是：
$$K = M + \Delta I + T + P$$

K 指外派人员在派遣地的实际薪水；M 指外派人员在母国的标准薪酬；ΔI 指外派人员的母国薪水与派遣地薪酬的差额；T 指外派人员在母国获得的福利水平；P 指母国为激励外派人员而给予的奖金。

第三节 构建全球化人力资源管理系统

跨国公司将自己的人力资源管理理念融入海外分公司，有助于母公司了解全球范围内的人力资源状况，合理配置并有效使用人力资源，统筹制定全球化的人事管理决策。

一、全球人力资源管理系统

(一)全球人力资源管理系统的概念

随着跨国公司越来越依靠本土员工而非外派人员发展，各海外分公司在人员甄选、培训、绩效、薪酬以及其他人力资源管理实践方面，既要传承母公司的优良基因，又要结合市场需求的本土化发展。换言之，跨国公司在关心外派事务之时，要关心如何对海外公司当地员工的管理，当然，最有效的办法就是将公司的人力资源管理战略、理念及实践移植海外。

同时，考虑到各国的文化差异，人们可能会问这样一个问题："如果一家企业试图在全球各分支机构中都建立一套相对统一且标准化的人力资源管理系统，这个做法现实吗？"一些研究及实践表明：在一些具体的人力资源管理政策方面，企业必须尊重当地管理人员的意见，但是在不同国家实施差别较大的人力资源管理系统不必要且非常不可取。

全球人力资源管理系统是指企业建立在全球各分支机构中的员工都可能接受且有利于企业更有效地实施管理的人力资源管理系统。该系统既有利于总公司对分公司的控制及各分公司之间的平衡，又不忽视分公司及其所在地区的差异性。

(二)全球人力资源管理系统建立的前提

1. 只有真正的全球性组织才更容易建立全球人力资源管理系统

所谓真正的全球性组织，即管理人员在全球团队的基础上开展工作，在全球范围内寻找、招募和配置员工，所做的每一件事情都是全球化的，具有全球化的思维方式。这是建立全球性人力资源管理系统的基础。

正如壳牌石油公司的一位经理所说：如果这是一家真正的全球化企业，那么从这里(美国)招募的员工可以立刻到荷兰海牙去工作和生活，反之亦然。

2. 调查来自子公司的压力并确定建立系统的合理性

对甄选、培训和其他人力资源管理实践实施标准化管理可能会面临来自"东道国"管理人员的抵制,因为"东道国"管理人员会坚持认为:我们的文化不同,你不能这么做。那么,母公司就要进行调查并确定合理性。首先,要仔细评估"东道国"文化以及其他方面的差异是否会对新的系统造成破坏;其次,要了解"东道国"法律,并且在必要时采取因地制宜的做法;最后,要对新的方法进行市场测试或实验。

3. 尝试建立全球统一的公司文化

在建立了强文化的跨国公司,在地理位置上距离很远的员工之间达成一致会比较容易。以宝洁公司为例,由于公司执行的统一的员工招募、甄选、培训、薪酬等人力资源管理政策,所以管理人员对于公司价值观有着强烈的认同,新员工也能很快学会从"我们"而不是"我"的角度去思考问题。由于全球各地的宝洁公司管理人员具有一致的价值观,企业更容易在全球范围内建立和实施标准化的人力资源管理实践。

二、全球人力资源管理系统的构建

(一)全球人力资源管理系统的目标与任务

1. 促进全球性公司的内部沟通

母公司要利用全球性人力资源管理系统,促进在海外国家工作的管理者和决策者与在当地实施和使用这套标准化系统的员工保持密切联系。

2. 提供充足的资源

母公司能了解海外分支机构的人力资源管理实践,及时提供支持和帮助。

(二)全球人力资源管理系统的构建策略

1. 全球人力资源管理系统的构建思路

全球人力资源管理系统实质上是指母公司将其人力资源管理理念和组织文化复制到各海外子公司,实现跨国公司人力资源管理文化的一致性。但在此过程中,必须考虑子公司自身文化背景及管理的差异性。为此,可以采取以下思路:

首先,实现跨国公司全球人力资源管理系统的整合。第一,由于各个国家文化的差异性,企业在人力资源管理过程中的具体策略会出现不同:如美国的人力资源管理注重绩效,中国的人力资源管理注重关系,而中国香港则处于二者之间,那么,中国的跨国公司如果要在美国开设分公司,则需要将中国的人力资源管理文化融入美国分公司,但同时要兼顾美国的文化特点,给分公司一些自主决策权。第二,由于各国的法律法规不同,特别是有关劳动关系的法律法规,如最低工资、加班规定、劳动合同、工伤处理等法律法规差别较大,对构建全球人力资源管理系统提出了挑战,母公司的具体策略需要考虑子公司所在地的法律规定。

其次,要实现全球人力资源管理业务模块的大体一致性。全球人力资源管理系统要充分尊重子公司的文化和法律差异,同时务必保证人力资源管理业务模块的一致性。如在人力资源管理如招聘、培训、绩效、薪酬等模块的政策制定与施行过程中,每项职能具体涉及的内容要基本一致。如绩效管理,母公司涉及绩效目标制定、绩效计划、绩效考评、绩效反馈和绩效结果运用,子公司在执行这些内容时也要基本保持一致,只有这样才能实现全球人力资源管理系统的整合。

再次,跨国公司要建立全球人力资源管理机制。跨国公司要实现人力资源管理系统的整合,就要制定合理的人力资源管理的制度体系,为各分公司的人力资源管理提供具体可行的目标原则、方法策略、实施路径、奖惩依据等制度约定,并给定分公司内部管理及自主决策的范围边界,保障全球人力资源管理系统的建立和实施。

2. 全球人力资源管理系统的构建实践

关于建立一套全球人力资源管理系统,很多大型公司都已经在开展实践,但理论界的研究多集中于某些具体的实施环节,缺乏系统、全面的研究,参考 Ann Marie Ryan 等学者的研究,表 12-6 总结了全球人力资源管理系统在建立过程中可以借鉴的一些实践。

表 12-6　全球性人力资源管理系统建立实践

要做的	不要做的
在现存的当地人力资源管理系统下工作——将全球工具融入当地的管理体系中; 创建一种强公司文化; 为系统的开发创建一个全球网络——全球性的投入是关键; 在系统开发过程中将当地员工视为平等伙伴; 评估不同地区的共性因素; 重点关注评估内容,在评估方法上允许一定的灵活性; 在核心要素的基础上允许增加一些地方要素; 在必要时因地制宜; 培训当地人员,帮助他们在使用哪些工具以及如何使用这些工具方面作出更好的抉择; 沟通,沟通,再沟通; 为全球人力资源管理工作提供充足的资源; 知道或接触那些了解每个国家法律规定的人。	试图在每个地方都以同样的方式行事; 屈服于每个人提出的:"我们的情况不同"的说法——让他们拿出证据; 把全球管理系统强加于当地员工; 只是简单地让当地员工去执行政策; 在全球使用相同的工具,除非能证明这些工具确实是有效的,并且适应当地文化; 忽视文化差异; 让技术来驱动系统设计——不能假设每个地方都能作出相同的技术投入以及获得这些技术; 假定"只要我们建立了系统,就能自然而然地得到运用"——你需要推销你的工具或系统,并且制定变革管理战略。

资料来源:加里·德斯勒. 人力资源管理(第 12 版). 中国人民大学出版社,2012.

❖ 本章小结

1. 经济全球化带来了全球人力资源管理的难题,如跨文化管理、外派员工管理、全球人力资源管理系统构建等。

2. 跨国公司主要有"东道国"员工、母国员工、第三国员工三种类型;人员配置主要有母国中心、多国中心、全球中心、区域中心等四种模式。跨国公司要根据战略目标及管理策略,开展人员外派及甄选工作。

3. 跨国公司员工培训与开发的难点是对外派人员的培训,主要分外派人员储备、外派阶段、外派回遣前及回遣后四个阶段;跨国公司员工开发的难点是跨文化团队开发。

4. 跨国公司绩效与薪酬管理的难点是外派人员的绩效薪酬确定。企业有必要维持自己的薪酬水平与薪酬政策在整个公司范围的一致性,但由于各地的生活成本和劳动力市场状况不同,相对一致的薪酬水平所带来的麻烦可能远远超过便利。

5. 为构建全球人力资源管理系统,跨国公司应结合本土化的经营策略,将公司当前的人力资源管理理念与实践移植海外。为此,既要建立标准化和统一性的人力资源管理系统,同时也要兼顾分公司所在地的经济、文化及政策等实际。

❖ 本章习题

1. 影响全球人力资源管理的因素有哪些?
2. 跨国公司人员配置的模式有哪些?如何选择?
3. 导致外派失败的原因是什么?如何避免?
4. 请谈谈如何对外派人员进行培训和激励?
5. 为什么要构建全球人力资源管理系统?

❖ 案例研讨

阿里巴巴如何管理海外团队

由于阿里巴巴所处行业的特殊性,其海外分公司的员工基本上是本土员工。到目前为止,阿里巴巴海外本土员工的流失率很低,很多人都是自阿里巴巴在该地区发展业务起就在公司工作了。产生这种现象的最主要原因是员工认同阿里巴巴的目标和文化。

阿里巴巴没有很独特的企业文化,只是坚持做到最大限度地搭建供员工发展的舞台。公司每年都有专门的培训师到各地对海外员工进行培训,让员工最大程度的了解公司的战略和本年度取得的成绩。工作的具体要求和细节最能体现公司的强大,阿里巴巴对工作的精细要求得到了员工的认可。只相信成绩,不相信资历,这种开放的文化无疑让员工有很大的发挥空间,也培养了他们的忠诚度。

为了便于海外员工的绩效管理,阿里巴巴设立了海外部,为员工提供各种行政支持。与此同时,公司的各个副总都兼管一个海外分公司。在评价每一位员工的工作绩效时,公司非常注重员工自我评价,在总部做完预算后,每个海外员工还要在每季度上交一份自我评价材料,公司根据既定目标和员工自评来综合评估。不同于其他公司的是,阿里巴巴不需要派驻专门的财务人员控制收入,因为每一笔交易都可以从网络上看得清清楚楚。

给海外员工配置股权是阿里巴巴激励和留住海外核心员工的重要经济手段。对于业绩好的员工,公司决不吝啬。由于目前海外员工升职的机会相对较少,配置股权是比较有效地将员工和企业捆绑在一起的办法。

资料来源:阿里巴巴如何管理海外团队. HRfree 人力资源论坛,2017.

1. 请分析阿里巴巴的海外本土化策略。
2. 阿里巴巴如何实现对海外分公司的控制?
3. 阿里巴巴的海外人力资源管理策略还有哪些方面需要完善?

附 表

附表1 质量责任指标分级标准表

等级	分级定义
1	一般的服务性岗位
2	辅助生产的一般岗位;较重要的服务性岗位
3	辅助生产的重要岗位;重要的服务性岗位
4	主要产品生产中跟班辅助工种的重要岗位;原材料生产的主要工序中有质量指标的岗位
5	主要产品生产主要工序中有质量指标的岗位;原材料生产的主要工序中有较重要质量指标的岗位
6	主要产品生产的主要工序中有较重要的质量指标的岗位;原材料生产的主要工序中有重要质量指标的岗位
7	主要产品生产的主要工序中有重要质量指标的岗位

附表2 产量责任指标分级标准表

等级	分级定义
1	一般的服务性岗位
2	辅助生产的一般岗位;重要的服务性岗位
3	辅助生产的主要岗位
4	主要产品生产的辅助岗位;原材料生产主要工序中的一般岗位
5	主要产品生产工序中的一般岗位;原材料生产工序中的较重要岗位
6	主要生产工序中维修工种的重要岗位
7	主要产品生产工序中的主要岗位

附表3 看管责任指标分级标准表

等级	分级定义
1	使用简单工具的岗位,不直接影响生产
2	只影响单机或本岗位生产的设备,价值较少
3	只影响单机或本岗位生产的设备,价值较大;比较重要的看守岗位
4	辅助设备,影响局部生产
5	主要设备,影响局部生产;对生产影响很大的辅助生产设备
6	主要设备,影响整个生产
7	主要生产线上的主要设备,价值较大,影响整个生产

附表4　安全责任指标分级标准表

等级	分级定义
1	不应该发生事故的岗位
2	事故发生率小,造成的伤害和损失都较小的岗位
3	事故发生率小,造成的伤害轻、损失大的岗位
4	事故发生率小,造成的伤害大、损失小的岗位
5	事故发生率小,但能造成严重伤害和重大损失的岗位
6	事故发生率大,造成的伤害轻、但损失大的岗位
7	事故发生率大,易造成伤害和重大损失的岗位

附表5　消耗责任指标分级标准表

等级	分级定义
1	不使用原材料。
2	使用原材料少,价值小
3	使用原材料较多,但消耗不受人为因素影响
4	不使用原材料或使用较少,其工作对原材料、能源消耗有一定的影响
5	不使用原材料或使用较少,其工作对原材料、能源消耗影响很大
6	使用原材料较多,价值较大,作业人员对原材料、能耗有一定影响
7	使用原材料多,价值大,作业人员对原材料、能耗影响很大

附表6　管理责任指标分级标准表

等级	分级定义
1	只对自己的岗位工作负责
2	只对自己的岗位工作负责,并具有完成本岗位工作的自主权
3	只负责指导助手
4	对助手有指导、分配、检查作用
5	负责指导几个岗位工作
6	负责指导、协调、分配几个岗位工作
7	负责指导、协调、分配检查几个岗位工作,有自行决定权

附表7　知识经验要求分级标准表

等级	分级定义
1	具备一般知识即可胜任的岗位
2	具备初中文化程度,初级工水平,并有一定经验才能胜任的岗位
3	具备初中文化程度,中级工水平的岗位
4	具备初中文化程度,中级工水平并有一定经验才能胜任的岗位
5	具备初中文化程度,高级工水平才能胜任的岗位
6	具备高中文化程度,高级工水平并有一定经验才能胜任的岗位
7	具备高中文化程度,高级工水平,并受过技术培训的岗位

附表8 操作复杂程度分级标准表

等级	分级定义
1	只需简单训练即可上岗的岗位
2	比较简单的手工操作,需1~3个月实践即可胜任的岗位
3	较复杂的手工操作,或机手并动操作,需6个月至1年的经验的岗位
4	较复杂的手工操作,或机手并动操作,需1~2年经验的岗位
5	较复杂的或较多的手工操作,需2~3年经验的岗位
6	较精细、复杂的作业,或较多的手工操作,需3~5年经验的岗位
7	较精细、复杂的作业,需5年以上经验才能胜任的岗位

附表9 看管设备复杂程度分级标准表

等级	分级定义
1	不使用工具
2	使用简单的工具
3	使用简单的设备
4	使用较复杂的工具
5	较复杂的设备
6	比较精密复杂的设备,需一定的技术和经验
7	精密、复杂的设备,需较好的技术和丰富的经验

附表10 产品质量难易程度分级标准表

等级	分级定义
1	无产品
2	单一产品,质量有一定要求;无产品,工作质量要求严格
3	产品品种、规格多,质量控制难度一般,质量要求一般
4	产品品种、规格少,质量控制难度一般,质量要求严格
5	产品品种、规格多,质量控制难度一般,质量要求严格
6	产品品种、规格少,质量控制难度大,质量要求严格
7	产品品种、规格多,质量控制难度大,质量要求严格

附表11 处理预防事故复杂程度分级标准表

等级	分级定义
1	基本无事故出现。
2	掌握一些基本知识即可预防,处理难度较小
3	可以预防,事故发生率小,需一定的实践经验,处理难度大
4	可以预防,事故发生率大,需一定的实践经验,处理难度大
5	难预防,事故发生率小,需较多的经验和多方面知识,处理难度大
6	难预防,事故发生率大,需一定的经验和知识,处理难度大
7	难预防,事故发生率大,需较丰富的经验和多方面知识,处理难度大

附表 12　体力劳动强度分级标准表

分级	0.5	1	1.5	2	3	4
体力劳动强度分级指数	<10	10～15	15～17.5	17.5～20	20～25	>25

资料来源:安鸿章.工作岗位研究原理与应用(第二版).北京:中国劳动社会保障出版社,2005.
注:体力劳动强度的评定应按照国家《体力劳动强度分级》标准(GB3869-1997)进行,但由于其分级不太清晰,故在国家标准的基础上增加了0.5和1.5两个级别,通过测定劳动时间率和能量代谢率,计算出分级指数后,再按本分级标准评定出岗位等级。

附表 13　工时利用率分级标准表

分级	1	2	3	4
工时利用率(%)	<40	40～60	60～80	>80

附表 14　劳动姿势分级标准表

分级	1	2	3	4
劳动姿势	姿势自由不受限制	以坐姿为主活动受限制	以站立为主活动受限制	半蹲、弯腰、仰卧、前俯等难适应姿势

附表 15　劳动紧张程度分级标准表

分级	1	2	3	4
生理器官紧张状态（眼、耳、手足等）	一种生理器官处于紧张状况	两种生理器官处于紧张状况	三种生理器官处于紧张状况	三种以上生理器官处于紧张状况

附表 16　工作轮班制分级标准表

分级	1	2	3	4
工时利用率	正常班	两班制	四班或五班制	三班制,常夜班

附表 17　高温作业危害程度分级标准表

接触高温作业时间(min)	WBGT 指数(℃)									
	25～26	27～28	29～30	31～32	33～34	35～36	37～38	39～40	41～42	≥43
≤120	Ⅰ	Ⅰ	Ⅰ	Ⅰ	Ⅱ	Ⅱ	Ⅱ	Ⅲ	Ⅲ	Ⅲ
121～240	Ⅰ	Ⅰ	Ⅱ	Ⅱ	Ⅲ	Ⅲ	Ⅳ	Ⅳ	—	—
241～360	Ⅱ	Ⅱ	Ⅲ	Ⅲ	Ⅳ	Ⅳ	—	—	—	—
≥361	Ⅲ	Ⅲ	Ⅳ	Ⅳ	—	—	—	—	—	—

附表 18　辐射热危害程度分级标准表

劳动时间率(%) \ 辐射热(J/cm²·min)	2	10	20	40
<25	1	1	2	2
25~50	1	2	2	3
50~75	2	2	3	3
>75	2	3	3	4

附表 19　工业企业厂界噪声标准:等效声级 L_{eq}[dB(A)]

类别	昼间	夜间
Ⅰ	55	45
Ⅱ	60	50
Ⅲ	65	55
Ⅳ	70	55

附表 20　高处作业分级标准表

分类法 \ 级别 \ 作业高度	2~5	>5~15	>15~30	>30
A	Ⅰ	Ⅱ	Ⅲ	Ⅳ
B	Ⅱ	Ⅲ	Ⅳ	Ⅳ

附表 21　井下、露天作业分级标准表

级别	1	2	3	4
井下或露天劳动时间率(%)	<25	25~50	50~75	>75

附表 22　社会心理:人心向往程度指标分级标准

级别	1	2	3	4	5
指标分级	非常向往	较为向往	一般	不太向往	不向往

参考文献

1. 专著

[1] [美]加里·德斯勒.人力资源管理(第14版)[M].北京:中国人民大学出版社,2017.

[2] [美]史蒂文·麦克沙恩.组织行为学[M].北京:机械工业出版社,2015.

[3] 贺小刚,刘丽君.人力资源管理[M].上海:上海财经大学出版社,2015.

[4] 刘福成.人力资源管理[M].合肥:中国科学技术大学出版社,2014.

[5] 张一弛,张正堂.人力资源管理教程(第2版)[M].北京:北京大学出版社,2016.

[6] 秦志华.人力资源管理(第2版)[M].北京:中国人民大学出版社,2006.

[7] 廖泉文.人力资源管理[M].北京:高等教育出版社,2006.

[8] 赵曙明,张正堂,程德俊.人力资源管理与开发[M].北京:高等教育出版社,2009.

[9] 刘福成.人力资源管理[M].北京:中国财政经济出版社,2009.

[10] 中国就业培训技术指导中心.企业人力资源管理师(三级)[M].北京:中国劳动与社会保障局出版社,2012.

[11] 张正堂,刘宁.薪酬管理[M].北京:北京大学出版社,2016.

[12] 仇雨临.员工福利管理[M].北京:中国人民大学出版社,2009.

[13] Lisa.创业.请从会用人开始[M].广西:广西科学技术出版社,2017.

[14] 吴晓波.腾讯传1998－2016:中国互联网公司进化论[M].杭州:浙江大学出版社,2017.

[15] 杨长清.云管理 互联网+时代人才管理变革[M].北京:中国铁道出版社,2017.

[16] 马新建等.人力资源管理与开发[M].北京:北京师范大学出版社,2008.

[17] 赵曙明.人力资源战略与规划(第4版)[M].北京:中国人民大学出版社,2017.

[18] 安鸿章.企业人力资源管理师(三级)[M].北京:中国劳动社会保障出版社,2007.

[19] 吴国华,崔霞.人力资源管理实验实训教程[M].南京:东南大学出版社,2008.

[20] 孙健敏.人力资源管理[M].北京:科学出版社,2016.

[21] 董克用.人力资源管理概论(第4版)[M].北京:中国人民大学出版社,2015.

[22] 方振邦.战略性绩效管理(第4版)[M].北京:中国人民大学出版社,2014.

[23] 林筠.绩效管理(第2版)[M].西安:西安交通大学出版社,2011.

[24] 刘昕.薪酬管理(第4版)[M].北京:中国人民大学出版社,2014.

[25] 杨璟,徐诗举. 社会保障概论[M]. 青岛:中国海洋大学出版社,2017.

[26] 马时建,时巨涛. 人力资源管理与开发[M]. 北京:北京师范大学出版社,2008.

[27] 杨文健. 人力资源管理[M]. 北京:科学出版社,2008.

[28] 廖三余. 人力资源管理[M]. 北京:清华大学出版社,2008.

[29] 王明琴. 人力资源管理[M]. 北京:科学出版社,2011.

[30] 黄铁鹰."海底捞"你学不会[M]. 北京:中信出版社,2012.

[31] 陈维政,余凯成,程文文. 人力资源管理与开发高级教程(第2版)[M]. 北京:高等教育出版社,2013.

[32] 徐笑君. 职业生涯规划与管理[M],成都:四川人民出版社,2011.

[33] 林枚,李隽. 职业生涯开发与管理[M],北京:清华大学出版社,2010.

[34] 杨红英. 人力资源开发与管理[M]. 昆明:云南大学出版社,2014.

[35] 邹华,修桂华. 人力资源管理原理与实务[M]. 北京:北京大学出版社,2015.

[36] 韩国文,陆菊春. 创业学(第2版)[M]. 武汉:武汉大学出版社,2015.

[37] 王艳茹. 创业资源[M]. 北京:清华大学出版社,2014.

[38] 张可君,吕时礼. 创业实务[M]. 北京:北京师范大学出版社,2011.

[39] 金永红,崔惠贤. 创业工具箱[M]. 北京:中国致公出版社,2009.

[40] 李贤柏. 创业学[M]. 重庆:重庆大学出版社,2009.

[41] 陈建华. 劳动关系经典案例100篇[M]. 北京:中国财富出版社,2014.

[42] 罗帆. 跨国公司人力资源管理[M]. 北京:清华大学出版社,2016.

[43] 林新奇. 跨国公司人力资源管理[M]. 北京:清华大学出版社,2015.

[44] 包季鸣. 人力资源管理——全球化背景下的思考与应用[M]. 北京:复旦大学出版社,2010.

[45] 魏华颖. 国际外派人力资源管理[M]. 北京:经济管理出版社,2012.

[46] 李鸿谷. 联想涅槃 中国企业全球化教科书[M]. 北京:中信出版集团,2015.

[47] 赵曙明,刘燕,彼得·道林,马里恩·费斯廷,艾伦·恩格尔. 国际人力资源管理[M]. 北京:中国人民大学出版社,2016.

2. 论文

[1] 张云. 创业企业人力资源管理的问题及对策[J]. 科技创业月刊,2009(1).

[2] 徐智华等,基于价值观的人力资源管理实践——以思科为例[J]. 中国人力资源开发,2015(12).

[3] 杨振芳,谌丽婷. 角色扮演面试:理论基础、实施步骤与注意问题[J]. 人力资源管理,2017(1).

[4] 孙经明. 对现代企业管理中"5S"管理应用的探讨[J]. 低碳世界,2014(1).

[5] 季益祥. 与其抱怨员工不给力,不如想办法释放他们的潜能[J]. 培训,2017(9).

[6] 万希. 论基于胜任力的工作分析[J]. 湖南财经高等专科学校学报,2008(4).

3. 网络资源

[1] 华律网,http://www.66law.cn/laws/

[2] 360个人图书馆,http://www.360doc.com/

[3] 法律图书馆,http://www.law-lib.com/

[4] 经典网,https://ishuo.cnl/

[5] 中国人力资源网,http://www.hr.com.cn/

[6] 中国人力资源外包网,http://www.hros.cn/

[7] 财富中文网(北京),http://money.163.com/

[8] 新华网,http://www.gs.xinhuanet.com/

[9] 和讯商学院,http://bschool.hexun.com/

[10] 中华会计网,http://www.chinaacc.com/

[11] free学习论坛,http://bbs.hrfree.org/

[12] 中国人力资源开发网,http://www.chinahrd.net/

[13] 三茅人力资源网,http://www.hrloo.com/

[14] 慧聪网,http://www.ceo.hc360.com/

[15] CN人才网,http://www.cnrencai.com/

[16] 新浪博客,http://blog.sina.com.cn/s/blog_5db0e42d0102eyao.html/

[17] 中华文本库,http://www.chinadmd.com/

[18] 安徽教育网,http://www.ahedu.gov.cn/

[19] 中国经理人论坛,http://www.ceconline.com/

[20] 豆丁网,http://www.docin.com/

后 记

本教材是安徽省应用型本科高校联盟课程建设、滁州学院《人力资源管理》课程综合改革项目等实践成果之一,是滁州学院和铜陵学院长期从事人力资源管理教学和研究的老师们的集体成果。教材由奚昕、谢方主编,冯春梅、李长源担任副主编,丁素云、孙艺芹、李文玉、李敏、刘中侠、辛玉军、郭梅、黄昌炜等参编(编委按姓氏笔画排序)。教材的编写大纲及体例结构由奚昕提出,经编写组成员多次研讨修改,第一章至第十二章分别由奚昕、李长源、孙艺芹、谢方、刘中侠、郭梅、黄昌炜、李文玉、冯春梅、辛玉军等人执笔,最后由奚昕修改并统稿。本教材编写过程中,李敏、丁素云等老师在前期资料收集、书稿校核等方面作了大量工作。

教材的出版凝聚了很多人的智慧和心血。在这本教材改编过程中,我们主要参考了董克用、秦志华、廖泉文、张一驰、张正堂、孙健敏、刘昕、曲建国、刘福成、仇雨临等学者的著作,查阅了国内外大量的相关文献资料,集成了许多学者的劳动成果,在此对他们表示由衷的感谢。本教材的阅读推荐、知识拓展、能力要求、技术方法、应用案例等模块内容,是我们从相关杂志、网络等各类媒体上吸收的部分资料,在不影响这些资料原作者观点表达的基础上,作了适当的摘选和压缩,对于教材中选编的这些成果,有的暂时找不到原作者,无法一一感谢,但我们会永远铭记在心。

由于参编人员能力水平有限以及编写时间仓促,教材中肯定存在一些粗浅和漏洞,不妥之处也在所难免,恳请专家、学者、人力资源工作者及广大读者批评指正,并为本教材的进一步修订、完善提供宝贵意见。在大家的共同关注和努力下,我们有信心最终将这本教材打造为应用型教材中的精品。

在本教材编写完成之即,我们还要感谢安徽大学出版社的邱昱编辑对教材改编和出版过程中提供的支持和帮助。

编 者

2018 年 4 月